—谨以此书庆贺龚放教授七十初度—

> 面向高深知识的自由探索、多样发展与独立思考，是大学之初心，更是一流之真谛。

回归大学初心
——新时代一流大学的多元发展

主　编　柳友荣　王一军
副主编　潘金林　刘永芳

南京大学出版社

图书在版编目(CIP)数据

回归大学初心：新时代一流大学的多元发展 / 柳友荣，王一军主编. —南京：南京大学出版社，2020.11
ISBN 978-7-305-23848-2

Ⅰ.①回… Ⅱ.①柳… ②王… Ⅲ.①高等学校-教育研究-中国 Ⅳ.①G649.21

中国版本图书馆 CIP 数据核字(2020)第 191047 号

出版发行	南京大学出版社		
社　　址	南京市汉口路 22 号	邮　编	210093
出 版 人	金鑫荣		

书　　名　回归大学初心：新时代一流大学的多元发展
主　　编　柳友荣　王一军
副 主 编　潘金林　刘永芳
责任编辑　郭艳娟

照　　排　南京紫藤制版印务中心
印　　刷　南京鸿图印务有限公司
开　　本　635×965　1/16　印张 34　字数 410 千
版　　次　2020 年 11 月第 1 版　2020 年 11 月第 1 次印刷
ISBN　978-7-305-23848-2
定　　价　118.00 元

网　　址　http://www.njupco.com
官方微博　http://weibo.com/njupco
官方微信　njupress
销售咨询　025-83594756

* 版权所有，侵权必究
* 凡购买南大版图书，如有印装质量问题，请与所购图书销售部门联系调换

吾等导师龚放，与共和国同龄。心智源于家学，品德修自田园，务农插队近十载，而立之年进南大。初心在文学，立命于教育。才见于南大中兴，情融入中国高教。温情暖家人，仁爱滋兰蕙，敢言贵求真，做人重坦诚。
　　七旬年华转瞬过，不知老至笑酣畅。
　　喜看桃李皆成才，岁月如歌慨而慷。

"不知老之将至"

2018年深秋全家摄于圣何塞

2012年祖孙三代参加母校校庆

在江苏省教育厅有关座谈会上发言

2010年在大连"高校治理与国际比较研讨会"上发言

2011年在斯坦福大学

2011年首位博士通过学位论文答辩

2012年与新科博士合影

2013年宁波会议上与潘懋元、瞿振元等教授合影

2018年暮春与众弟子集聚池州

2018年关门弟子通过博士学位论文答辩

与弟子分享国外游学经历

大学之道:经典论述摘编(代序)

诸君为大学学生,地位甚高,肩此重任,责无旁贷。故诸君不惟思所以感己,更必有以励人。苟德之不修,学之不讲,同乎流俗,合乎污世,己且为人轻侮,更何足以感人。

——蔡元培

大学是这样一处所在,在这里,凭着国家和政府的认可,一段特定的时光被专门腾出来尽最大可能地培养最清晰的自我意识。人们出于寻求真理的唯一目的而群居于此。因为这是一项人权:即在某个地方人们可以不受任何限制地探求真理,并且是为真理而真理。

——卡尔·雅斯贝尔斯

大学存在的理由是,它把年轻人和老年人联合在一起,对学术展开充满想象力的探索,从而在知识和生命热情之间架起桥梁。大学传播知识,但是它以充满想象力的方式来传播。至少,这是它对社会应起的作用。一所在这方面失败的大学,就没有存在下去的理由。充满想象力的探索将会点燃令人激动的气氛,这种气氛会带动知识的变化。事实不再是赤裸裸的事实,它被赋予了各种可能性;也不再是记忆的负担:它像诗人一样活跃我们的梦想,像建筑一样构筑我们的目标。

——怀特海

扩大一所大学所从事的研究范围是很重要的,即使只是从学生的角度来看也是如此。即使学生们并不学习对他们开放的每一个科目,由于他们生活在那些代表着整个知识范围的人当中,并且在他们的指导之下生活,他们也会获益匪浅。我认为,这正是被视为教育场所的普遍学问的探究之地的长处所在。那些热衷于他们自己的学科而又彼此竞争的饱学之士组成了一个集体,他们由于十分熟悉的相互交流并因为在老年生活维持和睦,一起协调着他们各自的研究科目的种种主张和种种关系。他们学习相互尊重、相互咨询并相互帮助,这样就造就了一种单纯而明净的思想氛围,学生们也可以在其中呼吸,尽管他们自己仅仅从事那许多学科中的很少一部分。学生们从一种思想传统中获益,这种思想传统独立于特定的教师,指引学生选择科目,并对他已经选择的科目做出恰当的解释。……正因为如此,对学生的教育才被称为"博雅的"。这就可以形成一种终身受益的心智习惯,属于这种习惯的特点有自由、公平、冷静、温和与智慧,或者是一种哲学的习惯。那样的话,我要说,这是一所大学所提供的教育的独特果实,尤其是在与别的教学场所或教学方式相比较时,更是如此。这就是在对待学生方面一所大学的主要目的。

——纽曼

高深学问忠实于真理,不仅要求绝对忠实于客观事实,而且要尽力做到理论简洁、解释有力、概念文雅、逻辑严密。此外,学者们对真理的标准会有分歧。由于这些标准将不断受到审查,因此最重要的是这些标准的自我矫正。真理能够站得住脚的标准是它的客观性,学术的客观性或独立性来自德国大学所称的价值自由,教授们依据这一原则力求得出"不受价值影响"的结论,尽力排除所有的感情色彩。

——约翰·S·布鲁贝克

通识教育和专业教育不是,也必须不是处于相互竞争的位置。通识教育不仅为学生选择专业提供了足够的根基,而且还为学生充分发展其专业潜质提供了环境。专业化只有在更宽广的通识语境下才能实现其主要目的,它不能切断有机的联系。通识教育是一个完全的、整合的有机体,专业教育是有机体的一个器官,它在有机体的整体范围内完成特殊的功能。专业教育教会学生能做什么和怎样去做,通识教育教会学生需要做什么以及为什么需要。通识教育是对事物之间的有机联系的理解和认识,这种认识和理解赋予专业教育以意义。在某种程度上,通识教育应当渗透在所有的专业教育中。

——《哈佛通识教育红皮书》

自由教育在于和最伟大的思想不断交流的过程,这是一种即使说不上谦卑,也是最为谦逊的训练。它同时也是勇气的训练:它要求我们与知识分子及其敌人喧嚣、浮躁、轻率和低劣的浮华世界彻底决裂。它要求我们鼓起勇气,把普遍接受的观点仅看作某种意见,或者当成至少与最陌生的和最不受欢迎的观点一样,可能是错误的极端的观点。自由教育就是为了把人从庸俗中解放出来,有一个希腊词很巧妙地表达了"庸俗"这个意思,他们称之为 apeirokalia,意为缺乏对美好事物的体验。自由教育就是给我们提供对美好事物的体验。

——列奥·施特劳斯

当一个青年进入大学后,他被赋予了一种责任,就是他在做大学生的阶段里,应该以充实学问为主职;他应该沉浸在理性的精神中,于图书馆、实验室、教室里,跟教师一起在知识的大海中做创造性的航程。

——金耀基

在大学里面,所有的学科应该是统合在一起的。各个学科的学生相互遭遇。他们被眼前如此之多的知识形态鼓舞,并联合在了一起。他们之间的相互切磋导致了不同学科统一性的出现。而倘若任由它们各自发展,学科的整体就会土崩瓦解,成为一个松散的、由孤立的学科拼凑起来的大杂烩。它们在大学的联合出现再度提醒人们它们是有联系的,也激励着人们致力于实现它们的总体统一。

——卡尔·雅斯贝尔斯

当我们愿意放弃自我保护的专业自主,让我们像学生依靠我们那样去依靠我们的学生,我们就会更加走近那个真正共同体所需的相互依存关系。当我们因需要我们的学生而说"请",当我们真诚地感谢他们而说"谢谢"时,通往共同体的障碍就开始消失,教师与学生就会展开更有共识和意义的深层对话,而学习会奇迹般地、生气勃勃地发生在所有人身上。

——帕克·帕尔默

在一个以理性为基础的国家里,大学是政体的庙堂,它致力于运用最纯粹的理性,在人们心中唤起一种敬畏,自由而平等的人类联合体当之无愧的敬畏。

……我始终认为社会是从属于大学的一个部门,我祈求这样一个社会,它多少能宽容并供养一个永远长不大的孩子,这个孩子的玩耍反过来又能造福于社会。沉迷于大学理念并不是一件荒唐事,因为只有通过这种理念,才能了解人们能够达到的境界。没有它,理性生活的全部神奇成果都会陷入原始的泥沼之中,再也无法复活。

——艾伦·布卢姆

目录

回归本科教育

有灵魂的本科教育
　　——龚放教授本科教育研究论文稽要 …………… 王一军 / 003
试论大学素质教育 ……………………………………… 龚　放 / 008
现代大学通识教育之由来、使命与形式 ……………… 龚　放 / 025
重视异质文化的交流与理解
　　——全球化时代大学通识教育的新使命 ………… 龚　放 / 042
创新思维的形成与创新人才的培养 ………… 岳晓东　龚　放 / 057
强化问题意识　造就创新人才 ……………… 龚　放　岳晓东 / 077
从思维发展视角求解钱学森"世纪之问" ……………… 龚　放 / 088
"大一"和"大四":影响本科教学质量的两个关键阶段
　　……………………………………………………… 龚　放 / 097
聚焦本科教育质量:重视"学生满意度"调查 ………… 龚　放 / 113

关注本科教育质量：体制、内涵、视角 ………………… 龚　放 / 124
大学"师生共同体"：概念辨析与现实重构 ………………… 龚　放 / 136
课程和教学：高等教育研究的潜在热点 ………………… 龚　放 / 156

回归学生学习

服务学生学习 ……………………………………………… 吕林海 / 165
大学生的学习方法：研究脉络、内涵特质及发展趋势
………………………………………………………… 吕林海 / 168
向"学习范式"转型：发达国家大学实践与中国诉求
………………………………………………………… 刘海燕 / 190
大学课程"知识化"倾向的困境与对策 ……………… 黄成亮 / 208
大学课程学术
　　——认知视野、实践特征与文化认同 ……………… 王一军 / 222

回归教学质量

聚焦本科教育质量 …………………………………… 潘金林 / 251
精准化学业支持：提升本科教育质量的着力点 ……… 潘金林 / 256
学科评估与一流学科建设的关系定位与制度突破
　　——兼论学科评估的理性评判及其与"双一流"
　　　建设学科的差异 ……………………………… 周继良 / 276
高职院校校长影响策略与方式研究
　　——基于行为事件访谈法的分析 ………………… 李德方 / 305
从"少年班""基地班"到"拔尖计划"的实施
　　——35年来我国基础学科拔尖人才培养的回溯与前瞻
………………………………………………………… 叶俊飞 / 324

中国大学生学业成就评估研究：二十年的回顾(1998—2017)
.... 王小青　王九民 / 341

回归科学发展

追寻多元的中国一流大学................................ 刘永芳 / 375
后大众化时期我国新型大学管理制度的外部诉求与
　内部治理.. 柳友荣 / 381
高等教育治理现代化背景下的高校学术创业与学科
　发展：现状比较及策略思考.............................. 刘永芳 / 415
基于分类分层的一流大学差别化发展框架................. 徐高明 / 432
中国新型大学的新特质与新样态........................ 顾永安 / 454
知识生产模式Ⅱ视野中的"双一流"大学建设
.... 王春梅　龚　放 / 471
"双一流"建设背景下创业型大学发展的若干思考
.... 陆珂珂　龚　放 / 493
德里克·博克大学社会责任观评析........................ 曲铭峰 / 510

回归本科教育

有灵魂的本科教育

——龚放教授本科教育研究论文稽要

王一军

大学人在推动大学历史的进程中,也为大学教育树立了一个又一个丰碑。从纽曼、雅斯贝尔斯的"知识或真理自身目的",到怀特海的"想象力"、蔡元培的"高深学问",与其说他们是在寻求大学教育存在的合理性,不如说他们在探寻大学教育的灵魂。有灵魂的大学教育才具有丰盈充沛、生生不息的生命力。尽管大学教育有教学、科研与服务等多种功能,但都离不开知识与人的缠绕。纽曼将知识目的置入博雅教育体系中,认为大学是培养绅士的地方,所培养的绅士是通达而有修养与识见之文化人。密尔以培养制鞋匠为例,指出"通过给他知性的训练及通过这样的训练养成思考的方法,才能培养成有知性的鞋匠"[①]。艾伦·布鲁姆作为人文主义者,始终大声呼唤大学教育的理性尊严。显然,理性与人性的复合才是大学教育的灵魂。金耀基先生曾转述一个故事:一位父亲,颇不耐烦他孩子的玩具的噪声,为了促使孩子宁静思考,他撕下手上书中的一张地图,弄成无数

---

① 约翰·密尔:《密尔论大学》,商务印书馆2013年版,第16页。

纸片。"孩子,你慢慢把这些纸片拼成地图的原样,再玩你的玩具吧!"想不到,没过多久,一幅完整的世界地图已经放在眼前。父亲惊讶地问:"孩子,你怎会知道世界地图的原样的?""父亲,我不知世界是怎么个模样,但这幅地图的背面是一幅人像,我就是照人像来拼整的。当人回复到人的原样,那么,他背面的世界也就一定回复到世界的原样了。对吗?"[①]这其实就是大学教育灵魂的一种隐喻,其阐发的道理是,教育在使学生人性健全的时候,他就掌握和融入了整个世界。

龚放教授所追寻的具有中国特色的当代大学本科教育,就是这样一种有灵魂的教育。在龚老师看来,"人文教育与科学教育,是大学素质教育的两翼,两翼齐飞,才能相得益彰","我们要因势利导,将情感教育和人格养成作为大学生素质教育的重要内容","现代社会的通识教育不再是一种点缀、一种辅助、一种补救措施,而'往往更是大学教育的灵魂'"。基于中国社会发展的需要与当代文明发展的特点,龚老师得出大学要通过学生创新思维和健康情感教育,着力培养创造人才。他主张:"今天开发学生的创造力,要着重从培养学生的发散思维能力、辩证批判思维能力、隐喻联想思维能力和有助于创造思维的人格因素入手。""创新人才的产生,需要十分自由、宽松的探究问题的环境。""现代学科体系,林林总总、方方面面,不过是人们认识世界、认识自然、认识社会和认识自身过程中形成的'知识通道'。"所以要"纠正学科的分割与疏离的弊端,做到整体思维,专、博结合"。在龚老师看来,以理性与人性协同发展为灵魂的大学本科教育需要树立正确的教育质量观,需要通过学习共同体建设、加强课程与教学研究来实现教学过程的优化,进而彰显大学本科教育的活力。

[①] 金耀基:《大学之理念》,生活·读书·新知三联书店 2008 年版,第 69 页。

本部分精选龚放教授十一篇论文,较为全面地呈现了他对当代中国大学本科教育的思考与探索。

《试论大学素质教育》一文,全面讨论了大学素质教育的缘起、定位、价值取向及实施思路。论文明确提出:科学与人文是大学素质教育的两翼,其思想的价值就在于使大学阶段所有的教育活动,包括显性、隐性的课程,有形、无形的"教",自觉、不自觉的"学",都服从于一个指导思想:使受教育者的素质得到全面的、和谐和可持续的发展。这一指导思想的落实,将在两个领域同时展开,一是根据大学素质教育思想改革,重组专业教育;二是根据大学素质教育思想,对专业教育之外的其他教育、教学活动统筹安排,精心设计。

《现代大学通识教育之由来、使命与形式》《重视异质文化的交流与理解——全球化时代大学通识教育的新使命》两篇论文从不同的视角,探讨当代政治经济及社会背景上大学通识教育面临的问题、应有的理论视野及其实践建构。论文明确提出现代大学通识教育有三项任务:其一,补缺、纠偏,摆脱专业(职业)教育所形成的狭隘与偏执;其二,整合、贯通,由知识的统摄渐臻智慧的领悟;其三,超越功利,超越"小我",弘扬敏于探求、善于批判、勇于创新、乐于奉献的人文精神。同时提出,对异质文化的理解与尊重,是全球化时代大学通识教育的新使命和新目标。其目的在于形成科学、平等的文明观;它包含知识性学习、沟通技术的掌握、思维范式的转变及新的文化价值观的形成等主要环节。

《创新思维的形成与创新人才的培养》《强化问题意识　造就创新人才》《从思维发展视角求解钱学森"世纪之问"》三篇论文围绕创新人才培养展开研究。结合对钱学森先生"世纪之问"的解读,提出"造就高素质的创新人才是中国教育面临的一大挑战"。论文在对有关创新人才培养、创造力、创造思维等基础理论进行探讨的同时,重点讨论大学教育应有的人才观及实践理路。论文指出，21世纪大学教育人才观、质量观的核心问题是培养和造就富有创新精神和创新能力的高素质人才。强化问题意识，是造就创新人才的关键之一。创新始于"问题"。"问题"产生于"好奇"与"质疑"。要形成真正具有科学价值的问题，需要多种条件和多方面的努力。要造就高素质的创新人才，更新传统的以"释疑、解惑"为使命的教师观势在必行。创造大学教育的路径有四：一是改变只注重知识传授和知识积累的传统教育方式，尽早引入抽象思维的教育；二是"要学会运用形象思维去解决抽象思维所不能解决的实际问题"；三是纠正学科的分割与疏离的弊端，做到整体思维，专、博结合；四是坚持学术民主，激活"集体思维"。

《"大一"和"大四"：影响本科教学质量的两个关键阶段》《聚焦本科教育质量：重视"学生满意度"调查》《关注本科教育质量：体制、内涵、视角》三篇论文对大学本科教育质量观进行了较为完整的论述。其一，对影响本科教学质量的两个关键阶段即"大一"和"大四"进行了全面分析。"大一"主要是新生适应问题，包括文化的适应、心理的适应、教育和学习节奏与方式的适应，以及学科专业的适应等。"大四"主要是与社会的衔接问题，包括就业适应、求学适应以及学术研究适应等。其二，论述大学质量评价必须聚焦大学的教与学，必须将学的"投入度"和教的"满意度"纳入质量评价体系。强调教学质量最关键、最重要的一条，在于"学生投身学习"，很大程度上又取决于教授能否投身教学，能否密切与本科生接触交流，能否对学生的需求和困惑做出敏锐反应，能否为学生的成长与发展服务。其三，提出在实施高等教育质量工程的进程中，我们必须引入学生的视角，突出学生的维度。包括：明确大学的办学思想、办学使命；必须尽快完善学生的问责制度；必须注重学生的经历和体验。

《大学"师生共同体":概念辨析与现实重构》《课程和教学:高等教育研究的潜在热点》两篇论文讨论回归有灵魂的本科教育须有新的视野。首先,大学应当是"师生共同体"。师生课堂上的互动及课后的密切接触,构成了大学师生共赢的局面。它包括认知拓展、情感互通和共生、创生等三重境界。大学"师生共同体"的现实重构尽管困难重重,却是势在必行、时不我待之举。对于旨在创建一流大学、一流学科的我国高校而言,需要控制招生规模,增加一线教师,提高师生比;实行本科生导师制;鼓励教授们设立本科生接待日;加大学生问责的权重。其次,要加强大学课程教学研究。高等院校的层次和类型也具有丰富的多样性,其培养目标也差异甚大、层次丰富,不再仅仅造就高素质的学术研究人才。随着高等教育大众化的发展,需要加强对大学课程与教学论的研究,特别是通过专职的教育研究人员与具有专业科研素养而又承担学科教学工作的教授学者的携手合作,共生、分享。研究主题包括:如何在多样化中体现不同层次、类别、专业的人才质量标准,如何通过教师领悟教育、研究教学来激发学生投身学习、主动探索的热情,以及增强社会责任感、提升创新能力和实践能力等高等教育发展必须解决的核心问题等。

试论大学素质教育

龚　放

一、应变与发展：大学素质教育的缘起

一百多年前，马克思曾经分析了社会化大生产对劳动者素质"尽可能多方面的发展"的客观要求，及其同私有制条件下人的片面发展、畸形发展之间的深刻矛盾。马克思敏锐地看到："大工业的本性决定了劳动的变换、职能的更动和工人的全面流动性。"①从这一点出发，他提出两个与社会化大生产"生死攸关的问题"。其一，必须"承认劳动的变换，从而承认工人尽可能多方面的发展是社会生产的普遍规律，并且使各种关系适应于这个规律的正常的实现"；其二，必须"用那种把不同社会职能当作互相交替的活动方式的全面发展的个人，来代替只承认一种社会局部职能的局部人"②。

---

① 《马克思恩格斯全集》第23卷，人民出版社1972年版，第534页。
② 同上。

当即将步入21世纪门槛的时候,我们发现,当代社会劳动的变换、职业的更动和人才的全面流动性,较之马克思时代,是更为普遍、更加频繁和更加复杂了。高新技术革命引起了产业结构的深刻变化,从发展以满足人们物质需求为主要内容的第一(农业)、第二(工业)产业为重心,转到以满足人们精神需求为主要内容的第三(劳务)、第四(信息)产业为主的阶段;从劳动、资金密集型产业,转向技术、知识密集型产业;而以微电子技术、生物工程、海洋开发、新能源、新材料等为代表的"朝阳工业"的兴起,以及钢铁、有色金属冶炼、造船、汽车制造、纺织、建筑等"夕阳工业"的衰落或改造,更引起了社会产业结构和劳动就业市场的变化,"不断地把大量资本和大批工人从一个生产部门投到另一个生产部门"[①]。社会发展及其对人才需求的多样性和多变性,在21世纪将显得更为突出。这无论是对培养、造就高层次专门人才的高等学校,还是对接受高等教育以求发展、提高的个人,都是一个不容回避的挑战。

高等学校在适应社会需求变化方面所做的努力,主要是增设各种应用性专业和实用型课程,以适应那种日趋普遍、频繁的"变换""更动"与"流动性"。但是这种"适应",总是滞后于社会的发展与变化。人们终于意识到,必须从教育思想、教育观念和教育模式、教育内容和方法上"应变",即通过使受教育者得到"尽可能多方面的发展",来适应社会的变化。一方面,拓宽专业口径,充实专业教育;另一方面,实施全面的素质教育,以弥补专业教育的不足,克服其局限性和片面性。就这个意义而言,在大学实施全面的素质教育,是固本以强枝,"以一变应百变",是马克思关于人的全面发展学说在新时期的一种运用与实践探索。

---

① 《马克思恩格斯全集》第23卷,人民出版社1972年版,第534页。

另一方面,"终身教育""终身学习"的思想已经普遍为人们所接受。从这一观点看,进入高等学校深造,仅仅是贯穿人生的不断学习进程中较为特殊的一段,它并未终结人们的学习生涯,因而也不必要求本专科教育"毕其功于一役",将未来的工作与生活中可能用到,或者在回归教育、继续教育中可以学到的知识与技能,都在这一特定时期传授给学生。事实上,信息社会的到来已经使这种"学四年而管一生"的模式既不可能也无必要。

美国《耶鲁学院1828年报告》曾经竭力阻止那些"完全可以在会计室、车间和农场里学习"的科目进入高校,"他们希望大学中强调学习文学与科学,因为这些是学生在繁忙的日常生活中可能永远不会有时间和机会去探求的学问"。[1] 这一曾经主导了美国19世纪高等教育的哲学思想,在20世纪以来却日趋式微,一系列实用性科目与课程,例如商业、机械制造和农业技术等先后进入大学,明示着高等教育的哲学钟摆从"装备"心灵、"发展精神力量"向注重实用、强调专业训练方向摆动。当20世纪行将结束之时,社会的变革以及"终身教育"思潮的澎湃却赋予"耶鲁报告"那看似迂腐、过时的教育哲学以新的含义与新的生命活力。人们必须回答这样一些问题:21世纪的大学究竟是主要传授专业(职业)知识和技能,使学生能在社会立足、在就业市场竞争中占先,还是应该将那些在未来的就业岗位和生活中再也难以涉猎、难以掌握的东西交给学生,以使他们更充分、更全面地发展自己,更好地把握人生、面向社会?

面向21世纪的高等教育哲学需要来一番大的变革。既然终身

---

[1] 约翰·S·布鲁贝克:《高等教育哲学》,郑继伟等译,浙江教育出版社1987年版,第5、6页。

教育的思想已被公认为是"进入21世纪的一把钥匙"①,那么,就不必再让那些本可以在今后的实际工作岗位学习、补充的知识、技能充塞高等学校的课程体系。青年学子正处在长身体、学知识、增才干的关键时期,而高等学校又是一个多学科的、相对远离物欲与功利的场所。应当充分利用这一独特阶段和独特场所,让青年学子"学知(learning to know)""学做(learning to do)""学会共同生活(learning to live together)""学会做人(learning to be)"。②由雅克·德洛尔任主席的"国际21世纪教育委员会"向联合国教科文组织提交的报告《教育——财富蕴藏其中》将上述四方面的学习称作"教育的四个支柱",并坚决地重申了一个基本原则:"教育应当促进每个人的全面发展,即身心、智力、敏感性、审美意识、个人责任感、精神价值等方面的发展。"③特别重要的是,应当使21世纪的新人借助其青年时代,尤其是大学阶段所受的教育,"能够形成一种独立自主的、富有批判精神的思想意识,以及培养自己的判断能力,以便由他自己确定在人生的各种不同的情况下他认为应该做的事情"④。而这些,正是方兴未艾的大学素质教育的真正价值与时代意义。

二、是教育思想,亦是教育类别:
大学素质教育的定位

在我国基础教育界,素质教育是与应试教育相对立而存在的。

---

① 联合国教科文组织总部中文科译《教育——财富蕴藏其中》,教育科学出版社1996年版,第8页。
② 同上书,第75页。
③ 同上书,第87页。
④ 同上。

中小学教育应由应试教育向素质教育转变,也已经成为人们的共识。然而大学的素质教育应当如何定位?它与专业教育的关系如何?这些问题却尚有一些不甚明晰、难成共识之处。

较为流行的一种观点是,"素质教育不是对教育的分类,而是一种指导思想,一种教育观念";"它强调的是一种基础,是一种素养,是一种做人和做学问的功底"。[①]

大学素质教育是一种教育理念,一种指导思想,这是毫无疑义的。它着眼于受教育者的全面、和谐、可持续性发展,体现着教育所指向的价值目标。在这个意义上讲,它与那种狭隘的、片面的、过分功利化的专业教育思想相对立,与那种注重即时的应用和看得见的"适应"的教育理念相对立。

但是,科技的进步和时代的发展并未改变高等教育作为一种"培养高层次专门人才"的活动的属性。近来有学者专家主张取消高等学校的系科和专业界限,但多数人不敢苟同。因为在中国这样的发展中国家,在二三十年内,高等教育,尤其是本科教育,仍将是一种相对稀缺而且十分昂贵的"资源"(或"机会"),我们还不可能取消专业,而只能拓宽专业口径,淡化专业界限;我们也不可能实行完全的、"广种薄收"式的"通才教育"。因此,加强大学素质教育并不是要取消和取代专业教育,而只是否定其过分功利化和过分狭隘、片面的弊病。以素质教育的理念指导并重组现有的专业教育,包含以下两项要务:第一,调整本科专业目录,扩大内涵,增强弹性;第二,在专业教育中注重专业基础,强化专业素质的培养而不再仅仅重视专业知识与技能的传授。

然而,仅仅依靠专业教育(即便是根据素质教育的思想重组后的

---

① 文辅相:《我国本科教育目标应当作战略性调整》,《高等教育研究》1996年第6期。

专业教育），仍难以完成"促进学生生理与心理、智力与非智力、认知与意向等因素全面而和谐的发展，促进人类文化向学生个体心理品质的内化"[1]的任务。这一任务，必须通过其他的综合的素质教育方能完成。这种综合的素质教育，就是指除了专业教育以外的其他显性课程及隐性课程的教育、教学，一如美国大学中与专门教育相辅相成的"普通教育"，以及我国台湾、香港地区大学的"通识教育"。

这样，我们就将大学素质教育定位为既是一种教育理念，一种更加强调"基础""素养"及"做人和做学问的功底"，体现着现代教育价值指向的教育思想；同时又是一种教育类别，它分为相辅相成、互补性很强的两个部分，即旨在加强专业素质的教育，以及承担着专业素质之外的综合素质培养的教育。后者并不仅仅限于若干门课程，或一两项举措，而是涵盖高校专业教育（主修科目及其延伸）之外的所有显性课程与隐性课程、教学活动与教育举措，并做通盘考虑，统筹安排，以促进素质的全面、和谐、整体的发展，使学生"既具改变外部世界之知能，还具'心灵自我唤醒能力'"，形成"集真善美为一体的人格"。[2]

将大学素质教育区分为专业素质教育和其他综合素质教育两个有机、互补的组成部分，在理论上是有依据的，在实践中也有先例可循。作为一种指向明确的教育主张，必须借助一系列教育载体、教育形式和教育举措，方能付诸教育实践。例如，美国大学推出"综合核心课程"，作为实施"普通教育"的方案。为了将"普通教育"的"思想目标转化为实践"，以欧内斯特·博耶为首的卡内基教学促进基金会80年代中期曾对"普通教育的学术框架"提出建议，确定七个领域的

---

[1] 文辅相：《我国本科教育目标应当作战略性调整》，《高等教育研究》1996年第6期。
[2] 鲁洁：《通识教育与人格陶冶》，《教育研究》1997年第4期。

主题,即:语言(最基本的联系工具)、艺术(美学素养)、渊源(生活的历史)、制度(社会结构)、自然(行星生态)、工作(职业价值)、认同(发现自身的存在及其意义)。各个不同高校在共同的主题下可以有不同的课程设置计划。①

大学素质教育的目标可以通过各种不同的途径和形式来实现。专业素质教育和其他综合素质教育既相互区别又具有很强的互补性,它们统一在实现素质教育思想的目标上——前者重在培养专业素质,后者则重在其他综合素质的提高。这样,就既避免了仅仅将大学素质教育归结为若干门文化知识课程或讲座的简单化、片面性的理解,也避免了只是强调大学素质教育作为一种观念的必要性与重要性,而未能阐明其可操作性的缺陷,同时又为不同类型、不同层次的高校探求其实施大学素质教育的富有特色的形式与途径留下了充分的自由发挥的空间。

我们现在所追求、所探索的大学素质教育,在很大程度上与欧美国家大学所实施的"普通教育",以及我国台湾、香港地区高校的"通识教育"相通、相似。如果说有不同,则主要体现在三个方面。其一,"大学素质教育"的目标指向较"普通教育""通识教育"更加明晰,更加科学。其二,"大学素质教育"将专业教育也涵盖在内。换句话说,专业教育也应根据大学素质教育的思想重组,由过去的注重专业知识、专业技能的学习转向注重专业素养的提高。这就有可能避免美国大学的学士学位课程"在普通教育和专门教育之间被截然地分割"以及"不正常地分离"的弊端②,使专业素质教育和其他综合素质教育

---

① 欧内斯特·博耶:《美国大学教育》,复旦大学高教研究所译,复旦大学出版社 1988 年版,第 108 页。
② 同上书,第 118 页。

成为实现共同目标的两个互补的方面,而不是相互排斥。其三,大学素质教育的形式更具多样性,除了以课程教学为主体外,它还借助学术讲座、课外阅读、个人或群体的专题研究、校园文化活动及社会实践等多种形式。

三、科学与人文:大学素质教育的两翼

人类知识量激增、学科分类日趋专精的趋势,使得人文与科学彼此疏远、隔膜,分裂为英国学者 C. R. 斯诺所说的"两种文化"。而高等教育日益向专门化发展,以及学生、家长中普遍存在的功利性的"职业至上论",更使人们对自己专业以外的知识与教育,尤其是那些与"功利""实用"无直接关系的人文教育缺乏兴趣,以致受过现代高等教育的青年往往缺乏批判性的思考、整体观与想象力,人文精神低落,价值体系混杂。为了防止高等教育滑落为"另一种形式的企业学徒培训",人们不约而同地强调,大学的"素质教育"("普通教育"或"通识教育")刻不容缓。

科学教育与人文教育,应当成为大学素质教育的两翼。我国许多学者专家在呼吁加强大学生的人文素质教育的同时,主张"身需彩凤双飞翼",在大学素质教育中努力追求真、善、美的统一,努力通过科学与人文"两种文化"间的深刻对话,达到沟通、整合的目的,使大学生的理性与情感,科学精神与人文素养得到和谐发展。

笔者完全赞同这样的观点,在当前,对大学生的素质教育,应当从加强文化素质教育入手,尤其应重视"直接表现人的精神世界、精神力量"并"对发展人的心灵,形成和谐人格方面具有独特作用"[①]的

---

① 鲁洁:《通识教育与人格陶冶》,《教育研究》1997 年第 4 期。

人文教育。但同时我们要防止引起两种误解,一是将大学素质教育误解为似乎只是人文学科教育,无视或忽视科学教育在素质全面发展中的重要作用;二是将人文学科教育变成只是文化知识的补充教育,无视或忽视在广博的人文知识基础上升华、提高到人文精神的重要意义。

强调科学教育是大学素质教育的重要一翼,主要有三方面的考虑。

其一,科学技术已经是当代文化的重要组成部分。科学技术的迅猛发展,已经远远超出常人的认知范围,而且已经深深地楔入人们的日常生活,在广泛地影响人们的生产、生活方式的同时,也在深刻地改变着人们的思维方式,冲击着传统的思想文化观念。

其二,对科学无知或只有一知半解的大学毕业生,只是一个"单面人"或"局限人",不可能在 21 世纪这样一个高科技时代立足且得到充分的发展。而相当一部分大学生对当代科学技术的隔膜、误解与无知的状况,至少不亚于另一部分学生对人文知识的隔膜、误解与无知。

其三,英国学者 C. R. 斯诺 1959 年在其《两种文化与科学革命》一书中,就不同意将职业教育与自由教育之间的冲突看作自然科学和人文科学长期对立的表现。约翰·S·布鲁贝克在进一步阐发这一见解时指出:"自然科学当然是经验性的,但它远远不只是缺乏理论说明的原始经验的堆积";"由于科学的假说阶段是高度理论性的,因此,必须承认科学具有无可争议的理智内容,并因此有资格成为自由教育的重要组成部分"。[①] 作为素质教育重要一翼的科学教育,当

---

① 参见龚放:《现代大学通识教育之由来、使命与形式》,台湾师范大学《教育研究资讯》1997年第 6 期。

然不只是停留在经验性、知识性、技能性知识的传授，而应突出科学思维方式和创新能力的形成，致力于批判谬说、追求真理的科学精神的熏陶。在这一点上，科学精神与人文精神的内核是相通的，因此，科学与人文是应当而且可以相互沟通并且融合的。而这也恰好是大学素质教育追求的目标之一。

人文教育与科学教育，是大学素质教育的两翼，两翼齐飞，才能相得益彰。从总体上说，当前高校应更注重对大学生人文学科的教育，因为市场经济的交换方式、利益机制，容易使人屈从物质、实用、经验、功利的诱惑，而冷落人文学科的教育，忘怀对人文精神的寻求。同时也应当承认，在某些学校、某些系科的大学生素质教育中，有必要适当加大科学教育的比重，甚至以科学教育为主。大学的素质教育是以人文教育为主，还是以科学教育为主，应当根据不同科类、不同层次的学生的具体情况而定。但无论是人文教育，还是科学教育，都不应停留在知识的讲授，而应尽可能提高到哲学思考的层面，并着力于人文与科学的沟通与结合。

四、哲学教育和理论思维：大学素质教育的中坚

中国人民大学哲学系主任刘大椿教授在探讨我国高校哲学教育改革的思路时，提出了一个颇具创意的观点，即"哲学教育的主要功能是培养理论思维能力"，要"组织力量为一般大学生的素质教育服务，成为提高学生理论思维能力的中坚"。[①] 笔者认为，将哲学教育和理论思维作为大学素质教育的中坚，有以下三方面的理由。

第一，只有通过哲学层面的反思，才能较好地解决人文与科学结

---

① 刘大椿：《面向 21 世纪的哲学教育改革》，《教学与研究》1995 年第 5 期。

合这一大学素质教育的难点。

根据马克思主义的观点,哲学所研究与思考的,是关于世界(包括自然界、人类社会和人类思维)的一切事物的最普遍的问题。黑格尔将哲学看成"人类精神的反思",马克思对这一观点有所发挥,做出了"任何真正的哲学都是自己时代精神的精华"的论断。就人类的精神文化而言,初始阶段统一于"神话",后却分化为宗教、艺术、科学与哲学。作为探求文化之根的哲学,一方面由于包含着人类的客观认识而与科学紧密相连,另一方面又因反映了人类的主观愿望、情感和意志而与宗教、艺术相通。马克思主义哲学是在汲取和概括社会科学和自然科学的研究成果的基础上形成的,是探究真之为真、善之为善和美之为美的根据。对青年大学生进行哲学教育,增强其理论思辨能力,有助于他们高屋建瓴,把握整体,突破各具体学科的局限,以及具体知识的狭窄性,超越人文与科学认识的界限,从而既了解人文社会科学的新进展,又善于接受科学技术的新成就,能及时回应时代的挑战。

第二,只有通过哲学的思考,才能帮助青年学子超越功利,摆脱狭隘,告别浅薄,方能形成正确的世界观、人生观和价值体系。

鲁洁教授曾经深刻剖析了当代教育的"外在化"弊病。认为"近一个多世纪以来的教育的主要宗旨只是教人去追逐、适应、认识、掌握、发展这个外部物质世界",放弃了对学生进行"为何而生"的教育,而仅仅致力于传授"何以为生"的知识和本领。[①] 在我国高等学校,这种"外在化"弊端同样存在,且有蔓延、扩大的趋势。注重"适应",忽视"超越";热衷"功利",淡漠理想;讲究"实惠",嘲笑"崇高",已经成为相当一部分学生教师心态的写照。

[①] 鲁洁:《通识教育与人格陶冶》,《教育研究》1997年第4期。

有一个认识误区亟待澄清,即以是否"实用"为标尺,对高等教育的课程做目光短浅的取舍。"学以致用"之"用",有精神之用与物质之用,间接之用与直接之用,即时之用与长期之用之分,决不能作庸俗化、简单化和实用主义的理解。用功利、实用的眼光去看,哲学也许比任何学问都更加"无用"。然而我国自古以来都将它视为教人修身、立志、治国、安邦的"大用"之学。从现代教育学的观点看,作为"智慧之学"的哲学所探究的,是世界万物运动发展的普遍规律。把哲学教育作为大学素质教育的中坚,有助于引导学生通过哲学思辨,去探究超越于现实功利的人生意义、理想、信仰与终极关怀,从而将"为何而生"的思考与"何以为生"的学习结合起来,将"为稻粱谋"与"为天下忧"恰当地统一起来,构建正确的、足以影响一生发展的世界观、人生观和价值体系。

第三,只有通过哲学的反思,才能掌握科学思维、批判性思维的方法论。

哲学反思的结果,除了形成明确的世界观之外,还可以转化为方法论。马克思主义的唯物辩证法作为最高层次的方法论,是人们认识世界、改造世界和正确地进行思维的"导向仪"。大学生通过哲学教育和哲学反思,掌握批判性思维方法和辩证逻辑方法,有助于提高自己的思维水平,并有助于学习掌握其他具体的方法。这是大学素质教育的一个不可或缺的组成部分。

需要提及的是,有的学者认为"善于'借取'的方法教育"不属大学素质教育的范畴("至少不完全是素质教育的范畴"),并主张以"方法教育"来弥补"单纯素质教育的不足"。[①] 笔者认为这一观点值得商榷。"善假于物",应当是人才的基本素质之一。荀子的《劝学篇》就

---

① 文辅相:《论大学素质教育》,《高等教育研究》1995 年第 3 期。

曾指出:"假舆马者,非利足也,而致千里;假舟楫者,非能水也,而绝江河。君子生非异也,善假于物也。"在现代社会,善于借助资料卡、图书馆、计算机、信息网,善于获取和处理信息,更是现代人才(无论是科学研究人才,还是实际应用人才)极为重要的基本素质之一。我们决不会要求人们将所有的知识、信息都"内化",而只要求他们熟练掌握检索和处理知识、信息的方法,并尽可能"内化",这与"强调内化于身心的素质教育"并不相悖。因此,没有必要在"专业素质教育"和"其他综合素质教育"之外另添"蛇足"——"方法教育",因为后者本来就是综合素质教育"题中应有之义"。

五、提高"情商":大学素质教育的新课题

所谓"情商"(EQ),全称应为"情绪智力商数"(Emotional Intelligence Quotient),指的是测定人的情绪智力水平的指标。其实,更加规范的术语应为"情绪智力"(Emotional Intelligence),有学者认为它包括:(1)对情绪的自我认知感觉能力;(2)妥善管理自己的情绪,及时摆脱焦虑、灰暗与不安的能力;(3)自我激励,克制冲动与延迟满足,保持热忱的能力;(4)认知他人情绪的能力;(5)调整人际关系的能力,等等。

EQ 理论是由美国的两位心理学家——耶鲁大学的彼得·塞拉维和新罕布什尔大学的约翰·梅耶创立的。1995 年哈佛大学教授、《纽约时报》记者丹尼尔·戈尔曼的科普读本《情绪智力》(Emotional Intelligence)一书问世,连续高居美国、加拿大畅销书榜首,使"EQ"这一新名词不胫而走。1997 年 1 月,加拿大多伦多的"多元健康系统公司"推出了世界上第一个 EQ 测试版本,并预测 21 世纪初全球各大公司在录用经理等高级雇员时,将会同时测试 EQ 和 IQ,并将测试

结果作为聘用与否的重要依据。这一 EQ 测试版本同时被译成七国文字,一时引起舆论界的轰动。①

一些研究著作和通俗读本如"芙蓉 EQ 丛书"相继出版,许多报刊载文介绍 EQ 理论,其中不乏将"情商"说得玄而又玄者。其实,EQ 是相对 IQ 而提出的。所不同的是,IQ 强调人的认知能力,如语言与数学逻辑能力等;许多西方学者还倾向于将"智商"的高低归诸遗传因素、先天条件,认为后天的经验与教育对提高 IQ 效果有限。而 EQ 则由五种可以通过后天的学习形成并得到提高、得到改善的能力组成。1983 年哈佛教育学院的心理学家霍华德·嘉纳在其《心理架构》一书中反驳了当时流行的"IQ 决定一切"的观念,指出人生的成就并非取决于单一的 IQ,而是多方面的智能。EQ 理论问世之后,一些最新研究成果表明,一个人的成功,只有 20% 归诸 IQ 的高低,而 80% 取决于人的 EQ 等其他因素。而且,EQ 往往还可以决定其他能力(包括智能)的发挥极限,甚至是影响个人身心健康和情感生活以及事业进展的重要因素。

笔者认为,EQ 理论固然有需要推敲之处,但这一概念的提出自有其十分积极的影响。它的教育学意义至少表现在两个方面:第一,有利于纠正学校教育偏重学生的逻辑—认知能力的发展而忽视情感—体验层面的教育的弊端;第二,对学生及其家长来说,可以消除以往只重"智商"而造成的盲区,增强通过不断的学习和调适,努力提高自己的"情商"的主动性和自觉性,从而使学校德育工作开辟新的途径,增加新的活力。

情绪的体验和情感的发展,本来就是素质教育的重要内容,且应从幼儿阶段就予以重视。然而由于应试教育长期占上风,加上独生

---

① 加拿大《环球邮报》文,转引自 1996 年 12 月 4 日《文汇报》。

子女家庭教育中的诸多误区,学生的情感发展远远滞后于认知能力的发展。进入高校的学生的心理素质不如人意,高"智商"而低"情商"的为数不少;因经受不起小小的挫折,或处理不好与同学的关系而消沉、沮丧,或者勃然大怒、谩骂斗殴者也时有所见,有的甚至酿成悲剧。大量事实提醒我们,大学素质教育应当把提高学生"情绪智力"作为不可忽视的重要内容。这一方面是因为基础教育忽视情感发展留下了"后遗症";另一方面,大学生自身正处在人生的重要转折时期,而我国社会也正处在历史性的转型时期,双重的转折会引起诸多的困惑与烦恼,使得情感发展、情绪调适的问题显得更加突出,更为紧迫。

同时,我们也应看到,进入高校的青年学子,绝大部分是有生以来第一次远离钟爱、呵护他们的家庭、父母,如同离开温室的花卉、刚刚破壳的鸡雏(尽管这"破壳"如此姗姗来迟)。这正是他们踏上社会、直面人生之前强化情感教育、陶冶良好人格的最后一次机会。令人欣喜的是,EQ理论已经在大学本专科生和研究生中产生强烈反响,促使他们关注非智力因素,重视 EQ 与 IQ、情感发展与智力发展的平衡。我们要因势利导,将情感教育和人格养成作为大学生素质教育的重要内容。

EQ 理论问世以后,美国一些著名大学先后制订 EQ 研究、训练计划,开设情绪教育课程。如华盛顿大学的"康庄大道计划"和"西雅图社会发展计划"、伊利诺伊大学的"耶鲁-纽哈芬社会能力改善计划"、罗杰斯大学的"社会知觉与问题解决能力改善计划"等。但这些计划和课程研究、关注的对象,大多为从幼儿园至中学的学生,针对大学生的情绪教育、EQ 训练尚未见诸报道。因此,在大学素质教育中列入情感发展、EQ 训练的内容,就有相当难度,因为尚无先例可循。由谁来关心、指导大学生提高自己的 EQ?通过何种方式、何种渠道帮助他们认识自我,理解他人,并学会调适情绪及人际关系?这些都是我们需要研究、探索的崭新课题。

六、任重而道远:大学素质教育的前景

也许有人会提出疑问,你将哲学教育、方法教育、情绪教育等都列入大学素质教育范畴,是否会将这一概念泛化?笔者认为,大学素质教育思想的价值,就在于使大学阶段所有的教育活动,包括显性、隐性的课程,有形、无形的"教",自觉、不自觉的"学",都服从于一个指导思想:使受教育者的素质得到全面、和谐和可持续的发展。这一指导思想的落实,将在两个领域同时展开,一是根据大学素质教育思想改革、重组专业教育;二是根据大学素质教育思想,对专业教育之外的其他教育、教学活动统筹安排,精心设计。

因此,提出并论证大学素质教育思想,只是提出了"过河"的必要性,指明了"过河"的方向,而要真正完成"过河"的任务,还必须解决"桥"或"船"的问题。当务之急,是要统一认识,认可大学素质教育不仅是一种教育思想、教育观念,而且是包含专业素质教育及其他综合素质教育的新型现代教育模式。要根据素质教育思想来重新设计、改造原有的专业教育,并根据素质教育思想来构建框架、明确主题、统筹考虑其他综合素质教育。这一问题不解决,"过河"就难以真正成为现实。

与大学专业素质教育相辅相成的其他综合素质教育,大致有分层递进的三重具体目标:(1)补缺、纠偏,弥补基础教育阶段的缺失,摆脱专业教育可能形成的狭隘与偏执;(2)整合、贯通,由知识的统摄渐臻智慧的领导;(3)超越小我,超越功利,由追求整合的知识到促进身心的全面发展,由智慧的领悟、情感的发展、价值的澄清到良

好人格的养成。

其他综合素质教育的形式应当是多样化的，除了开设系列化、模块化的课程("核心课程""学位课程"、系列选修课程、跨学科课程)和学术讲座外，还可以尝试其他形式，如指导学生进行专题研究，指导学生课外阅读，指导学生社会调查，举办跨学科的 Seminar，将劳作列为必修科目(如同清华大学和台湾东海大学所做的那样)等。

一个指导思想，两个相区分又互补的有机组成部分，三重使命，多样化的途径与形式——大学素质教育的实施，有待于各高校领导和教师充分发挥能动性和创造力，有待于各种富有创意的设计方案和成功的探索实践。在这个意义上可以说，大学素质教育任重而道远。

(原载《教育研究》1997 年第 11 期)

现代大学通识教育之由来、使命与形式

龚 放

自由教育的式微与通识教育的兴盛

欧美国家高等教育中的 General Education,在我国大陆地区通常译作"普通教育"或"一般教育";在台湾、香港地区则译为"通识教育"。当然,在大陆众多的高等院校里,与专业教育相对应的"普通教育"或"通识教育"等提法并不常见,类似台、港地区大学通识教育的内容,通常冠以"促进全面发展的教育"或"素质教育"等名称。① 为了行文方便,本文一概以"大学通识教育"统称此类教育活动。

要讨论现代大学通识教育,首先要讨论欧洲传统大学的"自由教育"(也称"博雅教育"),即 Liberal Education。因为许多论者常常将

---

① "素质教育"是中国大陆教育界近年来流行的一种提法,它有两个含义:在中小学教育中,"素质教育"是作为"应试教育"的对立物存在的;在高等教育阶段,"素质教育"一般与"专业教育"或"职业教育"相反相成,相互补充。

通识教育视为"自由教育"在当代大学里的"复兴"。在笔者看来,现代大学的通识教育固然与历史上的自由教育不无相似、相通之处,但时移世易,水流舟行,硬要将两个适应不同时代,有着不同性质、对象、内容与方式的教育视为一体,岂非如"刻舟求剑"者一样可笑?

由亚里士多德倡导,在中世纪欧洲大学成型并影响了西方大学几百年发展进程的"自由教育",有其明确的内涵与特定的指向。第一,在亚里士多德看来,自由教育是"与奴隶与工匠相对"的"自由人"所应享受的、以自由发展理性为目标的教育。尽管欧洲中世纪以后大学自由教育的内涵有所变化,但诚如美国密执安大学(University of Michigan)教授约翰·S·布鲁贝克(Brubacher, J.S.)所言:"自由教育作为高等教育的一个阶段,是少数人而不是多数人的特权","是等级社会中少数上层社会化的特权"。[1] 第二,接受自由教育的个体必须具备一个基本前提,即拥有充分的、可以自由支配的闲暇时间,无须做工、务农或经商,无须为衣食而奔忙。第三,自由教育尊崇的是"自由人的价值",是帮助少数精英获得德行、智慧与身体和谐发展的教育。自由教育竭力排斥功利,鄙视职业教育,认为后者"卑下",且有损于理性的发展。从自由教育的创始者亚里士多德,到19世纪中叶为振兴自由教育而大声疾呼的英国红衣主教纽曼(Newman, J. H.),无一不对专业教育和职业教育持反对、蔑视态度,表现出一种"势利倾向"[2]。第四,中世纪大学自由教育以"七艺",即"七种自由艺术"为主要内容。尽管有学者指出,"七艺"已经含有人文的与自然的知识的早期分类(如文法、修辞和逻辑等"三艺"属人文类,而算术、几

---

[1] 约翰·S·布鲁贝克:《高等教育哲学》,郑继伟等译,浙江教育出版社1987年版,第75、76页。

[2] 同上书,第85页。

何、音乐和天文这"四科"则可归入"认识类"范畴)①,但毕竟此时学科混沌,界限未明,自然科学尚处在发展初期。进入文艺复兴时期以后,欧洲大学便明确以人文学科——主要是古希腊语和拉丁语以及用这两种文字撰写的哲学、历史、文学、艺术类经典著作——作为自由教育的主要内容。

既然自由教育是等级森严的社会和科学蒙昧时代的产物,那么,它也必将随着科学的昌明、社会的演进和时代的变迁而由盛转衰。科学的进步导致了学科的不断分化和知识日趋专精;技术的更新,尤其是科学与技术的结合,导致了生产方式的变革和社会分工的加快,从而也使得社会对专业人才的需求大大增加;而法国大革命以后一系列的社会变革,加快了高等教育下移的速度,越来越多的平民子弟进入大学校门,他们的价值取向与醉心于"训练心智"的贵族教育大相径庭。在多重因素的综合作用下,数百年来一直支配着西方大学理想的自由教育遭到质疑和挑战,工具理性、实用哲学、功利主义逐步抬头并占上风。自由教育的衰落不可逆转,取而代之的是各种专业(职业)教育。到20世纪60年代,大学业已成为青年学子进入各种社会职业的主要"入境港口"②。

1852年,英国红衣主教纽曼出版了《大学的理想》(*The Idea of a University*)一书,试图扭转自由教育日趋式微的颓势。1963年,美国加州大学校长克拉克·克尔(Kerr, C.)出版他在哈佛大学的演讲报告,并冠以《大学的功用》(*The Uses of the University*)之名。从idea到uses,百余年间一前一后出版的两本著作,恰恰勾画出高等教

---

① 乔凡尼·高齐尔:《跨学科性:一个还不明确的概念》,《世界教育展望Ⅱ》,教育科学出版社1983年版,第31页。
② 克拉克·克尔:《大学的功用》,陈学飞等译,江西教育出版社1993年版,第79页。

育哲学钟摆运动的轨迹。台湾大学叶启政教授曾经恰到好处地指出了这一发展趋势:"毫无疑问,为了顺应时代潮流,大学教育强调知识的专精分工,而且以功利实用为目标。在这样情形下,人们实在没有太多的客观现实条件,再矜持传统的重在培养政治贵族的博雅教育理念。"①

然而学科的过度分化导致了相互疏离与分割,知识的专精也可能滑向狭隘与琐碎,热衷于追求功利和实用,忽略了人文素养、价值与道德的专业教育(职业教育),有可能将大学降格为另一种形式的职业培训所,使大学毕业生变成缺乏理想、热情和人生价值目标的"单面人"。功利化的专业教育的这些缺陷和弊端,一直为世人所诟病。在一些人追怀"自由教育"的崇高与清纯,而另一些人坚持专业教育的正当与合理的时候,也有许多人在思考这样一些问题:大学能否实现"既培养学生成为专业人员,又培养其成为有教养的人这样一种双重目标"②? 能否不仅使人学会"做事"(to do),而且使人学会"做人"(to be)? 能否在科学与人文,功用与理念,专业知识的传授与完美人格的养成,"为稻粱谋"与"为天下忧"之间取得某种平衡,而不再做目光短浅的取舍?

现代大学的通识教育就是这种深入思考与不懈探求的产物。起初,人们试图"复兴"自由教育来疗救专业(职业)教育的偏颇。也有人主张对经典的自由教育实行"改造",为其奠定实用基础,并"使它们与当代种种问题建立更直接的联系"。后来,"一些人把'自由教育'这一古老称呼还给传统主义者,同时打出了'普通教育'(Liberal

---

① 叶启政:《正视大学的人文精神》,《台大评论》1989 年春季刊。
② 托斯顿·胡森:《关于大学的观念:不断变化的作用、当前的危机和今后的挑战》,联合国教科文组织,《教育展望(中文版)》1992 年第 30 期。

Education)的旗号"①。美国芝加哥大学校长罗伯特·M.哈钦斯（Hutchins,R.M.)较早提出"普通教育"的思想,以区别于专业教育或职业技术教育,然而他有时又称之为"自由教育"。但是1945年颁布的被人称为"红书"的哈佛报告《自由社会中的普通教育》,已经明白指出：普通教育的真正任务,是"协调来自遗产的模式和方向的意义与来自科学的实验与革新的意义,这样他们就可以富有成效地共存"。这段话其实指出了现代大学普通教育与经典自由教育的"同中之异"。

随着学科的交叉、综合取代学科的分化成为科学进步的主要标志,随着科学技术本身所拥有的巨大的创造力与破坏性逐步被人们认识,随着现代社会因生态恶化、价值混乱和文化冲突,而面临一系列困惑与挑战,大学通识教育（普通教育）的重要性日益凸现出来。在华人地区,尤其是中国,严重的"应试教育"和过早的文理分科所造成的种种弊端,更将实施和优化通识教育的紧迫性提上大学行政领导和教授们的议事日程。现代大学通识教育的日趋盛行,也可由香港中文大学1994年举办的"亚东区通识教育学术研讨会"和这次"华人地区之大学通识教育研讨会"中略见一斑。

今天仍有一些人将通识教育（普通教育）与自由教育相提并论或等量齐观,但我们应当看到,现代大学的通识教育已非"吴下旧阿蒙"了。与经典的自由教育相比较,它至少在三个方面有了质的变化。第一,现代大学的通识教育是面向莘莘学子的——他们来自社会各个阶层,从豪门巨富到平民百姓——而不再像自由教育那样,仅仅是少数精英们的特权。第二,现代大学的通识教育并不排斥或贬低专业教育,恰恰相反,通识教育与专门教育应当而且可能携手合作,互

---

① 约翰·S·布鲁贝克:《高等教育哲学》,郑继伟等译,浙江教育出版社1987年版,第87页。

补共进。"当学生的学习从深度向广度发展,带着关于人生的价值和意义的问题进入专门学习领域时,普通教育的综合知识会对主科的学习起作用。"[①]第三,现代大学的通识教育是文理兼备的,力图通过科技与人文"两种文化"间的深刻对话,达到沟通、整合的目的。它力图使科学教育、技术教育"人本化";同时又努力使人文教育富有现代气息、科学精神,而不再仅仅满足于从先圣前贤的经典著作中寻章摘句。

现代大学通识教育之使命

现代大学的通识教育负有多重使命,其要者有三:

（一）补缺、纠偏,摆脱狭隘与浅薄

中学阶段过早的文、理分科,造成了青少年知识结构的明显缺陷,这已是顽固地盛行于我国大陆和台湾地区的"应试教育"的"公害"之一。进入大学之后,划分过细、过窄的学科、专业,加上功利色彩过于强烈的学习态度,愈加强化了大学生知识掌握中的缺失与偏狭。学文科的对自然科学所知有限,面对信息网络一筹莫展;学理工的会玩电脑,却不知文天祥、史可法,答不全世界三大宗教、七大奇迹……更令人不解的是同样学工,懂电的不懂机械,搞机械的不懂电;而专攻唐宋文学的硕士、博士研究生,居然对先秦两汉文学或明清文学若明若暗。彼此分割的学科专业所提供的专精而狭窄的知识通道,不知造就了多少"跛脚鸭"！

现代大学通识教育的第一项使命,就是要治疗这种教育失当所

---

① 欧内斯特·博耶:《美国大学教育》,复旦大学高等教育研究所译,复旦大学出版社1988年版,第117页。

造成的"营养不良"、文理失衡。香港中文大学的何秀煌教授认为，"现在我们要设法推行的大学通识教育，或多或少都把它当成对于这个时代的教育缺失的补救教育"①。1978年以后在中国高校普遍开设的"大学语文"课程，即是针对大学新生文化素质不高、文字语言能力薄弱而采取的补救措施。美国麻省理工学院从1988年起，要求所有的本科生都要在文学及原著研究，语言、思想与价值，艺术、文化与社会，历史研究这几类课程中至少修学三类，目的也在于帮助这些未来的工程师改善知识结构，避免缺失与偏狭。

人们赋予通识教育补缺、纠偏的功能，主要有以下三方面的理由：

（1）我们所处的大环境——物质的、人类社会的以及精神的世界——本来就是统一与彼此融合的。我们对自然、人文与社会的认识，也应当是全面的、统一的，而不是彼此割裂、支离破碎的。

（2）大学毕业生迈出校门后可能碰到的种种问题，都不会是单一的技术或文字问题，不会只涉及数学或力学知识。早在1949年，美国麻省理工学院教学委员会就通过了著名的"刘易斯报告"，报告指出："技术的和社会的问题如此错综复杂地交织在一起，以致人文学科和社会学科必然成为人的职业所需要的部分。"80年代中期，科学社会化、社会科学化的趋势更加明朗。麻省理工学院校长保尔·E.格莱博士又在1987年制定"工程师教育探索性改革计划"，指导这项改革的一个基本思想是："一位专业工程师再也不能仅仅驻足于工程技术一隅了。他生活并活动在一个社会系统中，需要理解文化和人类的价值。人文学科再也不能被视为只是'糕饼上

---

① 何秀煌：《关于大学通识教育的一些思考》，《中大教育》1996年第5期。

的糖粒'。"①

（3）大学所培养的各个学科、专业的毕业生，若干年后将有相当一部分进入政治、经济、教育、文化和科学、技术的决策层和管理层，他们若只有狭隘的视野和残缺的知识结构，不仅难以胜任工作，而且可能因决策失误而造成莫大的损失，甚至酿成可怕的灾难。因此，有必要通过通识教育的实施，使学生文理兼备，更全面地了解他们自己及周围的世界，使未来的科学家和工程师有能力对现代技术的应用，以及自己做出的决策对于人类生态环境的影响做出价值判断。正如爱因斯坦对科学技术人员所言："如果你们想使你们的一生的工作有益于人类，那么你们只懂得应用科学本身是不够的。关心人的本身，应当始终成为一切技术上奋斗的主要目标……以保证我们科学思想的成果会造福人类，而不致成为祸害。"当然，另一方面，也要求未来的社会科学家和文艺工作者对现代科学技术的潜在力量和正负作用有更多了解。

需要指出的是，现代大学通识教育并不等同于人文教育。不错，在科学与人文疏离的过程中，人文教育常常遭冷落、被搁置；在功利与理想的冲突中，人们又总是淡漠理想而热衷功利；在传统与现代、本土文化与外来文化发生碰撞时，外来文化——对华人地区而言，主要是西方文明——又常常挟着先进科技的雄风，带着现代化的光环而占尽上风……因此，大多数高等学校的通识教育，往往侧重于人文的、价值理念的、传统文化的教育。因而，造成了一种误解，似乎通识教育就等同于人文教育，等同于中国文化教育。

如前所述，科学教育也应是大学通识教育的"题中应有之义"。尤其是在科学、技术的发展远远超出常人的认知范围，同时又深深地

---

① 《麻省理工学院着手课程大改革》，《世界科技译报》，1987年11月25日。

渗入人们的日常生活的今天,更是如此。事实上,科学技术已是当代文化的重要组成部分,甚至有些文化学研究者认为,"当代社会文化即科学技术文化"。同时,"科学现在已被认为是一种人性的追求。它要求在产生思想和灵感并在测试和评估这些思想和灵感的过程中有创造性"[1]。因此,许多国家和地区的高等学校不仅致力于把科学教育、技能培训同人文教育结合起来,"在作为方法的科学技术与作为人类生活与行动目的的价值观之间建立平衡"[2],而且致力于推进科学教育、技术教育的"人本化",注意在科学、技术教育中突出科学精神、思维方式和创造能力的培养。"重点放在把科学作为一种探求,作为发现世界的一种令人激动的方式,而不是放在一组知识上",同时,让学生有机会考虑和判断"科学和技术革新的社会、经济和生态影响"[3]。

(二) 整合、贯通,由知识的统摄渐臻智慧的领悟

补缺、纠偏仅仅是大学通识教育的一个切入点,我们并不能止步于此,满足于此。牟宗三先生说得好:"通识不是叫一个人懂得许多,自然科学懂一点,人文科学也懂得一点,美术音乐都懂一点。要知道一个人不是万能,没有一个人可以懂一切。若真有人无所不懂,那这个人也不见得有什么可取,做一个有脚书橱、百科全书不见得有什么好处……"[4]

---

[1] 联合国教科文组织:《学会关心:21世纪的教育·未来教育面临的困惑和挑战》,人民教育出版社1991年版,第29页。
[2] S·拉塞克,G·迪维努:《从现在到2000年教育内容发展的全球展望》,马胜利等译,教育科学出版社1992年版,第87页。
[3] 联合国教科文组织:《学会关心:21世纪的教育·未来教育面临的困惑和挑战》,人民教育出版社1991年版,第30页。
[4] 牟宗三:《人文教养和现代教育》,《中国时报·人间副刊》,1986年7月15日。

因此,第二层次的大学通识教育应当在掌握较多知识的基础上,实行科际的整合,即发现各专门知识、各相关学科之间的联系,并突破各学科不同的符号体系、逻辑体系所造成的"能障"或认识"盲区",形成知识的"大局观""整体观"。台湾学者马志钦从认知科学观点看大学通识教育,认为其目的之一,"是要去了解当前科技环境与过去人类种属所生存的自然环境这两者间的差异,以弥补人类生理感官世界的极限性,排除所谓牛顿世界跳进电磁世界、相对论世界、量子世界与混沌世界等对现代科学的'学习能障'"[①]。而美籍华裔科学家李政道教授与国内一批科学家、诗人和画家所进行的饶有趣味的试验,更有力地证明:在自然科学与人文科学之间,抽象思维与形象思维之间,并不存在一条万丈鸿沟。它们之间的界限可以突破,可以跨越,"两种文化"可以对话,可以相通、交融。

打破各门学科之间森严的壁垒,教育学生将知识作为一个整体来看待;同时,在认识不断拓展的同时,努力掌握科学的认知工具和思维方式,就有可能触类旁通,形成"学习迁移能力"。即从一种学科迁移到另一种学科的能力,以及由一般的学习迁移到生活中的各种职业的能力。19世纪耶鲁大学的教授们强调"心理训练"的原则,以反对实用性课程和专业教育进入大学校园。他们认为:"有什么学习能比一个受过良好的训练并因此能将其力量迁向任何方面的心灵更为实用的呢?"他们固守传统课程而排拒专业教育和实用教育的迂腐、保守,已经有历史定论。但是耶鲁大学教授们所注重的对"心灵"的"良好训练",仍然有其合理的内核。

大学通识教育必须防止"杂、散、乱"的倾向,不能只是开设一大批五光十色的课程供学生选修,不能仅仅"填鸭式"地灌输各种知识。

---

① 马志钦:《我对全方位通识教育的看法》,《科学月刊》1994年第2期。

大学通识教育在知识补缺、纠偏的同时，必须注重心智的训练，即培养学生洞察、剖析、选择、整合和迁移的能力，以收举一反三、融会贯通之效果。台湾有的学者将"通识"二字解读为"统摄"，实在是得其精髓之见。缺乏"统摄"能力的人，不可能将知识转化为智慧，即便学富五车，也不过是一只"两脚书橱"而已。

（三）超越功利，超越"小我"，弘扬新的人文精神

由追求知识的整合到促进身心的全面发展，由智慧的领悟到价值的澄清和人格的养成，这是现代大学通识教育的"第二境界"，也是不易实现而又必须孜孜以求的更高目标。

就人的发展而言，身心的和谐，左、右脑的协调，知与行和表与里的一致等，都要求人们从"全人教育"的观点来规划与实施大学通识教育。现代社会所出现的"硅谷病"，充当日本"奥姆真理教"骨干并从事毒气生产的化学硕士、博士等，都从反面提醒我们，高科技须有高情感的匹配，具有高智能的人要有高尚的人格，否则，轻则毁了自身，重则祸害他人。

就社会的进步而言，未来社会不仅仅是一个科技发达、经济富庶的社会，而且还应是一个高度文明、高度民主、充满激情与理想的社会。如果大学教育所培养的只是一些自以为是的技术官僚，或者冷漠、呆板的"电脑人质"，以及唯利是图、人格卑下的政客、市侩，那么，谁来推动社会的全面进步？谁来为民族的、国家的利益犯难冒险？谁来为社会的公正、平等与清明而仗义执言？

因此，无论着眼于个体的发展，还是考虑到社会的进步，大学教育，特别是大学通识教育，都回避不了塑造"新人"和"完人"的任务。

大学通识教育可以通过对历史的追溯与反省，对异质文化的比较与批判，对传统的推陈出新，对艺术的欣赏与赞美，对科学的探索与创新……帮助青年学生超越功利，追求高尚，把人文教育的价值与职业目标联系起来;帮助学生在拓展认知领域的同时拓展视野和胸襟,在提高智能水平的同时提高思想境界;帮助学生走出"小我"的狭窄天地,把个人的追求与民族的、国家的、社会的乃至人类的进步联系起来。从而造就一大批全面发展的,敏于探求、善于批判、勇于创新、乐于奉献的新人,弘扬新的人文精神,这正是现代大学通识教育的根本使命所在。过分功利的、实用的、职业化的大学教育,只可能被动地适应社会,简单地反映社会。而真正成功的大学教育,却可以通过造就大批全面发展,富有理想激情和创新、批判能力的改革者与建设者,来导引、推动社会的发展与进步。

正是在这个意义上,香港中文大学何秀煌教授主张"通识教育不能只停留在知识教育的层次",而必须"入于知识教育之中,出于知识教育之外,走向感情教育,走向道德教育,走向人性教育"[①]。也正是在这个意义上,人们可以断言,现代社会的通识教育不再是一种点缀、一种辅助、一种补救措施,而"往往更是大学教育的灵魂"。

现代大学通识教育的三项使命,相互联系而又有层次之分。但从华人地区多数大学实施通识教育的现状来看,一般仍停留在知识教育补缺、纠偏的层面上,而且不同程度地存在着"实用化""技术化""拼盘化"的倾向。据笔者了解,国内许多高校,特别是理工科院校所开设的通识教育课程,很多是类似"英语广告""商务契约译写""实效商务写作""公关技能初步""微机操作""股票市场简析"等实用性、技能型课程。这一方面由于教师知识结构和水平的局限,另一方面,也与院系主管人员和学生仍以实用、功利观点来看待通识教育大有关系。

此外,由于通识课程的开设缺乏论证,选修又缺乏指导,又会导致另一种倾向即"拼盘化"的出现。有学者批评台湾有的高校将"宠

---

① 何秀煌:《大学通识教育往何处去?》,《香港中文大学通识教育概览》,1996年。

物饲养"之类也充作通识课程。美国卡内基教学促进基金会主席欧内斯特·博耶(Ernest L. Boyer)1987年出版的调查报告,对美国高校中"什锦炒菜"式的通识教育提出质疑,认为从农业工程到意大利语,从保健教育到经济学等由学生"自助餐"式选修形成的任何组合,"都被夸大为够得上称之为普通教育",其实,学生从一门狭窄的课程修读到另一门同样狭窄的课,"很少能发现它们之间的联系,更看不到知识的总体"[1]。这样做,实际上背离了通识教育的真谛,虚化了通识教育的使命。

由此看来,要真正实现现代大学通识教育的三项使命,还需要付出艰苦的努力,还要走很长一段路程。

现代大学通识教育之形式

现代大学通识教育的形式必须多样化,方能承载我们赋予它的多重使命。

在实现多样化方面,世界各国高等学校已经有一些成功的探索。

(一) 开设跨学科课程

早在20世纪30年代,美国明尼苏达大学就开设了"当代文明课程",试图将社会、历史、科学、文化等多方面的知识、概念综合起来,向学生作一导游性的介绍。60年代末、70年代初以来,欧美高校设置的STS(Science, Technology and Society)即"科学、技术与社会"课程也大量出现,如"计算机课程与社会""能源与社会""生物技术与伦理"等。许多学者专家把STS课程视为让学生将其专业知识同超

---

[1] 欧内斯特·博耶:《美国大学教育》,复旦大学高等教育研究所译,复旦大学出版社1988年版,第106页。

出他们主课视野的智力的、社会的关心焦点相联系的极好形式,是科技时代大学通识教育的一种创新。英国牛津大学则将两种或三种以上科目结合在同一课程之中,如"经济学与工程科学""哲学和数学""冶金学和材料学"等"两科课程";"工程学—经济学—管理","心理学—哲学—生理学","经济学—哲学—政治"等"三科课程"。

(二)举办系列讲座

除了由一位或几位教师合作开设的跨学科课程之外,由多位有着不同学术背景的教师围绕某一个专题开设的系列讲座,也是实施通识教育的较好形式。例如,南京大学在推进课程建设"小型化""模块化""边缘化"(即跨学科)和"个性化"的同时,还通过组织多学科的大型系列讲座,向学生实施通识教育。从1990年至1994年,先后组织了"马克思主义与当代西方社会思潮""台湾四十年""哲学与人""传统文化与现代文明""当代科学发展新动向""体制、目标、现代化"等20多个专题180余场系列讲座。近两年又在浦口新校区为大一、大二学生举办系列性学术报告300余场。其中如数学系教授主讲的"科学技术中的数学方法""数学思维与学习方法";天文系组织的"天文·物理·气象的学科革命";大地海洋科学系的"资源、环境与持续发展""长江三峡与三峡工程";物理系的"奇异的低温世界——低温物理、低温化学、低温生物、低温医学";生物系的"生态与社会经济发展";哲学系的"技术引进的哲学思考""传统哲学与现代决策管理";外国语学院的"文化差异与英语学习";政治学与行政管理系的"市场与政治"等,都不同程度地体现了跨学科、整合、贯通的原则,受到广大学生的欢迎。在组织方式上,采取每周末晚上同时举行五六个由不同院系教师主讲的学术报告会,欢迎学生自由选择。据学校教务处调查,大多数学生喜欢选听外系教授的讲座,认为"打开一扇窗,发现了一片新绿"。

（三）组建"问题研究"

约翰·S·布鲁贝克把"问题研究"作为"跨学科组织的第二种方法"，"它不从学科着手，而是从那种多面性问题——各门学科复杂地结合在这一问题里——开始"。[①] 例如，"贫穷问题"即是一个很好的研究题目。可以选择来自不同科系的学生，在一两位教师的指导下，利用各自学到的社会学、经济学、社会心理学、政治学及其他学科的专门知识和理论，阐述自己对"贫穷问题"的研究心得与对策建议。对一个大学生来说，要求他用常人可以理解的术语向一批聪明的外行阐述他的发现，本身就是一种有益的训练。而他在倾听具有其他知识背景的同学的发言并与之争辩、讨论的过程中，也就自然而然地跨进其他学科领域，有所涉及，有所启发，收益是不言而喻的。

这种"问题研究型"课程，是较高层次的通识教育，参加者一般以大三、大四学生为宜。D. 贝尔（Bell，D.）曾阐述了投入这种形式通识教育的"三步骤"：首先，学生在具备相应的文化基础之后，接受一门学科的训练；第二步，应用这门学科去探讨该领域中的一些问题；第三，通过共同问题的研讨，把各学科联系起来。[②]

有许多世界性的和全国性的问题值得组织这类跨学科研究与教育，例如：和平与安全、裁军、人口、贫困和进步，海洋和海底的开发利用，对劳动者的社会公正，民工潮的成因与控制，惩治腐败与政治改革，信息高速公路与发展中国家等。

（四）重视潜在的、非课程形式的通识教育

校园文化对大学生的身心发展具有潜移默化的作用，其中如各

[①] 约翰·S·布鲁贝克：《高等教育哲学》，郑继伟等译，浙江教育出版社1987年版，第111页。
[②] D. Bell. Reforming General Education, In C.B. Lec（Ed.）: *Improving College Teaching*. Washington，D.C.: American Council on Education, 1967.

种学生社团活动、校园文化艺术节、大学生辩论赛等,只要组织有力,指导得当,都可以成为通识教育的重要环节,对学生长见识、增才干、陶冶性情、提高素养大有帮助。需要特别讨论的是对大学生课外阅读的指导。

1996年3月,香港《明报》组织了一次"大学生课外阅读问卷调查",根据从香港科技大学、中文大学和城市大学回收的317份问卷,可以看到大学生"即食阅读"的趋势。也就是说,今日香港的大学生看书大多数是"即食"性或"易消化"的书籍,而一些深层次的、哲学思考或历史题材的书籍却"似乎被他们忽略了"。"大学生最喜欢的十本书"中,金庸的武侠小说即有四本榜上有名,张爱玲等人的言情小说也居两个席位。"大学生最爱读的杂志",则多数是《壹周刊》等"集资讯、时事、潮流、娱乐、八卦于一体的杂志,每期均令读者带着偷窥的心情去看"。《明报》不无忧虑地指出:"这类被坊间或文化人视为'哗众取宠'的刊物是否会影响这班大学生的价值观和道德观呢?似乎颇引人深思。"[①]

同年9月对南京的高校学生阅读情况的调查,则反映了大陆大学生阅读的"实用""功利"倾向。调查显示,有76%的大学生在一学年中读过20本以上的课外书,在这些课外书籍中,专业辅导书占61%,其中又以外文、计算机、金融、法律、医药最多;28%为娱乐消遣性书籍,其中又以武侠、言情小说为主;而哲学、政治、历史、艺术、心理学、教育学等领域的学术著作,仅占11%。[②]

港、宁两地的调查给我们一个强烈的信息:大学生的课外阅读亟待指导;而大学生课外阅读也是大学通识教育必须去占领的空间和

---

① 罗展凤,《大学生"即食"阅读趋势》,香港《明报》,1996年4月14日。
② 王原,《调查大学生的读书结构》,《新华日报》,1996年10月31日。

时间。

英国17世纪杰出的唯物主义哲学家和"整个现代实验科学的真正始祖"弗兰西斯·培根有一段名言:"读史使人明智,读诗使人聪慧,演算使人精密,哲理使人深刻,伦理使人有修养,逻辑修辞使人善辩。总之,'知识能塑造人的性格'。"[1]这段话将阅读具有影响人的性格、抱负、智慧和能力,从而塑造人、提高完善人的作用阐述得十分透彻。事实上,通过指导阅读进行大学通识教育的不乏先例,其中最负盛名的莫过于罗伯特·哈钦斯(Hutchins,R.M.)提出并付诸实践的"名著教育计划"。他认为"这些古今人类的智慧精髓以及文化宝藏,是普通教育取之不尽的教材来源,经过去芜存菁的筛选,即可作为普通教育的最佳内容"[2]。他亲自主编了54册《西方名著》,罗列了2987个"话题"。尽管这一"名著教育计划"由于过分推崇"永恒"的经典著作而未免有些"胶柱鼓瑟",不合时宜;但是,将"导读"作为施行通识教育的一个"入口",将影响人类文明发展过程的重要文献作为通识教育的上佳素材,在今天仍有其重要的现实意义。

建议我国海峡两岸暨香港携手合作,组织各方面的专家学者,经过认真的研讨,开列出"当代大学生共同必读书目",向青年学子推荐。同时编写出精当的"导读指南",为大学生书海拾贝提供必要的指导。各大学、各院系也可根据实际需要,编写出分科的或跨学科的推荐书目,组织有意义的读书活动。这种读书指导,也可以与"跨学科通识课程"或"系列讲座""问题研究课程"等相互配合进行。总之,对大学生的课外阅读进行指导,也是现代大学通识教育的重要途径之一。

(原载台湾《教育研究资讯》1997年第6期)

---

[1] 培根:《培根论人生——培根随笔选》,何新译,上海人民出版社1983年版,第13—14页。
[2] 赵祥麟主编《外国教育家评传》第三卷,上海教育出版社1992年版,第87页。

重视异质文化的交流与理解

——全球化时代大学通识教育的新使命　　　龚　放

一、必须从文化的层面来解读"全球化时代"

我们正面临一个"全球化时代",这一点已经确凿无疑了,尽管人们对于"全球化趋势"至今仍见仁见智,毁誉参半。

(一) 经济贸易领域的"全球化"浪潮汹涌澎湃

早在1847年,马克思和恩格斯就预见到人类经济生活将要发生空前的历史性的变革:"资产阶级,由于开拓了世界市场,使一切国家的生产和消费都成为世界性的了";"过去那种地方的和民族的自给自足和闭关自守状态,被各民族的各方面的相互往来和各方面的互相依赖代替了"。[①] 时隔一个半世纪,两位思想家的睿智预言完全变成了现实,经济全球化趋势不可逆转,方兴未艾。

[①] 马克思、恩格斯:《共产党宣言》,《马克思恩格斯选集》第1卷,人民出版社1972年版,第254、255页。

其一,生产和销售迅速向全球化发展。过去汽车、飞机等制造业,成千上万个零部件全都在一个工厂生产、组装,而今天,美国福特公司的汽车在二十多个国家生产,然后在美国组装;波音飞机的零部件生产线则分布在全球七十多个国家,最后在西雅图组装。现代科技的革新不仅使生产的可分性和质量可控性得到保证,而且使通讯联络的成本、交通运输的成本都不断降低,因而使得全球化生产的组织与运作成为可能。

其二,金融资本的流通也迅速全球化,每天在国际金融市场流通的货币达到数万亿美元,同时,金融、财政的相互依赖和风险影响也明显加大,外汇和股票市场上的波动会立即反映到商品市场和原材料市场上去,一些国家和地区的金融危机会在全世界迅速传递并不断放大,甚至引起轩然大波。90年代先后发生的"金融风暴"使人们切切实实感受到,"北非一只蝴蝶翅膀的轻轻扇动,将会给西欧带来一场风暴"绝非夸大其词。

其三,作为经济全球化载体的跨国公司发展到5万多家,下设50万家子公司,据联合国的报告,1997年跨国公司已经操纵了全世界1/3的生产、2/3的国际贸易、2/3的国际投资,并拥有世界专利的2/3,其经济实力足以左右世界经济贸易的走向。[1]

其四,产业结构的调整和资源的优化配置不再限于某一国家和地区的边界,开始在全球范围内进行,这是经济发展全球化的新动向和新特征。一些学者专家甚至将"经济全球化"定义为"以科学技术的迅猛发展为动力,以跨国公司的全球运作为载体而进行的一场全球范围内的产业结构调整"。[2]

---

[1] 龙永图:《谈我国加入世界贸易组织问题》,山东省教委编《参考资料》2001年第8期。
[2] 同上。

（二）科学技术的进步使地球成为一个"村落"

现代交通运输工具和现代通信技术的发展消除了空间、距离的障碍,特别是现代电子信息技术的突飞猛进,使人类进入了"信息传播全球化的时代"。

电话用户发展到 5000 万用了将近四分之一世纪,而"万维网（WWW）"仅用 4 年时间就拥有了同样数量的用户。1981 年互联网出现在世界上时毫不引人注目,仅支持着 213 台主机,连接着单个的计算机系统,用户也只有几千户而已。然而到了 1999 年,互联网却发展成支持着 5600 万台主机、拥有一亿九千万用户的国际网络。[①]互联网的出现及其对经济发展和社会生活的影响,将大大超过印刷技术和电话的发明对人类社会的影响,有人因此将全球经济一体化称为"e 体化"。许多专家学者认为,在 3G、宽带以及 IP 技术的不断引领下,通讯与互联网的融合已经是大势所趋。"数网融合"不仅会引起通讯产业新一轮的变革,而且将更加有效地参与和塑造明日的世界。

（三）从文化层面来解读"全球化时代"成为当务之急

仅仅从经济或技术层面来理解"全球化时代",不但存在明显的弊端,而且潜伏着极大的危险。

其一,无论在经济领域,还是在知识生产和信息技术领域,不平衡、不平等现象普遍存在,"全球化使发展的成功者和失败者之间的差距更加明显"[②]。世界 3/4 以上的人口生活在发展中国家,但他们只享有世界财富的 16%,世界最富有国家和最贫穷国家的人均 GDP

[①] 科菲·安南:《世界电讯日致辞》,《经济日报》,2001 年 5 月 17 日。
[②] 联合国教科文组织国际 21 世纪教育委员会:《教育:财富蕴藏其中》,教育科学出版社 1996 年版,第 27 页。

相差300倍之多。在知识生产方面,全世界90%的研究与开发工程是在占世界人口不足30%的30个工业化国家进行的。联合国秘书长科菲·安南在2001年"世界电讯日"的致辞中特别强调,要重视业已出现的"数字鸿沟"现象:80%的互联网用户来自集中了近90%互联网主机的发达国家;而纽约的主机数量超过了全非洲主机数量的总和。由于不合理、不公正的国际政治经济秩序没有得到根本的改变,与经济全球化同步扩大的"数字鸿沟"无疑将加剧各国各地区发展的不平衡性,特别是使南北的发展差距、贫富差距进一步拉大。

其二,全球化现象也同样出现在犯罪活动方面。1996年由雅克·德洛尔任主席的国际21世纪教育委员会提交的研究报告就忧心忡忡地谈道:"边界更加开放,信息和货币更加畅通无阻,从而为走私、毒品、武器、核原料,甚至人口贩卖等非法交易,为恐怖主义分子和犯罪分子拉帮结派和'洗钱'现象的发展提供了便利的条件。"[1]由于军备竞赛有增无减,冲突、战争此起彼伏,委员会大声疾呼:"人类历史始终是一部冲突史。但是,一些新的因素,特别是人类在20世纪期间创造的奇特的自毁能力,正在增加冲突的危险。"[2]他们不幸言中,"9·11"恐怖主义分子袭击事件以及随后发生的炭疽病感染事件使整个世界为之震惊、深感不安。新的世纪面临着一个不祥的开端。

人们在反击业已"全球化"的恐怖主义的同时,必须反思两个问题:一是发生"9·11"恐怖袭击的深层原因有哪些?二是人类的"奇特的自毁能力"是什么?

世界上几乎所有的文明,都以天下一统、平等和谐作为自己的理

---

[1] 联合国教科文组织国际21世纪教育委员会:《教育:财富蕴藏其中》,教育科学出版社1996年版,第82页。
[2] 同上书,第28页。

想追求,例如佛教的"极乐世界"、儒教的"天下大同",以及《圣经》中的"巴比伦通天塔"等。20 世纪 60 年代以来,随着高新技术的发展和广泛应用,各民族文化交流中的时空、语言障碍大大减少,文化沟通与融合的机会和可能日益增多,人们如果愿意寻求"大同理想"、愿意建造"巴比伦通天塔"的话,今天要比有史以来任何时代都更加方便,更可能成功。然而,不仅"大同理想"遥遥无期,而且隔膜、误解发展到冲突、仇恨和杀戮。有学者将"9·11"事件中轰然坍塌的纽约世贸中心的双塔比作人类建造的有形的"通天塔",它们的灰飞烟灭证明了这样一个事实:"以金钱和技术作为共同语言建立起来的巴比伦塔,无法维系不同文化和宗教信仰的人群,无法对各民族人群拥有精神凝聚力。同样,金钱面前贫富悬殊,有产者与无产者缺乏共同的语言基础,彼此难以沟通。不平等是滋生仇恨的温床。"[1]

由此看来,必须从文化层面(包括政治文化、民族文化和社会理论等)深入地解读"全球化时代",方能趋利避害,使全球化造福于全人类。这里至关重要的问题是,与经济发展的一体化进程和科学技术的普适性原则不同,全球化时代的文化发展应当遵循多样化法制。应当看到,"世界各国的相互依存和相互关联是大势所趋,经济的全球化推动着不同文化的相互融合、合作发展,却不应也不可能完全消弭各个不同文化间的差异,导致文化的单调和划一性"[2]。

(四)文化的冲突抑或融合?统一还是多元?

关于"全球化时代"的文化价值观念是冲突抑或融合,衰落或者复兴,统一还是多元,从 20 世纪 70 年代以来,先后有过若干不同的

---

[1] 张闳:《论"巴比伦塔"的倒掉》,《环球》2001 年第 21 期。
[2] 龚放:《文化的融合,还是冲突:亚太高等教育面临挑战》,《面向新纪元的思考与展望——第二次教育与社会中外学者研讨会论文集》,南京大学出版社 1996 年版,第 262 页。

主张。

其一,由西方文化一统天下。罗纳德·多尔(Ronald Dore)等认为,西方文化将会统治世界,发展中国家的"现代化"过程,其实也是使之符合西方模式的过程。事实上,西方一些发达国家借助雄厚的经济实力和先进的科学技术,力图将自己的文化价值观普遍化、全球化,并通过现代传媒强加于人。国际 21 世纪教育委员会曾经揭示并批评了这种观点和行为:"少数国家几乎对全部文化产业的垄断及其产品在全世界广大公众中的日益广泛的传播,对各种文化特性具有很强的侵蚀作用。这种虚伪的'世界文化'尽管非常单调而且内容往往极其贫乏,却并不会因此而不宣扬某些隐晦的价值观。"[①]发展中国家和地区"现代化而不西化"的主张和实践,则常常被那些持"西方文明优越论"或"欧洲文明优越论"的人们视为难以容忍的挑战。

其二,回到"内源文化"。相当一批学者注意到正在发达国家滋长蔓延的"现代病",注意到西方文化价值体系出现的病兆和面临的危机。他们呼吁:为了适应 21 世纪的发展,"需要回到具有'关心'特征的早期时代的价值观","应当更多地采取一种多元文化的知识观",从那些被"文明优越论"者贬低、鄙薄的"内源文化"汲取更多的东西。[②]

其三,通过多种文化的"深刻对话"相互受益。另一些学者如罗杰·加罗迪等则希望,通过西方文明与其他所有文明(亚洲的、美洲印第安人的、非洲的、伊斯兰的等)之间的深刻对话,产生一种新的、更符合现代人需要而且更有能力在当前危机中生存下去的文明;他

[①] 联合国教科文组织国际 21 世纪教育委员会:《教育:财富蕴藏其中》,教育科学出版社 1996 年版,第 36 页。

[②] 《未来教育面临的困惑与挑战——面向 21 世纪教育国际研讨会论文集》,人民教育出版社 1991 年版,第 44 页。

还强调,为建立一种真正的对话,每个人从一开始就应该坚信:别人有些东西值得学习。① 事实上,"这种通过各种文明'相互受益'并把世界从混乱中挽救出来的思想,最早是在1870年由一个被亚洲大陆两大帝国流放的东方思想家巴哈乌拉(Bahaullah)提出的。他……建议建立一种以正义、和平、统一的三种价值观为基础的世界新秩序。在这种新秩序里,西方文明的精华(如造福人类的科学技术)将被纳入一种价值观体系……物质与精神、信仰与理性、科学与宗教、东方与西方相互调和"。②

笔者赞成第三种观点。科学、技术具有普适性、可验证性和统一性的基本品格;但文化的本质是特殊性、个性和多样性(或者说"多元性")。人类社会进入经济全球化时代和网络化社会,绝不意味着将某种文化"定于一尊",由其取代其他民族的文化,或者"九九归一",形成一种"全球性、世界性文化"。恰恰相反,经济和科技的全球化发展的重要基础和前提,就在于各国、各民族的相互尊重和相互理解,以及对人类社会共同使命与命运取得某种共识;另一方面,经济和科技全球化业已碰到的种种矛盾和困惑,可能产生的种种负面影响,也需要通过多种文化的交流与沟通,才能有所消解,有所缓和。正如国际21世纪教育委员会指出:全球化时代必须"十分注重了解和尊重不同文明的文化和精神价值,这是对只从经济主义和技术主义观点理解全球化的必要的抗衡力量"③。

---

① S·拉塞克、G·维迪努:《从现在到2000年教育内容发展的全球展望》,教育科学出版社1992年版,第102页。
② 同上书,第102—103页。
③ 联合国教科文组织国际21世纪教育委员会:《教育:财富蕴藏其中》,教育科学出版社1996年版,第82页。

二、对异质文化的理解与尊重：
大学通识教育的新使命

教育，特别是高等教育，应当把促进全球化时代文化的多样性及其相互理解和交融作为自己不可推卸的职责。因为保存、传递人类已有的文明成果，继承与更新文化价值观念，本来就是教育，特别是高等教育最基本的功能和任务之一。在传统的制度教育中，文化的传承和受教育者个体的社会化，主要在本土文化、本民族范畴内进行。今天我们正面临着不可逆转的"全球化趋势"，这种发展所引起的"科技与人文的疏离，功利与理想的冲突，传统与现代的抵牾，以及本土文化与外来文化的矛盾，又促使人们反思大学教育的使命与目标"[1]。从某种意义上说，教育是唯一能够沟通两个不同世界——物质与精神、科技与人文、过去与未来、本土文化与外来文化——的桥梁。考虑到全球化时代不同文明之间的"鸿沟"日益扩大，冲突与对抗潜滋暗长，大学所培养的人才不仅要参与全球性经济与科技的竞争与合作，而且不可避免要承担起价值澄清和文化选择的责任，因而对异质文化的理解与尊重，就成为全球化时代大学通识教育的新使命和新目标。

其实早在20世纪70年代"全球化"初露端倪时，联合国教科文组织国际教育发展委员会就在题为《学会生存——教育世界的今天和明天》的研究报告中提出，教育的使命不仅要培养未来的"新人"具有"人类智慧"和"人类技巧"，而且必须使他们具有一种"人类和谐"。

---

[1] 龚放：《现代大学通识教育之由来、使命与形式》，《华人地区大学通识教育学术研讨会论文集》，香港中文大学通识教育办公室，1997年，第443页。

我理解"人类和谐"的核心,就是对他国文化、异质文化的理解、宽容与尊重。这种教育当时被称为"国际理解教育","就是帮助人们不把外国人当作抽象的人,而把他们看作具体的人,他们有他们自己的理性,有他们自己的苦痛,也有他们自己的快乐;教育的使命就是帮助人们在各个不同的民族中找出共同的人性"。报告认为,加强国际理解教育的必要性,"比过去任何时候都更为明显了"。[1]

1989年在北京举行的联合国教科文组织的教育研讨会提出了"学会关心"的命题,并把它作为圆桌会议文件的题目。1996年发表的国际21世纪教育委员会的研究报告《教育:财富蕴藏其中》将"学会共同生活"作为"未来教育的四大支柱"之一,并提出一个设想:"能否设计出一种能使人们通过扩大对其他人及其文化和精神价值的认识,来避免冲突或以和平方式解决冲突的教育呢?"[2]

事实上,在华人地区大学通识教育的理论研讨和教育实践中,已经有一些探索和讨论。例如,台湾师范大学杨深坑教授著文,从教师培养的角度提出多元文化的理解问题:"在现代化与后现代化的争衡中,未来教师不仅应培养其专业能力,更应涵养其宽广的文化视野,如此才能使其用理性的专业态度来处理日益纷繁的教育问题,也才能使其以更宽容的态度来欣赏、了解其他文化,促进一个'万物并育而不相害'之全球文化之形成。"台湾大学的黄俊杰教授在评述、批判大学通识教育核心课程设计"精义论""均衡论""进步论"等三种理论后,提出"多元文化论"作为通识教育的理论基础。与美国哥伦比亚大学狄百瑞教授(William T. de Bary)所倡导的"多元文化论"相比

---

[1] 联合国教科文组织国际教育发展委员会编著《学会生存——教育世界的今天和明天》,教育科学出版社1996年版,第21页。

[2] 联合国教科文组织国际21世纪教育委员会:《教育:财富蕴藏其中》,教育科学出版社1996年版,第82页。

较,黄教授认为有两个不同之处,其一为他所主张的"多元文化论"本身就是目的而非工具或手段,其二是并不像狄百瑞教授的"多元文化论"那样仅仅限于"精英文化"。① 笔者以为,二者最大的区别在于:狄百瑞教授关注的是国家、民族甚至洲际的不同文化的理解与交流问题;而黄俊杰教授所指的"多元文化论",似乎更多地重视台湾地区不同族群、不同阶级与阶层的文化沟通与理解问题。同样来自台湾大学的尹建中教授比较了哈佛、斯坦福等五所美国著名大学通识教育的实践,指出"强调国际眼光的建立"是他们的三个主要特点之一;尹教授建议在台大开设"人类学"通识教育课程,以帮助大学生"以文化比较培育统合力","认识他人借此有所定位","了解文化的本质与变迁"等。②

  这些探讨和实践,对我们认识异质文化的理解与交流在大学通识教育中的地位颇有帮助。"9·11"恐怖袭击事件将全球化时代面临的动荡与不安凸现出来,从而也将全球化时代文化的多样性以及不同文化兼容并蓄的重要性和紧迫性凸现出来。大学通识教育应当重视异质文化的理解与尊重、交流与融合问题,在取得共识的基础上着手解决实施的形式与途径、显性课程与隐性课程的设计与配合等操作问题。鉴于不同文化、不同民族和国家之间的隔阂与疏离、猜忌与矛盾已经给强权政治、恐怖主义和分裂主义以可乘之机,已经给人们带来如此巨大的损失和如此深重的灾难,除了政治家们应当反思并做出明智的选择外,我们高等教育界也不能置身事外,无动于衷。消弭相互的猜忌与误解,促进多种文化的相互理解和相互受益,正是

---

① 黄俊杰:《大学通识教育课程的理论:批判与建构》,《华人地区大学通识教育学术研讨会论文集》,香港中文大学通识教育办公室,1997年,第107页。
② 尹建中:《通识教育在台湾的发展:兼论人类学课程所应扮演的角色》,《华人地区大学通识教育学术研讨会论文集》,香港中文大学通识教育办公室,1997年,第135页。

人类"化剑为犁"、消解"奇特的自毁能力"的有效举措。在此意义上讲,它又是一场"教育与灾难的赛跑"。[①]

三、异质文化理解教育的目的、主要环节与形式

(一)目的:确立科学、平等的文明观

1993年6月6日,美国哈佛大学比较政治学教授亨廷顿在《纽约时报》发表了题为《未来的文明冲突也就是美国与其他地方的冲突》的文章,不久又在夏季号《外交》季刊发表了《文明的冲突》的长文。亨廷顿预言:尽管苏联解体、冷战结束,但冲突仍然不可避免。而冲突的主要根源将不再是意识形态因素或经济因素,而是文化的差异。他认为,不同文明之间的矛盾将取代过去超级大国之间的对立关系,成为国际间悬而未决的最重要的问题而突出出来,"文明的冲突将左右全球政治"。

"9·11"事件似乎印证了亨廷顿的"文明冲突范式"。然而,文明的冲突并非源于多样性和异质性,而是来自偏狭和妄自尊大,来自盲目的"文明优越感"和"文化中心论"的恶性膨胀。鼓吹"文明优越论"者必然贬低或敌视其他民族或文明;主张"文化中心论"者必然想方设法把其他文化"边缘化",甚至视为"异端"而赶尽杀绝。20世纪两次世界大战和数不清的流血冲突"殷鉴不远"。我们坚信,平等交往、友好相处和宽容理解,将有助于化解矛盾,避免冲突,不同文明的冲突绝非不可逆转,而文明的交融和人类的和谐也绝非天方夜谭。

因此,大学异质文化交流及国际理解教育能够进行的一个前提,

[①] S·拉塞克、G·维迪努:《从现在到2000年教育内容发展的全球展望》,教育科学出版社1992年版,第104页。

就是对其他国家和民族的文化的尊重,即如加罗迪所言:"每个人从一开始就应该坚信:别人有些东西值得学习。"而且,通过交流与对话,不同文化背景、不同思维方式的沟通,又会使各方拓宽文化视野,打破思维定式,有助于克服地域文化的局限性和狭隘性,引起有益的争论,激发创新的火花。更重要的是,帮助大学生、研究生确立科学、平等的文明史观、文化价值观,使他们认识到:我们生活在一个文化多元的时代,必须在保持对本土文化的自豪感的同时,真诚地理解其他民族与文化,尊重他们对现代化道路与生活方式的自主选择,并"取他山之石,攻中华之玉"。

(二)主要环节:知识性学习、沟通技术的掌握、思维范式的转变及新文化价值观的形成

其一,知识性学习。在异质文化理解教育或者说"国际理解教育"中,必须有相当多的内容和时间用以了解其他文化发展演变的历史及现状,这种"知识性的学习"是完全必要的。

许多误解和偏见源于无知,而"夜郎自大"式的"狂妄"也与无知密不可分。在中国历史上多次发生的"排外""仇外"事件,也是愚昧无知的产物。在一些发达国家,尽管教育资源比较丰富,信息技术和手段也十分发达,但是由于政府或者媒体的偏见,由于公众对发展中国家和其他弱势民族往往漠不关心,即便像美国这样的发达国家,人们对异质文化的了解仍然十分有限。美国亚洲协会最近发表的一份名为《学校教育中的亚洲》"展示了美国人对亚洲的无知程度:大约25%的高中生不知道太平洋将北美洲与亚洲隔开;另外,虽然曾有5.8万名美国人在越南战争中丧生,但仍有一半的成年人和2/3的学生误认为越南是一个岛国"。因此,华盛顿亚洲基金会副会长约翰·布兰登近日在《国际先驱论坛报》发表文章指出:"美国人应该接受这方面的教育,以便知道亚洲是一个非常多样化的大陆。亚洲各国拥

有不同的历史、文化、宗教传统,经济发展水平和政治制度。除了在地理位置上邻近外,我们很难将亚洲各国连成有机的整体。"①

其二,对话与沟通技术的掌握。这既包括对外国语言的掌握,也包括学会与他人,尤其是那些具有其他文化教育背景的人们沟通,学会倾听不同于自己的声音并正确领会其真正的含意。

其三,思维范式的拓展与转变。影响人们理解、接纳与汲取其他文化精华的另一个因素是我们根深蒂固的思维定式。植根于古希腊亚里士多德学派"排中律"和"矛盾律"的思维范式坚持"非此即彼"的原则,它使每一个命题只能在真假、是非之中进行选择。工业革命和科学的世俗化进一步强化了这种思维范式,欧美大学模式的成功移植,使这种思维范式广为传播,成为主导东西方知识界的思维范式。现在,人们开始认识到,无论是传统的实证主义范式,还是后实证主义范式,或者批评理论、构成主义思维范式,都只是强调"现实"的某一方面,都未能从事物和生命的整体上把握其"复杂性",因而将世俗和精神、认知和感知、前提和结论、客观和主观、灵魂和思想、个人和社会"作了鲜明的、有力的隔离",因而"不能兼容精神生命和物质生命的复杂性"。② 一方面,我们有必要突破业已形成定势的思维范式,从"内源文化"汲取其有价值的思维成果;另一方面,只有形成一种更具"整体性"和"兼容性"的开放的、灵活的思维范式,我们才可能理解具有不同文化、历史背景和不同思维范式的人们。例如,如果我们不理解和尊重伊斯兰思维范式的特征,尤其是以团结、和谐以及将物质、理性和精神"大一统"起来的"塔怀得"(TAWHID)世界观与方法

---

① 引自 2001 年 10 月 25 日《参考消息》。
② 蔡拉·爱尔·兹拉:《东西方社会科学中的范式演变》,露丝·海荷主编、赵曙明主译《东西方大学与文化》,湖北教育出版社 1996 年版,第 54—55 页。

论,我们就不可能理解伊斯兰文化的精髓与价值。[①]

其四,新文化价值观的形成。知识性学习和语言、沟通技巧的掌握都只是手段,目的是引起大学生和研究生态度、观念及思维范式的改变,形成一种新的以平等、宽容、兼收并蓄为特征的文化价值观,这是异质文化理解教育的重心所在。

这种新的、宽容大度的文化价值观,表现在学会相互容忍,容忍异质的文化;学会欣赏,欣赏并汲取异质文化的精髓和长处。中国有句古语云:"己所不欲,勿施于人。"其实,在文化价值观问题上,应取的态度是"己之所欲,亦勿施于人"。加拿大学者露丝·海荷(许美德)教授在对近代以来中国和工业化国家之间文化教育交流的历史与现状进行深入的考察和研究之后,十分直率而尖锐地向 OECD(经济合作与开发组织国家)提出这样一个问题:"是否希望看到一个和当前的国际现状相吻合因此被促进这种吻合的教育价值和模式所渗透的中国?还是他们准备冒一下风险,宁愿看到一个会给世界大家庭带来某种新鲜的独特的东西,在世界政治上起改造作用的中国?"[②] 我非常佩服露丝·海荷(许美德)教授关于"吻合"抑或"改造"的选择这样一种独特而深刻的见解。我们在大学所进行的异质文化理解教育,就是要达到这样的思想境界:交流与沟通的目的在于理解与尊重他人的选择,而不在于"吻合"甚至模仿、"克隆"。

(三) 形式:"条条道路通罗马"

大学异质文化理解教育的形式可以多样化,既注重显性课程的设计和讲授,也重视隐性课程的开发与利用。

[①] 蔡拉·爱尔·兹拉:《东西方社会科学中的范式演变》,露丝·海荷主编、赵曙明主译《东西方大学与文化》,湖北教育出版社 1996 年版,第 65 页。
[②] 许美德、巴斯蒂等:《中外比较教育史》,上海人民出版社 1990 年版,第 435 页。

其主干课程可以借鉴美国斯坦福大学设置"文化—观念—价值"模块式课程和精选系列必读书目"双管齐下"的做法，组织专家学者，形成我们自己的国际理解和异质文化教育系列。它的主要内容可以包括三大模块：(1)中华文化历史演变及其对人类文明发展的贡献；(2)世界主要文明的起源、演变概况及其相互影响；(3)影响世界发展进程的伟大思想家及其著述评析。

其次，利用高等学校学科齐全、名家荟萃和国际交往频繁、畅通等优势，组织高品位、广视野的文化系列讲座。南京大学1986年与美国霍普金斯大学合建了"南京大学-霍普金斯大学中美文化研究中心"，以后又成立了中德经济法研究所、加拿大研究中心、犹太文化研究中心、澳大利亚文化研究中心等研究机构。我们充分开发和利用这些资源，组织中外学者专家开设一系列专题讲座，介绍、评述世界发展趋势和有关国家、民族文化的个性特色。

此外，与外国留学生"陪读"、互教互学(一天讲英语，一天说汉语)、合作研究，以及利用寒暑假出国"游学"、互相访学等，也是加深对异质文化了解的十分有效的活动。在这个问题上，我赞同台湾大学黄俊杰教授的见解，即不仅学习经典的文献，而且注重了解现实的变化；不仅学习其他国家和民族的"精英文化"，而且把"包括社会芸芸众生的生活在内的广义的'文化'也作为了解、认识的对象"[1]。

(原载《高等教育研究》2002年第2期)

---

[1] 黄俊杰：《大学通识教育课程的理论：批判与建构》，《华人地区大学通识教育学术研讨会论文集》，香港中文大学通识教育办公室，1997年，第127页。

创新思维的形成与创新人才的培养

岳晓东　龚　放

一、造就高素质的创新人才：
中国教育面临的一大挑战

21世纪即将来临，西方发达国家正借助其在知识创新和科技发展领域已经形成的优势，抢占制高点，试图由他们来制定新的"游戏规则"，主导未来的知识经济时代。为了使我国在未来日益激烈的综合国力竞争中争取主动，江泽民同志要求大学"应该成为科教兴国的强大生力军"，"培养和造就高素质的创造性人才"，为国家创新体系提供充沛的后备力量与不竭的发展动力。这是当代和未来知识经济时代我国教育肩负的最具挑战性的历史使命。

之所以说这一使命"最具挑战性"，首先是因为"创新是一个民族进步的灵魂，是国家兴旺发达的不竭动力"，能否培养和造就一批批高素质的创新人才，事关民族的创新能力和国家发展后劲。其次是因为创新人才的培养绝非轻而易举、一蹴而就。诚如美国芝加哥大学心理学教授 J.W. 盖泽尔斯所指出的那样,"学校本应是赏识和培养创造性才能的场所,然而事实却不是如此",各级各类教育机构可能过分注重学业上的表现,尤其是过分注重了考试成绩,"以致教育机构不仅混淆了潜在的创造才能,而且压制了创造性才能的发挥"。①在"应试教育"中,这一问题显得更为突出。中国社会科学院副院长刘吉就曾明确指出:"当前中国教育的严重问题之一,是缺少对青少年创造力的开发。"据统计,一个人从进入小学到大学毕业,平均要经历数百次的测验与考试。如此"千锤百炼",使得"凡问题只有一个标准答案"的观念深入人心,求异、质疑精神受到压抑,正如教育家尼尔·波斯特曼所说:"孩子们入学时像个'问号',而毕业时像个'句号'。"事实上,凡事只有一个正确答案的想法,不仅有碍"创造性"的发挥,也与高竞争、高弹性、多变化的现代社会格格不入。

要完成这一极具挑战性的历史任务,就必须进行关于人才的创新意识、创新能力,特别是创新思维的研究和实验。同时,由于人的创新意识、创新能力,尤其是创新思维的形成与发展必须从小抓起,青少年时代的发展状况,直接影响大学创新人才培养的成效,因此高等教育的理论研究者和实践工作者必须走出高校,与普教、幼教的同行携手合作,开展有关人才培养的一体化研究。

在美国,奥斯本创立的创造学在 60 年代就已风靡一时。它大大地促进了人们对创造力的认识和探索。创造学的基本原则是"人人皆有创造力,创造力的水平可经训练提高"。人本主义心理学家更将创造力与人格发展联系起来,把创造境界的提升看成人格完善的体现。80 年代以后,由于科技竞争的日趋激烈,对创造力的研究更加

---

① J.W. 盖泽尔斯:《创造力和人类发展》,《国际教育百科全书(第二卷)》,贵州教育出版社 1990 年版,第 496、499 页。

深入。许多国家都组织大量的人力、物力来加速其研究,形成了各色各样的研究体系。在我国,对创新思维的研究起步较晚,涉足这一领域的人也大多是心理学、哲学等方面的学者,缺乏其他学科专家的参与。所以,组织大、中、小学教师和教育科学研究工作者,与心理学、哲学等学科的专家共同努力,对创新思维的形成与创新人才的培养进行跨学校的综合研究,已是势在必行之举。

二、与创造力相关的两种思维模式

(一)聚合思维和发散思维的定义和内涵

何谓创造力?它由何而生?怎样提高?这是认识和开发创造力、培养和造就创新人才首先要解决的问题。

就像对智力的定义至今仍莫衷一是一样,普遍为人接受的创造力的定义尚不存在。纽厄尔等人在1962年提出,创造思维是非传统的、目的十分明确而又持续的思维,其成果对思维者或对人类文化都是新颖和有价值的。在笔者看来,创造力指个人提出新理论、新概念或发明新技术、新产品的能力。就表现形式来说,创造力就是发明和发现,就是人类创造性的操作化。人的创造行为离不开创新思维,人们对创造力的定义众说纷纭,只有一点看法一致,即创新思维是人脑最高层次的机能。

就思维模式来说,创新思维与聚合思维和发散思维密切相关。聚合思维(convergent thinking,又称辐合思维)以逻辑思维为基础,十分强调事物之间的相互关系,试图形成对外界事物理解的种种模式,追求问题解决的唯一正确的答案。因此,聚合思维是一种有条理、有范围的收敛性思维,它具有方向性、判断性、稳定性、服从性和绝对性等特点。聚合思维主要包括演绎思维(inductive thinking)和归纳思维

(deductive thinking)两种方法，前者力图通过一般原理的逻辑分析来证明特殊事实的存在，而后者则力图通过特殊事实的逻辑分析来证明一般原理的存在。所以，聚合思维本质上是按照形式逻辑，逐步进行分析推论，最终得到符合逻辑性的结论。

与此相反，发散思维（divergent thinking，又称辐散思维）是以形象思维为基础，它不强调事物之间的相互关系，也不追求问题解决的唯一正确答案，它试图就同一问题沿不同层面思考，提出不同的答案。因此，发散思维是一种无规则、无限制、无定向的思维，具有灵活性、流畅性、多变性、新颖性和相对性等特点。发散思维主要包括逆向思维（reversal thinking）、曲解思维（distortion thinking）、脑风暴（brainstorming）、夸张思维（exaggerating thinking）等方法。这正如美国著名创新思维学者迪伯诺所言，"思维的目的不在于求正确，而在于求有效"[1]。因此，发散思维在很大程度上也是直觉思维（intuitive thinking），它不依据确切的逻辑推理，而是凭着个人的直观知觉对事物和现象做出推断。直觉思维的成效取决于人对事物的洞察力和理解力，并与思维者知识经验的丰富程度有密切的关系。它正如美国康奈尔大学心理学家瑞普所说的那样，"发散思维促使人们改变对生活中种种视而不见事物的认识，以自我特别的方式来加以重新认识"[2]。

（二）聚合思维和发散思维的辩证统一

在创新思维中，聚合思维和发散思维之间存在着什么关系？

简单说来，聚合思维是把解决问题的各种可能性都考虑到之后，再寻求一个最佳答案，而发散思维则是围绕着问题多方寻求答案。

---

[1] Edward de Bono. *Lateral Thinking: Creativity Step by Step*. New York: Harper and Ros, 1973.

[2] R. Ripple. Teaching Creativity. *Encyclopedia of Creativity*. New York: Academic Press, 1999(1).

聚合思维很强调对已有信息的理解和运用,因而是已有信息的产物;而发散思维则强调对未知信息的想象和假设,因而很大程度上是"新信息的形成"。聚合思维和发散思维相辅相成,对立统一,其交互发展,有机结合,便构成了个体创新思维的基础。可以说,没有聚合思维,就没有创新和变革的条件和基础;而没有发散思维,就没有创新和变革的想象基础和动机。

聚合思维与发散思维都能通向创新之路。门捷列夫元素周期的产生以及新元素的发现,海王星与冥王星的发现等,都是聚合思维导致创新与发明的佐证。而牛顿在苹果树下的奇思遐想引发对万有引力的研究,凯库勒受炉火"金蛇狂舞"的启发提出苯分子结构的设想等,则说明了发散性思维在自然科学的创造活动中大有可为。美国著名心理学家吉尔福特认为,发散思维有三个特征:变通性(指对事物能够随机应变,触类旁通,不受各种心理定式的影响),流畅性(指对事物反应迅速,在短时间内可以想出各种不同的念头),独特性(指对事物能够有不同寻常的见解)。发散思维的这些特征被认为是创造力的主要组成部分。吉尔福特还进一步呼吁,人们不要将创造力当作少数人具有的特权,而应将其视为人类普遍具有的一种特殊品格来加以研究。①

三、创新思维与智力因素和非智力因素的关系

(一) 创新思维与智力因素的关系

创新思维和智力之间存在什么关系?具有创新思维的人是否同时具有较高的智力和相应的人格特征?这是心理学界长期争议的

---

① J.P. Guilford. *The Nature of Human Intelligence*. New York:McGraw-Hill,1967.

问题。

　　一般说来,智力泛指人类认识、分析、记忆和处理事物的综合能力。国际心理学界对智力的研究一直有两种截然不同的"切入点":一种是通过直接研究个体的智力行为来回答"什么是智力"的问题,这类理论的出发点是智力活动的外部表现,被称为"智力外显理论";另一种不直接研究智力本身,而是研究普通人心目中的智力,力图借此回答"什么是智力"的问题,因而被称为"智力内隐理论"。此外,还有人从智力的外部表现去研究智力,把智力看成表现于各种领域中的能力。如哈佛大学心理学家加登纳就认为,人类有七种智力,它包括:语言智力、音乐智力、逻辑—数理智力、空间智力、身体运动智力、人际关系智力、个人内部智力。[1] 我国心理学者王极盛也认为,智力主要是指人们认识和行动所达到的某种水平,其主要内涵包括观察能力、记忆能力、思维判断能力、想象能力和操作能力等五大要素。[2]

　　在美国,吉尔福特综合了以往学者的研究成果,提出智力与创造力之间存在着一个三角图形的关系(见图1),它主要说明:(1)创造力与智力之间基本存在着一种正相关的趋势;(2)智商越高,则与创造力的相关性越低;智商在130分之上者的创造力可能分布很散,智力高者未必创造力就高。[3] 换言之,高智力就是高创造力的有利条件,但不是先决条件。美国心理学家盖泽尔斯也认为,高智商的人未必有高创造力,智力的高低与创造力的大小并不是完全对应的。加登纳更指出,一个人在成长中能否获得成功,智商的高低并不是决定

---

[1] Robert J. Sternberg(Ed.). *The Nature of Creativity*. Cambridge University Press. 1989. Howard Gardner. *Frames Of Mind: The Theory of Multiple Intelligences*. New York: McGraw-Hill. 1985.
[2] 王极盛:《科学心理学》,浙江教育出版社1986年版,第4页。
[3] 朱智贤主编《心理学大词典》,北京师范大学出版社1985年版。

性的因素。事实上,用目前的智商测验方法,充其量只能测出一个人"学习智能"的高低,至于日后工作生活中成就的大小,并不能从智商测验结果中显示出来。

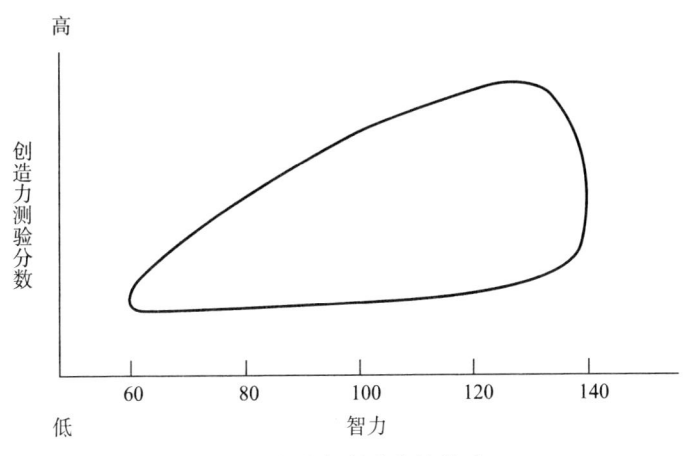

图 1　智力与创造力的关系

在我国,不少学者也发现,高智力是创造力的必要条件,但不是绝对条件。例如,华东师范大学陈国鹏等人经调查发现,创造力高的中小学生智力也较高,无论是全体被试的创造力得分和智商的相关度,还是高创造力得分的被试智商和全体被试智商的比较,都说明了这一点。[①] 陈国鹏等人的研究还显示,智商高并不保证创造力也一定高。创造力得分最高的被试,他们的智商并非最高;同样,智商高的被试,创造力也不是最高的。所以,创造力和智力之间没有绝对的对应关系。

(二)创造力与非智力因素的关系

创造力和非智力因素之间是什么关系?

大量的心理学调查表明,创新思维不仅是一个能力开发的问题,

---

① 陈国鹏等:《我国中小学生创造力与智力和人格相关研究》,《心理科学》1996 年第 7 期。

也是个性特征培养的问题。要培养一个人的创新思维,也要培养与创新思维有关的个性特征。这主要包括求知欲、独立性、灵活性、观察力、坚韧性等人格品质。

70年代,任朱利和瑞斯就指出,"天才"儿童就是那些具有中等以上智力、较高的责任心和较高创造性三方面特征的儿童。其中的第二点就是指动机、兴趣、热情、自信心、坚毅性和能吃苦耐劳等非智力因素。[1] 美国学者哈里特·朱克曼在其《科学界的精英》一书中,对100多位诺贝尔奖获得者做了深入的分析,结论是:完善的智力和人格结构是这些人共有的心理特征,这通常包括渊博的知识、超人的记忆力、敏锐的观察力、丰富的想象力、极强的综合思维能力和精湛的实验技巧等。[2] 美国学者阿瑞提在其《创造的秘密》一书中更提出,尽管创造者要具有一定的智力,但高智商并不是高创造力的先决条件。[3]

大量的实证研究也表明,在智力因素相近的情况下,非智力因素可能成为影响创造力的关键因素。如,美国耶鲁大学心理学家斯坦伯格发现,个体中的兴趣和动机是人们从事创造性活动的驱动力。兴趣源于对事物的好奇心,是个体从事创造思维的内驱力。兴趣和动机可以驱使个体集中注意于所从事的创造性活动。我国中科院心理所查子秀教授经过多年的研究发现,超常儿童的心理结构通常是智力、创造力和非智力三种成分的独特组合,其中智力是发展的基础,创造力是发展的高度,而个性心理则是发展的动力和支柱。[4] 中

---

[1] Joseph S. Renzulli & Sally M. Reis. *The Schoolwide Enrichment Model: A How-to Guide for Talent Development*. Creative Learning Press, Inc., 1985, pp. 23-27.
[2] 哈里特·朱克曼:《科学界的精英》,周叶谦等译,商务印书馆1982年版。
[3] S·阿瑞提:《创造的秘密》,钱岗南译,辽宁人民出版社1987年版,第437页。
[4] 查子秀:《超常儿童心理与教育研究15年》,《心理学报》1994年第4期。

科院心理所的施建农和徐凡还提出了"创造性活动中智力导入量"的概念,以及控制智力导入量的开关机制的假设,即个体对创造性作业的态度起关键作用,它直接控制着智力的导入量,而兴趣和动机等因素是通过影响态度而最后影响创造性活动中的智力导入量的。在这当中,如果用 C 表示创造力,用 I 表示智力,用 P 表示个性品质,用 S 表示社会环境因素;用 Tm 表示投入的时间,用 Ts 表示不同的作业,则 Ic=F(I,P,S,Tm)的复合函数存在。换言之,如果一个人从事他感兴趣的作业,具有完善该作业的较高的动机,那么,他就会在这方面取得好的创造性成就。① 为确定非智力因素对超常儿童的影响,中国超常少年个性研究组编制了《中国少年非智力个性心理特征问卷》(简称 CA-NPI),其中包括了抱负、独立性、好胜心、求知欲、自我意识等六个方面的测题,经过多年的预测、筛选、复测及标准化过程,取得了较高的效度和信度。② 它为人们选拔超常儿童提供了非智力方面的准确指标。

四、关于创造力、创新思维认识的三个误区

笔者认为,在我国教育中,对创新思维的认识和培养中突出存在着三个误区:混淆智力与创造力的关系,聚合思维和发散思维发展极不平衡,忽视对学生创造潜能的开发。

(一) 误区之一:混淆智力与创造力的关系

美国心理学家托伦斯指出,如果用传统的智力测验或类比推理

---

① 施建农、徐凡:《超常与常态儿童的兴趣、动机与创造性思维的比较研究》,《心理学报》1997年第3期。
② 贺宗鼎、袁项国:《当代我国超常儿童心理研究与教育述评》,《四川师范大学学报(社会科学版)》1997年第1期。

测验的分数为标准来鉴别"天才"儿童的话,70%具有创造才能、将来会做出巨大贡献的优秀人才可能会被漏掉,而不是被发现。① 这种现象的出现,主要是因为长期以来,人们混淆了智力与创造力之间的关系,把高智力等同于高创造力。结果人们在教育实践中,只知提高学生的智力,不知提高学生的创造力,导致学生向"智力高于一切,成绩决定乾坤"的方向发展。例如,贺宗鼎和袁项国在评述我国超常儿童心理研究和教育时指出,某些超常儿童和青少年虽然在学科成绩、竞赛、论文发表等方面堪称高质量人才,但在对旧事物的改造、对已有观念的突破及对新事物的开拓上却难显特色,这可谓超常教育的误区。这种"重智力,轻创造力"的情况在教育研究中也相当普遍。如施建农、徐凡指出,综观20年来对超常儿童能力的研究,对超常儿童一般智力的研究多,而对超常儿童的音乐、绘画、体育等特殊能力的研究甚少。② 贺宗鼎、袁项国在统计了1978至1995年间有关超常儿童的研究后发现,在235篇论文当中,只有3篇涉及超常儿童的创造力。③

美国心理学家瑞普指出,自古以来,人们在对创造力的认识上一直存在着"非凡论"和"平凡论"两种截然对立的观点。④ 持"非凡论"观点者,将创造力与某些科学技术的重大突破和发明联系在一起,认为创造力是少数天才人物的专长,是特殊能力的表现;持"平凡论"观

---

① E.Paul Torrance. The Role of Creativity in Identification of the Gifted and Talented, *Gifted Child Quarterly*, 1984(4).
② 施建农、徐凡:《超常与常态儿童的兴趣、动机与创造性思维的比较研究》,《心理学报》1997年第3期。
③ 贺宗鼎、袁项国:《当代我国超常儿童心理研究与教育述评》,《四川师范大学学报(社会科学版)》1997年第1期。
④ R.Ripple. Teaching Creativity. *Encyclopedia of Creativity*. New York: Academic Press. 1999(1).

点者,将创造力与日常生活的革新变化结合起来,认为创造力是人与生俱来的能力,需要不断地加以开发和利用。瑞普主张,创造力本质上就是人重新认识和解决问题的能力表现,在这层意义上讲,人人皆有创造力,一如我国古语中的"人皆可为尧舜"及俗语中的"三百六十行,行行出状元"。美国著名心理学家马斯洛也提出,人的创造力可分为特别技能的创造力(special-talent creativity)和自我实现的创造力(self-actualizing talent)。前者是人的个体差异,后者是人的共同潜能。[1]

由此,消除人们对创造力认识中存在的种种误解,对于开发个人创造潜能具有重大意义。创造力是每个人与生俱来的能力,只有懂得珍惜它的人,才能积极地加以开发和利用,才能使人的生活过得更加美好和充实。在这层意义上讲,不断认识和开发个人的创造潜力,是现代人生活的目标和意义之所在。

(二)误区之二:聚合思维和发散思维的发展极不平衡

如前所述,创造力是聚合思维和发散思维充分发展、有机结合的结果。可惜的是,在当今世界大多数国家的教育制度中,对学生聚合思维的关注和培养要远远高于对发散思维的关注和培养。其结果,聚合思维的发展往往是以忽视甚至抑制发散思维为背景、为代价的。其发展轨迹,大体形成一种双曲线图(见图2)。

据美国的一项调查表明,一般人在 5 岁时可具有 90% 的创造力,在 7 岁时可具有 10% 的创造力,而 8 岁以后其创造力就下降为 2% 了。[2]

这种现象出现,本质上是因为儿童在接受教育的过程中,不断地被知识的经验性和规律性束缚,逐渐丧失了独立思考和想象的能力。

---

[1] 马斯洛:《人性能达到的境界》,林方译,云南人民出版社 1987 年版。
[2] Tapping Into Creativity.

正如教育家布克梅尼斯特·富勒所言："所有的孩子生来都是天才，但我们在他们生命最初的 6 年磨掉了他们的天资。"传统教育制度造成聚合思维和发散思维的不平衡发展的根源，在于因过分强调聚合思维对认识事物规律的主导作用而形成的种种学习负迁移和功能固着作用。两者本质上都是心理定势的表现，是人心理活动中的一种准备状态及问题解决过程中的思维倾向。由此，提高个人的创造力，关键也在于提高个人智能结构中的发散思维和批判思维能力。

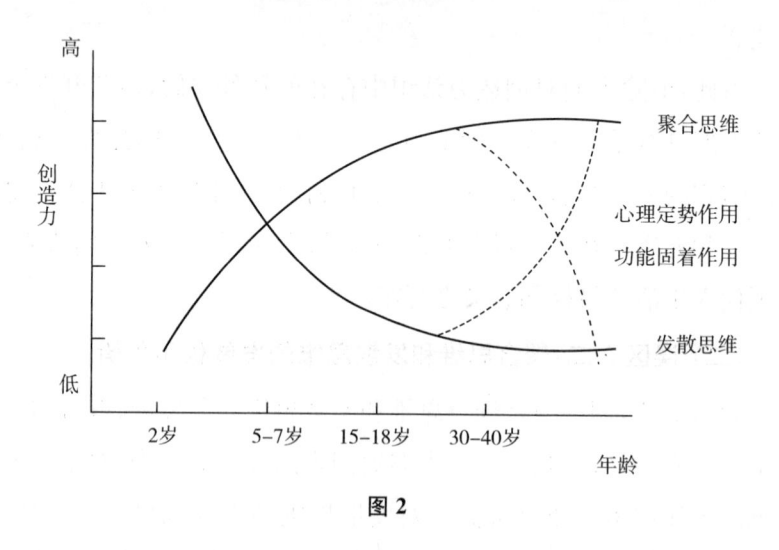

图 2

在美国，曾有人做过这样一个与创造思维有关的测验：让被试者看一幅意图模糊的画，然后写出一个故事来。为测试被试者的创造思维，每个故事都按刻画性、鲜明性、新颖性、独特性、变化性、直观性、想象性、要领性、伸缩性、传情性和完整性来打分。有人用此测量了美国 3 个州 45 所学校的 1200 个七、八年级的学生。结果发现：创造性分数的分布不呈正态分布曲线，而表现为双峰曲线，即，得中分的人最少，得低分的人显著多过得高分的人。有趣的是，如果学校教学要求的统一标准扼杀了学生的创造性，则全体学生的得分都应很低,表现为整个曲线向左偏。但目前的双峰曲线说明,统一的教学要求并未降低高创造力学生的得分,而是降低了创造力一般学生的得分。[①]

(三)误区之三:忽视对学生创造潜能的开发

在当今社会中,学生接受教育,不仅要学习文化知识,更要开发自我的创造潜能。在我国教育中,严重缺乏对激发学生创造思维的课程训练。这造成了学生以完成作业、考试合格为目标,缺乏深入探究、挑战权威的意识,向"高记忆力,低创造力"的方向发展。

事实上,激发学生的创新意识,调动其创新的勇气,最根本的是要尊重学生的个性和想象力。日本著名育儿专家内藤主张对待孩子要"尊重生命",这种尊重表现在尊重其人格和个性上,婴幼儿期是智力和行为的可塑期或关键期,而且一个人的早期表现和后期有很大的延续性。因此,关注早期培育最为重要。内藤还主张,对于孩子的教育要顺乎天性,崇尚自然,也就是根据儿童的心理和年龄特点去进行培育工作。就心理学而言,自信心有两个基本成分:一是自尊(self-respect),即肯定自己有能力获得幸福和他人尊重的意识;二是自我效力(self-efficacy),即肯定自己有能力面对生活中各种挑战的意识。由此,尊重儿童的想象,无论它是怎样的怪诞离奇,本质上就是在尊重孩子的自由幻想的权利,这是对孩子创造天性的最大保护。哈佛大学心理学家加德纳在《造性思维》一书中写道,"富有创造力的天才喜欢回到儿童时期的概念世界中去,用一个对世界充满好奇的孩子所特有的敏锐目光和解题方式来编织某一领域的最新知识"。

另外,保加利亚心理学家乔治·罗扎诺夫发现,提高学习速度的秘诀,在于重塑自然的学习环境,将教室改造成巧妙而艺术的活动场所。罗扎诺夫认为,能够发挥人类最大潜能的学习经验有三大特征:

[①] John S. Dacey.Fundamentals of Creativity Thinking. Lexington Books.1989.

其一,真正的学习应是快乐的;其二,融合了有意识的和无意识的学习,以情感调节理性,以无意识调节有意识;其三,诱导学生内在的潜能,推动学生积极思考、独立解决问题。其实,在拉丁文中"教育"(paideia)也等同于"玩耍(paidia)"。在这层意义上讲,教育不应使人因学习而陷入知识的深渊不可自拔,而应使人永远保持好奇心、求知欲、敏锐的观察力和丰富的想象力。

五、开展创造教育:四种能力的培养

创造力能否通过训练来加以提高?大量的教学实践和研究结果证明,这是完全可以达到的,而且也是值得大力推广的。

综观欧美现有的创造教育教材,大都围绕着强化思维之变通性、流畅性和独创性这三个方面展开。换言之,它们均没有超出吉尔福特之"发散思维三维度"的框框。而如前所述,创造思维的激发,不仅需要强化个人的发散思维能力,还需要强化个人在辩证思维和其他非智力因素方面的能力。所以,笔者以为,今天开发学生的创造力,要着重从培养学生的发散思维能力、辩证批判思维能力、隐喻联想思维能力和有助于创造思维的人格因素入手。下面分别加以叙述。

(一)培养学生发散思维的能力

激发学生的创造力,首先要从破除学生对事物认识上的各种功能固着和思想惰性入手。这种惰性突出表现为沿袭固有的处事惯例、权威意识和无批判意识等现象。

美国的中小学课程都不同程度地包含了激发学生联想力、想象力和独创性的教学内容。这些课程通常以心理学家托伦斯(P. Torrance)的创造力测试理论为基础。它们主要是通过各种练习、工作手册和活动教学来鼓励学生积极发挥自己的想象力和独创性。例如,在美国南方学校常用的普杜创造力课程(The Purdue Creative Thinking Program)中,有34盘录音带及其配备的文字材料和教师手册。它共有28个课程单元,分为3大部分:(1)直接讲授创造性思维的原则;(2)叙述美国历史中的不同历史事件;(3)引发学生就这些历史事件的发展进行富有创意的讨论和练习。这些教学活动均不鼓励学生寻求正确答案,而是鼓励学生积极开动脑筋,对同一事件的意义和发展做出不同的分析和想象。在此过程中,任何离奇的想法都不会受到拒绝和否定。

在我国,也有教师就怎样激发学生的创造力进行实践和研究。例如,山东师大的张景焕和陈泽河自1986年以来,分别在泰安、济南、东营的小学进行了开发学生创造力的实验,目前前两轮实验已经结束,正在全省12个地市一百余所学校的小学生中推广,参加实验的学生达一万人。[①] 他们使用的实验教材(3册)是根据吉尔福特的智力结构理论设想编写的,有16个单元,每单元2到3课,每课有5个活动,分别由视觉的、听觉的、符号的、语意的、行为的5种内容的信息组成。这些活动内容的设计还参照了我国古代和国外的一些智力游戏。每册教材所设计活动随着儿童年龄增长及其心理水平和知识面的扩展而不断加深。另外,西北师范大学的王树秀提出,激发学生的创造意识可采用"潜科学教学法"和"社会探究法"。其中"潜科学教学法"指教师在课堂上向学生展示自己讨论的疑难问题或尚未定论的问题,使学生看到教师创造思维和想象活动的过程。"社会探究法"指教师提出社会中存在的某个问题,由学生开展调查,提出假设,搜集证据,最后教师引导学生分析、概括得出结论。除此之外,为强化发散思维的作用,在教学中还可采用"内容不完全教学法""发展

---

① 张景焕、陈泽河:《开发儿童创造力的实验研究》,《心理学报》1996年第3期。

问题教学法"和"多角度教学法"。"内容不完全教学法"指教师在课堂上将所讲授的内容制造一定的空白地带,让学生自己去推测可能的结果。"发展问题教学法"指教师在学生解答了某一问题后,要求学生对所解出的问题适当加以变化和发展,并编出发展题,然后师生共同解答。"多角度教学法"指教师在指导学生解决问题时,启发学生尽量从不同角度来认识同一问题的性质和解决方法。[①]

凡此种种,都旨在唤醒学生的问题意识、批判意识,使他们从种种聚合思维的束缚下挣脱出来,去大胆地追求发散思维给人带来的种种创新意念。值得引起注意的是,这些有益的实验性研究,目前主要是在中小学进行,而肩负着造就高素质创造人才重任的高等学校,尚未有系统的、较大规模的研究与实验。

(二)培养辩证批判思维能力

辩证批判思维能力(dialectical-critical thinking)泛指个人能够辩证地评估、判断某一事物和现象好坏利弊的能力。辩证思维是按对立统一的矛盾运动形式来反映客观事物的思维活动,是人类思维发展的最高形式。认知心理学表明,小学儿童就开始有辩证逻辑思维的萌芽,9至11岁的儿童已经能掌握左右概念的相对性,在学习分数时大多能理解部分与整体的相对和绝对的关系,依照法国心理学家H.瓦龙的研究,儿童到11至12岁时可以掌握长短、大小、异同、好坏等反映矛盾属性的概念。我国心理学家林崇德也发现,从整体上看,青少年在校学生已初步掌握了辩证概念,但其掌握深度仍有一个不断发展的过程:初一学生以掌握一般的抽象概念为主,对辩证概念的理解还缺乏一定的深度;高二的学生以掌握抽象的辩证概念为主,理解的深度已达到一定水平;初三的学生则处于两者之间。辩证判断

[①] 王树秀:《创造力个性特征的跨文化研究》,《开发研究》1996年第2期。

是反映客观现实的辩证性质和关系的心理过程。辩证思维是在形式逻辑思维基础上产生的。就创新思维而言,辩证思维可包括积极进取、欣赏困境及和谐冲突等方法。诚如量子物理学家尼尔斯·波尔所言,"当我们遇到自相矛盾的问题时,真是太棒了!因为我们就有希望获得一些进展了"。

另一方面,批判思维(critical thinking)指个人对某一事物和现象长短利弊的评判,它要求人对周围的人和事物不断形成独立的见解。其中,激发念头(provocation)可谓批判思维的关键,激发念头并不一定要寻求正确,而是要激发人们对同一事物(现象)采取不同的认识。就创造思维而言,批判思维是破除人们思想认识中功能固着和思维惯性的关键。培养辩证批判思维,对于突破聚合思维对创造思维发展的束缚,开发个人的发散思维能力,具有十分重要的推动作用。

为了提高学生的辩证批判思维,培养学生的"批评意识",林崇德教授还主张在高二开设"定向班",以帮助学生选择发展方向,改变根据学习成绩过早限定学生发展方向的做法。在我国教育中,"应试教育"影响积重难返,这对培养学生的批判意识和独立思考能力十分有害。因此,怎样在教学和考核当中培养学生的辩证批判思维,将直接影响学生创造力的开发。

(三) 培养隐喻联想思维能力

隐喻联想思维(synectics),指个人可以将截然不同的事物有机地结合起来。这种联想通常是隐喻的、直觉的、跳跃的、模棱两可的。美国创造学专家戈尔顿对隐喻联想思维提出一个形象的口号:"将生疏的事物看得熟悉,将熟悉的事物看得生疏。"[1]在隐喻联想中,通常

---

[1] R.Ripple. Teaching Creativity. *Encyclopedia of Creativity*. New York: Academic Press. 1999(1).

有直接联想、个人联想、象征性联想和幻觉联想等方式。它们均可促使人们在日常的分析、解决问题过程中更具创意。

隐喻联想是创造思维中最可贵的成分之一。没有隐喻联想，就没有人类对世间万物的种种联想和梦幻。科学上的许多重大突破，都是隐喻联想的结果，它把看上去毫不相干的东西联系在一起。因此，看到别人看不到的特殊关联，是创造思维的一个突出体现。美国心理学家瑞普提出，直觉的隐喻联想可帮助人们在一个更广泛、更特别的情景下看待同一件事物的不同功能和作用，从而实现思维中的一次次飞跃。[①] 在我们现有的教育制度中，至今仍十分强调每个专业的个性和特点，很少介绍各专业之间的共性和相互联系。就创造思维来说，这种知识的分割与疏离是极为有害的，它不但会导致人们机械、片面地认识各科知识的结构，还会使人们对自己专业以外的知识持消极淡漠的态度，对跨专业的理论设想嗤之以鼻。所以，强化隐喻联想可突破知识专业化对个人知识结构的束缚，使人们学会在不同领域的知识中寻找专业发展的灵感和突破点。

（四）培养有助于创新思维的非智力因素

如前所述，非智力因素可以对于智力和创造力的开发起促进作用。瑞普指出，创造力是个十分个体化的特征，其中既包括一般智力和知识的作用，也包括动机、兴趣和态度的作用。所以，鉴定和培养可以强化个人创造力的非智力因素，对创新教育至关重要。例如，谢光辉、张庆林对获得实用科技发明大奖的大学生进行了测试，发现这

---

① R.Ripple. Teaching Creativity. *Encyclopedia of Creativity*. New York: Academic Press. 1999(1).

些学生的突出人格特征是高敏感性和高控制性。[①] 另外,杨素华等人用"卡特尔十六种人格因素量表"对中国科大少年班的学生进行了人格测试,发现这些学生在稳定性、恃强性、敢为性、创新性、自律性等创造性人格因素上得分甚高。[②] 陈国鹏等人对创造力得分甚高的中小学生进行了人格测试,发现他们在智慧性、乐群性、敢为性和低紧张性等特征上得分也甚高。[③] 因此,激发学生的创造思维,培养他们独立思考和积极想象的能力,离不开对学生创造性人格因素的培养。

笔者认为,提高学生创造力的心理素质,应重点培养学生下列人格品质:(1)敏锐的观察力,对事物永远抱有一种兴趣和疑问;(2)积极的心理承受能力,在挫折面前可很快调整自我的心态;(3)自尊自信,在任何不利环境下都不动摇对自我的信念;(4)坚忍不拔的性格,不因一时的困难挫折而放弃个人的想法和计划。对于这些人格因素的培养,不仅要采取课堂教学和讨论的方式,还要通过各种生活实践的观察和体验来展开。

知识经济社会的最大特点可谓不稳定性、不可测性、跳跃性和复杂多变性。这些特点要求人们以更加积极灵活的思维方式来面对生活和工作中的种种压力。有人将这种新的思维方式称之为"量子思维"。它将使人们的思维类型、心理类型、智慧类型不尽相同。而教育的目的,就是要不断地发展这些类型,以使每个人都能最大限度地实现其潜能。行将到来的知识经济时代的学校教育,必须以发展人

---

① 谢光辉、张庆林:《中国大学生实用科技发明大奖赛获奖者人格特征的研究》,《心理科学》1995年第1期。
② 查子秀主编《超常儿童心理学》,人民教育出版社1993年版,第149页。
③ 陈国鹏等:《我国中小学生创造力与智力和人格相关研究》,《心理科学》1996年第3期。

的创新思维,开发人的创新潜能为核心。因此,尽快建立一整套适合我国国情及民族特点的创新教育和研究体系以培养和造就高素质的创新人才,已经成为21世纪中国教育面临的一大挑战,我们要迎难而上,努力有所作为。

(原载《教育研究》1999年第10期)

强化问题意识　造就创新人才

龚　放　岳晓东

21世纪大学教育人才观、质量观的核心问题,是培养和造就富有创新精神和创新能力的高素质人才,这已成为人们的共识。现在的问题是,如何将新的人才观、质量观付诸实施,进而引起教学观念的更新和教学方法的变革,使大学真正成为赏识和培养创造性才能的场所。在所有对于压抑甚至扼杀人的创造精神的传统教育的批判中,尼尔·波斯特曼可谓一语中的,入木三分:"孩子们入学时像个'问号',而毕业时像个'句号'。"强化问题意识,是造就创新人才的关键之一。而如何使学生保持强烈的好奇心和求异精神,并将其引向真正的学科创新行动,应当成为变革现存教育教学模式的一个切入点。

一、创新始于"问题"

英国科学哲学家波普尔(Karl R.Popper,1902—1994)认为,科学的第一个特征,就是"它始于问题,实践及理论的问题"[①]。他甚至认

---

① 卡尔·波普尔:《通过知识获得解放》,范景中等译,中国美术学院出版社1996年版,第2页。

为,"由于逻辑的理由,观察不能先于所有问题,虽然观察对于某些问题常常是明显居先的"。他竭力主张"科学只能从问题开始","科学和知识的增长永远始于问题,终于问题——越来越深化的问题,越来越能启发新问题的问题"[1]。爱因斯坦也强调:"发现问题和系统阐述问题可能要比得到解答更为重要。解答可能仅仅是数学或实验技能问题,而提出新问题、新的可能性,从新的角度去考虑老问题,则要求创造性的想象,而且标志着科学的真正进步。"[2]事实上,真正的创新,真正的科学发现,往往发轫于提出一个与众不同的、有科学价值的问题。问一个"为什么",将有效地促使对隐藏在现象背后的规律或缘由的探索,而"怎么样"的问题常常引起对过程机理的思考。一部科学发展史,就是一部对奥秘的探索与对问题的解答的历史。牛顿发现万有引力,始于他在苹果树下的思索:"为什么苹果从树上掉下来,而不飞到天上去?"他在光学领域也有许多建树,在《光学》这本学术专著的结论部分,他竟然一连提出了 31 个问题,其用意即在启发后人在这一领域做新的更加深入的探索。正是注意到知识与问题之间的关系,胡适在 1932 年 6 月为北大毕业生开的三种"防身药方"中,第一种就是"问题丹"。他说:"问题是知识学问的老祖宗,古往今来一切知识的产生与积聚,都是因为要解答问题。""试想伽利略和牛顿有多少藏书? 有多少仪器? 他们不过是有问题而已。有了问题而后他们自会造出仪器来解答他们的问题。没有问题的人们,关在图书馆里也不会用书,锁在实验室里也不会有什么发现。""脑子里没有问

---

[1] 波普尔:《猜想与反驳——科学知识的增长》,傅季重等译,上海译文出版社 1986 年版,第 318 页。
[2] Albert Einstein & Leopold Infeld, *The Evolution of Physics: The Growth of Ideas from Early Concepts to Relativity and Quanta*. New York: Simon and Schuster, 1938.

题之日,就是你的知识生活寿终正寝之时!"①

二、"问题"产生于"好奇"与"质疑"

导致创新的"问题"有两个主要触发点:"好奇"与"质疑"。

1. "问题"来源于好奇心

强烈的好奇心会增强人们对外界信息的敏感性,对新出现的情况和新发生的变化及时做出反应,发现问题,并追根寻源,提出一连串问题:有无? 是否? 如何? 为何? 从而激发思考,引起探索欲望,开始创新活动。

许多看似偶然的发现其实都隐含着一种必然:发现者必然具有强烈的好奇心理。伽利略18岁时在比萨教堂发现"摆的等时性原理",现代外科学的奠基者亨特由伦敦郊外公园的鹿角而发明"亨特氏法"外科手术,都是由好奇心引发问题,最终导致发现或发明。缺乏好奇心,必然对外界的信息反映迟钝,对诸多有意义的现象熟视无睹,对问题无动于衷,更枉论创造与发明了。创立狭义相对论和广义相对论的爱因斯坦有一句被人反复引用的名言:"我并没有什么特殊的才能,我只不过是喜欢寻根问底地追究问题罢了。"许多人将其解释为大科学家的谦逊,在我看来,爱因斯坦这段话一语道破了创新和发现的真谛:好奇心理、问题意识以及锲而不舍的探求是科学研究获得成功的前提。

2. "问题"的另一来源是怀疑精神

我国著名地质学家李四光充分肯定质疑在科学创新中的重要作用。他曾说:"不怀疑不能见真理,所以我希望大家都取一种怀疑的

---

① 胡适:《赠与今年的大学毕业生》,大学活页文库(1)。

态度,不要为已成的学说压倒。"对既有的学说和权威的、流行的解释,不是简单地接受与信奉,而是持批判和怀疑态度,由质疑进而求异,才能另辟蹊径,突破传统观念,大胆创立新说。

对宇宙结构的认识,先后有过我国先秦时代的"盖天说"和"浑天说"以及古希腊天文学家托勒密的"地心说"。但哥白尼的《天体运行论》对"地心说"提出质疑和挑战,首倡"日心说",标志着人类对宇宙空间的认识有了一次重大的飞跃。现代天文学界关于宇宙结构模型和成因的诸多理论,如"膨胀模型""稳恒态宇宙模型""等级式宇宙模型"等,无一不是对既有理论和假说批判和质疑的产物。在社会科学领域,情况同样如此。即便是科学社会主义学说的发展,从马克思主义到列宁主义,从毛泽东思想到邓小平理论,也是既一脉相承,又有所扬弃。若不是邓小平同志率先对"两个凡是"进行批判,对计划与市场的传统认识提出质疑,就不会有充满活力的改革开放,就不会有具有中国特色的社会主义的生气勃勃的创造性发展。

三、"问题"激发创造力的心理学分析

1. "问题"有助于摆脱思维的滞涩和定势

我们的思维容易受先入之见的影响,因为人的大脑"有把信息和材料安放在内存模式中的归档能力"[①]。思维还常常会陷入滞涩与休眠状态。"问题"的出现,尤其是那些新颖、冲击力强的问题,往往造成某种不确定性,从而带来紧张,引起焦虑,使思维活跃起来,打破定势。

2. "问题"促使思维从"前反省状态"进入"后反省状态"

杜威在30年代对"探究"或"反省性思维"的研究,有助于我们理

---

① 转引自袁军主编《国际教育百科全书(第三卷)》,贵州教育出版社1990年版,第136页。

解"问题"激活创造性的心理过程。根据杜威的理论,探究是"对任何一种信念或假设的知识进行的积极、持续、审慎的思考"。当一个人面临"三岔口的情景",或者碰到令自己感到困惑的问题时,他就会受到刺激,去进行反省性探究。因此,思维是从一种怀疑或混淆的"前反省状态",进入一种满意或对先前让自己感到怀疑和困惑的情景的控制为特征的"后反省状态"。在这种状态转换过程中,智力活动问题始于问题的提出,终于问题的解决。①

3. "问题"的解决带来"顶峰"的体验,从而激励再发现和再创新

美国心理学家杰罗姆·S.布鲁纳50年代的研究表明,难易适中且富有挑战性的问题足以激励学生向下一阶段发展。② 1998年4月美国卡内基教学促进基金会提供的研究报告《重建本科生教育:美国研究型大学发展蓝图》,则力主在研究型大学实施"探索为本的本科教育",要求教师指导学生学会"如何发现有意义有价值的问题,而不是简单地去寻找答案"。这种对问题的探求与思考,以及"运用交流技巧将研究结果向专家以及不熟悉该领域的听众报告",将使大学生深受鼓舞,同时领略一种"顶峰体验(capstone experience)"。很显然,这对大学生日后的创新生涯是大有益处的。③ 这种"顶峰体验",常常由于百思不得其解,由于必须长期忍受并延续一种疑惑困扰的状态而感受尤其鲜明,尤其强烈。贝尔纳对此有极为精辟的说明:"那些没有受过未知物折磨的人,不知道什么是发现的快乐。"④

---

① 珍尼特·沃斯、戈登·德莱顿:《学习的革命——通向21世纪的个人护照》,顾瑞荣等译,上海三联书店1998年版,第189页。
② 布鲁纳:《教育过程》,邵瑞珍译,文化教育出版社1982年版,第54页。
③ 李延成译《重建本科生教育:美国研究型大学发展蓝图》(打印本),第21页。
④ W.I.B.贝弗里奇:《科学研究的艺术》,陈捷译,科学出版社1984年版,第80页。

4. "问题"有时深藏在潜意识或下意识中,"顿悟"由此而生

阿基米德为了测定王冠含金的纯度,废寝忘食,苦无所得,未料在洗澡时不经意间发现了"浮力定理"。德国化学家凯库勒梦见苯分子像一条蛇咬着尾巴旋转,悟出6个碳原子苯环的概念。这些戏剧性的科学发现,使得创造过程显得更加扑朔迷离。人们至今尚未能够破译"灵感""顿悟"之谜。但是,我们不妨大胆猜测,当某一问题已不受直接注意时,潜意识在某种程度上仍然保持对问题的思索状态。精神高度集中地考虑一个问题,有时可能造成思路的堵塞或误入歧途,正如"众里寻他千百度"仍然不见芳踪;而一旦松弛下来,潜意识或下意识悄然进行的思索,倒可能产生稍纵即逝的思想火花,恰如"蓦然回首,那人却在,灯火阑珊处"。其实,没有对"问题"的魂牵梦绕、锲而不舍的探究,没有"众里寻他千百度"的执着,也就不可能有"蓦然回首"时的惊喜。

四、"问题"的分类与价值

美国芝加哥大学心理学教授 J.W.盖泽尔斯曾经把我们可能碰到的"问题"大致分为呈现型、发现型和创造型三类。[①] 参见图1。

其一,呈现型问题。这是目前学校中最常见、最典型的问题情景。它们是一些给定的问题(由教师或由教科书提出),答案往往是现成的,求解的思路也是现成的。问题解决者只要"按图索骥",照章办事,就能获得与标准答案相同的结果,"不需要也无机会去想象或创造"。

其二,发现型问题。它们有的也有已知的答案,但问题是由学生

---

① 舒运祥主编《国际教育百科全书(第二卷)》,贵州教育出版社1990年版,第496、497页。

图1 问题质疑深化图

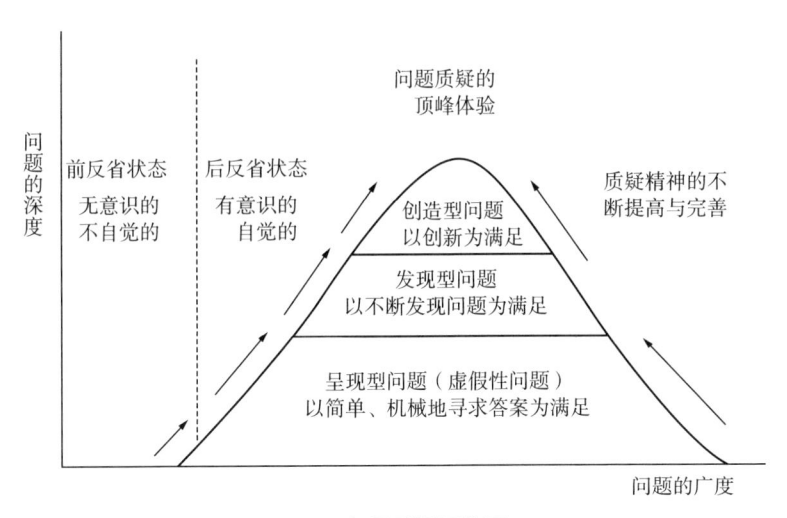

自己提出或发现，而不是由教师或教科书给定的。已故中科院院士、南京大学化学系教授戴安邦在 80 年代初就主张把化学实验课变成"小型的科学试验"，实验程序并非完全给定，而是开放式的，要求学生自己设计、自己观察、自己分析。从人类认识角度看，这些实验并未提供新的见解，不过是一种重复，一种演示；但是，对于学生认识个体而言，却是一种探索，是独立的发现。这类问题，有的还可能没有已知的公式、解决办法或答案，因此，它们往往通向发现和创造。

其三，创造型问题。这类问题是人们从未提出过的，全新的。例如，那个困扰、折磨了爱因斯坦十多年的问题："如果我以光速 C 和光线一道运动，我是不是将观察到光线仍是静止在空间的振动着的电磁波呢？"在爱因斯坦之前，从未有人这样提出问题。这一问题本身就具有科学创新价值，就是对牛顿以来经典物理学的一种突破。

以上三种"问题"是不等价的。有的创造教育专家干脆将"呈现型问题"称为"虚假的问题"。第一，它们并非学生主动参与的产物；第二，它们往往追求"唯一正确的答案"，因而总是压抑求异、质疑的精神,妨碍创造性的发挥。"创造性的问题"因其独特、新颖而且富有科学意义而弥足珍贵。我们所说的"强化问题意识",主要是让学生自由探讨,积极思考,大胆提出问题,解释问题。这种质疑和探索并非每一次都能有所发现,有所创造,有所前进。大量的"发现型问题"中也只有为数不多者能够产生有科学价值的创见,因此有人称之为"智力探险"。实际上,"智力探险"的意义主要不在于寻得正确的解答,而在于激发学生对问题、现象保持一种敏感性和好奇心,通过批判性思维,形成自己的独立见解。正是着眼于这一目标和价值取向,人们主张大学教育在系统的学习和有意识的研究探索之间"寻求平衡",主张把学生"置于问题的情景中,让他们自己去想办法","从尚未解决的问题开始,并强调这些问题"。而这种"智力的探险""即便不能导致积极的结果,也应受到重视,并得到系统的支持"。[1]

五、旨在强化"问题意识"的教学探索

从 70 年代开始,美国一些教育理论专家陆续在中小学开展了旨在强化"问题意识"、培养创造能力的改革试验,并形成了若干教学模式。

1. 奥斯本的"创造性解决问题的五步过程"

由美国创造教育领域的先驱者亚历克斯·F.奥斯本总结归纳。它特别强调学生自己的"发现"。其主要步骤是:(1) 发现问题,或从不同的角度搜寻真正具有挑战性的问题;(2) 发现事实,为了更好地理解情景和设想可能的解决方案;(3) 发现观念,旨在汇集来自潜意识和下意识的观念,并在它们全部涌现之后才对它们的质量进行判

---

[1] 胡森主编《国际教育百科全书(第五卷)》,贵州教育出版社 1990 年版,第 638 页。

断;(4)找到解决方案,并对诸多观念的贴切性和适用性进行评价,从中选出最佳观念用以实施;(5)寻找认可或获得一批这一观念的拥戴者,并将其付诸实施。①

2. 奥斯本-帕内斯创造性教学模式

由美国创造学家帕内斯及其同事根据奥斯本的创造过程理论创立。其一般目标为:(1)使学生善于发现问题。在"给定的困境"中,指导学生提出值得探讨的许多具体问题,描述有关问题的诸多要素。(2)使学生学会确定问题。给定一个复杂的问题情景,要求学生找到陈述问题之后的"潜在的""真正的"问题,并扩展或重新定义问题,识别若干可能存在的子问题。(3)学会打破惯性思维。(4)学生应能推迟判断。即对某一问题提出诸多答案但暂时不做评价。(5)进一步发现新的关系,如事物或经历之间的相似或差异。(6)学会评价问题及解决方案。②

3. 托马斯-布鲁巴克探究式教学模式

"这样一种探究式的教学方式比教师的讲授、解释和示范更能促进迁移。"R.M.托马斯和D.L.布鲁巴克1971年提出了发现、提炼、解决问题的一般步骤:(1)明确有待调查研究的问题;(2)把这些问题分解为若干组成部分,以便清晰地了解回答问题所需收集的各类信息资料;(3)收集所需的信息资料并加以综合;(4)以解决或回答问题的方式来阐明信息资料;(5)陈述结论;(6)对解决问题过程的成就进行评价——每一步骤是否都有效地完成?如果没有,为什么?如何补救?③

---

① 舒运祥主编《国际教育百科全书(第二卷)》,贵州教育出版社1990年版,第505页。
② 转引自刘仲林:《跨学科教育论》,河南教育出版社1991年版,第78—79页。
③ R.M.Thomas & D.L.Brubaker. *Decisions in Teaching Elementary Social Studies*. Wardsworth Belmont California,1971.

4. 布鲁贝克倡导的"问题"课程

这种"问题课程"不从学科着手,不强调学科或知识的系统性和完整性,"而是从那种多面性问题——各门学科复杂地结合在这一问题里——开始"①。例如,"贫穷问题""妇女问题""代沟问题",以及种种全球性、区域性问题。学生在教师指导下,围绕专门问题进行研究,通过这种问题研讨,激励思维,并将各学科知识整合起来。

六、不让"问题止于智者"

传统的以"传道、授业、释疑、解惑"为旨归的教师观,显然难以适应以造就高素质创新人才为重任的21世纪大学教育。"流言止于智者"是一大幸事,而"问题(思索)止于智者"则不但令人遗憾,而且影响国家、民族、社会大局。不幸的是,"问题(思索)止于教授学者"却成为目前许多高等学校的常态。当前亟待明确以下一些新的理念。

1. 不仅要"释疑、解惑",而且要启思、置疑,引而不发

作为教师,确实要解答学生的疑难,指导他们认识并消除学业上、人生道路上碰到的困惑。但是,这种指点和帮助,不能越俎代庖,替代学生自己的思考。而且,"释疑解惑"并非将疑惑全部"冰释",而是要引导学生在明了旧疑的基础上思考新的、更深层次的问题。有时甚至要"置疑""设疑"。

2. 决不掩饰自己在某些问题上的失察甚至无知

教师绝不可能通晓一切。尤其在信息社会到来的今天,教师再也不可能像在古代和近代社会那样,垄断知识和信息。在学生面前

---

① 约翰·S·布鲁贝克:《高等教育哲学》,郑继伟等译,浙江教育出版社1987年版,第111页。

坦率地承认自己的不足,与学生共同研讨和思考,应当是 21 世纪大学师生关系的题中应有之义。

出生于德国的美国生理学家洛布(Jacques Loeb,1859—1924)有一次被学生课后的提问所难倒,他并未掩饰自己的"无知",而是非常坦然地说:"我回答不出你的问题,因为我自己还没有看过教科书的那一章。不过你明天来的时候我已经看过了,也许能够回答你的问题。"采取这种平等、开放、诚实的态度,对于增强年轻人的自信心,对于形成一种激励思考、勇于创新、不怕出错和露短的氛围大有好处。

创新人才的产生,需要十分自由、宽松地探究问题的环境。鼓励大胆质疑,让每一个学生都认识到,即便他们的问题看起来荒诞可笑,或者远离现实,也值得表达、研讨,应该与他人分享。有人将之称为"去除思想的车闸"。因为如果要求"问题"都有创意或者都很成熟才能发表、交流,那就等于在事实上取消提问,中止质疑。在近代物理学界独树一帜、影响深远的哥本哈根学派之所以人才辈出,青胜于蓝,一个十分重要的原因,就是这个学派的鼻祖玻尔从来都是"毫不犹豫地在学生面前坦承自己的错误"。玻尔这样做,一方面显示自己与学生在科学真理面前完全平等;另一方面,则是鼓励学生勇于发表自己的创见,而无须顾虑出错可能引起的难堪。玻尔和洛布是值得我们师法的。

3. 不因似是而非的回答遏止学生的创新

教师由于经验丰富,涉猎甚广,而且善于表达,有时在解答学生的问题时,往往会十分"圆润""妥帖"地将学生的疑虑化解,其实并未真正解决问题。学生出于对教师的尊重或崇拜,在这种似是而非的回答面前,往往中止了进一步的思考和探究,一些颇有价值的问题就此被束之高阁。教师一定要尊重并认真思考大学生、研究生的提问,不能让"问题(思考)"止于自己。

(原载《高等教育研究》2000 年第 1 期)

从思维发展视角求解钱学森"世纪之问"

龚 放

科学巨擘钱学森溘然长逝,在给我们留下无尽的缅怀和哀思的同时,也留下一个发人深省的"世纪之问"。从 2005 年起,病榻上的钱老多次向前来探望他的国家领导人坦陈他对中国教育,特别是高等教育的批评和忧虑:"现在中国没有完全发展起来,一个重要原因是没有一所大学能够按照培养科学技术发明创造人才的模式去办学,没有自己独特的创新的东西,老是'冒'不出杰出人才。这是很大的问题。"2009 年 8 月 6 日在与温家宝总理的最后一次见面中,钱老再一次强调说:"培养杰出人才,不仅是教育遵循的基本原则,也是国家长远发展的根本。"

钱老"世纪之问"所关注的"杰出人才",温家宝总理已经做了明确的解读:"这句话他给我讲过五六遍……我理解,他讲的杰出人才不是我们说的一般人才,而是像他那样有重大成就的人才。"其实,从清代以来,中国的志士仁人,就不断地发出"我劝天公重抖擞,不拘一格降人才"的呼喊。整整一百年前,南京大学的前身两江师范学堂监督李瑞清在为《两江师范学堂同学录》所作序中期盼青年学人:"毋忘其先,溺于旧闻,壹志力学",将中西之学融会贯通、取精用宏,力争"成为中国之培根、笛卡尔、廓美纽司(夸美纽斯)耶、陆克(洛克)、谦谟(休谟)耶、非希(费希特)、威尔孟耶,国且赖之矣!"英国著名生物化学家李约瑟在其编著的 15 卷《中国科学技术史》中提出著名的"李约瑟之谜"(Needham Puzzle),同样着眼于那些开拓科学研究新领域的大师和巨匠:"为什么近代科学和科学革命只产生在欧洲呢?……为什么直到中世纪中国还比欧洲先进,后来却会让欧洲人着了先鞭呢?"为什么中国没有能够产生"像伽利略、托里斥利、斯蒂文、牛顿这样的伟大人物"呢? 在某种意义上说,钱学森的"世纪之问"与"李约瑟之谜"有其共通之处,即期盼中华民族的伟大复兴,期盼中国能够在造福本国的同时,对人类文明做出更大的贡献,包括贡献新的"四大发明",贡献中国的伽利略、牛顿和爱因斯坦!

为了求解"李约瑟之谜"和"钱学森之问",专家学者已经从中国传统文化、教育与社会制度的特点与缺失、中国传统思维的特性与缺失等多方面进行了分析和反思,既有深刻的文化反省,更有犀利的社会批判,提出了诸多真知灼见。今天我想从一个侧面来求解"钱学森之问",即从人的思维发展的角度探讨钱老所关注的"杰出人才"的培养和造就。我认为,钱老对中国教育问题和杰出人才培养的系统思考始于 20 世纪 80 年代,他在一系列关于教育问题的文章、书信与谈话中,实际上已经提供了这一"求解思路"。早在 1984 年,他就指出:"人才培养问题的确是当务之急。我觉得传递知识比较好办,而启发智力比较难,尚无科学的方法,还有待于思维科学的研究与成果。"[1] 1989 年他在《教育研究》组织的"教育问题笔谈"栏目发表了题为《要

---

[1] 《致徐章英》(1984 年 4 月 9 日),《钱学森书信》第 1 卷,国防工业出版社 2007 年版,第 391 页。

为21世纪社会主义中国设计我们的教育事业》的文章,从应对业已到来的新的产业革命和关系到综合国力竞争和避免"被开除'球籍'"的角度,高屋建瓴地提出创新我国教育事业的战略设想和具体建议,其中即包括一个重要的思想观点:借助思维科学研究的成果,注重人的思维的全面和辩证的发展,以加快人才培养和造就杰出人才。

(一) 改变只注重知识传授和知识积累的传统教育方式,尽早引入抽象思维的教育

钱老在文章中指出:"在过去,人们总以为小学生只能做知识的累积,教会简单的加减乘除,至于逻辑推理,那是在初中后期的事。"他根据中科院心理研究所的一项科学实验和成功实践,建议"小学就可以引入抽象思维的教育",这样可以让学生的理论推理能力提前6—7年。"小学生因为有了抽象思维的能力,不但数学知识丰富了,同时其他课程的学习也变得更加聪明了,对课本不要教师讲,自己就能读懂。这不是一件非常重要的革新吗?"[①]

钱老主张在学校教育中尽早引入抽象思维的教育,首先是对我国传统思维缺失的一个补救。因为抽象思维以逻辑思维为基础,强调事物之间的相互关系,在人们的认知过程中借助概念、范畴、判断、推理等思维形式,达到对具体对象本质特点或客观规律的把握,追求问题解决的答案。抽象思维主要包括演绎(inductive thinking)和归纳(deductive thinking)两种方法,前者力图通过一般原理的逻辑分析来证明特殊事实的存在,而后者则力图通过特殊事实的逻辑分析来证明一般原理的存在。二者的结合,就有助于人们透过现象揭示本质,形成概念并发现新知。众所周知,伽利略将逻辑推理与实验验证引进科学研究领域,标志着近代科学的诞生。"思辨与实证对于近

[①] 钱学森:《要为21世纪社会主义中国设计我们的教育事业》,《教育研究》1989年第7期。

代科学而言起着规定性的作用。在我国传统思维中恰恰缺少思辨、逻辑、实证的习惯。"①

钱老主张在学校教育中尽早引入抽象思维的教育,更是对学校教育的一个大胆革新。认知心理学表明,小学儿童就开始有辩证逻辑思维的萌芽,9到11岁的儿童已经能掌握左右概念的相对性,在学习分数时大多能理解部分与整体的相对和绝对的关系,依照法国心理学家 H.瓦龙的研究,儿童到11到12岁时可以掌握长短、大小、异同、好坏等反映矛盾属性的概念。我国心理学家林崇德也发现,从整体上看,青少年在校学生已初步掌握了辩证概念,但其掌握深度仍有一个不断发展的过程:初一学生以掌握一般的抽象概念为主,对辩证概念的理解还缺乏一定的深度;高二的学生以掌握抽象的辩证概念为主,理解的深度已达到一定水平;初三的学生则处于两者之间。②而钱老倡导从小学即结合数学教学等课程加强逻辑推理、抽象思维能力的训练,其潜在价值在于极大地提高学生的"学习力",变被动的、维持性的学习为自主的、探索性的学习,变单一的知识积累过程为逐渐把握学习规律、学习方法的"学会学习"的过程。

(二)"要学会运用形象思维去解决抽象思维所不能解决的实际问题"

科学史的研究告诉我们,不同的思维方式对人们的认知发展有不同的价值和作用。抽象思维与形象思维,"聚合思维"与"发散思维"往往相反相成,它们都能通向创新之路。门捷列夫元素周期表的产生以及新元素的发现,海王星与冥王星的发现等,都是抽象思维、

---

① 于海波、孟昭辉:《"李约瑟难题"对我国科学教育改革的启示》,《中国科技论坛》2006 年第 1 期。
② 转引自岳晓东、龚放:《创新思维的形成与创新人才的培养》,《教育研究》1999 年第 10 期。

聚合思维导致创新与发明的佐证。牛顿在苹果树下的奇思遐想引发对万有引力的研究，凯库勒受炉火"金蛇狂舞"的启发提出苯分子结构的设想等，则说明了发散性思维在自然科学的创造活动中大有可为。法国著名数学家高斯在读小学时演算 1＋2＋3＋……＋100，首先是突破思维定式，找到 1＋100、2＋99……的奇特组合，接着是依据每组之和均为 101 的推理，迅速得出了最后的结论。这是将发散思维与聚合思维结合、大胆突破和创新的绝好范例，也是钱老"从小学即引入逻辑推理等抽象思维教育"主张的一个有力的佐证。

钱老在倡导加强抽象思维教育的同时，并未忽视形象思维能力的提升。他在《教育研究》编辑部 1989 年组织的笔谈中特别提道："要学会运用形象思维去解决抽象思维所不能解决的实际问题。"[1]形象思维常常能弥补抽象思维的不足和局限，二者的结合与互补，才是创新之道，才是杰出人才脱颖而出的关键所在。钱老的秘书涂元季回忆说：钱老非常重视形象思维、文艺修养对创新的推动作用。"他（钱老）在谈到科学与艺术的关系时曾说过，科学的创新往往不是靠科学里面的这点逻辑推理得出来的，科学创新的萌芽在于形象思维，在于大跨度地联想，会突然给你一个启发，产生了灵感，你才有创新。灵感出来了以后，再按照科学的逻辑思维，去推导，去计算，或者设计严密的实验去加以证实。所以科学家既要有逻辑思维，也要有形象思维。逻辑思维是科学领域的规律，很严密。但形象思维是创新的起点。"[2]钱老在中国科大成立时强调理工结合，后来进一步发展成"科学与艺术结合"的办学理念。2008 年，中科院副院长白春礼致信钱学森，向钱老汇报中国科大 50 年办学成就，并请钱老就科大发展

---

[1] 钱学森：《要为 21 世纪社会主义中国设计我们的教育事业》，《教育研究》1989 年第 7 期。
[2] 新华社：《为什么我们的学校培养不出杰出人才》，《人民日报》，2009 年 12 月 1 日。

给予指示。钱学森回信说："中国科大考虑的,应'理工结合'的道路是正确的。今后还要进一步发展,走理工文相结合的道路,在理工科大学做到科学与艺术的结合。"①

大量实例提示人们,缜密而严整的抽象思维、逻辑推理,有时会让人们被思维定式框住;而创新需要突破常规,需要大跨度地联想,甚至"匪夷所思"地联想。在这个意义上可以说,想象力与创新力是联袂而行的"孪生兄弟"。钱老的关于抽象思维和形象思维对于人才培养,特别是杰出人才培养的价值的睿智思想,对教育界,特别是大学教育的理论研究者和实践者,都是宝贵的思想素材,值得我们不断去领悟、解读和阐发。需要尽快解决的问题是:如何在青少年逻辑思维能力发展的同时,保持大胆想象、移情和通解的能力?如何使因年幼无知而频发的"奇思妙想",发展成为有科学价值和科学依据的联想?如何在抽象思维和形象思维相反相成的基础上,形成批判性思维和辩证思维?

（三）纠正学科的分割与疏离的弊端,做到整体思维,专、博结合

钱学森从20世纪80年代初即开始研究系统工程和系统科学,他发展了系统学和开放的复杂巨系统的方法论。在《教育研究》1989年组织的教育问题笔谈文章中,钱老特别提出他对科学技术体系和知识体系的核心与外围的见解。他认为,200年前能够称得上科学的只有自然科学,而行将到来的21世纪,将有十大科学技术体系:自然科学、社会科学、数学科学、系统科学、思维科学、人体科学、地理科学、军事科学、行为科学和文艺理论。除了文艺理论之外,每一个领域又可以分为基础学科、技术学科和工程应用三大层次。"属于这个科学技术大体系的学科数目,可能达到上千个或几千个。"学科的分

---

① 靳晓燕、齐芳:《"钱学森之问"引发的思考》,《光明日报》,2009年12月6日。

化和不断的发展,不仅给大学院系的划分带来困难和矛盾,而且对人才培养,特别是杰出人才的培养提出挑战。因此,钱老强调指出:"在今天和今后,学生离开学校进入社会所面临的工作都不是单一的,总是多方面综合的……如果其知识只限于一个学科,不知其他,那将是书呆子,教育就失败了。"①

现代学科体系,林林总总、方方面面,不过是人们认识世界、认识自然、认识社会和认识自身过程中形成的"知识通道"。它们就像舞台上一盏盏"聚光灯",当它们先后打开时,就会把人们的注意力集中到某些角色、某些动作和某些场景,它会使它们"纤毫毕现";但与此同时,它也会将其他角色、动作和场景降到背景和边缘的地位。所以,美国高等教育学家伯顿·克拉克就认为,这种不同学科和专业的"聚光灯"其实是"使分析家更有知识同时又更加无知的视觉通道"②。因为客观实际中的问题,是多方面、多样式、多因素的综合,决没有一个单纯的工程力学问题,或者说单纯的数学问题、物理问题,而科学、技术、工程的问题,常常还与政治学、经济学、社会学等方面的问题相关。因此,钱学森提出整体思维、系统思维的设想,要求未来的人才至少掌握"六个方面的素养",做到"在博的基础之上的专,和专的引导下的博"。

事实上,在知识不断分化而又相互渗透,浩如烟海而又迅疾更新的时代,中国大学的人才培养如何克服系科分割造成的视野相对狭窄与知识相对单一的弊端,如何疗救中学文理分科以应对高考而产生的种种痼疾,仍然是一个亟待解决的难题。

---

① 钱学森:《要为21世纪社会主义中国设计我们的教育事业》,《教育研究》1989年第7期。
② 伯顿·克拉克等:《高等教育新论——多学科的研究》,王承绪等译,浙江教育出版社1988年版,第2页。

（四）坚持学术民主，激活"集体思维"

钱老曾经倡导建立"社会思维学"，其出发点在于"怎样使一个集体在讨论问题中能互相启发，互相激励，从而使集体远胜过一个个不接触别人的人的简单总和"。"一个好的集体，人人畅所欲言，思维活跃，其创造力是伟大的。而如果是'老头子说了算'，其他人都处于压抑状态，这个集体就没什么创造力。所以社会思维学的一个重点应是集体思维的激活。"①

钱老当年在美国加州理工学院就曾经与他的研究生同学和他的导师冯·卡门，形成了这样的科研群体，激活了这样的"集体思维"。2005年3月29日下午在301医院，钱先生有关科技创新人才培养的最后一次系统谈话，就详尽地阐发了他所欣赏并追求的"集体思维"："后来我转到加州理工学院，一下子就感觉到它和麻省理工学院很不一样，创新的学风弥漫在整个校园，可以说，整个学校的一个精神就是创新。在这里，你必须想别人没有想到的东西，说别人没有说过的话。拔尖的人才很多，我得和他们竞赛，才能跑在前沿。这里的创新还不能是一般的，迈小步可不行，你很快就会被别人超过。你所想的、做的，要比别人高出一大截才行。""今天我们办学，一定要有加州理工学院的那种科技创新精神，培养会动脑筋、具有非凡创造能力的人才。我回国这么多年，感到中国还没有一所这样的学校，都是些一般的，别人说过的才说，没说过的就不敢说，这样是培养不出顶尖帅才的。"②

坚持学术民主，鼓励年轻人大胆质疑，勇于开拓创新，激活集体

---

① 《致张育铭》（1993年9月3日），《钱学森书信》第7卷，国防工业出版社2007年版，第344页。

② 靳晓燕、齐芳：《"钱学森之问"引发的思考》，《光明日报》，2009年12月6日。

的创新思维,确实是当代科学群体成功之道,也是青胜于蓝、后来居上之道。在近代物理学界独树一帜的哥本哈根学派之所以英才辈出、影响深远,一个十分重要的原因,就是这个学派的鼻祖玻尔从来都是毫不犹豫地在学生面前承认自己的不足或错误,同时鼓励学生或助手勇于发表自己的创见,纠正他可能出现的疏漏,他更愿意与年轻人共同观察新的现象,探求新的发现。这样的组织氛围,这样的集体思维,是创新得以产生并持续良久、取得突破的基础和前提。英国著名的哲学家、数学家怀特海说:"大学之所以存在,不在于传授给学生的知识,也不在于提供给教师的研究机会,而在于在'富于想象'地探讨学问中把年轻人和老一辈联合起来。由积极的想象所产生的激动气氛转化了知识。在这种气氛中,一件事实就不再是一件事实,而被赋予了不可言状的潜力。"[1]我领会,这就是钱老所追求、所向往的被激活了的"集体思维"。

作为一代宗师,钱老不仅是中国的"导弹之父""航天之父",而且是我国思维科学的开创者、研究组织者。因此,循着钱老从思维科学角度变革大学教育、造就杰出人才的思路,也许能够找到解读"世纪之问"的钥匙,也许能够探寻到中华民族伟大复兴所需要的拔尖创新人才培养的方向和路径。

(原载《教育研究》2009 年第 12 期)

---

[1] 转引自约翰·S·布鲁贝克:《高等教育哲学》,郑继伟等译,浙江教育出版社 1987 年版,第 13 页。

"大一"和"大四"：
影响本科教学质量的两个关键阶段 *

龚 放

一、提高本科教学质量：三个视角和两种思路

随着中国的高等教育大众化快速的推进，人才培养质量问题，特别是本科教育的质量问题引起政府和公众的持续关注。"社会问责"的呼声日益高涨。教育部将"本科教育评估"和"高等教育质量工程"作为两个切入点，试图防止高等教育的持续扩张可能导致的"质量滑坡"。

讨论本科生教育教学质量问题，可以有三种视角。其一是教育行政领导、教学管理的角度，着眼于教育过程的质量控制和流程控制以及教育"产出"的质量检测、质量评价；其二是社会用人单位即"雇主"的角度，着眼于对大学毕业生的知识、能力与社会需求、职业需求甚至岗位需求的切合程度；其三是大学生成长与发展的角度，不仅评

---

* 本论文系教育部教育科学规划重点课题"大一与大四：影响本科教学质量的两个关键阶段"的阶段研究成果。

析其毕业后就业的比例,而且评估其就业的质量,更进一步衡量其未来可持续发展的能力。就目前的研究而言,从第一、第二角度切入的研究居多而鲜见从学生角度出发的研究。

对提高本科教学质量的研究,则主要有两种不同的思路。

其一是着重分析影响本科教学质量的要素。如高校拥有的财力、物力及其可以为本科教育支配的份额;高校学科、专业的水准及结构;本科人才培养目标及其方案;课程结构体系的合理性、科学性及课程的深度和广度;入学新生的知识基础、学业动机及其成才抱负;教师的学术水平以及对教育教学的领悟和投入程度;图书、网络信息资源、实验仪器设备条件及其现代化程度,等等。因此,提高本科教学质量的努力,往往集中于如何改进和提高高校教学的软件和硬件,如何增加投入(经费的投入、优秀教师的投入、领导精力的投入),调整政策,优化配置,提高效率和效益。而大学科研与教学的平衡(学校层面的价值取向,力量、时间安排上客观存在的矛盾,教师评价时不同的价值等级等)、师资队伍与教学质量、学风与教学质量、教学资源和教学条件与教学质量的相关性,等等,也就成为本科教学质量研究、控制和评估的重点。

其二是着重分析影响本科教学质量的关节点和关键阶段,抓住了这些关键部位,本科教学质量的提高也就有了保证,有了工作的"抓手",或者说"着力点"。这一思路的基本假设是:从大一到大四,本科教学的四年岁月对大学生的学业发展和人格养成并非等量齐观、价值同一的。其中有些阶段是更为关键、举足轻重的,例如大一新生阶段和大四毕业阶段。抓住了、抓好了这些关节点或关键阶段,就可能因势利导,事半功倍;否则就会事倍功半。因此,"不违农时",着重抓好在某种程度上左右着学生发展走向从而影响着本科教学质量的关键阶段——大一与大四,也就成为本科教育质量工程的着力点,被提上议事日程。

二、大一和大四:影响本科教育质量的关键阶段

从接受高等教育的过程看,大一和大四这两个阶段都属于"从一种性质的活动过程向另一种性质的活动过程过渡的阶段",这些过渡阶段"对事物的发展变化起着居间联系、承前启后、由此及彼的作用"[①]。

(一)大一:新生适应问题

从一种熟悉的环境进入一个陌生的、不同的环境,就产生一个适应与否的问题。所谓"适应性",专家学者有不同的定义。车文博的解释是:"个体在社会组织系统、群体或文化经济因素的变化中,其生存功能、发展和目标实行相应的变化的能力。"[②]郑日昌则认为:"适应性就是心理适应能力,即个体在周围环境相互作用、与周围人们相互交往的过程中,以一定的行为积极反作用于周围环境而获得平衡的心理能力。"[③]樊富珉指出:"具有较高心理适应性的人应该对环境变化持有积极灵活的态度,能够主动调整自身的身心,在现实生活环境中保持一种良好的有效的生存状态。"大学一年级是中学教育阶段与大学教育阶段的"接口"。"大学新生适应"是人生全部适应过程中较为特殊的一种适应。它是指高中毕业生脱离原来熟悉的中学环境,进入大学新环境并根据新环境的要求,积极调整自己的心理与行为,顺利实现角色转换,达成与新环境的平衡。[④]

[①] 胡建华、陈列、周川、龚放:《高等教育学新论》,江苏教育出版社2006年版,第390页。
[②] 车文博:《心理咨询百科全书》,吉林人民出版社1991年版,第684页。
[③] 郑日昌:《中学生心理诊断》,山东教育出版社1994年版,第222页。
[④] 吕素珍、程斯辉:《大学新生适应问题初探》,《湖北大学学报(哲学社会科学版)》2004年第2期,第230—233页。

大一新生的适应包括文化的适应、心理的适应、教育和学习节奏与方式的适应，以及学科专业的适应等。大学生能否适应，适应得是快是慢、是好是坏，直接影响到大学生情感的发展状况和学业的成功与否。

1. 文化适应问题

大学生从中学来到大学，社会文化方面发生诸多变化，其一是对社会文化环境变化的适应问题。从农村到城市，从小城镇到大城市，从南方到北方或从北方到南方，不仅是地理位置的变迁带来的生活习惯的变化，更有文化环境的变化。其次，是校园文化环境的变化及其适应问题。从中学升入大学，尽管仍然是学校环境，但大学评价标准的多元化、人际关系的复杂化、师生关系的松散化等，与中学校园文化形成强烈反差。特别是一些研究型大学自由探索、主动求学的文化氛围，更是那些让习惯于严格管控、单纯应试的中学毕业生不知所措。

2. 心理适应问题

随着高等教育大众化不断深入，生师比迅速增大；加上新校区的增多和教师科研任务的激增，学生与教师深入接触的机会越来越少，学生在生活、学习中遇到的困难和问题得不到及时解决。而大一新生面临着多重的转变：从中学到大学，从父母呵护到远离父母、独立生活，加上诸多独生子女共处一室，文化背景、生活习俗、经济状况、城乡差异等，将引发诸多心理问题。在研究型大学，由于来自天南海北的出类拔萃的学生甚多，就使得相当一批原来在中学成绩优异、一路领先的学生相形见绌，用南京大学数学系某位教授的话说："他们挥之不去的失落感，就像王治郅、巴特尔那样，原来在国家队是绝对的主力，进入NBA后却成了'板凳队员'！"此类心理问题往往成为一部分新生成长与发展的障碍。

3. 教育适应问题

这是大学新生普遍遇到的问题。中学阶段的应试教育模式使学生严重依赖教师,学习进度和复习进度完全由教师掌控,而且反复演算和不断背诵的教学形式,已经消解了很多学生自主学习、探索求异与批判性思维的能力,成为新生进入大学后学习困难的主要原因。葛明贵等学者的调查发现,有超过1/3的大一新生认为自己不能适应学习;在学习压力方面,有6.6%的同学认为学习负担很重,33.1%的同学认为比较重,在学习的紧张焦虑程度方面,表示非常紧张焦虑和比较紧张焦虑的分别占20.4%和39%,感到不太紧张焦虑或从不紧张焦虑分别占8.7%和3.3%,有点紧张焦虑占28.6%。[1]

4. 专业认同问题

由于中学生对学科专业的理解往往存在片面性和有限性,也由于高考志愿填报存在诸多因素,班主任、学生家长的意见,就业市场的信息等往往左右着考生的志愿选择。另外,考生在录取时还有一部分是"指导志愿""调剂志愿"。所以,大一新生所修读的专业,往往并非自己喜欢或向往的专业;即便是如愿以偿地录取在"第一志愿",也常常有考生修读后"若有所失"甚至"大失所望"。某重点大学数学系主任曾经做过调查,大一期末时,有40%的学生失去了攻读数学专业的信心,"他们当初仅仅是数学成绩较好就选择了这一专业,没有想到数学如此抽象,如此难学"。而一旦专业认同产生了问题,学习的动力就会失去,学业成功的可能性就大打折扣。

(二)大四:与社会的衔接问题

对大多数本科学生而言,大四是告别大学阶段学习、投身社会、

---

[1] 葛明贵、余益兵:《大学生学习适应性及其影响因素》,《安徽师范大学学报(人文社会科学版)》2005年第5期。

就业创业的过渡期。当然，也有相当一部分本科毕业生将会进入研究生阶段的学习，甚至远涉重洋，负笈海外。他们也有一个从一种环境到另一种环境，从本科学习阶段到由研究主导的研究生教育阶段的转换、衔接问题。相比较而言，离开较为单纯、较为平静和较为正规的学校环境，进入复杂多样和多变的社会，面对诸多挑战与机会，对于每一个大学毕业生而言，都是一个较为沉重的话题。在大学四年级，要通过毕业论文或毕业设计等环节，对本科阶段所学知识、能力、理论和方法作综合的检验，并对将要面对的职场文化、社会环境有所了解，对未来的生涯发展有所规划，统筹考虑。

（三）"大一""大四"问题的"中国特色"

大一新生的适应和大四与社会的衔接，是否是各国高等院校都要共同面对的问题和矛盾？是否具有共性或者说普适性？2009年11月29日我在日本东京大学召开的"第四届中日高等教育论坛"上报告了我对"大一""大四"问题的调研和见解之后，东京大学教授金子元久回应说：大一新生的不适应问题是世界各国大学普遍存在的共性问题；而"大四问题"则主要显现于中国、日本、韩国等东亚国家，在欧美国家则很不明显，或者说基本不成问题。金子元久教授的研究及其发现十分有价值，我期待着与他和他的团队进行深入的交流与可能的合作。同时我又认为，无论是具有全球共性的"大一问题"，还是仅仅存在于东亚国家的"大四问题"，我们所面对的现实，又颇具"中国特色"和时代特征。例如，诸多中国学生家长对独生子女的呵护甚至溺爱，使得大一新生心理障碍、情感缺失等问题格外严重。再如，在积重难返的"应试教育"压力下成长起来的一代，对大学教学、生活环境的不适应问题，也是欧美国家难以比肩的。纵向与20世纪50年代、60年代和改革开放初期相比，当今的大一和大四又出现了许多新的变量和新的元素，如进入大众化阶段以后因为新生规模的激增、多校区办学所衍生的"师生疏离"和"新生茫然"现象,毕业生就业困难、压力加重所造成的大四教学"虚化"和毕业论文(设计)被"边缘化"等。

从中国高等教育管理和研究的现实看,这两个需要特别关注、需要加强研究的阶段,恰恰又是研究不够、管理薄弱和措施不力的阶段。长期以来,中学教育和大学教育沟通不够、衔接不力,中学关心的是升学率,以应试为主,而大学关心的是选拔优秀人才;中学对大学教育茫然,不需要关心,而大学对中学教育生疏、漠然,无法关心,由此造成一些中学生进入大学以后出现诸多不适应。许多高校的新生入学教育或者流于形式,或者粗放草率,并没有给新生恰当、对路的指导。而在大四阶段,也有相当数量的高校迫于"一次性就业率"评价的压力,默许学生"翘课"以求职或复习考研,放松对毕业论文或毕业设计的要求,使得"大四教学虚化"和"毕业论文边缘化"的现象愈演愈烈。

三、现状调查:不容乐观的现实

为了了解大一和大四这两个阶段存在的相关问题。我和我的硕士研究生通过问卷和访谈进行了两项调查。现将部分数据提供如下。

(一)对大一新生"适应性"问题的调查

我的硕士研究生董婷对南京大学 2007 级新生(共招收 3376 人[①])随机抽取了 12 个院系,共 1140 人,就他们进入大学第一学期的适应情况进行问卷调查。问卷是在西南大学心理学院冯廷勇《当代大学生学习适应的初步研究》的基础上修改编制,并用 SPSS13.0 软件进

---

① 从南京大学学生工作处招生办了解。

行数据分析处理。

中学生对大学存在认识误区。他们常常将大学和大学生活理想化、美化。调查发现,南京大学这样的名校的新生认为"中学时想象的大学与现在就读大学之间的差距很大"或"较大"的比例竟然将近六成!(见图 1)而"向往"转为"失望",就必然影响士气,导致动力不足,学习懈怠。

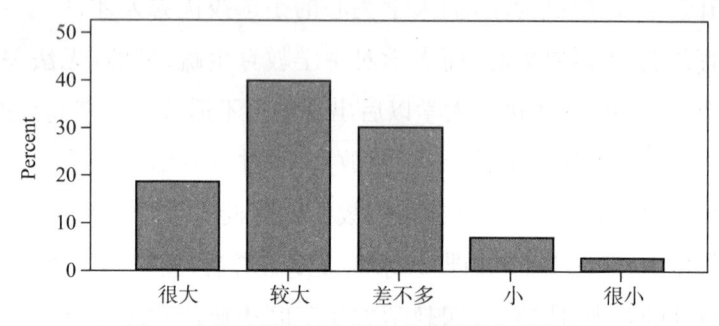

图 1 中学时想象的大学与现在就读大学的差距

问卷调查中我们也发现,有 35.4% 的同学认为大学自由支配的时间太多了,见表 1。

表 1 "大学的自由时间太多了"

		Frequency	Percent	Valid Percent	Cumulative Percent
Valid	完全符合	116	11.9	11.9	11.9
	较符合	229	23.4	23.5	35.4
	不确定	158	16.2	16.2	51.6

由于大学自由支配、自由安排的时间大大超过了中学阶段,相当一部分新生感到无所措手足。对于"我不会安排时间,学习无紧迫感"这一选项,有 39.4% 的学生认为"完全符合和较符合",21.4% 表示"不确定"。

表 2　我不会安排时间，学习无紧迫感

		Frequency	Percent	Valid Percent	Cumulative Percent
Valid	完全符合	102	10.4	10.4	10.4
	较符合	283	28.9	28.9	39.4
	不确定	209	21.4	21.4	60.7

学生虽然都是以很高的分数进入南大的，南大在各地的录取分数线很高，但是全国各地的基础教育情况差别很大，各专业各地区的录取分数差别很大，学生的类别层次也就参差不齐。但任课老师是按照一个教学方案上课的，所以有些来自农村或中西部地区的学生很不适应。另一方面，与高中阶段老师细嚼慢咽、反复串讲的教学方式不同，大学教师的讲课风格不一，方法各异。有的只讲要点、难点；有的脱开教材介绍最新动态或争议所在，其他则一带而过，留给学生自己去看书。当然，也有大学教师完全不讲究教学方法，也不考虑受众心理。因此，问卷调查发现，对老师上课方式表示"满意"和"很满意"的只占到 30%（见图 2）。是新生要适应大学的教学方式？还是大学教师要改进教学方式？恐怕要具体问题具体分析，不可一概而论。

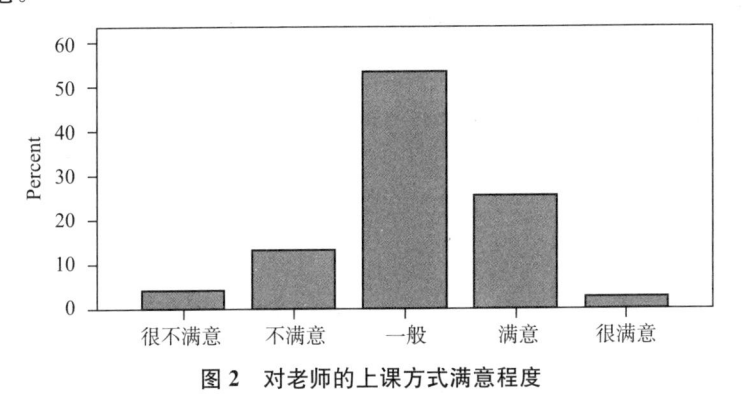

图 2　对老师的上课方式满意程度

学生对老师上课感受,其中比例最高的是"老师讲得一般,不如自己看书有收获",占到 43.0%,与"对老师的上课方式满意程度"感到一般占到 53.4%相呼应。高校有关部门应该多关注本科教学质量,特别是大一新生课堂的教学质量。如表所示:

表 3　学生对老师上课的反应

项目	比例%
老师讲得很好,应该多听课	29.0
老师讲得一般,不如自己看书有收获	43.0
老师讲得太少了,自己要自学那么多东西不太适应	32.0
老师讲课和自己自学结合得比较好,对自己比较满意	27.7
感觉自己的基础不太好,老师讲得听不太懂	30.3

高中只分文理科,学生未曾认真关注过"专业"问题,然而高考志愿的填报及最后的高考录取,在一定意义上来说,都是"专业"因素在起作用,并且在其后时间中,"专业"会持续地产生影响。大学的四年是在不同的院系和专业学习生活,现在的专业对毕业后从事什么职业至关重要。华东师范大学李家成的调查发现,大一学生对自己所在专业的态度大致有以下七种情况[①]:

表 4　对专业的态度

对专业的态度	比例
填志愿时就很喜欢,经过一年的学习更喜欢了	18.9%
填志愿时很喜欢,但现在不喜欢了	9.6%
填志愿时就无所谓,现在也无所谓	39.6%

---

① 李家成主编《成长需要——在高三和大一之间》(第一卷),天津教育出版社 2006 年版。

续 表

对专业的态度	比例
填志愿时不喜欢,但是现在喜欢了	3.7%
填志愿时不喜欢,现在更不喜欢了	6.7%
填志愿时无所谓,现在很喜欢	7.4%
填志愿时无所谓,现在很不喜欢	6.7%
其他(请具体说明)	7.0%

经过一年的学习,再重新反思,真正认为自己喜欢这个专业的大一学生只占28.5%,这个巨大的数据差异,可能暴露出选择专业时的不清晰状态。而且,真实状态中,53.7%的"无所谓"比例是非常令人吃惊的。

问卷调查反映了南京大学的学生在进入大学一学期后,对自己专业的满意度(见表5)。17.0%的学生很不满意和不满意,认为"一般"的占到了43.9%,二者合计超过了六成! 这43.9%的同学经过后续的学习,还会有分化,一部分人转为满意,而另一部分人将会不满意,所以对自己的专业"很不满意和不满意"的学生将增加。

表5 您对现在专业的满意度

		Frequency	Percent	Valid Percent	Cumulative Percent
Valid	很不满意	45	4.6	4.6	4.6
	不满意	121	12.4	12.4	17.0
	一般	429	43.8	43.9	60.8

兴趣是人力求探究事物和从事某种活动的个性心理倾向。[1] 如果缺乏专业兴趣,就会产生厌学、翘课的现象。调查发现,24.5%的

---

[1] 张世富主编《心理学》,人民教育出版社1988年版,第268页。

学生认为"由于对专业课不感兴趣,我的学习积极性受到了影响"。

表6 由于对专业课不感兴趣,我的学习积极性受到了影响

		Frequency	Percent	Valid Percent	Cumulative Percent
Valid	完全符合	69	7.1	7.1	7.1
	较符合	171	17.5	17.5	24.5
	不确定	192	19.6	19.6	44.2

问卷调查和访谈发现,大一新生学习适应性有以下特点:其一,大一新生学习不适应现象普遍存在;其二,适应过程长短不一,适应能力有差异;不同高中类型学生适应性有差异;专业的满意度影响学习适应;农村和城市的学生适应性有差异(见表7)。原来环境与现有环境的差异越大,适应越困难,适应期越长。

表7 城市、农村新生的适应差异

学生类别	完全适应	较适应
来自城市	9.4%	45.6%
来自农村	5.8%	29.2%

(二)对大四阶段的调查

第四年本科教学现状究竟如何?我指导的一位硕士研究生顾柳珍选取南京地区5所高校7个系科的本科生作为学生样本。分别是南京大学中文系、数学系,南京师范大学教育系、地理系,南京理工大学动力学院,南京邮电大学信息工程系,东南大学机械制造系。通过问卷调查、深度访谈以及走访部分高校后,得出的结论是:不容乐观。第四年教学已面临"虚化",表现为三个方面。

1. 缺课现象严重,课程计划实施困难

学生上课的出席率直接反映课程设置虚实。倘若某门课程学生

的到课率很低,就显然没有达到预期的开设效果。通过问卷得知:在大四所有开设的课程中,70%的学生承认学生的出勤率最高仅在90%(见图3),将近61%的学生反映出席率最低的时候不足30%(见图4)。

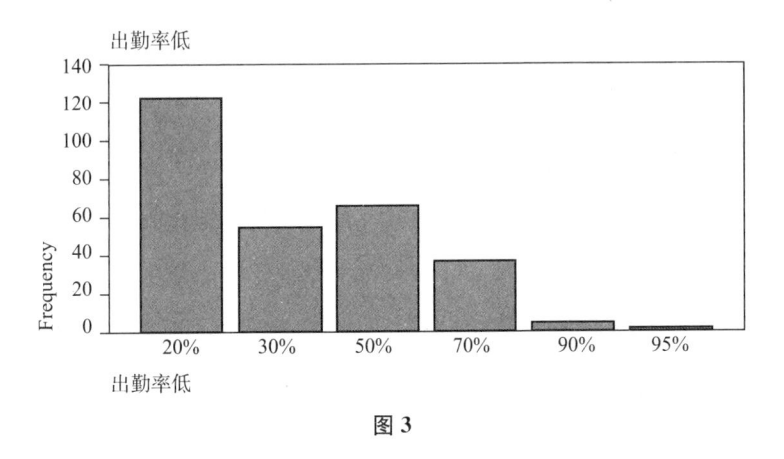

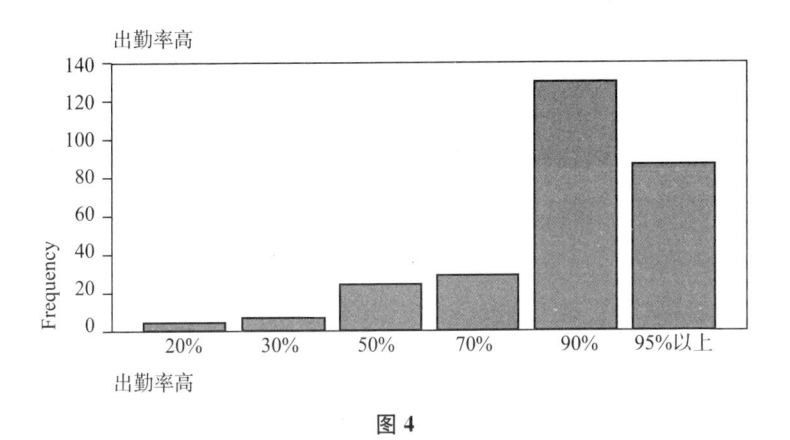

图 3

图 4

调查问卷显示:52.2%的学生觉得缺课事出有因,实在无可奈何。13.4%的学生坦承其他事情更重要,翘课不值一提。仅有14%的学生指出缺课是不对的(见图5),大多数学生在情感上是不愿意缺课的,但在现实中由于各种原因,"逃课实属无奈"。

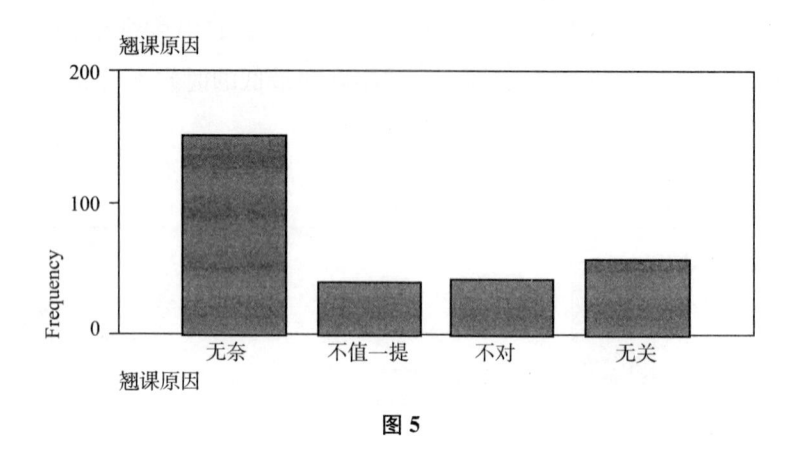

翘课原因

[柱状图:无奈约150,不值一提约38,不对约40,无关约55;纵轴Frequency,横轴翘课原因]

图 5

相当一部分大四生在学分修满的情况下,因种种原因以走出校园的方式,提前结束自己的本科学习生涯。在被调查的应届大四学生中,有 130 人与工作单位签订就业协议,其中 59 人被单位要求提前上岗试工,其比例为 44.6%。

大四教学受到考研、考公务员、准备出国留学和求职、试工等多重冲击,教学"虚化"现象相当严重,已经是一个不争的事实。令人担忧的是,这些现象尚有不断前移的迹象。对于问卷中"当前就业、考研、出国的竞争越来越激烈,许多学生一上大四就开始具体准备这些事情,在您看来这一准备时间有没有前移的可能"的问题,85.6% 的人选择了"是"。

2. 毕业论文(设计)呈现"边缘化"

毕业论文(设计)是高等教育的重要组成部分,是高校的最后实践性教学环节,是检查学生在校期间知识水平、应用能力、创新精神的一次总测试、总检验,也是毕业生走向社会前的一次大练兵。通过毕业论文(设计),可以进一步培养学生综合运用所学理论和实践技能进行独立思考、分析问题、解决问题的能力。

"边缘化"是相对毕业论文(设计)本身的重要意义提出的一个概念。是指本来作为本科教学环节中的"重中之重"的毕业论文(设计),如今却被视为"可有可无""走走形式"。距离毕业还有不到 100 天时,被调查者中仅有 6 人完成了毕业论文(设计)初稿。而对某校学生的访谈得知:离毕业不足 100 天时,该高校个别系科居然还未向学生布置毕业论文(设计)一事。表 8 是未完成论文(设计)的学生预备花在论文(设计)上的时间。在 5 月初对部分访谈者作了回访,得知:大部分学生在毕业论文(设计)上所花时间仅有 20 天。

表 8　毕业论文(设计)所花费的时间

		Frequency	Percent	Valid Percent	Cumulative Percent
Valid	三个月	43	12.4	15.1	15.1
	两个月	156	44.8	54.7	69.8
	一个月	59	17.0	20.7	90.5
	半个月	21	6.0	7.4	97.9
	一个礼拜	6	1.7	2.1	100.0
	Total	285	81.9	100.0	
Missing	System	63	18.1		
Total		348	100.0		

四、重估与重构:确保本科教学质量的必由之路

　　20 世纪 60 年代末和 70 年代初,当美国高等教育面临"本体危机"和"合法性危机"时,约翰·S·布鲁贝克睿智地强调:"这些危机——如果说它们存在,我确信它们确实存在——需要对高等教育的一些基本概念做一次痛苦的重新评估。"[1]尽管我们尚不能将"大

---

[1]　约翰·S·布鲁贝克:《高等教育哲学》,郑继伟等译,浙江教育出版社 1987 年版,第 2 页。

一""大四"问题视为"危机",但必须正视大一新生的不适应问题,以及大四教学的"虚化"和"毕业论文(设计)边缘化"问题,因为它们确实存在,而且确确实实将危及大学本科教育的质量。这些问题是高等教育进入大众化阶段和社会大环境面临历史性变革——由计划经济进入市场经济——情况下出现的。这些问题不仅要求我们对高等教育的一些基本概念,特别是基本价值取向做一次"痛苦的重新评估"——重估新生教育的价值所在,重估本科毕业论文(设计)的价值所在,而且要求我们根据变化了的社会环境和受教育对象,对大一和大四的教育过程、教学过程进行重新设计,重新调整——重构新生教育和新生研讨课,重构本科第四年教学方案与课程设置。唯有切实完成了这样的"价值重估"和"方案重构",才能真正避免社会环境的变革与高等教育自身的变革引发的多面问题和多重"危机",真正保证本科人才培养的质量。

(南京大学国有资产管理处的顾柳珍硕士、南京大学教务处的董婷硕士对本文的写作有重要贡献,特表谢意!)

(原载《中国大学教学》2010年第6期)

聚焦本科教育质量:重视"学生满意度"调查

龚 放

一、高等教育质量评价必须聚焦人才培养质量

20世纪80年代以来,一方面,由于高等教育规模迅猛发展,高等教育机构所占用的社会资源也相当可观;另一方面,由于高等教育对社会的贡献良多,影响日益增强,人们对高等教育质量和效率的关注也与日俱增。国家、社会与公众对高等教育的问责和评价,使得从不同维度、采用不同方式和评价体系的大学评价应运而生,林林总总的"大学排行榜"既引起高度关注也招致质疑和批评。《美国新闻与世界报道》每年都要发布全美最佳大学排行榜,英国《泰晤士报·高等教育副刊》本来主要是对全英大学进行评价,2004年起开始推出了"全球大学排行榜"。20世纪90年代初,武书连课题组每年发布的"中国大学评价",网大蒋继宁等发布的"大学排行榜",是我国最早的两个"大学排行榜"。后来,武汉大学、浙江大学、中国校友会等也都在进行大学评估与排名。另一个影响范围更广、对高教界震动也更

大的排行榜,则是上海交通大学高等教育研究所的"世界大学学术排名"(Academic Ranking of World Universities,简称 ARWU)。

这些大学评价或者排行榜更多地关注大学的科学研究水平和知识创新贡献,更多地关注大学和教授的学术声誉,而忽略了对大学的人才培养质量,特别是本科教育质量的评价。哈佛大学前任校长德里克·博克 2006 年一针见血地指出:"令人遗憾的是,大学排行榜并没有真正带来教育质量改革,因为大学排行所依据的评价指标与教育质量之间基本上没有多大关系。"[1]"以《美国新闻与世界报道》的大学排行为例,它在改善本科教育质量方面几乎没有起到任何积极的作用,它对大学的影响更多地体现在外显的名次上。"[2]曾经担任哈佛大学本科生院——哈佛学院院长八年之久的哈瑞·刘易斯则更直截了当地斥责哈佛、MIT 和斯坦福等顶尖大学其实存在着"不实的卓越"和"失去灵魂的卓越",他说:"大学已经忘记了更重要的教育学生的任务。作为知识的创造者和存储地,这些大学是成功的,但他们忘记了本科教育的基本任务是帮助十几岁的人成长为二十几岁的人,让他们了解自我,探索自己生活的远大目标,毕业时成为一个更加成熟的人。"[3]事实上,诸多大学排行榜的一个共同的负面影响,在于过分突出大学的知识创新和科学研究,实际上用学术研究水准代替了高等教育的质量,而在将大学的人才培养质量,特别是本科教育质量问题边缘化的同时,进一步强化了哈瑞·刘易斯所批评的追求"失去灵魂的卓越"的趋势。

---

[1] 德里克·博克:《回归大学之道:对美国大学本科教育的反思与展望》,侯定凯等译,华东师范大学出版社 2008 年版,第 197 页。
[2] 同上书,第 198 页。
[3] 哈瑞·刘易斯:《失去灵魂的卓越:哈佛是如何忘记教育宗旨的》,侯定凯等译,华东师范大学出版社 2007 年版,第 8 页。

国家和江苏省的《中长期教育改革和发展规划纲要(2010—2020)》都明确提出:"提高质量是高等教育发展的核心任务,是建设高等教育强国(省)的基本要求。"现代大学的质量内涵固然是丰富的、多元的,既指人才培养的质量,又指科学研究的质量,还包括社会服务的质量。但高等教育的质量首先体现为人才培养的质量,特别是本科教育的质量。因为人才培养是高等院校最初始、最根本、最重要的职能;淡化了这一点,忘怀了这一点,即便"卓越",也仅仅是"失去灵魂的卓越"。当我国高等教育迈过大众化的门槛之时,我们其实已经进入了诺贝尔奖得主彭齐亚斯所说的"以质量取胜的时代"。如果高等院校的人才培养质量不能适应社会发展的需要,不能得到社会的基本认可,高校"所授予的资格和技术不能满足社会的要求时",社会将"拒绝制度化教育所产生的成果"[1]。这就提醒我们,对于质量问题决不能掉以轻心。因此,在我国高等教育实现了历史性的大跨越、进入大众化的初级阶段以后,教育部果断地将工作重心从规模的扩张转向内涵的发展和质量的提高,从 2003 年即启动并实施了"高等学校教学质量与教学改革"等一系列"工程",在 2012 年还将出台新的"本科教育质量工程",宏观决策和具体举措是切合实际、适逢其时的。

二、学生"投身学习":提高本科教育质量的关键所在

对大学本科教育教学的评价,近年来日益受到重视。但评价往往注重大学的物力、财力、课程的深度和广度、教师的学术成就、图书

---

[1] 联合国教科文组织国际教育发展委员会编著《学会生存——教育世界的今天与明天》,上海译文出版社 1979 年版,第 38 页。

馆与实验室的现代性和充足度等,这些因素对本科教育影响很大,但它们都只是教育质量的"替代物"或者"输入物"。其实,早在1984年10月,美国高质量高等教育研究小组就强调,这些"替代物"和"输入物""都没有向我们说明:学生实际上学到了什么;经过高等教育后,他们又取得了多大进展。它们没能向我们说明教育成就的任何情况"[①]。其实,衡量本科教育质量高低的标准应当着眼于学生的成长与发展,即大学毕业生与其四年前进入大学时相比,在知识掌握、能力发展和素质提高诸方面有无长进,有多大长进,其中包括在自信心、想象力、理解力、同情心、社会责任感和创造精神等方面的进步或提高。而要取得这样一些实实在在的进展,最关键、最重要的一条,还在于学生"投身学习"的意愿和行动!只有学生投入了,经历了,体验了,领悟了,才是收获,才是绩效,才是质量,其余都是"浮云"!

相关的调查研究发现,在许多高等院校,本科生,特别是大一新生学习的消极、被动和茫然,已经是一个不容忽视的严重问题。而学生是否适应大学教学,能否有效地"投身学习",很大程度上又取决于教授能否投身教学,能否密切与本科生接触与交流,能否对学生的需求和困惑做出敏锐反应,能否为学生的成长与发展服务。这样看来,学生对学习的"投入度",与教师对本科教学的"投入度"(既有时间和精力的"量"的投入,更有对教育的热衷以及对学生成长与发展的关注这样一些"质"的考量)密切相关。通常的教师评价侧重于教师投入本科教学的时间和精力的"量"的测评,例如承担本科生教学的学时数和工作量;而教师投入的"质"的程度,教师对学生的引导力和感

[①] 吕达、周满生主编《当代外国教育改革著名文献》(美国卷·第一册),人民教育出版社2004年版,第31页。

染力,教师对学生"投身学习"的影响力,只有学生才最有发言权,因为"如鱼饮水,冷暖自知"。

本科教育质量评价必须聚焦大学的教与学,必须将学的"投入度"和教的"投入度"纳入本科教育质量评价体系。特别是学生对大学教授承担本科教学的"满意度",应当成为衡量一个大学教授、副教授是否称职、是否优秀的重要尺度,也应当成为评价一所大学是否卓越、是否合格的重要维度。

三、将"学生满意度"引入评价的初步尝试

五年前,我和张红霞、余秀兰、曲铭峰等3位南京大学教育研究院的同事合作,承担了教育部高教司的委托课题"大学教授讲授本科课程的调查研究"。我们带领研究生对北京大学、清华大学、南京大学、东南大学、复旦大学、上海交通大学、西安交通大学和兰州大学等八所著名大学的学生进行了问卷调查和访谈调查。我们对学生问卷调查样本的抽样设计,兼顾学科类型(分为文科、社科、理科、工科四类),年级为大三,抽样方法为以班级为单位的整群抽样。平均每校发放问卷400份,共3200份。8所学校共收回有效问卷2775份,有效回收率为87%。有效回收率最高的学校达96%、最低为72%。接受问卷调查的学生中,男性占64%,女性占36%;独生子女占63%;地级市以上的城市生源占51%。学生的专业分布如下:人文与社会科学占33%;自然科学占33%;工程技术占25%;其他类占9%。[①]问卷涉及学生对院系教学的"满意度"有多个问题。

---

① 参见龚放、张红霞、余秀兰、曲铭峰:《教授上讲台是提高高等教育质量的必由之路》,高等教育出版社2009年版。

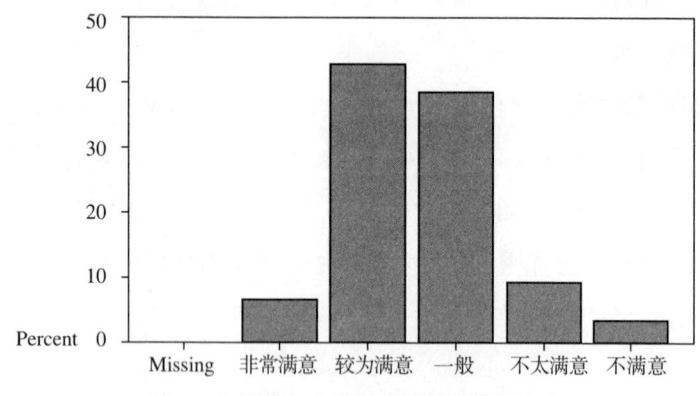

图 1 八所著名大学学生对教学的满意度

其中"您对本院系的教学质量满意吗?"一题有5个答案选项,各选项的学生数分布为:非常满意占7%,较为满意占42%,一般占38%,不大满意占9%,不满意占4%。也就是说,超过50%的学生认为教学质量一般或不大满意、不满意,而选择"满意"和"比较满意"的百分比之和(下文简称"满意度")仅为49%(如图1所示)。

而不同大学学生对教学满意度的差异也是显而易见的(见表1)。

表 1 八所著名大学对本科教学的满意度

大学名称	满意	一般	不满意	总计
B大学	78%	19%	3%	286人
A大学	61%	33%	5%	368人
E大学	55%	37%	8%	362人
C大学	53%	37%	10%	346人
G大学	51%	39%	10%	342人
D大学	38%	45%	17%	350人
H大学	34%	44%	22%	385人
F大学	27%	50%	23%	334人

对问卷中"在本学年您所修的所有课程中,令您满意的大概占百分之几"一题的回答情况。该题的选项及学生分布如表1所示:

表1 学生对课程的满意程度

选项	百分比
<30%的课程令我满意	15%
30%—50%的课程令我满意	28%
50%—70%的课程令我满意	37%
70%—90%的课程令我满意	17%
>90%的课程令我满意	3%

也就是说,有四成三的学生(15%+28%=43%)对50%以上的课程不满意,对70%以上的课程满意的学生只有五分之一。

对本院系课程内容和开设的"合理性"评价。在问卷给出的4个选项中(多数课程、少数课程、个别课程、没有课程),选择"多数课程存在下列问题"的学生占4个选项总数(100%)的百分比为:

表2 学生对课程内容等评价

课程特点	百分比
大班课的人数太多	35%
课程内容与国际水平差距很大	25%
因教师设课,而不是因学生需要设课	19%
所开课程不符合学生需要	13%
所开课程不符合本学科知识结构需要	10%
实际教学内容与课程名称不符	5%

可见,学生们对上课班级人数过多、规模过大很有意见;近1/4的学生认为多数课程内容与国际水平差距很大,这与其他类似项目调查结果一致。此外,课程内容的适切性也有问题。

学生对问卷中其他有关教学质量问题的反映：

(1)"回顾几年的大学经历,您对自己在学术上的成长进步满意吗?"

学生对该题的 5 项答案选择的百分比如下："非常满意"占 2%,"较为满意"占 22%,"一般"占 45%,"不大满意"占 24%,"不满意"占 8%。

(2)"回顾几年的大学经历,您对自己在人际交往上的成长进步满意吗?"

学生对 5 项答案选择的百分比如下："非常满意"占 5%,"较为满意"占 38%,"一般"占 43%,"不大满意"占 10%,"不满意"占 4%。

(3)"如果让您重新选择,您是否仍然选择这所大学?"

学生选择的总体情况为："是"占 52%,"否"占 25%,"不确定"占 23%。而且在学校之间存在显著差异（卡方检验 P＜0.001）。选择"否"的学生,即后悔选择就读学校的学生比例最高的学校达 47.5%,最低为 7.7%。

我们在本科教育质量调查研究中引入"学生满意度"的初步尝试,很值得深入思考和检讨：

我们所调查的 8 所大学都是列入 985 工程建设的高校,应当说都在我国最好的大学之列。但我们看到,学生对所在高校的教学状况的满意度并不很高。这与美国的研究型大学学生的满意度调查结果相去甚远。美国哈佛大学前任校长德里克·博克在《回归大学之道：对美国大学本科教育的反思与展望》一书中引用了好几份专门的研究报告："学者们已经对大学在校生和毕业生做了无数的调查,结果表明,学生对自己的大学经历非常满意。美国人不喜欢自己的政府,对大多数的社会机构也充满质疑,却有超过 75% 的校友对本科经历表示'满意'或'非常满意'。"①而我们所调查的这8所中国研究型大学中,只有1所大学有七成以上学生表示"满意",而"满意度"不足五成的却有3所之多!在"如果让您重新选择,您是否仍然选择这所大学"这一问题上,选择"是"的中国大学学生占52%,而美国大学却有"三分之二的学生表示,如果有机会再做选择,他们仍然会选择现在就读的大学"②,德里克·博克引用这些资料时特别强调,像斯坦福、普林斯顿、哈佛、耶鲁这样顶尖大学的"学生的满意度甚至会更高,校友从不吝惜对母校的溢美之词"。

为什么学生满意度会有如此的差异?是我国大学的本科生教育确实存在许多问题?还是另有原因?

德里克·博克认为,美国大学,特别是研究型大学的本科教育存在诸多问题和潜在的危机,对本科生进行的满意度调查"并不能完全说明问题","学生能轻而易举地识别低质量的教学,然而,何为高质量的教学,学生对此却并不敏感。他们一直生活在同一个校园里,缺乏比较的视角,因此并不清楚学校是否已经尽其所能提供了最佳(或者说接近最佳)的教学。"③而当我向高教司的领导汇报我们课题组的调查报告时,当我们的满意度调查引起关注甚至震惊时,有一位著名大学主管本科教学的副校长对此做出解释:"中国的985大学的本科生期望值高,批判性强,他们的满意度不高,也许是与自己的预期相比有些失望,也许是与他们所了解的发达国家一流大学的本科教育

---

① 德里克·博克:《回归大学之道:对美国大学本科教育的反思与展望》,侯定凯等译,华东师范大学出版社2008年版,第5页。

② Alexander W. Astin, What Matters in College? p.277,转引自德里克·博克:《回归大学之道:对美国大学本科教育的反思与展望》,侯定凯等译,华东师范大学出版社2008年版,第5页。

③ 德里克·博克:《回归大学之道:对美国大学本科教育的反思与展望》,侯定凯等译,华东师范大学出版社2008年版,第187页。

相比较而不甚满意……"

我认为至少学生会在自己所接触到的不同教师、不同课程的教学过程中进行比较,至少他们"能轻而易举地识别低质量的教学"。因此,如果我们在大学评价和教师、课程评价中引入"学生满意度"这一指标,是否会影响大学领导层的价值取向和政策导向?是否会改变重研轻教、忽视本科的倾向?是否有助于扭转一些大学越来越严重的追求"失去灵魂的卓越"的趋势?答案是不言而喻的。

四、本科教育评价:恰当引入"学生满意度"调查

有许多高等教育的决策者和管理层对于在大学评价中引入"学生满意度"这一维度心存疑虑。他们担忧大学生会有"恶作剧"行为,担心获得的评价会失真,也有的认为采集数据很困难,会耗费大量财力、物力和人力。

事实上,只要我们调查的样本足够大,只要达到一定的覆盖面,个别学生的"恶搞"就不足以影响全局。互联网的普及,学生电子邮箱的广泛使用,已经使我们对大规模的学生满意度的调查完全可行。在美国哥伦比亚大学获得博士学位并担任中国西南财经大学特聘教授的王伯庆,在北京组建了"麦可思人力资源信息管理咨询公司"(Date by My Cos),专门对中国大学本科毕业生就业水平和质量进行调查。他们向毕业半年后的大学本专科毕业生发放答题邀请函、问卷客户端链接和账户,答卷人回答问卷,答题时间约 15 到 30 分钟。调查的问题包括"非失业率""收入水平""就业流向""工作能力"和"满意度"等五个部分。其中的"满意度"就包括:"对大学的总体满意度""对校风学风的满意度""对图书与教学设施的满意度""对教学方式的满意度""对课程内容的满意度""对课堂师生互动的满意度",

以及"对课程设置的满意度"等 7 个问题。很有价值的是,问卷还有一项是"是否愿意向亲友推荐报考本校"。麦可思公司从 2007 年以来,通过网络对毕业后半年的大学生进行调查,三年累计积累有效问卷 50 万份。已经连续五年发布《全国高校就业报告》,编制分省的大学生就业报告,从毕业生就业水平与就业质量等多方面对不同层次、不同类型的高校进行评价。"学生满意度"是其中的一项重要指标,已经积累了数百万个数据。这是调查学生对大学教学教育满意度的比较成功的实践。

对毕业生进行的满意度调查,与对在校大学生进行的满意度调查会有一些差异。因为学生在进入社会以后,经过工作实践的磨炼,对四年大学生活的认识会更加清晰、全面,对高质量的教学和真正的好老师的认识也更趋于理性。如果我们能够对毕业 5 年甚至 10 年的大学生进行"教学满意度"的调查,相信会得到更加客观、更有价值的信息。当然,如何付诸实施,尚有许多难点和疑点。但重视对大学人才培养质量的评价,确立"为学生成长和发展服务"的办学理念,回归"教育本位",在大学评价、教师评价中恰当引入学生满意度调查并逐步增加其权重,应当是值得探索、值得研究的重要课题。

(原载《江苏高教》2012 年第 1 期)

关注本科教育质量:体制、内涵、视角

龚 放

2012年可以说是"高等教育质量之年"。教育部召开了全面提高高等教育质量工作会议,先后出台并实施《教育部关于全面提升高等教育质量的若干意见》和《2011计划》,《国家中长期教育改革和发展规划纲要(2010—2012)》所确定的"提高质量是高等教育发展的核心任务,是建设高等教育强国的基本要求"开始成为高等教育理论研究者和实践工作者的共识。

一、提升高等教育质量应当聚焦于本科教育质量

就广义而言,高等教育质量和高等院校办学质量大体相当。谈到大学办学质量,就会既涉及人才培养的质量,又涉及科学研究的质量和社会服务的质量。实际上现在亟待讨论、亟待研究、亟待提升的却是人才培养质量,特别是本科教育教学的质量。因为一方面,作为一个因变量,高等教育所处的社会环境已经和正在发生根本性的变化,而众多高等院校对这些重大的变化若明若暗,仍然按照固有的惯

性运行;另一方面,作为一个自变量,高等教育自身也产生了重大的甚至是质的变化,从精英教育阶段步入了大众化教育阶段,高等院校的教育对象、服务对象更为众多、更加多样化和差异化了,而高等院校的教授学者尚未清晰认识并认真研究这一重大变化并做出相应的变革和调整。更重要的是,因为政府和社会对大学评价的误导,因为大学的管理层和教授的利益攸关和学术旨趣,他们更多地关注科学研究,关注学术成果,关注与此关联更加密切的研究生教育。而本科教育、教学却被有意无意地轻视了、忽略了,或者说被边缘化了。正如美国哈佛大学原校长德里克·博克所批评的那样:《美国新闻与世界报道》等大学排行榜"在改善本科教育质量方面几乎没有起到任何积极的作用,它对大学的影响更多地体现在外显的名次上"[1]。而且,因为科研对大学的外显名次影响甚著,所以,这些排行榜其实是助长了大学,尤其是研究型大学偏离"大学之道"、弱化本科教育的倾向。因此,我们今天来研讨高等教育质量,其实就应该聚焦于人才培养质量,特别是聚焦于本科教育质量的提升和评价。

二、体制确实是"瓶颈所在",但不应成为"不作为"的托词

张应强教授提出"要从完善大学制度角度来抓高等教育质量"的观点。首先,我认为他的观点原则上是对的。高等教育的思想、大学的理念,包括"为学生的成长与发展服务""以育人为本",以及"学术自由""追求公平""适应、服务和引导社会"等,都需要制度性的保证,

---

[1] 德里克·博克:《回归大学之道:对美国大学本科教育的反思与展望》,侯定凯等译,华东师范大学出版社 2008 年版,第 198 页。

需要落实到体制、机制和程序上。否则,再好的理念和设想都只是纸上谈兵,或只能被束之高阁。在这个意义上说,大学的管理体制与运行机制等"瓶颈部位"必须打通,大学评价、教授评价偏重学术、偏重科研的制度必须改弦更张,才能促使高校回归"大学之道",才能使高校教师真正将"育天下英才"作为自己的第一要务,高等教育质量工程才能真正落到实处。我理解张应强教授是强调尽管增加了宣传力度和经费投入,如果不重视体制变革,不引入市场机制,仍然是在政府主导、高度统一、工程推进的思路下行动,高等教育人才培养质量的提升是难以见效的。因此,政府问责是需要的,但有两个必要的前提,其一是强调对人才培养质量内涵的多样化理解,对教育教学质量评价的多样化操作;其二是明确高等教育质量的责任主体是各级各类高等院校,质量评价的主要方式是高校面对政府问责、社会问责和学生问责所做出的自我评价,其价值和意义在于引发在此基础上的自我改进、自我革新。诚如德里克·博克在其《回归大学之道》一书中所言:"政府应扮演监督者而非评价者的角色,即鼓励大学进行自我评价,并在此基础上进行自我完善。"[1]

其次,我认为,强调体制改革的重要性,绝不能成为人们在人才培养质量研究和评价以及课程与教学方法改革方面拖沓、延宕甚至"不作为"的托词。很长时间以来,国人一谈起改革和发展,最简单、最流行和最保险的套路和程式就是侈谈"体制积重难返",或者归咎于"大环境""大气候",而将自己的责任和行动完全解脱。事实上,人才培养质量的提升既取决于宏观的管理体制(或者说治理结构)和机制、政策问题,也取决于中观层面的政策、机制调整或课程体系更新,

---

[1] 德里克·博克:《回归大学之道:对美国大学本科教育的反思与展望》,侯定凯等译,华东师范大学出版社 2008 年版,第 199 页。

更取决于微观层面的教学模式变革和教学方法。我们应当本着"从为学生的成长与发展服务""为国家和民族培育人才"的使命感各负其责,投入全面提升高等教育质量的过程,而不是坐等"大气候""大环境"的好转,坐等中央高层领导设计、颁布一套科学的、健全的体制。事实上,环境、气候影响树木的生长;但树木的生长也会影响局地气候甚至改善整个环境。在我国改革开放过程中,就不乏基层的创新和"小人物"的作为引发大变革的先例。例如南京大学哲学系讲师胡福明最初撰写的阐述"实践是检验真理的标准"的论文最终引发了全国性的"真理标准讨论"的波澜壮阔的思想解放运动。而风行多年的"农业学大寨"模式的终结和联产承包制的创建,最初起源于安徽凤阳小岗村十八户农民签下"生死状"后的大包干试验。当然,基层的创造和千百万人民群众的革新能够提升到相应的高度并影响全局,离不开有胆略、有见识的领导者,如当年"慧眼识妙文"的吴江、胡耀邦乃至邓小平,以及敢为人先、首先肯定小岗村典型的时任安徽省委书记的万里。在这个意义上说,富有中国特色的高质量的本科教育制度和模式,有赖于不同类型和层次的高等院校在借鉴"他山之石"和探究中国国情基础上的创造与探索,有赖于众多高校教师和学生"风云际会"、互动、共生后的创造与探索。而其中能起中介和桥梁作用,能够将基层的创造和千百万普通人的智慧提升到一个新的高度并最终影响全局的,将是一批有思想、懂理论而又扎根高等教育实践的大学校长。

去年我的一个博士研究生曲铭峰到美国访谈了哈佛大学前任校长德里克·博克,他在1975年支持一批教授和教育研究人员成立了"丹福斯教学与学习中心",也就是后来的"德里克·博克教学与学习中心",他们在中心"试验新的东西、评估学生们在多大程度上取得了成功,以便最终发展出更有效的教学与学习的方法。……博克中心成功地做到了一件我原先没有预料到的事情,那就是,它成了许多大学的榜样,不仅仅是许多美国的大学的榜样、而且是许多国外的大学的榜样"①。哈佛大学的创造最终形成了一个有利于提高本科教育教学质量的制度,并影响了欧美国家、澳大利亚以及中国的许多大学。我们期望大学校长的成功转型,即由原来的学科专家、院士、博导转变为教育家来办学。他们将在现代大学制度建设和质量提升、特色形成的过程中有所探索、有所成就。当然这需要一个过程。即政府不断地放宽对制度的控制,不断地将大学本应具有的权力归于大学(当然同时也将相应的责任归于大学),而校长、教授们在起初有限但不断拓展的空间内争取到更好的发展,不断探索新的思路和新的制度设计。德里克·博克在其《回归大学之道》一书中提醒人们:"大学校长其实拥有大量可以利用的资源,以贯彻自己的教育改革思想。关键在于:校长、院长们是否愿意去动员这些资源和权力。"②南京大学校长陈骏三年前就放言"南京大学要办中国最好的本科教育",并正在探索"三三分流培养"的新体系;中山大学新任校长许宁生则强调:"我们是大学,不是科学院,也不是企业,不能因为强调学术研究,就忽视培养本科生的要求,而是要把它放在更高的地位。"③我们有理由寄希望于这些有追求、敢担当的中国大学校长。

三、质量内涵的界定要体现从"一"到"多"的大趋势

美国学者 W.B.卡诺奇曾经指出:"如果对大学的目标缺乏足够的认识,我们就无法知道实践中高等教育的质量如何,甚至无法知道

---

① 曲铭峰、龚放:《哈佛大学与当代高等教育——德里克·博克访谈录》,《高等教育研究》2011年第10期。
② 德里克·博克:《回归大学之道:对美国大学本科教育的反思与展望》,侯定凯等译,华东师范大学出版社2008年版,第2页。
③ 《中山大学校长许宁生:大学要在学字上下功夫》,《中国科学报》,2012年5月16日。

所谓'高等教育质量'的内涵是什么。"[1]在界定今日本科教育的质量内涵和培养目标时,我们不得不放弃制定一个统一的培养目标和质量标准的努力。如果说高等教育曾经有过确凿无疑的共同目标的话,那也是十分久远的年代之事了。当《耶鲁学院1828年报告》出炉时,经典高等教育的两个最重要的目标——"训练"智力和"装备"心灵——就开始遭遇一系列挑战。[2] 随着实用性课程进入大学,学科、专业人才的培养取代了专门致力于心智和品格熏陶的经典的本科教育,越来越呈现出从"一"到"多"的变化趋势。

其次,我们不得不放弃过于崇尚学术旨趣、学术能力和学养、学理,同时却鄙薄职业素养和实践应用能力的偏好。因为高等教育已经不再停留在精英教育阶段,高等教育的对象已不再仅限于极少数智能卓越、才识出众者了。高等院校的层次和类型也具有丰富的多样性,不再仅仅造就高素质的学术研究人才。随着高等教育大众化的发展,造就未来的人文学者和科学家,仅仅是少数大学特别是研究型大学的部分任务,越来越多的大学生将IT工程师、建筑设计师、外科医生、精算会计和法官、律师等作为自己的职业选择。1978年约翰·S·布鲁贝克撰写他的《高等教育哲学》时,还强调"我们不必仅仅因为今天正在设法促使普通教育和职业教育携手并进而放弃'为学术本身而学习'的崇高理想"[3]。三十年后,德里克·博克则在其《回归大学之道》中提出忠告:"倘若大学官员仍抱着乌托邦式的想法,认为高等教育是'为学术而学术',而与职业定向毫无关联的话,

---

[1] 转引自德里克·博克:《回归大学之道:对美国大学本科教育的反思与展望》,侯定凯等译,华东师范大学出版社2008年版,第35页。
[2] 约翰·S·布鲁贝克:《高等教育哲学》,郑继伟等译,浙江教育出版社1987年版,第5—6页。
[3] 同上书,第96页。

那么他们的大学将会面临严重的生源危机。学生们渴望大学教育能为他们将来的职业生涯做准备,作为大学的经营者们,这一点必须非常清楚。"①

三十多年弹指而过,社会已经从"亨利·福特生产线时代"进入或即将进入知识经济时代,社会诸多用人单位对高等教育所培养的人才质量、人才素质与能力的需求已经大大不同了。但是诸多高等院校尚未理解和应对这些重大而深刻的变化,依然根据原来的惯性运行,未能在培养目标、课程设置和方式方法等方面做出相应的调整,就像美国劳工部"获取必需技能部长委员会"(SCANS)在题为《要求学校做怎样的工作》的研究报告中所言:"……部分困难在于雇员和学校人事管理人员常常各行其是,就像轮船在黑夜中航行:一个人使用莫尔斯电码,另一个人使用旗语作信号。由于缺乏沟通,学生很少看到他们在学校中所学的内容和怎样谋生之间的联系,因此他们在教育上付出的努力很少。"②另一方面,中国的高等教育从精英教育阶段步入大众化教育阶段,毛入学率已经超过了30%,进入高校的学生呈现多样化、差异化特征,特别是他们的知识基础、求学动机和学术旨趣也差异甚大,多种多样。对象变了,本科教育的目标和内涵理应随着做出相应的调整,但很遗憾,我们在这方面的探索与研究进展仍然有限。

第三,我们在讨论高等教育质量评价时,还回避不了一个能否测量、能否量化的问题。因为人的培养与物的生产的最大不同,在于每一个学生都是独特的、鲜活的和有自主性的,它基本上不能"型塑"或

---

① 德里克·博克:《回归大学之道:对美国大学本科教育的反思与展望》,侯定凯等译,华东师范大学出版社 2008 年版,第 170 页。
② 吕达、周满生主编《当代外国教育改革著名文献(美国卷·第二册)》,人民教育出版社 2004 年版,第 149 页。

"模式化生产""定型化生产"。因而在评价高等教育质量时,一定要十分谨慎地使用量化手段。正如德里克·博克在其《回归大学之道》一书中开宗明义提出的疑问:"在评价本科教育的现状时,我们是应该像评价商品质量那样,明确将其量化呢?还是认为大学更类似于诗歌、建筑之类的事物,在过去50至100年内我们很难对其质量提高与否做出评判?"①这对我们的本科教育质量评价是一个严峻的挑战。我的观点是,坚持多样化原则,而切忌简单化处理,既不能一味追求量化,也不宜一概否定量化。

两年前我曾经在一篇文章中提出,高等教育大众化导致了部分质的变化:"原来的'去系统性'和'去基准化'不再能够统摄整个高等教育系统。"②一方面,人的发展,特别是意识、情感等非智力因素的发展,缺乏"基准性",是难以精确测量和准确表达的;而某些专业知识、应用技能的掌握则可以直接或者间接地测量评价。另一方面,不同学科之间的差异也很明显,例如,医学和工程技术学科的人才培养相比人文、社会学科更具"基准性"和"可操作性",因而在人才培养质量评价时有较多的选项可以测量,可以量化。德里克·博克借助近年来美国教育界、心理学界的最新研究成果,得出以下结论:"回到本科教学问题上来,诚然有些学习形式难于测量,甚至无法测量,如自我意识的形成、人生观的发展等,然而其他许多重要的能力是完全可以测量和评估的,如学生的写作能力、外语水平、批判性思考和分析问题的能力等。通过对这些能力的测量,大学将会发现学生并没有完全掌握一些基本的技能,他们并没有真正地理解一些重要的课程,总

---

① 德里克·博克:《回归大学之道:对美国大学本科教育的反思与展望》,侯定凯等译,华东师范大学出版社2008年版,第18页。
② 龚放:《课程和教学:高等教育研究潜在的热点——对〈高等教育研究〉的一点期望》,《高等教育研究》2010年第11期。

之,学生并没有得到充分的发展,他们的表现远远低于本应达到的水平。"①这为我们界定和评价高等教育质量廓清了迷雾,指明了方向。

四、引入学生的维度,突出学生的权重

教育部高教司张大良司长4月20日通过人民网就"全面提高高等教育质量"问题与网民交流时提出:"高校要进一步树立三个理念:第一是以人才培养为中心的理念,把人才培养质量作为衡量办学水平最主要的标准;第二是以适应经济社会发展和国家战略需求为检验标准的理念,把社会评价作为衡量人才培养质量的重要指标;第三是以学生为本的理念,把一切为了学生健康成长作为教育工作的首要追求。"②我十分赞同他的观点。特别是第三点,在实施高等教育质量工程的进程中,我们必须引入学生的视角,突出学生的维度。

其一,引入学生的视角和维度,首先体现在明确大学的办学思想、办学使命上。不仅要强调服务于国家的战略发展和社会进步,而且要明确为学生的成长与发展服务是高等院校的"首要追求"和"根本使命",是大学校长和教授学者义不容辞的天职。早在90年代中期就由教育部副部长柳斌同志概括出三句话:"一切为了学生","为了一切学生","为了学生的一切"。三个词六个字,词序改变一下,就将深邃而先进的现代教育哲学命题表达得如此透彻,如此简洁。汉语的表达能力之强,东方智慧之神,让加拿大多伦多大学教授鲁斯·海霍等外国学者惊叹不已。但是,在实际生活之中,无论是大学,还

---

① 德里克·博克:《回归大学之道:对美国大学本科教育的反思与展望》,侯定凯等译,华东师范大学出版社2008年版,第192、193页。

② http://www.sinoss.net/2012/0420/40351.html.

是中小学,我们有没有按照这三项铁律去做呢?我想大家心知肚明,毋庸赘言。

其二,引入学生的视角和维度,必须尽快完善学生的问责制度。德里克·博克在评析美国本科教育存在的问题时承认:"正是因为在改善本科教育质量方面我们的大学缺乏足够的压力,大学教师在承担责任方面的种种表现也就不足为奇了……"①当下中国的大学校长和大学教授同样如此。那么请问应当如何施加压力,才能让大学校长和大学教授将时间、精力和资源用于为学生的成人、成才服务?我认为必须"三管齐下",即除了政府问责、社会问责之外,还要有学生问责!我在2006年至2007年主持过高教司的一项委托课题"大学教授讲授本科教学的调查研究"。我和南大高教所的三位同事带领研究生对北京大学、清华大学、南京大学、东南大学、复旦大学、上海交通大学、西安交通大学和兰州大学等8所著名大学3200名大三学生进行了问卷调查,设计了学生满意度的多个问题。其中一题为:"你对本院系的本科教学满意吗?"我们所调查的这8所中国顶尖大学中,只有1所大学有七成以上学生表示"满意",而"满意度"不足五成的却有3所之多,满意度最低的大学为27%!在"如果让您重新选择,您是否仍然选择这所大学"这一问题上,8校选择"是"的学生占52%。而有1所高校"后悔选择就读学校"的学生(不包括选择"不确定"者)比例却高达47%。我在高教司的汇报引起与会者的高度关注,有人质疑我们的取样科学性和调查的信度与效度,更多的则关心学生满意度甚低的大学"究竟是谁"。我认为:"如果我们在大学评价和教师、课程评价中引入'学生满意度'这一指标,是否会影响大学领

---

① 德里克·博克:《回归大学之道:对美国大学本科教育的反思与展望》,侯定凯等译,华东师范大学出版社2008年版,第189页。

导层的价值取向和政策导向？是否会改变重研轻教、忽视本科的倾向？是否有助于扭转一些大学越来越严重的追求'失去灵魂的卓越'的趋势？答案是不言而喻的。"①

其三，引入学生的视角和维度，必须注重学生的经历和体验。国际高等教育研究的最新成果告诉我们：大学的物力、财力，课程的深度和广度，教师的学术水平和研究能力，先进的实验设备和海量的资料信息等，对本科教育质量的影响很大，但它们都只是教育质量的"替代物"和"输入物"。最关键、最重要的两点，一是学生是否愿意"投身学习"，二是学生的学习是否得法，是否有效！只有学生投入了，经历了，体验了，领悟了，才是收获，才是绩效，才是质量，其余都不过是"浮云"！正如国际著名学者帕斯卡雷拉（E. Pascarella）、特伦兹尼（P. Terenzini）在《大学怎样影响学生的发展》中所阐明的核心理念："大学的质量高低、大学对学生所产生的影响，在很大程度上是由学生个体的学习努力程度和学习参与程度决定的，卓越的大学应当把政策、管理、资源配置等落脚和围绕在鼓励学生更好地参与到学习中来。"②

去年12月至今年4月，我们南京大学、湖南大学和西安交通大学三校参加了 SERU 即"国际研究型大学本科生学习经历调查联盟"，与美国伯克利加州大学高等教育研究中心道格拉斯教授、常桐善博士等合作，进行"研究型大学本科生学习经历调查"。这一调查的内容主要包括学习参与（或称学术投入、学术参与、学业参与）、学

---

① 龚放：《聚焦本科教育质量：重视"学生满意度"调查》，《江苏高教》2012年第1期。尚可参见龚放、张红霞等：《教授上讲台是提高高等教育质量的必由之路》，高等教育出版社2009年版。

② E. T. Pascarella & P. T. Terenzini, *How College Affects Students: A Third Decade of Research*, San Francisco: Jossey-Bass Publishers, 2005, p.602.

生生活和目标、校园氛围、技术的使用、全球化技能与认知、个人背景及课程满意度等多个维度。南京大学 SERU 数据搜集全部通过网络调查的形式进行,网上答题时间为 2011 年 12 月 3 日至 2011 年 12 月 31 日。调查对象为南京大学二、三、四年级本科生,共 9565 人。最后,完成全部题项的答题人数为 4080 人,占 42.7%;另有 1034 人参与而未能全部完成,二者合计有 5114 人参与本次调查,参与率达 53.5%。所有数据已经采集完毕,并就"学习投入程度""参与科研及与教师互动""本科生毕业预期""学习成果""全球化认知与技能""技术使用""对大学氛围、大学服务的评价"以及"对南大专业课程、通识课程及其教学的满意度"进行归纳分析,初步完成了《南京大学本科生学习经历调查》(The Student Experience at NJU)调研报告。现正在与美国伯克利加州大学 2010 年的调查数据进行比较分析。

SERU 的学情调查,就是让大学生回顾并反思自己的学习经历和体验,通过对课程、教师和教学安排的满意度调查,尽可能真实、全面地把握本科生学习的实情,为深化教学改革并全面提高本科教育质量提供决策依据和行动方向。我认为这是一次成功的探索实践,也是高等教育研究循着学生的视角推进的一次尝试。

(原载《大学教育科学》2012 年第 5 期)

大学"师生共同体":概念辨析与现实重构

龚 放

一、概念辨析:何为大学"共同体"?

在探讨大学的组织特性、文化特质时,人们已经习惯将大学称为"共同体"。不过,究竟是何种"共同体"?中外学人的观点见仁见智,颇有差异。通常所见的提法是"科学共同体""学术共同体""学者共同体"或者"学科共同体"。如莫伯累则将学院和大学视为"学者的王国"[①]。伯顿·克拉克在其主编的《高等教育新论:多学科的研究》中把"科学共同体(共和国)与高等教育"作为观照高等教育的三个"联系的而不是离析的框架"之一。国内学者有的将大学称为"学者共同体",有的称为"教授共同体",我自己也不止一次地在给研究生讲课或撰写文章时强调,现代大学仍然是"学科共同体",是"人才密集地"。

---

① 转引自约翰·S·布鲁贝克:《高等教育哲学》,王承绪等译,浙江教育出版社 2001 年版,第 40 页。

"共同体"是一个人类社会学范畴的概念,1887年德国社会学家斐迪南·滕尼斯在其成名作《社区和社会》一书中首先提出了这一概念,旨在强调人与人之间的亲密关联,特别是形成共同的精神意识以及共同的归属感和认同感。20世纪40年代,英国科学家、哲学家和社会学家M.波兰尼曾经探讨了"科学共同体"问题。美国社会学家R.K.默顿尤其强调"科学共同体"的作用,认为其意义和价值在于建立和发展了科学家之间那种为探索真理、获得新知而必不可少的最佳关系。1962年,美国科学哲学家T.S.库恩的《科学革命的结构》阐述了"科学共同体"形成、发展和转变的基础,其中最重要的一点是其成员乐意接受共同的"范式"(paradigm),即通过经常性的充分的学术交流,拥有共同的信念、理论、方法,接受同样的价值标准。

将大学视为"科学共同体"或者"学术共同体"的缘由,在于突出大学从事科学研究、推进学术发展、探索真理、发现新知的作用和职能。强调大学是"学科共同体"的本意,是因为在高等院校,任务和工作是围绕许多知识群类而组合的,知识、专业、学科是一切其他工作的基础;大学组织文化的特征之一,就是按学科与院校划分和组织活动。尽管近年来跨学科的呼声日益高涨,学科边界有所模糊,专业概念有所淡化,但无论是研究型大学,还是教学型大学,无论是综合大学,抑或师范学院、理工院校,学科依然是大学最重要的组织单元,我们依然强调大学是"学科共同体"。伯顿·克拉克反复强调:"如果说木匠的工作就是手拿榔头敲打钉子的话,那么教授的工作就是围绕一组一般的或特殊的知识,寻找方式扩大它或把它传授给他人,不管我们的定义是广义的还是狭义的,知识就是材料。研究和教学是主要的技术。"[①]其实,不同的学科,就是不同的"一组一般的或者特殊的

---

① 伯顿·克拉克:《高等教育系统——学术组织的跨国研究》,王承绪等译,杭州大学出版社1994年版,第60页。

知识"。也是在这个意义上,威尔金斯将大学比喻为"知识的生产者、批发商和零售商"①。

着眼于大学承担的任务与工作,着眼于这些任务与工作所处理的"材料",以此来定义大学"共同体"的特质,未免有"见物不见人"之嫌!只见划分成学科、专业的知识,而未见发现、传播、学习这些学科知识的活生生的"人",这就会使我们对大学这一特殊"共同体"的认知深度与清晰度大打折扣。此外,强调大学是"科学共同体"或"学术共同体",也导致忽略甚至无视大学的教育即人才培养这一本质特性的消极后果。

大学是"学者共同体(community of scholars)"也是十分常见的一种提法。其言外之意至少有两点:其一是大学是由堪称学者的教授"执牛耳"的,大学是这些教授学者的领地;其二,有幸进入象牙塔深造的学生,是早晚要步入学术殿堂的"准学者"。很显然,把大学作为"学者共同体",秉持的是高等教育认识哲学理念、强调大学格物致知、探究学理的使命,强调大学育人的标的与范式是学术精英。

美国学者爱德华·希尔斯不太同意将大学视为"学者的共同体",尽管他理解这一提法意味着"大学教师应该尽其所能地把那些有可能成长为科学工作者或者学者的学生引入学术之门"。他指出:"更确切地说,一所大学应该是一个由发现者、教育者和学习者组成的共同体。"②希尔斯的界说不仅突出了大学共同体的人本性,而且明确了大学是由"发现者(研究工作者)""教育者(教师)"和"学习者(学生)"三类人组成的共同体,他更突出了学生在大学共同体中的主体

---

① 约翰·S·布鲁贝克:《高等教育哲学》,王承绪等译,浙江教育出版社2001年版,第40页。
② 爱德华·希尔斯:《教师的道与德》,徐弢等译,北京大学出版社2010年版,第92页。

性与重要性。

英国剑桥大学学术副校长埃瑞克·阿什比也持同样的观点,不过他的"三位一体"与希尔斯略有不同。他强调:"剑桥大学的校印,不论盖在任何合同或协议上,都是代表校长、教师和学员盖的。这种三位一体构成了大学的组合。"而且他认为,在此"三位一体"的组合中,三者"彼此并没有高下之分",三者是相互平等的。[1]

相比之下,德国教育哲学巨擘卡尔·雅斯贝尔斯对大学共同体的界定更为全面,更为准确,更为透彻。他说:"大学是一个由学者与学生组成的、致力于寻求真理之事业的共同体。"[2]这就不但突出了"以人为本"——大学的主体角色是教师(学者)与学生,而且兼顾了"大学之道"——"致力于寻求真理之事业"。这既包括学生在教师的指点下系统地学习真理、掌握知识,也包括学生在教师引导下通过批判性思维与探索性学习,提高分辨真理与谬误的能力,同时也包括师生共同寻求真理、发现新知的努力。雅斯贝尔斯还进一步阐述了大学作为"师生共同体"的本质特征和基本要求:"大学把人们集合起来,投身于学术或科学的学习,投身于精神生活。universitas(大学)的最初含义——教师与学生的共同体——与它作为所有学科的统一体的含义是同等重要的……这个理念要求应该有交流存在,不仅要有不同学科层次上的交流,而且要有不同个人层次上的交流。这样,大学就应该给学者们提供条件,使得他们能够和同行的学者和学生一起开展直接的讨论和交流。"[3]

---

[1] 埃瑞克·阿什比:《科技发达时代的大学教育》,滕大春、滕大生译,人民教育出版社1983年版,第63页。
[2] 卡尔·雅斯贝尔斯:《大学之理念》,邱立波译,上海人民出版社2007年版,第19页。
[3] 同上书,第97页。

我认同雅斯贝尔斯的定义：大学理应是"师生共同体"！培养人才，是大学最初始的职能，其他如研究科学、服务社会等职能，都是大学发展到一定阶段才拓展或者延伸的；培养人才，也是所有高等院校共有的最基本的任务，不管是研究型大学，还是社区学院、高职院校；培养人才，更是高等院校最核心的使命，是它们区别于其他社会组织如科研院所、政府机构或企业公司的最本质的特性。而教师和学生，就是学校教育得以发生、得以展开的两个最基本的要素，一体两面，缺一不可。人们曾经争议"先有鸡还是先有蛋"，其实，中世纪欧洲大学诞生之时，就既有"学生大学"，也有"先生大学"，毋庸置疑地宣示大学理应是"教师和学生的共同体"。

我更认同雅斯贝尔斯对这一特殊的共同体理念的特质的明白无误的判断——"这个理念要求有交流存在"！而且，这种交流并非单向的教师讲授、传授的活动，而是双向（师生交流）和多向的（既包括师生之间，也包括生生之间、师师之间）的交流与共生！

这种交流不仅仅是不同学科层次上的交流，而且要有"不同个人层次上的交流"！我的理解是，不仅是学者与学者之间、学生与学生之间的交流，而且更看重教师与学生之间密切的、深入的一对一的交流，特别是那些学富五车的知名教授与"初生之犊"的莘莘学子之间的对话、交流，如同当年哥本哈根学派的创始人玻尔与大学二年级学生沃纳·海森堡的"哥廷根郊外的散步"那样！

由此，我们就在这样一个概念界定的前提下，讨论教师和学生之间的交流如何发生、发展，讨论师生共同体的多重价值和意蕴，讨论交流与互动如何始于课堂而又不止于课堂，讨论我们如何在高等教育大众化的今天逆势而上，艰难重构大学"师生共同体"！

二、互动与创生:"师生共同体"的意蕴

(一)"师生共同体"的三重境界

大学作为"师生共同体"当然首先是"学习共同体",但又不仅仅只是"学习共同体";而师生的互动则始于课堂而又不止于课堂。师生课堂上的互动及课后的密切接触,其实构成了大学师生"共生"、共赢的局面。套用王国维的三境界说,我认为,大学师生共同体的意蕴也有三个领域、三重境界。

其一为认知拓展。即对授课内容的逻辑梳理、概念辨析和意义阐发,继而对所学专业、学科领域知识地图的了解、发展前景的把握,在此过程中教师因势利导,因材施教,激发学习动机,突破思维定式,指点学习方法和研究路径。孔子将此概括为"不愤不启,不悱不发。举一隅不以三隅反,则不复也"[①]。

其二是情感互通。即通过课堂的初步交流,课后的个别辅导、个性化教育,建立起师生之间的相互了解和相互信任,继而达到相互默契、相互热爱。约翰·S·布鲁贝克将其命名为"启发和友爱(philetic)"。他认为苏格拉底式的对话、杜威的问题解决法教学等,最接近这一层次的师生交往。他直言:"友爱教学的标志就是教师与学生之间相互热爱。"它尽管最费时,却令学生获益最多,对学生的成长与发展也最重要。"其重要性从学生持久地抱怨与教师个人接触太少这一点可得到证明。"[②]只有深入到这一层次,即通过教师与学生

[①] 《论语·述而》。
[②] 约翰·S·布鲁贝克:《高等教育哲学》,王承绪等译,浙江教育出版社2001年版,第102页。

的交互、交往,从近距离的、一对一的密切交流到情感的坦诚相通,才触及教育的真谛,才是真正本真的教育。德国学者雅斯贝尔斯也主张教育的本质不是知识的堆积,而是灵魂的碰撞,他特别形象地比喻为"一棵树摇动另一棵树,一朵云摇动另一朵云,一个灵魂唤醒另一个灵魂"①。

其三则是共生、创生。"创生"一词,源自鲁迅《集外集拾遗·〈近代木刻选集〉(1)附记》:"那印象之自然,就如本来在木上所创生的一般。"郭沫若在其《中国古代社会研究》第四篇二也有"我们让这些青铜器来说出它们所创生的时代"之句。通常我们将创造一种存在形式并赋予它新的价值和意义,称为"创生"。创生和产生的差异,就在于有没有赋予其新的意蕴、新的价值。如果没有,还不能称之为"创生"。我把大学这一"师生共同体"的最佳状态、最高境界称之为师生的共生和创生,主要依据就在于是否形成共赢、共生的局面,是否具有一种不可言状的潜力和难以估价的意义。

大学师生共同体的"创生"理想状态,其实就是英国哲学家、教育家怀特海 1929 年所强调的那种境界:"大学之所以存在,不在于传授给学生的知识,也不在于提供给教师的研究机会,而在于在'富于想象地'探讨学问中把年轻人和老一辈联合起来。由积极的想象所产生的激动气氛转化了知识。在这种气氛中,一件事实就不再是一件事实,而被赋予了不可言状的潜力。"②

我们所要探究的是——

为什么怀特海认为仅仅学生埋头学习、教授潜心科研还不是大

---

① 雅斯贝尔斯:《什么是教育》,邹进译,生活·读书·新知三联书店 1991 年版,第 1 页。
② 转引自约翰·S·布鲁贝克:《高等教育哲学》,王承绪等译,浙江教育出版社 2001 年版,第 14 页。

学存在的理由和价值?

何为"富于想象地"探讨学问?为何需要"把年轻人和老一辈联合起来"?

在教授和学生富于想象地探讨学问的氛围中,知识如何转化?转化为什么?

为什么师生富于想象地研讨时,"一件事实就不再是一件事实,而被赋予了不可言状的潜力"?这"不可言状的潜力"又表现在哪些方面?

真正的大学教育就是要将青年人置于经验丰富而又依然充满想象力的学者的智慧影响之下;而我们所看重、所期待的师生共同体的"创生",其实也就是师生共同"富于想象地"学习、研究、探索和思考。诚如怀特海所强调的另一个观点:"你要教师有想象力吗?那么鼓励他们去研究。你要研究人员有想象力吗?那么让他们与正处在一生中最有朝气、最富于想象时期的青年人产生思想上的共鸣……教育是生活探险的训练,研究是智力的探险,而大学,应该成为青年人和老年人共同探险的故乡。"①

这一过程的作用其实是双向的,一方面,像卡尔·雅斯贝尔斯所言:"一所大学的性格是由它的教授们决定的。"在知识探索方面富有体验和心得的教授,会引人入胜,把青年学子引向知识的前沿和学问的殿堂,他们"引导学生接触到真实的求知过程,从而也就能够引导学生接触到科学的精神,而不只是接触仅凭借记忆就可以传授的僵死的结果"②。这一过程不仅仅是知识的传授和学习,也不仅仅借助精心的教学设计和高超、流畅的教学方法,而是凭借教授自身的经

---

① 怀特海:《教育的目的》,庄莲平、王立中译,文汇出版社2012年版,第1页。
② 卡尔·雅斯贝尔斯:《大学之理念》,邱立波译,上海人民出版社2007年版,第73页。

历、体验、理性和激情,靠着知识存在的朴素状态和知识探索的鲜活过程,唤醒青年学子的探索兴趣和创造激情。雅斯贝尔斯还强调了另一方面:"大学生活对学生的仰仗并不少于教授。在一所学生资质不称的学校里,最好的教授都会举步维艰。所以,一切还得要看年轻人。"[①]青年学子的敏锐反应和"初生牛犊不怕虎"式的诘难和质疑,足以成为挑战教授权威、考验教授智慧、磨砺教授锋芒的刀石,往往有助于教授打破思维定式、拓展新的思路。这双向的互动往往产生共鸣,相互的争辩往往激起具有"无限的可能性"的创新火花,使得师生交往臻于共同探险并共生、"创生"的理想境界。

(二) 师生互动、创生的范例

我想从中外大学发展史上采撷数例,以印证大学师生共同体的意蕴和价值。

范例 1. 牛津奥秘:学问被导师烟熏出来

牛津、剑桥由来已久的"导师制",其实就是营造师生之间密切的个人联系。大学从本科开始就给学生配备导师,由德行和学养俱佳的教授学者担任。双方每周见一次面,导师会给学生布置阅读书目和研究问题,要求学生撰写读书心得、报告研究进展。除了师生研讨、论辩之外,在更多的情况下,是教授边抽烟、品茗,边与学生谈天说地。加拿大幽默大师斯蒂芬·里科克(Stephen Leacock)曾经据此断言牛津学生的"学问是被导师的烟熏出来的"。他在一篇题为《我所见的牛津》的散文中写道:

"据说(牛津)这种神秘之关键在于导师之作用,学生所有的

[①] 卡尔·雅斯贝尔斯:《大学之理念》,邱立波译,上海人民出版社 2007 年版,第 147 页。

学识,是从导师学来的……但是导师的教学方法,却有点特别。有一个学生说:'我们到他的房间去,他只点起烟斗,与我们攀谈。'……我了悟牛津导师的工作,就是召集少数学生,向他们冒烟。凡人这样有系统地被人冒烟,四年之后,自然成为学者。"①

其实,像牛津这样的经典大学的"神秘关键"或者说成功之道,也就是建立一种制度,形成一种氛围,以保持学问大师与初生之犊间的频繁、密切接触。所谓系统、持久地"被人喷烟",熏陶久了,浸淫久了,自然就移情易性,近朱者赤,自然就像那首赞颂教师的歌曲所云:"长大后我就成了你!"

美籍华裔学者、诺贝尔物理学奖得主李政道也用自己的切身体会,强调一对一、面对面的指导与"师生共同研究"对创新人才成长的关键作用。当年在美国哥伦比亚大学求学时,他几乎每周都有一个下午与其导师费米共同度过,师生面对面地"闲聊"物理问题。这位世界级的物理学大师还曾经亲自动手,用两天时间帮李政道做了一把特制的计算尺。这把尺子让他终生难忘。"这可能是世界上唯一一把专门用来估算太阳温度的大计算尺!"李政道后来回忆道:"它让我知道不能盲目接受别人的结论,必须要亲自实践,而且必须想新的方法来做到这一点。"②对基础研究工作者而言,最重要的是思维方式的突破和研究方法的把握,而这"必须是老师一对一地带着学生一块儿做研究",方能潜移默化、口耳相传的。费米的弟子先后有六人摘取诺奖桂冠,恐怕就是得益于这样一对一的释疑解惑、传道授业吧?

---

① 转引自刘俊:《牛津敬畏》,http://blog.sina.com.cn/s/blog_4a593e930100stfg.html。
② 王磊:《师者如兰》,《中国青年报》,2006年9月8日。

范例 2.教授点拨:量才指向避短板

1945 年杨振宁赴美留学,立志在实验物理学领域有所作为。当时美国芝加哥大学物理系正筹建一台 40 万电子伏特的加速器,杨振宁如愿成为项目主持人艾里逊教授的研究生。然而,在实验室工作的近 20 个月中,杨振宁的物理实验进行得很不顺利,以至于当时实验室里流传一则笑话:"哪里有爆炸声,哪里就有杨振宁。"一直关注杨振宁的"美国氢弹之父"爱德华·泰勒教授建议他"不必坚持一定要写一篇实验论文,你已经写了一篇理论论文,我建议你把它充实一下作为博士论文,我可以做你的导师"。英雄所见略同,远在中国清华大学的赵忠尧和王竹溪两位教授也为杨振宁的研究改向而联名给校长梅贻琦写信:"……以目前美国情形,高电压实验较难进行,可否略予变通,以应时宜。查高电压实验之目的,在研究原子核物理。杨君对原子核物理之理论,尚有门径,赴美深造,适得其时。"[1]

今天重温这段旧闻,我有两个深刻的感受,其一,即便像杨振宁这样的科学奇才,其禀赋和能力在不同领域、方向也有高下之别,在专业方向选择时也需要教师的点拨。其二,只有那些与学生联系密切而又关心甚切的老师,才能对学生才能见识的长短优劣了然在胸,对其未来发展的指导才切中要害!擅长实验的赵忠尧是杨振宁在西南联大读本科时的"普通物理学"老师,统计物理权威王竹溪则是他的硕士论文导师,他们对这位学生的关注和关爱,居然从本科阶段一直延续到他出国深造和博士后研究阶段。而他们对学生才能、学识

---

[1] 邓耿:《原来他们是这样的学术大师——清华学人手札展观后》,http://mp.weixin.qq.com/s/n44y29NS_BC65elMQSDNEA。

和禀赋的全面、深入的了解，也为杨振宁扬长避短、卓然成才指明了方向和路径。

这是现代大学教育因材施教、量才指向的典范！试想：如果不是赵忠尧、王竹溪和泰勒教授的"把脉诊断"和"对症下药"，杨振宁很可能依然在实验物理学领域苦苦摸索不得门径；而如果杨振宁的研究方向没有改弦易辙，则很可能多了一个普通的实验物理学教授，而少了一个杰出的理论物理学家！

由此看来，大学教师，不仅要因材施教，而且还有一个"量才指向"的任务。教授学者，特别是资深教授，由于阅历丰富，知识广博，凭着专业的敏感与直觉，能够比较全面地把握、鉴别学生的能力与禀赋。如果能够对学生的成长与发展给予适当的点拨与激励，帮助学生选择最切合其个性与气质、最能发挥其特长与潜能的方向和目标，并不断激发和强化其学习与研究兴趣，创新人才就能脱颖而出，层出不穷。但要做到这一点，前提是教授要有关爱、指点学生的意愿和责任感，同时还要舍得花时间和精力去观察、了解学生。孔子教人，各因其材："柴也愚，参也鲁，师也辟，由也喭。""求也退"，"由也兼人"，"师也过"，"商也不及"……孔子对弟子的才干、气度、禀赋、个性有如此中肯、恰当的评价，是因为他长期与弟子朝夕相处，甚至解衣推食！摆在我们面前的问题是：千古名师孔夫子的所言所行，对今天的大学教授是否还有"虽不能至，心向往之"的借鉴意义？

我们已经完全认可了梅贻琦的论断："所谓大学者，非谓有大楼之谓也，有大师之谓也。"但是，我认为还应当补充一点：大学之大，并不在于有大楼，而在于拥有大师，更重要的是这些学养深厚、引领学界的大师愿意并能够与朝气蓬勃的青年学子朝夕相处、互动、共生！在师生共同学习与研究的氛围中创新和发展！

范例 3.哥本哈根学派:玻尔与青年才俊的风云际会

　　1922 年 6 月,量子物理学的开创者、丹麦哥本哈根大学理论物理研究所创始人尼尔斯·玻尔应邀到德国哥廷根大学讲学,他认为此行的最大收获是遇到了两位才华横溢的青年人——20 岁的沃纳·海森堡和 21 岁的沃尔夫冈·泡利。前者当时还是慕尼黑大学的大二学生,有幸随索末菲教授前来听讲,居然当场提问质疑,犀利的评析令全场哗然。但玻尔十分欣赏海森堡的胆略和见解,特地发出邀请:"愿意在会后和我一起到哥廷根城外走走吗?"这场在声名显赫的大教授与青涩后生之间的长达三个多小时的散步,被海森堡称为:"决定我命运与成功的一次散步。我的科学生涯是从这次散步开始的。"泡利也是索末菲的学生,不过当时已经在做博士论文了。泡利认为:"我科学生涯的一个新阶段始于我第一次遇见尼尔斯·玻尔。"演讲会后泡利即追随玻尔加盟哥本哈根大学理论物理研究所。两年后海森堡也应邀参加了玻尔的研究团队。泡利因直言不讳、不留情面而成为近代物理学界最著名的评论家,并被戏称为"上帝的鞭子"。但玻尔既容忍泡利的"直言犯上",更欣赏他的敏锐直觉,不仅自己常常倾听泡利的批评,而且要求所里的同仁高度重视泡利的批评,哪怕意见尖刻甚至近乎嘲讽。海森堡、泡利,加上来自苏联的青年学者朗道、伽莫夫等,辅佐玻尔打造了哥本哈根学派,并让哥大理论物理研究所成为量子力学的领军团队,"国际物理学界的朝圣之地"。[①]

[①] 参见杨福家:《哥本哈根精神,大学人文读本·人与世界卷》,卢昌海:《泡利所敬重的三个半物理学家》,http://www.changhai.org/。

为什么总人口不到500万、经济实力也远逊于英美诸强的北欧小国,会拥有这样一个国际顶尖的基础学科?为什么哥本哈根大学理论物理研究所能够人才济济、成果迭出,在量子力学研究领域横空出世、独领风骚数十年?值得当下正踌躇满志、志在一流的中国大学和中国学人深思。

雅斯贝尔斯十分推崇精神交流与合作对大学共同体的作用。他强调:"只有当我们的概念受到质疑的时候,才会有真正的交流。"他同时也认为:"合作是从交流之中产生出来的。"而思想流派、学术流派则可以作为"精神交流与合作之例证":"在这里我们就会看到一个派别,就会看到一个或许会延续几代人的思潮。在同一层次上彼此遭遇的老师和学生都会通过双向的交流而受益。竞争促使他们最大限度地发挥自己的潜力……"[①]对于哥本哈根学派的成功之道,学界有多种阐释、多种解读。我的理解是,关键在于玻尔的大度和睿智,能够吸引和集聚一批才华出众、朝气蓬勃的青年学人,形成了"在富于想象地探讨学问中把年轻人和老一辈联合起来"的共生、创生氛围!师生平等的、双向的思想交锋和观点争辩促进了竞争,强化了合作,学术流派才会真正产生。

在哥本哈根大学理论物理研究所草创初期,玻尔就表示:"极端重要的是,不仅要依靠少数科学家的才能,而且要不断吸收相当数量的年轻人,让他们熟悉科学研究的结果与方法。只有这样,才能在最大程度上不断地提出新的问题;更重要的是,通过青年人自己的贡献,新的血液和新的思想就会不断涌入科研工作。"正是因为秉持这样一种理念,他才会对海森堡的提问反驳气定神闲,而且主动邀请这位大二学生散步郊外,坦承"我今天上午说得不够小心",并与之进行

[①] 卡尔·雅斯贝尔斯:《大学之理念》,邱立波译,上海人民出版社2007年版,第103页。

长达三小时的平等的交流研讨。素以狂傲著称的朗道曾经请教玻尔:有何秘诀能把这么多有才华的年轻人聚集在自己周围？玻尔的回答是:"我只是不怕在他们面前暴露自己的愚蠢。"他用自己的坦率和真诚鼓励青年人提出离经叛道的观点,引起针锋相对的论辩,激发革故鼎新的火花。正是那个藐视一切权威并以尖锐、尖刻著称的泡利,真正理解了玻尔的初衷。在一封与玻尔讨论元素光谱的信件中,泡利居然说:"如果我的胡思乱想居然真能使您又亲自关心起多电子原子的问题来,那我就将是世界上最快乐的人了。"

这就是怀特海所赞誉的大学存在的应然状态,就是我们所要营造的师生共同体的共生、创生境界！当经验老到的教授与无所顾忌的青年人富于想象地研讨和真刀真枪地论辩时,"由积极的想象所产生的激动气氛转化了知识。在这种气氛中,一件事实就不再是一件事实,而被赋予了不可言状的潜力"[①]。新的见解、新的理论、新的方法乃至新的学派就应运而生了！

三、"师生共同体"的现实重构:重点与难点

亚伯拉罕·弗莱克斯纳看到了现代大学回应现实世界发展和社会需求变化不可避免的"扩展",而扩展就意味着增加教授和学生。弗莱克斯纳执拗地认为:"前者难以得到,后者规模的膨胀有可能摧毁大学的组织特性。"[②]虽然他没有明确指出首先摧毁的是大学的哪些组织特性,但是他一再强调:过度膨胀将使大学"处于解体的危险

[①] 转引自约翰·S·布鲁贝克:《高等教育哲学》,王承绪等译,浙江教育出版社 2001 年版,第 14 页。

[②] 亚伯拉罕·弗莱克斯纳:《现代大学论——美英德大学研究》,徐辉、陈晓菲译,浙江教育出版社 2001 年版,第 21 页。

之中"。"对巨型大学的绝大多数学生而言,教师与教师、教师与学生之间的交往已经大大减少了。"[1]大学师生共同体文化的基础将不复存在。

　　与弗莱克斯纳所居时代相比,今日中国大学共同体的生态更加不容乐观。首先是规模扩展,"人满为患"的状况有过之而无不及。特别是师生比严重失衡! 因为本科和硕士生、博士生的持续扩招,即便是自诩为"研究型大学"的985工程学校,在本科教学评估时也要为不突破1∶18的师生比底线而腾挪失措,伤透脑筋。其次,教授们的价值取向转移了,如同埃瑞克·阿什比所批评的那样,教授们逐渐从"忠诚于学生"转向"忠诚于学科","重视学科而忽视学生的现象已发展到极为严重的程度"。特别是对那些学术级别低的教师而言,"总有一种吸引力使他减少本该用于教学和与学生接触的时间,而对于被讽刺为'自己的工作'(的科研),却多用些时间"[2]。从学生方面来看,学习动机的多样化、功利化日益明显,他们与看重研究、志在学术的教授们的交集与共识越来越少。师生两方面数量与质量的变化,使得现代大学"师生共同体"几乎成了镜花水月!

　　这样看来,当代大学的生态确实危机重重,而重构"师生共同体"也面临重重困难。但是,我们首先能否达成共识,即明确只有重新回归教授"忠诚于学生"和大学"为学生的成长与发展服务",才是真正回归了"大学之道";明确只有重构大学"师生共同体",才能使大学的学风得以醇厚,学统得以传承,学派得以形成,学术得以繁荣! 其次,在高等教育大众化阶段,在学生构成和发展取向日益多样化的情况

---

[1] 亚伯拉罕·弗莱克斯纳:《现代大学论——美英德大学研究》,徐辉、陈晓菲译,浙江教育出版社2001年版,第296页。
[2] 埃瑞克·阿什比:《科技发达时代的大学教育》,滕大春、滕大生译,人民教育出版社1983年版,第81—82页。

下,如何实现教授对学生的有效指导和密切接触？如何重构高等教育大众化时代的"师生共同体"？我们还需要进行多方面的探索与脚踏实地的实践。南京大学的"三三制本科教学改革"在这方面已经有所部署,也有所进展。但要真正取得突破,还有很长的路要走。

我想特别强调的一个观点是,重构师生共生、创生的共同体,对于旨在成为国际一流的中国"985工程"大学尤其重要。既然美国高教界能够在世纪之交郑重提出"重构研究型大学的本科教育"并付诸行动,为什么我们中国旨在创建一流大学、一流学科的高校,就不应该首先在重构"师生共同体"方面既"坐而论道"又"起而行之"呢？

我提出如下对策建议——

1. 控制招生规模,增加一线教师,提高师生比。说实在话,如果我们不能将1∶18甚至1∶20的师生比切切实实提高到1∶12乃至1∶10,想要办一流的本科教育,想要创建世界一流大学,那都是贻笑大方的天方夜谭！不妨双管齐下：

其一,鉴于我国高等教育同龄人口比例尚未探底,不妨严格控制甚至适当压缩研究型大学的本科、硕士和博士招生规模。中国科技大学在这方面早就有所行动,其他类似高校也应该"见贤思齐"。

其二,实施"银发工程"。即从年过六旬或六五的退休教师中聘请那些身体健康、思维敏捷的教授、副教授担任本科任课教师。10年前我主持教育部高教司委托课题"教授承担本科教学的调查研究"时,曾经对8所985高校的72位教授学者进行访谈调查,许多被访者认为,让教授60岁就退休,实际上是一种浪费,"现在国际对老年人定义绝对不是60岁"。故推迟身体健康、学术优秀的教授、名教授的退休年龄,让他们参与到本科教学工作中来,是一件于国家、学校和教授本人都有益的事情。特别是在高等教育大众化、有些高校师资紧缺的情况下,"银发工程"则显得尤为必要。这样做,还可以对青年教师起到传帮带的作用,可以切实提高教师队伍的教育教学素养。[①] 事实上,诺贝尔物理学奖获得者杨振宁在 90 年代就曾经在美国给大一新生上"普通物理学"课。21 世纪初,他在年过八旬时还应王大中校长之邀,给清华的大一新生上课。郑州大学基础医学院退休教授王雨若 75 岁了,仍然志愿每年给本科生上基础课,不要任何报酬。

2. 实行本科生导师制。每 5 至 10 名学生配一位导师,明确规定导师和学生每周见一次面。就像美国哈佛、耶鲁等名牌高校那样,强化"导师制"和"住宿学院制",鼓励大牌资深教授担任本科生导师或住宿学院(即"学舍")的主管。撰写《失去灵魂的卓越》一书的哈佛学院院长哈瑞·刘易斯就长期担任"戈登·迈凯计算机科学讲座教授"兼"昆西学舍"副主管。缘起于牛津、剑桥的本科生"导师制"在 21 世纪仍然具有生命力,其意义在于让意气风发、充满遐想的青年学子得以结识那些学富五车、才高八斗的知名教授,能够被他们"喷烟冒火"、熏陶成熟。

3. 鼓励教授们设立本科生接待日。学生应当分享研究型大学的资源并有机会参与知识创新、探索未知的过程,学生应当有机会近距离接触最优秀的教授和学者并得到他们的指点与熏陶。因此,鼓励教授,特别是著名教授向本科生公布自己的办公室地址和联系方式,试行每周或者每两周一次的本科生接待日,应当是一个可以尝试的举措。当年埃瑞克·阿什比关注科技发达时代的大学师生关系问题,他研究过大多数剑桥大学学生会的调查报告,认同报告的主要观点,需要研究"如何在两代之间的鸿沟上架起一座桥梁",特别是能够

[①] 龚放、张红霞等:《教授上讲台是提高教育质量的必由之路》,高等教育出版社 2009 年版,第 165 页。

"使教室中开始的师生相互交流,得以在教室以外的休息室、咖啡馆或小酒店里继续下去"[1]。哈佛大学卓越教授诺克也主张:"对学生最重大的影响往往来自课外的师生接触。基于这种认识,我尝试着尽量使学生能够随时找到自己。"

4. 加大学生问责的权重。因为当代大学"教学漂移"和教师价值取向的失衡,建议引入学生问责来改变现状。美国哈佛大学校长德里克·博克在评析美国本科教育存在的问题时承认:"正是因为在改善本科教育质量方面我们的大学缺乏足够的压力,大学教师在承担责任方面的种种表现也就不足为奇了……"[2]当下应当如何施加压力,才能让大学校长和大学教授将时间、精力和资源用于为学生的成人、成才服务?我认为必须"三管齐下",即除了政府问责、社会问责之外,还要有学生问责!如果我们在大学评价和教师、课程评价中引入"学生满意度"这一指标,不仅对在校大学生调查满意度,而且通过网络向毕业5年甚至10年的学生调查满意度,并将其作为评价教师和学校的一个重要依据,也许会影响大学领导层的价值取向和政策导向,会改变教师重研轻教、忽视本科的倾向。

早在80年代中期,当时的联邦德国科协在《关于促进天才开发的建议》中就大声疾呼:"一言以蔽之,高等学校的教师与学生之间必须有机会建立一种个人间的关系(在现有条件许可范围内)。教师应维持此种机会的存在并努力扩大之。只有这样,教师才能真正完成发现优秀学生并以一切可能的手段促进其进步的任务。当今高等学校的空气缺乏诱发力。对此可通过建立师生间的个人关系予以改

---

[1] 埃瑞克·阿什比:《科技发达时代的大学教育》,滕大春、滕大生译,人民教育出版社1983年版,第68页。

[2] 德里克·博克:《回归大学之道:对美国大学本科教育的反思与展望》,侯定凯等译,华东师范大学出版社2008年版,第189页。

变。有了这种关系,教师的科学与学术造诣和教师的人格就可以起到身教言传的启迪作用。最后,学生有所建树的愿望也会受到教师鼓励的影响……"时隔30年,我们志在创建世界一流大学和一流学科的中国学人重新研读这些中肯的建议,是否觉得有"切中时弊"之感呢?重构大学"师生共同体",真正是势在必行和时不我待之举!

(原载《中国高教研究》2016年第12期)

课程和教学：高等教育研究的潜在热点

龚 放

一

《高等教育研究》创刊 30 周年了。作为国内最早一本专门发表高等教育研究成果的学术期刊，从当初的季刊，到后来的双月刊和现在的月刊，从华中工学院一所大学所办的刊物，到成为中国高教学会下属的高等教育学专业委员会的会刊，它的成长、发展，不仅和我们这些高等教育研究领域的老兵、新秀的成长、发展息息相关，而且与高等教育学这样一个新兴学科的成长、发展息息相关。

我曾经借助 CSSCI 的统计数据，对国内教育学领域学术期刊的影响力做过两次分析，从 2000 年以来，无论是被引总量，还是影响因子，或者影响广度，《高等教育研究》几乎都居第二，仅次于《教育研究》。[①]

[①] 参见龚放、邓三鸿：《2000—2004 年中国教育期刊影响力报告——基于 CSSCI 的统计分析》，《教育研究》2006 年第 9 期；龚放：《2005—2006 年我国教育学期刊影响力评价——基于 CSSCI 的统计分析》，《北京大学教育评论》2009 年第 1 期。

从另一个角度讲,如果对三十年来《高等教育研究》所发表的论文的主题词进行分析,人们可以看到改革开放以来我国高等教育理论研究、应用研究发展的脉络和取得的进展。从大学职能的拓展(教学与科研的关系,第三职能"社会服务"的内涵与价值的讨论),到高等教育学学科体系建构(逻辑起点、理论范畴、转化中介、本质追问和前沿探寻),高等教育发展的新动向、新趋势(国际化、区域化、地方化、多样化、大众化),大学文化的特质与大学精神的核心,高等教育与社会的关系及其社会责任(适应与引领,服务与批判,"仰望星空"与"关注脚下"),高等教育质量与质量观,现代大学理念创新与制度创新,高等教育政策制定与政策评价,院校研究与评价……从这些主题词的变化、研究热点的形成与转移,人们不难看到我国高等教育研究发展的"脉动""心跳"。在这个意义上可以说,《高等教育研究》与我国高等教育的改革、发展和研究"一路同行"!

"三十而立"之际,我们在回顾《高等教育研究》对高等教育学学科水平的提升、对高教研究学术梯队的建设所做贡献时,完全可以用"可圈可点,功不可没"这八个字来概括。展望未来,作为《高等教育研究》的作者和读者,我们希望她在保持办刊特色、反映理论研究和实践研究的动态与成果的同时,进一步增强厘定研究前沿、引领研究发展的功能。在当下,应当在继续关注宏观变革的同时,更加关注微观领域的变革;在继续关注高等教育外部关系(即高等教育与社会、高等院校与政府关系,高等教育与政治变革、经济发展、文化融合、科技进步的关系等)研究的同时,更加关注高等教育内部关系(即高等教育与人的发展,高等院校与学生的成人、成才的研究,大学教与学的关系、教师与学生关系)的研究;在继续关注"形而上"的研究(大学精神、办学理念、发展战略等的研究),更加重视"形而下"的研究(教学内容与课程设计、教材及教材体系的更新、教学艺术、教学媒介技术手段等）。说到底，就是要重视高等院校课程与教学的研究，因为这是以往三十年高教研究界着力不多、研究相对不足的领域，也是高等教育质量提升的关键所在，更是高等教育学研究更上层楼、趋向成熟的必经之途！

二

课程研究和教学研究，始终是基础教育研究的重点所在，在我国，因为"建构主义"和"后现代研究范式"等理论的引入，更因为 90 年代后期开始实施的新一轮基础教育课程改革和教材更新而成为最热门、最活跃、最富多样性的研究领域。

但是大学教学与课程的研究却未能在方兴未艾的高等教育领域形成气候。早在 20 世纪 80 年代，德国卡塞尔大学高等教育和工作研究中心的 U.泰克勒教授就指出："然而，在高等教育方面，人们却不愿以相似的方式探讨教与学的问题。这种对较少系统化的课程的偏好可能源于教学和研究之间的密切关系。"[1]究其原因，主要有三条。其一是在基础教育领域，"课程"这个术语意味着教育内容和形式、体系的规划或模型。因此，它往往强调"系统性"和"基准性"等内涵。而经典的高等教育恰恰是反对类似的"系统化"或"基准化"，而主张个性化教学和个别性指导。其二，经典的大学，特别是洪堡创建的德国柏林大学十分强调"教学与研究结合"，"由科研而达至修养"，强调学生通过独立探索和与教授的研讨来掌握新知，提高修养。这一理念对欧美大学，特别是研究型大学的影响很大。德国学者雅斯贝尔斯在《大学之理念》中特别强调"科研和教学的结合是大学至

---

[1] 吴庆麟主编《国际教育百科全书（第四卷）》，贵州教育出版社 1990 年版，第 408 页。

高无上而不可替代的基本原则","最好的科学研究人员同时也应该是首选的教师",尽管他们在讲授方法上可能不尽人意,但他们最具优势的地方,在于"他能够引导学生接触到真正的求知过程,从而也就能够引导学生接触到科学的精神,而不只是接触仅凭借记忆就可以传授的僵死的结果"①。注重探求新知、追求真理的意识和能力,而不讲究教学的艺术与技巧,成为大学人才培养的重要特点。其三,大学教师的发展与晋升,很大程度上取决于他的研究水平和研究成果,而不像中小学教师那样取决于教学的优秀与效能。这三个因素至今依然在不同程度上左右着高等院校教授学者的思维与行动,造成了大学课程与教学研究的薄弱与滞后现象。

我们还应当从大学课程与教学研究对象的特殊性视角来反思。诚如约翰·S·布鲁贝克所说:"第三阶段教育和高等教育有着低层次学校中碰不到的特殊问题,高等教育研究高深学问。""教育阶梯的顶层所关注的是深奥的学问。这些学问或者还处于已知与未知之间的交界处,或者虽然已知,但由于它们过于深奥神秘,常人的才智难以把握。"②确实,中小学的课程及其所蕴含的知识相对简单、普适,容易掌握。而高等教育所传递所探讨的知识有极强的专业性。例如凝聚态物理,或者基因工程、非线性理论等,没有相应的知识背景,一般的教育研究人员很难入得其门,更别说"窥其堂奥"了。这也是中小学课程与教学论研究持续热门而大学课程与教学论研究无人问津的原因之一。在我国,1983年即将高等教育学作为教育学门类的二级学科列入研究生招生目录,但高等教育学的研究生及其导师,往往关注的是大学理念、体制改革、战略规划、政策评价等;而另一个教育学

---

① 卡尔·雅斯贝尔斯:《大学之理念》,邱立波译,上海人民出版社2007年版,第73页。
② 约翰·S·布鲁贝克:《高等教育哲学》,郑继伟等译,浙江教育出版社1987年版,第2页。

二级学科"课程与教学论"则将自己研究的边界不成文地界定为从学前到高中。大学的课程与教学，成为"两不管"地界，成为高教研究和课程与教学论研究的"盲区"。

这种状况必须改变。因为高等教育已经从精英教育阶段步入大众化阶段或普及化阶段。高等教育的对象已经发生了根本的变化，不再仅仅限于极少数智能卓越、才识出众者了。高等院校的层次和类型也具有丰富的多样性，其培养目标也差异甚大、层次丰富，不再仅仅造就高素质的学术研究人才。随着高等教育大众化的发展，更多的院校越来越注重为学术生涯之外的其他职业做准备。这就推动高等教育的教学理念和课程哲学发生了质的变化。原来的"去系统性"和"去基准化"不再能够统摄整个高等教育系统。一方面，医学和工程技术学的教学大纲比人文学科和社会科学的教学大纲更有结构，更具"基准性"；非研究型大学比研究型大学更喜欢详尽的课程规划和明确的知识、技能要求。另一方面，高等职业教育和应用型本科人才对"应知应会"的要求更加严整，而不再强求"知其所以然"。即便是在研究型大学，也需要确定学习的程序和基础的要求，以确保学生在参加高级的研讨课并参与研究之前能够掌握相应的基础知识。因此，公共基础课以及专业基础课不能一味地强调个性、开放性而排斥系统性和基准性，不能一味地强调自我建构而排斥系统学习、系统讲授。当然，研究型大学的高年级本科教学，以及研究生教学，仍然须强调课程的开放性和探索的研究性，强调作为高等教育目标之一的职业准备与其他更广泛的目标如人格完美、研究定向、非功利主义的批判性思维等的平衡，而不是相互抵触和相互排斥。要做到这一点，就需要加强对大学课程与教学论的研究，特别是通过专职的教育研究人员与具有专业科研素养而又承担学科教学工作的教授学者的携手合作,共生、分享。

我们看到,在欧美发达国家,情况已经和正在发生变化。批判"失去灵魂的卓越"和"回归大学之道"的呼声日益高涨,诸多研究型大学正在改弦易辙,在重构本科教育的同时,更加注重对教师的"教"与学生的"学",以及二者交互、共生的研究。大学的教与学的理念、艺术与技术,课程的设计与体系的更新,正在成为高等教育研究的新热点。英国兰卡斯特大学教育学教授马尔科姆·泰特2003年对北美之外的英语国家2000年发行的17种教育学术期刊上的406篇论文以及284本高等教育研究著作进行统计分析,归纳出当下高等教育研究的八大主题,其中"教与学的研究""课程设计研究""大学生经验研究"和"质量研究"位居前四,而"知识研究"也直接、间接与高校教学相关。[①] 这17种主要的高等教育研究学术期刊中,不仅有《高等教育中主动学习》这样专门的期刊,以"课程设计""大学教与学""学生经验"和"质量"为主题的论文在《高等教育评估和评价》这样的期刊中占90%,在《高等教育研究和发展》中占75%,在《高等教育》中占46%。这些统计数据表明,大学的教与学研究和课程设计研究,已经成为欧洲高等教育研究的热点所在。

今年7月正式颁布的《国家中长期教育改革和发展纲要(2010—2020)》明确指出,未来十年"提高质量是高等教育发展的核心任务,是建设高等教育强国的基本要求"。如何提高高等教育质量?如何在多样化中体现不同层次、类别、专业的人才质量标准?如何通过教师领悟教育、研究教学来激发学生投身学习、主动探索的热情,以增强社会责任感、提升创新能力和实践能力?对这些问题的理论探讨

---

① 马尔科姆·泰特:《高等教育研究:进展与方法》,侯定凯译,北京大学出版社2007年版,第63页。

与变革实践,将直接关系到高等教育"核心任务"的完成与否和完成质量,同时也是高等教育学学科的一个新的生长点。我们完全有理由期待《高等教育研究》在这一领域引领潮流,有大作为!

(原载《高等教育研究》2010年第11期)

回归学生学习

服务学生学习

吕林海

大学之所以存在,是因为有学生。有了学生,高深知识在大学中就会立刻显露出生机。正如英国哲学家怀特海所说,有了学生,知识就会显露出一种"不可言状的潜力"。这是因为,师生之间"充满想象力"的交流,是知识不断焕发生命力的保证。进而,这也为高等教育提出了一个挑战,如何让师生之间建构起"充满想象力"的交流,如何让学生的知识习得彰显出"不可言状的潜力"?这就让传统的高等教育思考与研究必然走向师生交往的深处,走向"教与学"的深处。大学因为要高质量地服务学生学习,高等教育研究者自然地将目光投向"大学生学习"。本部分所选的四篇论文其实都在围绕"服务学生学习"而展开,但视角各不相同。四篇论文分别从方法、范式、知识、学术四个方面,对如何使课程与教学更好地服务学生学习进行论述。接下来,笔者将从整体的高度对四篇论文进行综合性评述,以展现当代学者对"服务学生学习"的整体研究进展。

首先,"服务学生学习"应当深入研究大学生的学习规律。大学生学习的研究其实是大众化的产物。欧美各国在 20 世纪中期陆续进入高等教育大众化阶段,由此,过往的那种面向精英群体的高等教育方法必然不再完全适用,才智差异的拉大使得教与学的规律、技术等成为高等教育新的研究对象。从20世纪中叶开始,基于瑞典学者马顿、澳大利亚学者比格斯、英国学者恩特维斯特尔等人的开创性研究,大学生学习方法成为备受关注的研究主题。围绕这个主题,大量研究陆续展开,有关教学方法对大学生学习方法的影响、情绪的影响、共同体的影响等纷纷出现,这些研究成果对于我们更好地认识大学生学习规律,进而设计大学教学方法,都具有重要的意义和价值。未来的研究发展将逐渐走向本土化、走向文化,特别是,探究特定民族群体、文化群体的学习特质,这种文化视域下的探究将是一种趋向,亦具有重要的实践意义!

第二,"服务学生学习"应当构建一种"大学学习范式",或可谓应转向"大学学习范式"。范式是一种共同认可的框架、理念和认识。过往的高等教育场域中,充斥的都是"大学教学范式",强调的是"以教为重点",教是本义。随着知识经济的到来,学习成了人的一种终身能力和技能,大学要培养的恰恰是一种学习能力,大学要给予学生的恰恰是一种"学习经历和体验"。因此,在刘海燕教授的文章里,她对"大学学习范式"的起源、特征以及在中国的意义和价值做了非常详尽的分析和梳理,读后令人深受启发。当然,从未来的实际发展而言,"大学学习范式"的塑造是不易的,甚至是困难的。这是因为,"范式"的突破和重塑,需要的不仅仅是勇气,更是对新理念、新方法、新思想的认同与坚守,"学习范式"的真正破茧而出乃至坚强耸立,需要高教研究者和实践者持续不断的努力和奋进。

第三,"服务学生学习"应该克服大学课程的"知识化"倾向。在今天的大学教育场域中,教育被窄化为"知识传递",知识被窄化为"功利知识"。教育中关注的是"知识带来的功用",而非"活生生的人"。一个完整的人是一个有着生命活力的人,有着充沛情感的人,有着完整人格的人。教育一旦失落了对人生的涵育,失去了对"完整的人"的注目,其成功也只是一种"失去灵魂的成功"。黄成亮博士的文章颇具深度地阐释了当代大学在"课程知识化"倾向下出现的困顿、失落和偏狭,寻找了解决问题的路径、方法和策略,为大学重新拾回"传统人文精神",培养更加完整和丰满的"现代人",提供了颇具启迪意义的思想阐释。

第四,"服务学生学习"应该建立大学课程学术。博耶提出"教学学术"这个概念之后的 30 多年时间内,相关的阐述和分析充斥学术界。王一军教授独辟蹊径,提出了"大学课程学术"这一崭新的概念。笔者认为,这个概念的提出是有非常重要的时代意义的。其实,课程与教学是整个教育实践中的关键领域。教学关注的更多的是"怎么教"的问题,课程关注的更多的是"教什么"的问题。我们过往更多地强调的是"教学"的问题,殊不知,学科知识体系、教材体系、论文等文本化、素材化资源,其选编、构建、设计无不渗透着专业化、学问化的内涵。王一军教授在对"大学课程学术"进行内涵建构的基础上,分析它的特征与文化要义,可谓深入要里,颇具洞察力。

本部分四文虽然落脚点各异,但总体的精神取向是一致的,都指向学生,都指向"服务学生学习"。今天的时代是"学习的时代",学习是大学生生活的主要构成要素。回归大学教育的初心,其实也意味着要回到学生发展的初心上去,意味着从本质意义上探寻学生学习与发展的规律,找到其"时代的特征",构建出更有效、亦更加有力的促进学习与发展的方法、策略和体系!

大学生的学习方法：
研究脉络、内涵特质及发展趋势

吕林海

作为一个重要的高等教育研究领域，西方的大学学习研究已有近40年的发展历史。美国学者汤姆辛·哈吉斯（Tamsin Haggis）曾在《大学学习研究：一个更加广泛的视角》一文中对从20世纪70年代至21世纪初期这四十年间的大学学习研究进行了详细的文献梳理，他以北美和欧洲的三本著名的高等教育学术刊物（《高等教育》《高等教育研究》《高等教育中的教学》）为对象，对每个十年的发文量进行文献计量分析。他发现，围绕"大学学习研究"这个主题的发文量呈陆续攀升的态势，并在最近这个十年内达到了60%。而在其中，"大学学习方法"的相关研究始终都保持在50%以上，远远压倒"认知心理学""批判性观念""课程创新""社会情境"等其他的大学学习的研究主题。[1] 另外，英国著名学者马尔科姆·泰特（Malcom Tight）则

---

① Haggis T., Student Learning Research: A Broader View, in: Malocom Tight ed., *The Routledge International Handbook of Higher Education*, New York: Routledge Taylor & Francis Group, 2009, pp.23 - 35.

通过对 2000 年出版的 17 种重要的专业期刊和 284 本高等教育著作等的综述性分析，也发现，大学学习与教学的研究，特别是有关大学生学习方法的研究，是当前高等教育研究的一个热点，且受关注的程度与研究的深度都与时俱进。[①]

近年来，随着我国高等教育逐渐迈入后大众化阶段，"质量"正成为全国高教界热议的主题之一。去年刚刚出台的《国家中长期教育改革和发展纲要（2010—2020）》更是把"人才培养质量的提升"明确作为我国高等教育未来发展的核心任务。在此背景下，一些有识之士逐渐意识到，大学学习、课程与教学的研究是我国高教研究界过往 30 年来"着力不多、研究相对不足的领域，也是高等教育质量提升的关键所在，更是高等教育研究更上层楼、趋向成熟的必经之途"[②]。在此背景下，对有关大学学习、大学学习方法等的繁杂多样的已有研究进行基础性地梳理、辨析与反思，正开始成为国内外学者共同关注的前沿课题。恰如大学学习研究的国际权威学者恩特威斯特尔（Noel Entwistle）2008 年在牛津大学的报告中一针见血地指出的，"在大学学习研究的纷繁枝蔓中，我们需要对该领域的基本方法、主要思想进行基础性的梳理和反思工作，这对它的发展是非常重要的"[③]，"重新梳理大学学习研究、特别是大学学习方法研究的相关成果及进展，对于这个逐渐走向成熟的研究领域来说，是颇具价值的工作"[④]。而英

[①] 马尔科姆·泰特：《高等教育研究：进展与方法》，侯定凯译，北京大学出版社 2007 年版，第 64—68 页。

[②] 龚放：《课程和教学：高等教育研究的潜在热点——对〈高等教育研究〉的一点期望》，《高等教育研究》2010 年第 11 期。

[③] Malocom Tight ed., *The Routledge International Handbook of Higher Education*, New York: Routledge Taylor & Francis Group, 2009, pp.33-45.

[④] Noel Entwistle, *Teaching for Understanding at University: Deep Approaches and Distinctive Ways of Thinking*, London: Palgrave Macmillan, 2009, pp.11-13.

国著名学者拉姆斯顿(Paul.Ramsden)则就大学学习方法进行过更加具体的评析:"学习方法是大学学习研究的核心,它描述了大学生是如何解释、如何处理不同的学习活动的,描述了这些解释如何引导着学生的学习努力,……,大学学习方法的知识对于提高学生学习的质量、给予学生有效的学习支持是非常关键的……,就未来的发展而言,我们首先需要反思、认清和梳理,在这个特定的研究领域中,我们究竟获得了什么? 我们究竟是如何展开研究的?"[①]综上,本文聚焦"大学学习方法",试图从研究源起、主要观点及最新趋势等三个方面进行梳理与分析,以抛砖引玉,并着力为后继的研究奠定相关的基础。

一、大学生学习方法:研究脉络

大学学习方法研究是与"大学学习研究"这个全新领域相伴相生的。在20世纪60年代之前,正统的心理学家就已经对人类的学习给予关注,但实验室研究所生成的诸多学习研究结论产生了实践效用不佳之问题,这就导致越来越多的研究者开始关注真实的教育情境,特别是关注学生与学习环境之间的复杂交互作用。正是在这一过程中,一个名为"大学学习研究"的全新领域诞生了。

1. 瑞典哥德堡大学研究团队的奠基性贡献

澳大利亚著名学者约翰·比格斯(John Biggs)曾指出,"'大学学习研究'最早的研究主题就是大学学习方法,其标志是瑞典哥德堡大学的

[①] Paul Ramsden, *Learning to Teach in Higher Education*, London: Routledge, 2003, pp.11-13.

研究团队对大学生浅层学习方法与深层学习方法之分类的经典研究"[1]。很多学者把瑞典哥德堡大学两位学者马顿与萨尔乔(F.Marton & R.Saljo)的工作誉为"开创性的"(ground breaking)[2]。这是因为,马顿与萨尔乔运用了一种名为"现象描述分析"(phenomenography)的创新性方法,定性分析了参与者在如何处理阅读任务上所给出的自陈解释。通过研究,他们得出了两种完全不同的学习方法,即:深层方法(deep approach)——指向对文本意义的关注,浅层方法(surface approach)——指向为了能够回答问题而对文本进行背记而非理解。从研究方法的角度看,他们采用的路径与一直在教育心理学领域处于统治地位的传统经典方法论存在着如下两点差异。第一,它使用了一种自然情境来最大限度地反映(或逼近)真实的学习背景、学习状态。第二,它指向理解个体参与者自身对于学习情境的观点,而不是指向获得一个"客观的"外部观察者的观点。

那么,为什么马顿会把这种独特的方法运用于大学学习研究中呢? 在与布斯(S.Booth)1997年合作出版的《学习与意识》一书中,马顿首次对20多年以前他所领导的这一开创性研究的相关背景进行了披露与阐释。在当年,马顿的博士论文的主题是"学习任务的模拟",校外评审人在评阅了论文之后,提出了如下两点评审意见,即:(1)对教育界来说,研究结果对实际学习情况(而不是实验室学习情况)是否有启示? (2)学生究竟是怎样学习的,我们应当从学生自己的角度而不是从研究者的角度来看待学习任务。马顿不但敏锐地捕捉到了这两个意见的更深刻的方法论内涵,而且将其大胆地渗透并

---

[1] John Biggs, Catherine Tang, *Teaching for Quality Learning at University: What the Student Does*, London: Open University Press, 1999, pp.11 - 12.
[2] N. Entwistle, Constructing Perspectives on Learning, in: F. Marton, D. Hounsell and N. Entwistle ed., *The Experience of Learning*, 1997, pp.3 - 22.

推进到随后展开的大学学习研究中去。布斯在书中深刻地总结道,"这两个因素促使马顿团队一方面把大学学习方法的研究重点集中在实际学习情况上,即研究在通常学习环境中的学习情况,另一方面则把研究的视角从旁观者转变为学习者自身"[1]。

2. 英澳学者的早期贡献——大学学习方法量表的开发与精致

马顿的工作立刻吸引了英国学者恩特威斯特尔和澳大利亚学者比格斯的关注,他们致力于将马顿所概念化的学习类型转变为可用于进行定量测量的学习方法量表。他们的研究工具、分析模式进一步引领了大学学习研究的随后几十年的发展。

拉姆斯登曾明确指出,"在英语国家里,恩特威斯特尔是抓住(grasp)瑞典学者的工作要旨之'第一人'"[2]。在英国,根据马顿的已有研究,恩特威斯特尔所领导的学术小组开始展开对真实的大学教育情境中的学生学习方法的更深入的访谈研究。他们发现,除了深层方法与浅层方法之外,还存在着第三种方法——策略方法(strategic approach),即,学生以获得最高成就为目标,并且在必要的情况下或者使用深层方法,或者使用浅层方法。随后,恩特威斯特尔在此基础上构建出了能够识别上述三种学习方法的名为"学习方法问卷"(Approaches to Studying Inventory,即 ASI)的调查工具[3]。在澳大利亚,比格斯开发了名为"学习过程问卷"(Study Processes

---

[1] Ference Marton & Shirley Booth, *Learning and Awareness*, New Jersey: LEA, 1997, p.211.

[2] P. Ramsden, Forward, *Higher Education*, 2005, 49(3).

[3] 该问卷原来被标记为"学习取向"(Orientation to Studying),它表明学生在大学中的一般性经验,而不是对于一个特定任务的反应。但后来恩特维斯尔等研究者还是采用了"学习的方法"(Approaches to Studying)来保持原初的学习类型的两维度区分,放弃了第三种学习类型。因为他们最终认为,"策略学习"本身并不是一种学习方法。

Questionnaire,即 SPQ)的定量调查工具,在这个调查工具中,他提出了与瑞典学者的深层学习/浅层学习的分类相似的学习方法类型划分,但也包含了与恩特威斯特尔相似的第三种类型的学习方法——策略学习[1]。此外,比格斯的创新之处还在于,他把学习方法特征化为"一致性的动机—策略包"(congruent motive-strategy packages)[2],即,其中的每种类型都包含一个动机和一个与之相关的策略。比如,浅层动机就被定义为"处于任务的真实目的之外",而深层动机则是"恰当地参与到任务之中,为了任务自身的目的……建立在对任务的内在兴趣之上"[3]。伴随着这些动机,学生也会运用一致的学习策略。综合而言,ASI 与 SPQ 是全世界影响力最大、使用范围最广的基准性调查量表,比格斯、恩特威斯特尔与马顿三位著名学者也被公认为大学学习研究领域的"三大早期奠基者"[4]。图 1 则对马顿、恩特威斯特尔以及比格斯的早期贡献及测量问卷的来源谱系等进行了清晰的展示。

3. 英澳学者的早期工作引领了一种大学学习方法研究模式的确立

恩特威斯特尔、比格斯在定性工作基础上开发测量量表,并进行深入的后继定量研究,这一工作模式几乎成为后来所有具有欧洲和

---

[1] 比格斯原初把三种学习方法标记为内化(internalizing)、运用(utilizing)和成就(achieving)三个维度,但与恩特威斯特尔一样,比格斯最后还是放弃了策略学习(成就)这个维度,最终把学习方法的维度标记为深层学习和浅层学习。比格斯和恩特维斯特尔最终共同认为,"策略学习"实质上本身并不是一种学习方法。

[2] John Biggs, What Do Inventories of Students' Learning Process Really Measure? A Theoretical Review and Clarification, *British Journal of Educational Psychology*, 1993, 63(1).

[3] Ibid.

[4] Case J. & Marshall D, Approaches to Learning, in: Malocom Tight ed., *The Routledge International Handbook of Higher Education*, 2009, pp.9 - 21.

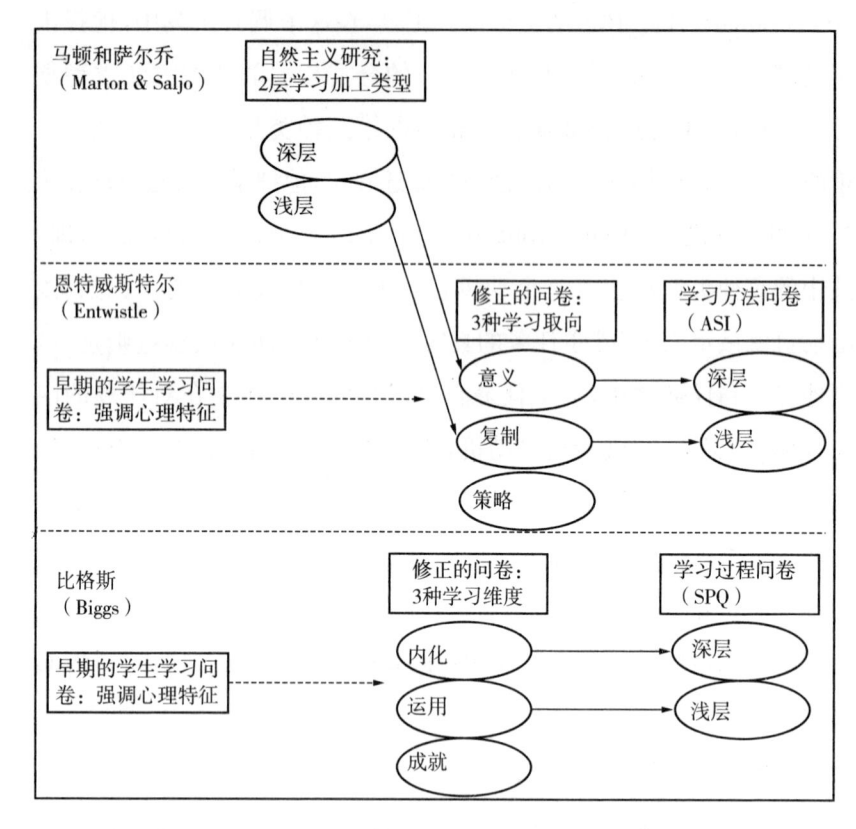

(资料来源:Jennifer M.Case & Delia Marshall,2009)
图 1 20 世纪 70 年代大学学习方法研究及测量问卷的源起

澳洲背景的学者共同遵循的研究传统,即,"先定性研究以从学生视角得出概念,再以此作为进行第二级定量研究的基础,从而最终确保能以学生自身的经验作为整个研究的起点"[1]。英国牛津大学的著名学者特里格威尔(K.Trigwell)把这种起始于广泛的学生和教师的访

---

[1] Kirsti Lonka, Erkki Olkinuora & Jarkko Mäkinen, Aspects and Prospects of Measuring Studying and Learning in Higher Education, *Educational Psychology Review*, 2004, 16(4).

谈、然后来进行问卷开发的研究设计模式称为"学生学习方法传统"(tradition of the Students' Approaches to Learning, SAL)[1]。拉姆斯登等学者认为,"在这一两步研究设计模式(two-step research mode)的传统中,定性研究与定量研究的传统区别消失了"[2]。但是,SAL传统中的第一步定性研究往往具有强烈的"扎根式研究"(grounded research)特征,这在保持研究的真实性、实践指向性的同时,也因"撤除了理论作为研究的起点"而被很多来自北美的研究者嗤之为"带有明显的反理论(atheoretical)和民族心理学(folk-psychological)的倾向与危险"[3]。与欧洲学者自下而上的扎根式研究不同,以平特里奇(P.Pintrich)等为代表的北美研究者更擅长从概念、理论出发,通常以信息加工心理学中的元认知、学习控制作为核心变量来构建量表,从而带有明显的自上而下的研究特征。因此,北美学者的研究模式则通常被称为"信息加工传统"(tradition of information processing, IP)或"自我管理学习传统"(tradition of self-regulated Learning, SRL)。相比而言,从历史的视角观之,被恩特威斯特尔、比格斯所奠基的欧洲和澳洲之SAL传统一直是大学学习研究的主流模式。但近年来,随着大学学习方法的研究日益深入,两种传统之间开始相互借鉴、彼此融通,并出现了如荷兰著名学者佛蒙特(J.Vermunt)所指出的一种趋势,"两个传统逐渐彼此渗透,现在已经很难用一条线将这两个传统截然区分了"[4]。

---

[1] Keith Trigwell & Michael Prosser, Development and Use of the Approaches to Teaching Inventory, *Educational Psychology Review*, 2004, 16(4).

[2] Paul Ramsden, *Learning to Teach in Higher Education*, London: Routledge, 2003, pp.11–13.

[3] Paul R. Pintrich, A Conceptual Framework for Assessing Motivation and Self-Regulated Learning in College Students, *Educational Psychology Review*, 2004, 16(4).

[4] Ibid.

二、大学生的学习方法:内涵特质

对大学学习方法的已有相关研究,可从如下三个方面进行梳理,即:(1) 大学学习方法的基本内涵;(2) 大学学习方法的核心特征;(3) 大学学习方法的改进策略。接下来,笔者试图就此做进一步阐述。

1. 大学学习方法的基本内涵

恩特维斯特尔于 2004 年从学习策略与学习过程的视角对深层学习与浅层学习进行过对比、总结和归纳(见表 1)。

表 1 大学学习方法的两种策略和过程

深层方法	浅层方法
·把观念与先前知识和经验联系起来	·把课程看作大量不相关的知识之集合
·寻找模式和潜藏的原理	·常规性地记忆事实和执行程序
·检验证据并将其与结论联系起来	·狭隘地局限于最低的大纲要求
·小心地、批判性地检验逻辑和论点	·在课程或任务集中看不到价值和意义
·记忆所有那些对理解非常重要的内容	·埋头苦学而不反思目的和策略
·在学习的过程中监控理解	

(资料来源:N.J.Entwistle, & E.R.Peterson,2004)[1]

按照恩特维斯特尔的观点,深层学习本质上就是一种以深度理解为目标的学习方法。比格斯进一步认为,"只有深层方法才是最自

---

[1] Noel J. Entwistle & Elizabeth R. Peterson, Conceptions of Learning and Knowledge in Higher Education: Relationship with Study Behaviour and Influences of Learning Environments, *International Journal of Educational Research*, 2004, 41(4).

然的、最重要的学习方法,相反,浅层方法是一种制度化的创造物(institutional creations),它把关注的中心从任务本身的深层意义转变为使奖励能够最大化的途径,并尽量减少在成功或不成功地完成任务时所可能出现的错误"[1]。恩特维斯特尔所总结出的深层方法的诸多表现(见表1),其实是诸多前人研究发现的精华和总结。例如,根据帕斯克(G.Pask)于1988年所做的研究,对那些采用深层学习方法的学生而言,存在着两种学习策略或学习风格。一些学生是整体主义者(holists),他们更喜欢先从整体的角度来看一个主题,然后以这个整体来引导随后的理解发展;另一些学生是序列主义者(serialists),他们更喜欢通过对细节的关注来逐步地建立理解。[2] 包括帕斯克在内的很多学者的后续研究进一步表明,对学术主题的完整理解,一般依赖于两个过程之间的变换,即既需要细节化地检视证据的意义,也需要把握观念与概念相互之间的关联模式。例如,佩特森等设计了一个详尽的学习方法测量量表,其中的三个子量表可直接测量"把观念联系起来""使用证据""对观念怀有兴趣"等要素,其研究结论就是:"深层方法包含着各种策略之间的互动。"[3] 由此可见,表1所列出的深层方法的各种策略和过程,其实以一种整合互动的方式表征了深层学习方法的独特本质。

---

[1] John Biggs, What Do Inventories of Students' Learning Processes Really Measures? A Theoretical Review and Clarification. *British Journal of Educational Psychology*, 1993, 63(1).

[2] Malocom Tight ed., *The Routledge International Handbook of Higher Education*, New York: Routledge Taylor & Francis Group, 2009, pp.33 - 45.

[3] Noel J. Entwistle & Elizabeth R. Peterson, Conceptions of Learning and Knowledge in Higher Education: Relationship with Study Behaviour and Influences of Learning Environments, *International Journal of Educational Research*, 2004, 41(4).

2. 大学学习方法的核心特征

大学学习方法的核心特征主要体现为相对稳定性、情境相关性与结果导向性等相互关联的三个方面,接下来,笔者试做更进一步的分析。

(1) 大学学习方法的相对稳定性。恩特维斯特尔指出:"每个学生都被发现会在不同的课程或不同的学习主题上不断变换学习方法,但总体而言,在至少一门特定的课程上,学生会保持一种相对稳定的学习方法。"[1]相对稳定性既意味着一定条件下的不变性,但更意味着不同条件下的可变性。比格斯认为,大学学习方法的这种基于情境的相对稳定性特征,是大学学习研究领域的实质性的贡献。但比格斯也指出,"如果大学学习研究者经常滑出这个领域的边界而滥用'学习方法'这个术语,就会出现概念意义的变质(concept slippage),最显著地莫过于使用'深层学习者'(deep learners)或'浅层学习者'(surface learners)等具有绝对稳定性的'学习风格'(learning styles)概念来越位性地替代只具有相对稳定性的、动态的'学习方法'概念"[2]。正如卡斯蒂(S.Cassidy)所明确指出的,"在大学学习方法中,没有所谓的'深层学习者'这样的提法;所能识别出的,只能是在一个特定情境中的、运用着某一特定方法的学生"[3]。

(2) 大学学习方法的情境相关性。大学学习方法的相对稳定性

---

[1] Noel Entwistle & Velda McCune, The Conceptual Bases of Study Strategy Inventories. *Educational Psychology Review*, 2004, 16(3).

[2] John Biggs, What Do Inventories of Students'Learning Process Really Measure? A Theoretical Review and Clarification, *British Journal of Educational Psychology*, 1993, 63(1).

[3] Simon Cassidy, Learning Styles: An Overview of Theories, Models and Measures. *Educational Psychology*, 2004, 24(4).

更进一步地体现为学习方法的情境相关性或情境依赖性。按照拉姆斯登的观点,所谓学习方法的情境相关性是指,学生学习方法的选择取决于学生对于特定学习情境的感知(perception of learning situation),而这种感知又是学生的先有教育经验与当前学习情境彼此交融的结果。在这里要提及的是,拉姆斯登是最早对"学生的学习情境感知"进行定量研究的学者,他所开发的"课程经验问卷"(Course Experience Questionnaire, CEQ)被广泛地、持续地用来对学生的学习情境感知进行测量。

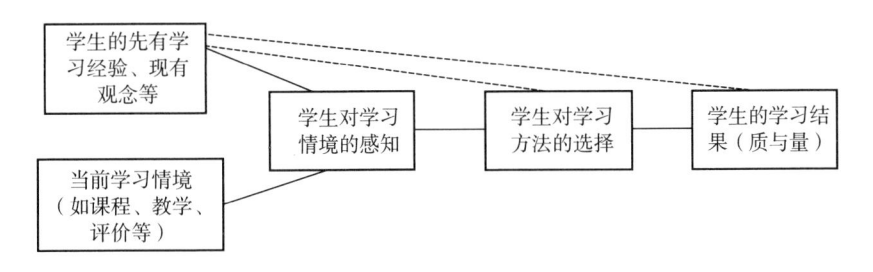

(资料来源:Prosser & Trigwell,2007)
图 2 大学生学习的"预测—过程—结果"模式

在图 2 中,比格斯与普罗塞(M.Prosser)等在大量实证研究基础上构画的学生学习模型清晰地表明,学生对学习情境的感知是影响学生选择学习方法的最重要、最直接的因素,而前者又是学生的先有学习经验与当前的学习情境彼此交融的结果。更多的研究进一步表明,深层学习方法的使用与学习自主权的感受、对高质量的课堂教学的感受、对明晰的课程目标与教学的感受等显著地联系在一起(M. Prosser, K.Trigwell,1999);也与书面任务的开放性程度的感受有显著关联(P.R.Thomas, J.D.Bain,1984);也与课程是否支持、结构化、一致性关联及能否关注元认知发展、学习独立等的感知有关(M.G. Ely,1992)。

实质上，这些研究不但印证了"学生对学习情境的感知"的重要性，更突出了如下的一个重要学习理念，即，"学生并不是生活在纯粹'客观'的世界里，而是生活在一个丰富的经验世界里。教学的问题不仅是大学教师怎样设计他们所教的课程，更是他们的学生如何理解教师所教的课程"[①]。也恰如普罗塞和特里格威尔所表明的，"这是一个视角上的转换，说明教师应当从学生的角度来理解教学，……，教师要考虑到学生的学习经验各不相同，这种差异性将对学生感知并体验教师所设计的课程产生影响。大学教师需要以学生的眼光来审视自己的课程设计"[②]。

（3）大学学习方法的结果导向性。从图2可以看出，尽管学生的先有经验会对学生的学习结果产生一定影响，但学生所选择的学习方法会对学习结果产生更强烈、更直接的影响。大学学习方法的结果导向性已被很多研究加以证实。早在1977年，瑞典学者斯文森（L. Svensson）就在一门大学课程的自然情境中对一个70人的班级进行了跟踪研究。他发现，采用深层方法的学生通常要比采用浅层方法的学生更加普遍地获得了学业成功。[③] 更深入细致的研究是由荷兰学者范·罗姆和申克（Van Rossum & Schenk）于1984年完成的。他们创设了一个基于文本阅读的自然实验，并引用比格斯与柯利斯（Collis）的SOLO学习结果分类模型来识别学习方法与理解层级之间的序变结构关系。他们发现，使用了浅层方法的学生只能达

---

① David Boud, "Aren't We All Learner-centred Now?": The Bittersweet Flavour of Success. In: Paul Ashwin ed, *Changing Higher Education: the Development of Learning and Teaching*. New York: Routledge Taylor & Francis Group, 2006.
② Michael Prosser & Keith Trigwell, *Understanding Learning and Teaching: the Experience in Higher Education*. London: McGraw Hill Education, 1999.
③ L. Svensson, On Qualitative Differences in Learning: Ⅲ-Study Skill and Learning, *British Journal of Educational Psychology*, 1977, 47(4).

到"前结构"或"单一结构"的低级学习层次,而使用了深层方法的学生则普遍达到了"关联结构"或"延伸性抽象"的高级学习层次。总之,正如他们所说的,"采用深层方法的学生,将更有可能达到深度的理解和高质量的学习结果,它们表明学习者能把所学材料的各个部分整合起来并加以结构化"[1]。

3. 影响大学学习方法的教学设计研究

尽管上述诸多结论表明了学生的个人感知会影响学习方法的采用,但对一般性的有效教学原则的探究同样构成了很多学者的主要研究方向。这可归结为如下两个方面。

(1) 有利于促发深层学习的七个教学特征。早期的研究者更热衷于对促发深层学习的教学特征进行线性探究。佩里和斯玛特(Perry & Smart,1997)就指出,"通过对学生的课程评估表的定量分析,早期的研究者逐渐勾勒出了'学生发现是最有用的教学特征'的概貌"[2]。恩特维斯特尔则在2000年发表的一篇重要论文中,对前期的所有相关研究进行了总结,并指出,"在教学中,至少七方面的特征被认为是最重要的——清晰、层次、节奏、结构、解释、热情和移情。前面四个特征描述了有效教学的本质,后三个方面(即'3E')则描述了最有可能促进学生的深层方法使用的重要方面"[3]。

(2) 构建整合协调的教学环境。近年来,包括比格斯、恩特维斯

---

[1] E.J. Van Rossum & Simone M. Schenk, The Relationship Between Learning Conception, Study Strategy and Learning Outcome, *British Journal of Educational Psychology*, 1984, 54(1).

[2] Raymond P. Perry & John C. Smart, *Effective Teaching in Higher Education: Research and Practice*, New York: Agathon Press, 1997.

[3] N.J. Entwistle, Approaches to Studying and Levels of Understanding: The Influences of Teaching and Assessment, in: *Higher Education: Handbook of Theory and Research*, New York: Agathon Press, Vol 15, 2000.

特尔在内的很多学者都开始从软系统或一般系统理论的视角去分析有效教学的基本特征。他们发现,在一个完整的教学环境中,所有的要素以共同作用的方式来影响学生学习的质量。因此,深层学习方法的促发取决于如下的一种教学设计,即,"教学、任务和评价能协调作用(act synergistically)以支持学生的学习和理解",同时,"协调的重要性体现在,任何一个方面与其他因素之间产生目标或效果上的不一致与干扰,都会最终损害学习"[1]。在此思想的指导下,比格斯提出了一种"建构式校准"的教学设计理念,也就是指:"教学的环境应当是一种平衡的生态系统环境,当在课程的目标、教学的方法和评价的方式之间存在着一种校准与一致的关系时,教学就更有可能是有效的,学生的学习更有可能是高质量的。"[2]恩特维斯特尔则通过一个"电子工程专业的教学环境"的深度案例分析,进一步构建了一个包括目标理解、实验室、评价、反馈、指导、任务、讲授七个要素在内的互嵌整合的教学环境。他对这个环境中的各种要素的互动方式进行了深度分析,并最终指出,"学生与教师所控制的这个'内环境'始终进行着交互,这种交互对学生的学习方法和质量产生着最大的影响"[3]。

三、大学学习方法研究的未来趋势

总体来看,有关大学学习方法的研究正表现出一些新的发展趋

---

[1] Teaching and Learning Research Programme (TLRP), Learning and Teaching at University: The Influence of Subjects and Settings, http://www.tlrp.org/pub/documents/hounsell%20RB%2031%20FINAL.pdf, 2010 - 8 - 27.

[2] Entwistle N, Nisbet J & Bromage A, ETL Project. Subject Overview Report: Electronic Engineering, http://www.etl.tla.ed.ac.uk/docs/EngineeringSR.pdf, 2010 - 1 - 7.

[3] Ibid.

势,接下来,笔试从研究内容、研究方法、研究视野与研究对象等四个方面进行归纳与总结。

1. 从研究内容上看,学习方法本身的内涵正不断得以拓展

在大学学习方法的经典研究中,深层学习与浅层学习的两分法一直被奉为圭臬。但是,随着研究的不断深入,更加多样的学习方法之概念逐渐被引入大学学习研究视阈之中,从而拓宽了整体研究的视野与内涵。例如,著名大学学习研究者柯尔伯(D.Kolb)从20世纪80年代开始就在杜威的教育思想引领下致力于经验性学习(experiential learning)的研究,并逐渐构建了颇具实效的经验性学习的四阶段方法模式,即:具体检验、反思性观察、抽象概念化与主动实验。此外,基于问题的学习(problem-based learning)与基于探究的学习(inquiry-based learning)也是近年来被广泛深入研究的重要主题。巴罗斯(H.S.Barrows)等认为,"这两种学习方法扎根于经验性学习的传统,并特别强调学生在学习过程中的自主性"[1]。就基于问题的学习而言,西尔弗(Hmelo-Silver)的研究表明,基于问题的学习有助于学生发展弹性的理解和终身学习的技能。[2] 而对基于探究的学习,巴雷尔(J.Barell)、瑟莫(Seymour)、西哥(Seago)等各自不同的研究却得出了一致的结论,即,基于探究的学习能帮助学生有效地应用所学的知识和技能,能使学生超越"表层"学习,形成更加积极、更具建构性的学习。[3] 此外,强调解决真实世界问题、活动经验以及服务社区的服务学习(service learning)也成为一种近年来颇引人关注的大学学习方法类型。尽管对这样一种更加开放的学习方法,很多学者还持

---

[1] AAC & U, *College Learning for the New Global Century*. Washington D.C.: Association of American Colleges and Universities, 2007.

[2] Ibid.

[3] Ibid.

有异议，但保罗（E.L.Paul）等不同学者的研究一致性地表明，"服务学习以及拓展出的基于社区的研究（community-bases research）有助于学生把源于真实的知识与已有知识更好地联系起来，有助于学生形成更有效的批判性反思能力，并最终有利于学生更加全面的能力之发展"[1]。

2. 从研究方法上看，更关注设计研究法所生成的学习与教学的整合性探索

随着学习科学在 20 世纪末的崛起，设计研究法（design-based research method）作为一种研究学习的新方法开始进入大学学习研究领域，并对大学学习方法的研究逐渐产生影响。具体来说，设计研究"主要研究特定环境中的学生学习过程（如采用的学习方法、获得的学习效果）；研究者一方面设计特定的环境，并系统地对环境做出改变，另一方面则在此过程中系统地研究学生的学习规律"[2]，因此，"设计研究法的核心恰在于，实践层面的对学习环境的设计与理论层面的对学习机制的理解是连接的、同时的、交互的、整合的，从而使我们可以在连续迭代的测试、修正和研究中获得更加真实、深入和全面的洞见与规律"[3]。科布（P.Cobb,2003）特别指出了设计研究法对大学学习研究的价值，"设计研究法能够让我们去研究一种大学的'学习生态'（learning ecology），即，一种复杂的、交互的、牵涉到不同类型及不同层次要素的大学学习系统。具体而言，我们可以去设计这

---

[1] AAC & U, *College Learning for the New Global Century*. Washington D.C.: Association of American Colleges and Universities, 2007.
[2] 萨沙·巴拉布：《基于设计的研究——学习科学家的方法论工具集》，载于 R.基思·索耶主编《剑桥学习科学手册》，徐晓东等译，教育科学出版社 2010 年版，第 177 页。
[3] 吕林海：《论基于设计的研究的主旨、特征及案例简析》，《教育科学》2007 年第 5 期。

些要素,并去预测这些要素怎样共同作用来支持大学生的学习"[1]。著名大学学习研究者雅尼和韦默(Lindbolom-Ylanne & Weiner, 2003)也主张,应当采用设计研究法来对大学学习方法与教学环境的设计进行整合性的理解,也就是说,应当采用一种更加整体的视角将整个的大学学习环境都容纳进来,从而学习方法和教学设计就作为一个相互交融的整体得以被探究。按照雅尼和韦默的观点,"大学生所采用的学习方法是一个大学教学环境整体涌现的结果,诸多矛盾在特定环境中以不同的方式影响着学习方法的采用;如果将这些方面都融入研究之中,研究者就可以真正地深入理解,为什么教师是以一种特定的方式进行教学,为什么学习环境呈现出这样的面貌,为什么学生的学习过程会表现出如此状态;此外,在这样一种介入性的研究过程中,研究者也才能真正发挥专家的'引导政策的设计与决策'之作用,并在不断校准对策的过程之中获得对教育实践的更深入的理解"[2]。近年来,越来越多的大学学习研究者开始运用设计研究法来对大学生的学习方法进行研究,相关的研究成果也日渐增多,因此,如下的趋势已越发明显,"大学学习方法的研究将与学习科学研究越走越近,设计研究法将成为大学学习方法研究的主要研究范式,……,作为一种系统研究,设计研究将有助于深入具体的真实学习情境中,从事更加整合、更具实践改进指向的研究,……,此外,设计研究因其对真实情境的关注,也有助于开发具体学科教学领域中的各种高等教育理论,并且,在此过程中,来自非教育领域中的其他

---

[1] Paul Cobb, Jere Confrey, Andrea A. Disessa, Richard Lehrer & Leona Schauble, Design Experiments in Educational Research. *Educational Researcher*, 2003, 32(1).
[2] A. Saroyan, Research on Student Learning: Converging and Diverging Messages. In: Julia Christensen Hughes & Joy Mighty ed, *Taking Stock: Research on Teaching and Learning in Higher Education*. London: McGill-Queen's University Press, 2010.

学科的教授会参与到一种集体的探究之中,以推进学习与教学的质量"①。

3. 从研究对象上看,越来越多的以东方学生群体为对象的研究正在涌现

大学学习方法的研究源起于西方,因此,西方的大学生群体一直是大学学习方法研究的对象。这就带来一种普遍的质疑,即,大学学习方法的诸多结论是否具有文化局限性,东方文化背景下的大学生是否具有同样的学习规律?从 2000 年开始,随着比格斯、普罗塞等一批著名的大学学习研究者进入香港大学,他们开始把过往的研究在东方的大学生群体进行实证性的检验。越来越多的研究表明,传统上在西方学生群体中表现出来的学习规律在东方学生群体中也同样适用。在此要提及的是韦伯斯特(B.J.Webster)与普罗塞于 2009 年对 1563 名香港大学的学生进行的学习方法的调查研究。他们把比格斯的 SPQ 问卷与拉姆斯登的 CEQ 问卷(Course Experience Questionnaire)结合起来,分析样本学生群体对学习环境的感知是否影响了采用的学习方法。通过结构方程模型的统计方法,他们发现,不但 SPQ 问卷与 CEQ 问卷对东方群体的学生同样具有测量的结构效度,而且与西方大学生一样的是:(1)当学生感受到了教师的教学好且课程目标及标准非常清晰的时候,他们更有可能采用深层学习方法;(2)当学生感受到工作负担大且学习评价不适当的时候,他们

---

① A. Saroyan, Research on Student Learning: Converging and Diverging Messages. In: Julia Christensen Hughes & Joy Mighty ed, *Taking Stock: Research on Teaching and Learning in Higher Education*. London: McGill-Queen's University Press, 2010.

更有可能采用浅层学习方法。[1] 当然,也有个别的研究揭示出了东西方文化背景下的学生群体的学习方法上的差异。比如,马顿提出的"中国学习者悖论"就是其中的经典案例[2]。马顿于1996年对中西大学生群体所做的调查比较发现,中国学生的学术性学习结果要优于西方学生,而且,在深层学习方法的调查量表上也得分更高,但在记忆量表的得分上也同样很高。这与先前的研究结论似乎有矛盾,即,"记忆性学习与浅层学习是相关联的"。马顿随后对这一悖论进行了长期深入的研究,他发现,在中国学习者身上存在着两种类型的记忆——机械记忆与理解性记忆,前者与浅层学习相关联,而后者则与深层学习相关联。通过长期的纵向深入研究,马顿于2005年得出结论,"对于中国大学生而言,采用深层学习方法的学生往往以一种同步性(simultaneous)的方式使用记忆和理解。中国大学生的学习逻辑是,在面对反复出现的学习对象时,有些东西是保持不变的,有些东西则是变化的。重复的、保持不变的东西被认为能促进记忆,变化的东西被认为能促进理解"[3]。近几年来,围绕中国学习者群体的相关研究正大量涌现,如中美英澳学者联合展开"华人大学生如何学数学""华人大学生的熟能生巧理论"等研究项目极大地推动了大学学习方法跨文化比较研究的深入与拓展。

---

[1] Beverley J. Webster, Wincy S. C. Chan, Michael T. Prosser & David A. Watkins, Undergraduates' Learning Experience and Learning Process: Quantitative Evidence From the East, *Higher Education*, 2009, 58(1).

[2] F. Marton, G. Alba & L. Tse, Memorizing and Understanding: The Keys to the Paradox? In: D. Watkins & J. Biggs ed, *Cultural, Psychological and Contextual Influences*, Hong Kong: The University of Hong Kong, 1996.

[3] F. Marton, Q. Wen, & K. Wong, "Read a Hundred Times and the Meaning Will Appear": Changes in Chinese University Students' Views of the Temporal Structure of Learning, *Higher Education*, 2005, 49(3).

4. 从研究视野上看,学习方法研究正逐渐拓展到更广泛的学习经验研究

随着大学学习方法的研究日趋深入,很多学者开始把关注重点从传统的大学学习方法拓展为更加全面、更加丰富的学生学习经验。包括比格斯在内的一些著名的大学学习研究者已经开始意识到,"对大学学习方法的理论应当拓展,即从一种'大方法'(big method)的视角来进行理解,……'大方法'意味着,未来的大学学习研究应当从传统的仅关注基于课堂的学习方法,拓展到对更加全面的学生学习经验进行分析,这包括课外活动参与、科研参与、师生互动等各个方面"[1]。在此指向下,从 2000 年开始,NSSE(全美学生学习投入调查)与 UCUES(加州大学本科生就读经验调查)逐渐成为最具影响力的本科生学习经验的调查和研究项目。这两个项目的设计初衷是为了"了解大学的学习与教学质量,为后续的改进提供对策建议"[2][3],但与此同时,越来越多的学者开始利用这两个项目所提供的数据库,抽取出关键的变量,并"通过更加先进的数据挖掘技术(提高数据分析的信度和效度)来深层地了解学生的学习方法、学习行为与学习成效,对学生学习方法、行为和成效之间的'路径'关系进行'挖掘',洞察学生的学习动态,掌握学生的学习经验规律"[4]。在一些高等教育研究的世界顶级刊物上,正陆续涌现出利用 NSSE 和 UCUES 的数

---

[1] T. Haggis, Student Learning Research: A Broader View, in: Malocom Tight ed, *The Routledge International Handbook of Higher Education*, 2009, pp.23 - 35.

[2] 程明明等:《美国加州大学本科生就读经验调查项目解析》,《清华大学教育研究》2009 年第 6 期。

[3] 罗晓燕等:《以学生学习为中心的高等教育质量评估——美国 NSSE"全国学生学习投入调查"解析》,《比较教育研究》2007 年第 10 期。

[4] 常桐善:《数据挖掘技术在美国院校研究中的应用》,《复旦教育论坛》2009 年第 2 期。

据进行分析后的重要成果,如"研究型大学师生互动的研究"[1]"本科生学术参与的两种文化研究"[2]等。对于中国学者而言,一方面应当紧跟这一高等教育研究的国际学术前沿,了解国际学者的最新研究动态,另一方面也应走出去,与国外的学术同行积极展开合作,特别是进行更加深入的国际比较研究以及跨文化研究,了解当前中国大学生的学习经验状况与学习规律,并使中国高等教育研究界也能在国际学术领域中占据一席之地,发出自己的声音,贡献出自己的力量!

---

[1] Y.Kim & L. Sax, Student-Faculty Interaction in Research University: Differences by Student Gender, Race, Social Class, and First-Generation Status. *Research on Higher Education*, 2009, 50(4).

[2] S.Brint, A.Cantwell & R.Hanneman, the Two Cultures of Undergraduate Academic Engagement. *Research on Higher Education*, 2009, 49(4).

向"学习范式"转型：
发达国家大学实践与中国诉求[*]

刘海燕

在当前大学越来越多地承担科研重任，社会越来越看重大学在知识、理论和技术创新方面贡献的背景下，如何看待大学的核心使命？落实"育人为本""学生为本""质量为重"的理念，是当前中国大学迫切需要解决的难题。纵观世界发达国家，向"学习范式"转型已经成为高等教育教学改革的重要趋势，我国大学应高度重视，积极借鉴发达国家改革经验，加快推进高等教育教学改革，提升高等教育质量，培养有核心竞争力的高水平人才。

一、"学习范式"概念的内涵厘定

"学习范式"的概念最初源自"以学生为中心"的提法。1905年，学者海沃德（Hayward）提出了"以学生为中心"的概念，20世纪80

---

[*] 本文系国家社科基金"十三五"规划2019年度教育学一般课题"新时代我国大学书院育人功能的实现路径研究"（BIA190192）阶段性研究成果。

年代经卡尔·罗杰斯发展成为一种学习理论。"以学生为中心"一直被视作教学法领域的概念。20世纪后期,随着高等教育的大众化发展,"以教师为中心"的教学模式开始难以满足日益增长的学生需要。同时,随着建构主义理论的兴起,"以学生为中心"的教学模式得到了快速发展,并被认为是产生了一种范式的转型,即在教学过程中从以教师为中心的"教"转向关注以学生为中心的"学"。

目前,在高等教育研究文献中,对"学习范式"有许多不同的提法,如"以学生为中心"(student-centeredness,简称SC)、"以学习者为中心的教学"(learner-centered teaching)、"以学生为中心的学习""学习范式"(learning paradigm)等。赵炬明教授沿用了传统的"以学生为中心"提法,并概括了"以学生为中心"的三个基本特征,即以学生发展为中心、以学生学习为中心、以学生效果为中心,与传统的以教师为中心、以教材为中心、以课堂为中心相对应。[1] 贺武华教授使用了"以学习者为中心"的概念,指出以学习者为中心的两大基本内涵是以学生为主体和以学生的学习为中心。[2] 该提法用学习者取代了学生,认为学习者的概念外延更广阔,且凸显了对"学习"的重视。欧洲高等教育界普遍使用"以学生为中心的学习"提法,指出"以学生为中心的学习"既是特定高等教育机构的一种观念和文化,也是为建构主义学习理论所支持的一种学习方法。在教师和学生的交流、互动中,通过创新性的教学方法促进学生学习,把学生看作学习过程的积极参与者,着重培养学生的问题解决能力、批判性思维、反思能力等

---

[1] 赵炬明:《论新三中心:概念与历史——美国SC本科教学改革研究之一》,《高等工程教育研究》2016年第3期。

[2] 贺武华:《"以学习者为中心"理念下的大学生学习力培养》,《教育研究》2013年第3期。

可迁移能力。[①] 美国学者巴尔(Barr)和塔戈(Tagg)使用"学习范式"概念,指出"学习范式"与"传授范式"相对应,旨在推动大学教师从传授知识向让学生自己发现和创造知识转变。[②] 这里巴尔等更加强调"范式"转型的概念,即从关注"教"转向关注"学"。这些提法都强调学生是教学过程的核心,但由于学者们视角不同,在概念理解上也略有差异。

综合上述学者的论述,"学习范式"是一种强调学生在教学过程中的主体地位,以学生可迁移能力培养为导向,以引发学生学习为目的,重视学习效果,与"以教师为中心的传授范式"相对应的新教育教学范式。"学习范式"作为一种新的教育教学范式,主要强调以下几个方面。首先,"学习范式"强调学生的主体地位。学生是大学的主体,也是学习的主体,大学为了学生而存在,大学主要目的是为学生提供学习条件,学生利益高度优先,大学的任何行动、计划和决策等都应从学生中心的角度来审视。[③] 第二,"学习范式"强调教学过程中"学习"的中心地位。教育改革必须致力于消解主要依靠教的体系,回归主要依靠学的体系。[④] 教的目的在于引发学,学是最终目的,教是手段,只有学发生了,教才是有效的教,学没发生,教就没有发生,通过赋予"学"在教学过程的中心地位,让学生成为积极参与者,对自己的学习负责。"学习范式"强调从学生的体验和收获出发,革新教

[①] European Student Union. Overview on Student-Centered Learning in Higher Education in Europe. http://pascl. eu/wp-content/uploads/Overview-on-Student-Centred-Learning-in-Higher-Education-in-Europe.pdf,2016 - 05 - 10.

[②] R. B. Barr, J. Tagg. From Teaching to Learning. A New Paradigm for Undergraduate Education. *Change*,1995 (6).

[③] 刘小强等:《学生学习视野中的高校教学质量建设研究》,《教育研究》2012 年第 7 期。

[④] 郭思乐:《从主要依靠教到主要依靠学:基础教育的根本改革》,《教育研究》2007 年第 12 期。

学方法和手段,注重学生能力的培养。第三,"学习范式"强调学生的学习成果,把学习成果作为判断高校教学工作成效的主要依据,重视使用学习成果评估帮助教师改进教学、学生调整学习,促进教学的持续性改进。第四,强调是一种"范式"的转型。库恩指出,"范式"作为科学方法论的重要概念,提供的是一种基于对世界根本看法的方法论体系而不只是某种具体的研究方法。[①] 向"学习范式"转型,犹如一个生态系统的变革,需要整体性思维,应以大学课堂教学模式、教学方法变革为核心,对整个大学文化、使命与目标、教学活动、教学管理、评价体系、资源配置、支持系统等进行整体变革。

二、中国大学向"学习范式"转型的迫切诉求

当前,中国高等教育正面临着一系列严峻挑战:信息化的飞速发展颠覆了传统的高等教育教学模式,高等教育大众化带来了提升本科教育质量的急迫诉求,经济全球化加剧了大学的国际竞争,"双一流"战略需要关注学生学习。在这样的大背景下,借鉴发达国家向"学习范式"转型的经验探索,对深化我国大学教育教学改革显得尤为迫切。

(一)向"学习范式"转型是应对信息化挑战的必然要求

随着信息技术的发展,人们的工作方式、学习方式、生活方式都发生了巨大的变化,信息技术将会使未来教学方式发生彻底的颠覆。"教学将从信息的传递让位于互动的学习,课堂将从'教室+黑板'模式转变为'在线论坛+实践活动'模式,评价将从教师评价模式为主转变为同伴评价模式为主,总结性评价将会让位于即时评定、互动提

---

① 冯向东:《高等教育研究中的"范式"与"视角"辨析》,《北京大学教育评论》2006年第3期。

问和模拟。"[1]大学教育信息化的本质是变革学习方式,以学生学习为中心重构大学教育教学模式。这就要求我们的教育理念有一个根本性的转变,以学生为中心,实现从以"教"为中心向以"学"为中心转变……从"传授模式"向"学习模式"转变。[2] 2015年欧盟高等教育现代化高层小组发布的《高等教育教与学的新范式》指出:"未来高等教育将是以学生学习为中心的,高等教育必须关注学生多样化的需要,确立清晰的目标和组织架构去驱动和支持新范式,并将信息技术和教学法的整合视为向'学习范式'转型的重要元素。"[3]信息技术既对未来学习提出了新的要求,也成为推动学习转型的重要动力,从方法、技术、文化等多个层面,为大学向"学习范式"转型提供支持。在方法层面上,通过教学方法和信息技术的整合创造交互的学习方式和学习环境(如混合学习、在线学习、翻转课堂、"在线学习+真实互动+亲身实践"等),促进师生互动,让学习变得更加主动、有趣,增强学生的学习动机,促进深度学习。在技术层面上,信息技术能打破传统学习空间和非正式学习空间的边界,让学习者不受时空局限,方便、快捷地接触到各类优质教育资源,让学习拥有前所未有的灵活度。在文化层面上,应用现代信息技术能更好地满足学生的个性化学习需要,赋予学习者极大的学习自由和选择权,让学习者可以灵活规划学习进程,以适合自身的方式,实现最大限度的个性化成长与发展。

---

[1] Task Force on Future of MIT Education. The Future of MIT Education: Preliminary Report. http://web.mit.edu/future-report/Task Force On Future Of MIT Education_PrelimReport.pdf.

[2] 刘献君:《大学课程建设的发展趋势》,《高等教育研究》2014年第2期。

[3] Higher Level Group on the Modernization of Higher Education(2015). Report to the European Commission on New Modes of Learning and Teaching in Higher Education. http://ec.europa.eu/dgs/education_culture/repository/education/library/reports/modernisation-universities_en.pdf.

（二）向"学习范式"转型是提升本科教育质量的重要手段

在传统的以教师为中心的传授范式下,我国大学普遍面临的问题是"重教师的教、轻学生的学;重教师的单向讲授、轻师生双方的互动;重学生对知识的记忆、轻学习的主动建构;重教学内容、轻教学方法;重视课程和课时数量、轻学生学的质量;重课堂教学、轻课外应用"[①]。如何破解这些教学改革中的难题,提升本科教育质量,向"学习范式"转型是重要的切入点。高质量的大学教育需要将学生放在教学过程的中心,以引发学习、促进学生发展为最终目的。相比于传授范式,以学生为中心的"学习范式"对学生成长和发展意义重大,能赋予学生更多的学习自主权和选择权,增强学习主动性和责任感,有利于个性化发展,培养终身学习的良好品质,包括持续的学习动机、有效的自我评价、良好的时间管理技巧、获取信息的能力等。更为重要的是以学生中心的"学习范式"能发展学生的可迁移能力,如批判性思维、团队协作能力和问题解决能力等,而这些在以教师为中心的传授范式下很难获得,这些能力能帮助学生应对未来社会的不确定性。2015年,我国国务院印发了《统筹推进世界一流大学和一流学科建设总体方案》,在"双一流"建设中,一流本科教育是重要基础,向"学习范式"转型是实现优质大学教学、建设一流本科教育、培养卓越人才、打造高等教育核心竞争力的重要保障。

三、发达国家向"学习范式"转型的实践路径

通过对欧美发达国家向"学习范式"转型的政策和实践梳理可以

---

① 王严淞:《凝聚共识·交流理念·分享实践——"一流大学本科教学高峰论坛"综述》,《中国高教研究》2016年第7期。

发现,大学向"学习范式"转型大体遵循着以下路径:教育学术研究的发展与引领,高等教育协会组织的项目推动,大学的积极响应与投入。

(一)教育学术研究的发展与引领

20世纪50年代以来,学术界对大脑、认知和学习科学进行了大量的研究,随着学习理论、认知心理学和建构主义理论的发展,人们认识到,大学需要改变传统的教学模式,建立以学生学习为中心的教学模式。认知心理学家发现,大脑是通过构建认知模型来认识和应对外部世界,这些模型代表大脑对外部世界的看法,是大脑对外部世界的认识和想象,人们通过自己的认知模型来认知、想象、表现外部世界,这是人类认知活动的基本特征,不同的认知模型就决定了不同的认知方式和活动方式。大学教育最重要的功能是帮助学生在头脑中构建认知模型。"学"是学生在自己头脑中构建认知模型,教是老师帮助学生构建认知模型,教学必须以学生为中心,教师只能是帮助者。建构主义心理学进一步提出,知识是学习者主动建构的,只有学习者积极主动地参加到学习经验的建构过程中,学习才会发生。学生的主动性和对学习的投入度是决定学习效果的关键因素,教师作为学习环境的设计者,必须要考虑学生已有的经验,以学生学习为教学的起点,设计和组织教学。一些社会建构主义学者认为学习不仅仅是自我的建构,更是在与社会环境的互动过程中完成学习的建构。与此同时,人本主义学习理论也发现学生的学习动机、学习自主性、学习责任感与学习效果的高度相关性,并提出应围绕学生的学习特点组织教学,激发学生的学习主动性。

基于上述理论,自20世纪80年代以来,大学教学改革领域产生了一些重要的改革思想,强调以学生为中心、积极的学习体验和经历、建立有挑战性的学术标准等,Astin、奇克林、Kuh、Pascarella、Terenzini等一批知名的高等教育学者都是这种思想的积极倡导者。

如奇克林提出的本科良好教学七原则,强调"师生互动、同学合作、主动学习、时间投入、及时反馈、建立高学习期望、增加多元体验"等。[1] Astin 提出了学生投入理论,强调学生要积极投入学习,学生的校园投入与学生的个人和学习发展成正比。大学要创造积极的学习支持环境,教学要远离标准化的讲授模式,让学生变成知识的生产者,而不是消费者,促进学生积极投入学习等。[2] 根据 Astin 的理论,1984年,美国高质量高等教育研究小组发表了《投身学习:发挥美国高等教育的潜力报告》,强调要关注大学教学和学生学习问题,强调严格的学术标准、积极的学习投入、有效的教学评价,要在大学中引入"积极的学习模式"。[3]

(二)高等教育协会组织的项目推动

在欧洲和美国,高等教育相关协会组织是向"学习范式"转型的重要推动力量,这些协会组织通常以研究报告为理念引领,以改革项目为载体,以会员网络为推进途径,积极推动大学向"学习范式"的改革探索。

在美国,大学学院联合会(AAC&U)可谓典型代表,该组织重点关注学生学习,致力推动美国大学由"教"向"学"的转变。2000 年,AAC&U 启动了为期 6 年的"更大期望"项目,旨在阐明 21 世纪大学的学习目标,支持改进教学和学生学习的创新型模式,主张进行全

---

[1] Arthur W. Chickering, Z.F.Gamson. Seven Principles for Good Practice in Undergraduate Education, *AAHE Bulletin*, 1987(3).
[2] A. W. Astin, Student Involvement: A Development Theory for Higher Education, *Developmental Theory*, 1999(9).
[3] National Institute of Education Study Group. Involvement in Learning: Realizing the Potential of American Higher Education, Washington D.C.: National Institute of Education, 1984.

方位的本科教学改革。2005年,又启动了长达10年的"自由教育和美国的承诺:普及化高等教育时期优秀对于每个人"项目(简称LEAP),关注使"所有学生"达成自由教育的目标——"必要的学习成果",重点关注大学教学改革中促进学习成果的达成、教学优秀准则、高影响教育实践、有效评价以及多样化等。此外,美国NSSE项目也是一个有力的推动工具。NSSE项目旨在更准确地测量本科教育经验的质量,项目测量"师生互动、合作学习、学术挑战、教育丰富性、机构支持性学习氛围"等五个维度。NSSE在五个维度上建立了国家常模和各类型大学的常模,便于大学对学生就读经验进行比较。同时,NSSE还通过大量有影响力的学生就读经验报告和典型案例深刻分析了学生就读经验对大学学习成果和参与性学习环境的积极影响。再比如卡内基教学促进会的"教与学"学术项目计划(CASTL)旨在寻求理解教学和学习的过程,探索高阶学习在课堂上发生的条件。该项目通过暑期学院、"教与学"学术论坛、网站宣传、建立教师共同体等多种形式致力于有效教学的探讨,包括有效的课堂展示、新的评价方法、教学中的技术利用、学习社区的实践等。

在欧洲,欧洲学生联合会(ESU)是"学习范式"推进中的引领者。2009年欧洲学生联合会和国际教育协会(EI)联合启动了"教育新范式:以学生为中心的学习"项目(Time for a New Paradigm in Education: Student Centered Learning,简称T4SCL项目),旨在发展对"学习范式"概念的共同理解,为大学向这一范式转型提供建议、策略和方法。T4SCL项目组发布的《以学生为中心的学习:从理论到实践研究》(Student Centered Learning an Insight into Theory and Practice)报告从理论层面上剖析了"学习范式"的内涵及重要价值;出版的《以学生为中心的学习:学生、教师和高等教育机构手册》(Student-centered Learning Toolkit for Students, Staff and Higher

Education Institutions)则从操作层面上为大学领导者、教师、学生推进"学习范式"提供方法上的指导。① 2013 年,欧洲学生联合会又启动了"以学生为中心的学习同行评估项目"(Peer Assessment of Learning in Higher Education Institutions in Europe,简称 PASCL 项目),旨在构建同行评估体系,评估欧洲大学"以学生为中心的学习"的推进情况,培育大学"以学生为中心"的教学文化。PASCL 项目组还制定了《"以学生为中心的学习"同行评估准则》(Guidelines for Peer Assessment of Student Centered Learning),发布了《欧洲高等教育"以学生为中心的学习"推进情况回顾》(Overview on Student-Centered Learning in Higher Education in Europe)。② 此外,其他一些协会组织也积极协助推进欧洲大学向"学习范式"的转型,如欧洲高等院校协会(EURASHE)建议,政府应出台政策框架支持大学转型,到 2020 年所有参与博洛尼亚进程的欧洲大学都应在契合大学使命和背景的情况下转向"学习范式"。欧盟高等教育现代化高层小组在 2013 年发布的《提高欧洲高等教育机构教学和学习的质量》报告中指出:"大学必须要将教和学作为中心任务,未来高等教育必然是'以学生为中心'的,高等教育必须关注学生多样化的需要,确立清晰的目标和组织架构去驱动和支持新范式。"③E4 小组在 2014 年召开

---

① European Student Union. Student-Centered Learning Toolkit. https://www.hochschule-trier.de/fileadmin/groups/99/PDF/SCLToolkit.pdf,2016 - 11 - 08.
② European Student Union. Overview on Student-Centered Learning in Higher Education in Europe. http://pascl.eu/wp-content/uploads/Overview-on-Student-Centred-Learning-in-Higher-Education-in-Europe.pdf,2016 - 05 - 10.
③ Higher Level Group on the Modernization of Higher Education. Report to the European Commission on Improving the Quality of Teaching and Learning in Europe Higher Education Institutions. http://ec.europa.eu/education/library/reports/modernisation_en.pdf,2015 - 01 - 20.

的"欧洲第九届质量论坛"上,更以"转型教育:质量保障和从教到学的范式转型"为主题,强烈呼吁所有高等教育利益相关者关注大学的"学习范式"转型。[1]

(三)大学的积极响应与投入

随着教育学术研究的发展和前沿理念引领,高等教育协会组织通过舆论、项目的积极支持和推动,欧美大学也积极投身到向"学习范式"的转型实践中,采取了一系列卓有成效的举措和策略。

第一,开展学习成果评估和就读经验调查。在美国,大学积极开展学习成果评估,并使其成为规划大学课程、教学、开展评价的基准,成为大学内部质量控制的重要依据。75%的高校建立了针对所有本科生的学习成果评估系统,80%的高校设立院校研究室,收集学习成果评估资料。[2] 大学重视学习体验,CSEQ、NSSE、SERU等全国性的学生学习经验调查得以广泛开展,促进教学的持续性改进。全国学习支持体系日渐完备,在"全美学习指导协会"的统筹下,几乎每所大学都设有学习指导中心,拥有专职学习咨询队伍,帮助学生顺利完成学业。在欧洲,博洛尼亚进程要求欧洲大学基于学生学习成果进行课程设计、开展学习评价。学习成果也是资格描述、文凭补充、学分转换与累积等认可和计算工具,成为推进大学向"学习范式"转型的重要手段。

第二,推进创新性教学方法。创新性教学方法可以有多种不同的形式,如团队学习、基于问题的学习,学生自主学习。创新性教学

---

[1] European Student Union. Overview on Student-Centered Learning in Higher Education in Europe. http://pascl.eu/wp-content/uploads/Overview-on-Student-Centred-Learning-in-Higher-Education-in-Europe.pdf,2016-05-10.

[2] 特伦斯·W·拜高尔克等:《亚太地区高等教育:质量与公共利益》,杨光富等译,华东师范大学出版社2012年版,第62页。

方法能够引发学生的主动学习,提升批判性思维,培养学生成为自主的终身学习者。在发达国家,促进教学方法创新是推动大学向"学习范式"转型的重要手段,据统计,从 1980 年末到 2000 年中期,美国大学的讲授课比例显示了明显下降的趋势,而合作学习、小组学习、反思学习、自我评估等学习形式不断上升。在 2013—2014 年全国教师调查中,82.8%的教师报告在全部或大部分课程中使用了讨论式教学法。[①] 在欧洲,大学积极推进主动学习、跨学科学习、信息化教学和研究型教学等,注重将迁移能力培养融入学习活动和课程设计中。根据欧洲《趋势 2015》报告,57%的大学都在积极探索创新型的教学方法;68%的大学为促进师生互动革新了教室空间设计。

第三,基于"教学学术"促进教师专业化发展。博耶的多元学术观和教学学术运动,拓展了大学教学的学术内涵。教学也是一种学术,在教学学术理念的引领下,促进教师专业化发展,推进有效教学实践,也成为大学推进"学习范式"的重要探索。在美国,各大学纷纷成立形式多样、名称各异的"教与学中心","教与学中心"通过提供工作坊、课堂观摩、教师培训、录像分析、教学咨询指导、评估与评价、教学技术等多元化的服务和项目,在促进教师专业发展、教学水平提高、学生学习卓越等方面发挥了积极作用,为大学教学改革提供了重要技术支持和组织保障。到目前为止,约有 75%的美国大学都设置了类似的组织机构和教师发展项目。[②] 在欧洲,教师专业化发展也得到了持续关注。根据《趋势 2015》报告显示,欧洲大学正在教师招聘、教师培训、教学技能发展、教学评价、教学奖励等多方面进行改革,促

[①] K. Eagan, et al. "Undergraduate Teaching Faculty: The 2013 - 2014 HERI Faculty Survey," HERI. http://heri.ucla.edu/monographs/HERI-FAC2014 - monograph.pdf.

[②] 林杰:《美国大学教师发展的组织化历程及机构》,《清华大学教育研究》2010 年第 2 期。

进教师的专业化发展,60%的欧洲大学成立了专门的教师发展机构,提供教学发展培训;75%的大学设有选修的教师培训课程,40%的大学设有必修的教师培训课程;89%的大学会定期评价教学;72%的大学建立了改进教学的常规程序;65%的大学会奖励优秀教师。[1]

第四,构建弹性、灵活的教学管理制度。在美国,大学不断完善选课制、学分制和导师制,一些大学甚至设立个性化专业,允许有特别需要的学生自己提出个人的学习计划和课程组合,发展个性化的专业和学习方向。大学还充分利用信息技术,丰富优质学习资源,无论是 MIT 和耶鲁提供的优质在线课程,还是斯坦福大学引领的慕课风潮,哥伦比亚大学发起三角形倡议,都在无形中促进着大学教学要素的改变,为学生提供了更灵活、多样化的学习路径。在欧洲,欧盟开发了学分转换与累积系统(ETCS学分),该系统以学生为中心,根据学生获得学习成果所承担的工作量确定学分,学分如同货币一样,要学生能够灵活地积累和转移学分,大大增强了学生的流动性,提供了更多的学习机会。[2] 同时,学生参与大学治理相当普遍,根据《趋势2015》报告显示,72%的被调查者表示学生拥有院系层面投票权,66%的被调查者表示学生拥有大学层面的投票权,70%的被调查者表示学生会参加大学和院系层面的一些委员会。即使在那些没有投票权的大学中,学生通常也会扮演咨询者的角色,几乎不存在学生完全脱离大学决策进程的情况。

综上所述,当前向"学习范式"转型实践已经对发达国家高等教

---

[1] EUA. Trends 2015:Learning and Teaching in European Universities.http://www.eua.be/Libraries/publications-homepage-list/EUA_Trends_2015_web.pdf? sfvrsn=18,2016-05-10.

[2] 谌晓芹:《欧洲高等教育一体化改革:博洛尼亚进程的结构与过程分析》,《高等教育研究》2012年第6期。

育教学产生了深刻的影响,在美国"教会学生学习"和使学生"学会学习"正成为高等教育发展中最响亮的两个口号。在欧洲,大学日益期望学生成为自主的学习者,教师们开始使用创新性的教学方法,发展新的评价手段;教师和学生之间的互动增多,学生支持和服务体系日臻完善,大学正努力让学生拥有高质量的就读经历。[①]

四、推进中国大学内外两个层面的"学习转向"

当前,向"学习范式"转型已成为发达国家高等教育改革的共同趋势,正如美国高等教育研究专家巴尔(Barr)和塔戈(Tagg)所言,20世纪初,高等教育正在经历一场从"教"到"学"的范式转型,无论是欧洲的博洛尼亚进程,还是美国的高等教育质量认证,学生学习都得到了前所未有的关注,挑战了我们对教学的传统看法[②]。借鉴发达国家的改革经验,我国大学需要大力推进高等教育教学改革,通过内外联动,整体设计,推动大学内外两个层面的"学习转向",以学生学习和发展为核心,关注学生、关注学习,回归大学之道。

(一)在大学外部,构建基于学生学习的院校审核评估体系

我国政府主导的外部评价机制是推动大学改革的风向标和助推器,政府的"导向"是否科学、正确与大学的行动息息相关,如果政府的质量评价导向还是停留在"输入"层面,那么大学关注资源的获取,关注师资、经费、基础设施等就不可避免,大学就会忽视"对人才培养

---

① European Student Union. Overview on Student-Centered Learning in Higher Education in Europe. http://pascl.eu/wp-content/uploads/Overview-on-Student-Centred-Learning-in-Higher-Education-in-Europe.pdf,2016-05-10.

② R.B.Barr,J.Tagg. FromTeaching to Learning. A New Paradigm for Undergraduate Education. *Change*,1995(6).

质量产生重要影响的'教'与'学'的过程"。基于学生学习的院校审核评估体系与一般的本科教育质量评估相比,评估重点聚焦学生在教学过程中的体验和收获,成长与发展,评估指标重点关注与教学和学习过程密切相关的要素,如大学教育教学理念和政策、教师专业化发展、教师教学方法、学习反馈、学习成果评价、教学质量保障、学生参与、学生指导和支持体系、学分转换与累积系统、学生满意度、学生对大学设施利用度等。"基于学生学习"的院校审核重点关注三个方面:一是大学在为学生提供优质就读经验和学习环境方面所做的工作;二是大学为教师提升教学能力所提供的支持;三是学生在教学和学习过程中的参与度。近年来苏格兰推进的"质量强化审核"(简称ELIR)就是该方面很好的实践探索。在该评估模式中,"质量强化"被定义为:"大学采取系统的手段不断改进学生学习经验的有效性。"质量强化审核以"学"为中心,重点关注受评院校如何有效地促进学生学习经验的提高,如何保障其内部质量和学位标准,能否有效地执行质量增强的战略手段。质量强化审核关注两方面学生学习经验,一个是大学提供给学生的学习机会如何,另一个是学生参与学习以及质量管理的程度。也正是这一特色使得苏格兰在外部质量保证领域的实践走在国际前列。①

(二)在大学内部,整体构建"以学生学习为中心"的教学支持体系

1. 尝试"学习范式"下新的话语体系

新的话语体系有助于我们按新的思维模式去思考和行动。在当前我国大学的话语体系中,"人才培养模式改革""教学经费""教学改革""教学模式改革""教育质量监控""教学质量评估""教学水平评

---

① 王鑫:《以质量强化为导向的苏格兰高等教育评估——ELIR 的经验与启示》,《扬州大学学报(高教研究版)》2009 年第 6 期。

估"等都是耳熟能详的词汇。按照这样的话语体系,我们关注师资队伍建设、教学模式改革、教师教学水平提高、教学方式方法的改进、教学管理制度设计、大学的硬件条件等。然而,早在1966年,科尔曼(Coleman)等人的研究就发现,课程支持、师资情况以及硬件条件等学校投入要素在决定学生学习成就上没有起到重要作用。① 课程、师资以及硬件条件等内容没有直接影响学生发展,而是通过学生学习行为间接地对学生发展发挥作用。② 因此,要按照一个新的模式去思考和行动,尝试使用新的话语体系,减少讨论教学目标、教学质量、教学计划等,取而代之的是探讨如何产生高质量的学习,学习成果、学习环境、学习投入、学习体验、学习支持、学习自由……通过新的话语体系,有利于我们从"以学生为中心"的视角出发,去思考和重构整个大学教学的生态系统。

2. 基于学习成果一致性建构教学及评估方案。

1999年,约翰·比格斯提出了"一致性建构"的专业术语,它是将预期学习成果、教与学活动和评价标准有机结合的一种理念,目前已经对美国、欧洲、澳洲、非洲、台湾地区的高等教育课程与学习产生了深远影响。所谓一致性建构要求教师所计划的学习和评价活动与学习成果保持一致。整个系统的基本假设前提是课程的设计为了使学习活动、评价考核与科目中所预期的学习成果保持一致,整个系统是协调一致的。③ 向学习范式转型,需要大学遵循一致性建构的理念,为学生构建整体性的就读经历,建立起"目标—教育环节—评价—改

---

① 转引自周廷勇、周作宇:《高校学生发展影响因素的探索性研究》,《复旦教育论坛》2012年第3期。
② 杨院:《学习模式:大学生学习质量形成的路径选择》,《江苏高教》2014年第3期。
③ 张红峰:《从建构到一致:学习理论在高等教育领域的发展与实践》,《中国高教研究》2012年第3期。

进"的闭环式人才培养机制,明确预期学习成果,整合课内外、学术与非学术、校园与生活等不同场域的就读经验,推进学习成果评估,促进大学教学的持续性改进。

3. 促进大学教师教学的专业化发展

教师教学的专业化发展是向"学习范式"转型的重要根基。"学习范式"的教学思维强调大学教学的起点和终点都是学生学习,教学更准确的含义为"教师教学生学习的过程",也就是指导和帮助学生学习的过程。"学习范式"需要教师更加了解学生的状况,关注学习方法、学习体验和学习效果,不断反思教学给学生带来的影响,并以此改进教学,这些都对持"传授范式"的大学教师提出了严峻挑战。大学需要积极促进教师的专业化发展,为教师设计系统性、结构性的培训,帮助教师学会开展团队学习、案例教学、问题解决学习、研讨学习等,为学生营造批判性的学习环境,创造多元化的学习体验,深化对观点和意义的理解,培养批判性思维和终身学习的能力。在现有的环境体制下,能否树立教学学术理念,健全教学学术评价与保障制度,重塑高校教学中心地位恐怕是促进教师专业化发展的先决条件。唯其如此,才能让教师把课程教学看成一种严肃的智力行为,一种学术成就和一种创造。[1]

4. 培养学生的自主学习和批判性思维能力

向"学习范式"转型,要求将学生从无知被动、受操控的教学对象,转变成为拥有自我观念、态度、期望和需求等内在力量的学习主体。学生对学习目标、学习内容、学习方法和学习条件等的认识,自主学习能力的高低是向"学习范式"转型成功的关键。大学需要构建支持性的学习环境,加强对大学生的学习指导,帮助学生树立正确的

---

[1] 肯·贝恩:《如何成为卓越的大学教师》,北京大学出版社2007年版。

学习目标,掌握科学的学习方法,合理规划学习路径,充分利用各种学习机会和培养平台,主动参与,积极探索。重视研究性学习的开展,鼓励师生的深层互动,共同参与研究,在研究中培养学生的自主学习和批判性思维能力;鼓励营造挑战和创新的环境,允许学生尝试错误,提供自我控制、自我要求、自我修正的机会;以教育增殖的视角,鼓励每个学生的成长和进步,促进每个学生的学业成功。这些要素直接决定着学生对大学教学"应该怎样,不该怎样"的认识,决定着学生对知识的把握、传承乃至创新,也决定着大学能否实质性地向"学习范式"转型。

5. 构建灵活、弹性、开放的教学管理制度

灵活、弹性、开放的教学管理制度是大学"学习范式"的重要保障。"学习范式"更关注学生的需要,以学生的学习需求和期望设计课程和组织教学,给学生在学习内容、学习方式、学习节奏以及学习地点上更多的选择。要实现这些,大学必须在教学管理制度上谋求变革。一直以来,中国大学基于专业实体的资源配置模式,刚性的教学计划和管理使得大学教学管理制度具有强大的封闭性和保守性,阻碍了学生的学习自由。向"学习范式"转型应建立灵活、弹性、包容和开放的学习管理制度,如扩大自主招生范围,探索更加开放和灵活的入学制度;尊重学生需要和兴趣,完善转系和转专业制度;继续推进完全学分制,建立基于学习成果的学分转换和累计制度,允许学生在先前学习基础上,灵活进入各种教育项目,持续学习;充分利用现代信息技术、互联网等手段去丰富课程资源,完善"自助餐式"选课制度;促进学期制的弹性化和评价的弹性化等。总之,最终目标是使学生有机会、有能力以适合自身需要的方式自主构建学习路径,对学习负责,成为学习的主人。

大学课程"知识化"倾向的困境与对策[*]

黄成亮

引 言

学者项贤明主张借用胡塞尔(Edmund Husserl)的现象学概念,把现代人的两个生长家园分别称作"生活世界"和"科学世界"。① 他认为,生活世界是我们在生活的自然状态中所能直接感知的世界,它是个人和群体生活于其中的现实而又具体的环境。科学世界是生活世界的抽象图景,是一个由逻辑与概念体系构成的理论世界。②

"知识就是力量",失去了围绕知识发展、传播和应用的系统性活

---

* 南京工程学院高教研究项目"工程应用型地方本科院校质量文化建设研究"(项目编号GY201318)、南京工程学院青年基金项目"应用型本科院校青年教师激励机制"(项目编号QKJB201324)阶段性成果;江苏省高等教育教改研究课题重点项目(2015JSJG038)(课题名称:高校"双中心"教师教学质量评价体系的研究与实践)阶段性成果。

① 项贤明:《泛教育论——广义教育学的初步探索》,山西教育出版社2002年版,第223页。
② 同上书,第228—229页。

动,大学便失去了存在的意义和合法性基础。然而,当我们过分关注知识本身,甚至把知识的重要性强调到了非理性高度和不恰当地位,即把大学课程简单化为知识,忽略意义的价值和建构,知识成为大学课程中的唯一,知识化倾向过于明显,则会造成培养目标的偏狭和失当。目前我国的大学课程体系,在"知识化"倾向的主导下,造就了很多"知识人",然而,我们的课程体系中,对知识之外的情感、伦理、道德、交往、批判性思维、文化素养等没有足够的关注,客观上造成了"科学世界"与"生活世界"之间的疏离与隔阂。"教育需要高深的学问、渊博的知识,教育更需要对人的生命真切的关怀,无穷的挚爱!"[1]

鲁洁先生深刻反思了教育中根深蒂固却不以为然的培养"知识人"的信念。她说:"这一信条的人性设定是把知识、求知看作人的唯一规定性,它颠倒了知识与生活的关系。由此,知识人的知识也就脱离了人的生活世界。在这样的知识观的主宰下,知识人的世界是一个意义缺失的世界。这种教育同样是不完全的教育,它使人失去了意义。"[2]同时,有感于现代大学教育出现的"五精五荒"和"五重五轻"[3],杨叔子院士指出了现代大学开展人文素质教育的必要性和迫切性,这都提示我们有必要对大学课程的知识化倾向进行解读和重思。

---

[1] 鲁洁:《南京师范大学:一本用生命打开的教育学》,《南京师大学报(社会科学版)》2002年第4期。
[2] 冯建军:《让教育绽放人性的光辉——鲁洁先生教育人学思想述略》,《南京师大学报(社会科学版)》2010年第2期。
[3] "五精五荒"是指精于科学,荒于人学;精于电脑,荒于人脑;精于网情,荒于人情;精于商品,荒于人品;精于权力,荒于道力。"五重五轻"是指重理工,轻人文;重专业,轻基础;重书本,轻实践;重共性,轻个性;重功利,轻素质。见杨叔子:《人文教育 现代大学之基——关于大学人文教育之我感与陋见》,《南京农业大学学报》2001年第1期,转引自朱晓刚:《我国三种大学课程改革之评析》,《高等教育研究》2007年第11期。

一、大学课程中知识化倾向的来龙去脉

从意大利波隆尼亚大学的创办算起,西方大学经历了九百多年的历史,"在时间上超过了任何形式的政府,任何传统、法律的变革和科学思想",经受得住"漫长的吞没一切时间历程的考验"。[①]

从大学诞生之日起,知识在推动人类从教权和神权中获得解放上居功至伟。因此,从那时起,大学课程知识化就成了支撑大学发展的一种内在的赋权逻辑。中世纪大学和古典大学,把大学使命定位于保存和传播人类已有的知识和文化,希望通过对"高深学问"的探究和求索,来体现和彰显大学的价值。"大学的产生是适应保存知识和学术成就孕育而生的制度性安排"[②],也通过划分知识的界限和争夺获取知识的资格,实现了知识与身份的捆绑和身份对于知识的附着。"在15世纪,学位被当作一种学术证明,在某种程度上,是竞争教会和世俗职位的重要砝码。"[③]"大学往往决定什么种类的知识是高级知识,对有价值的和重要的内容将设置标准。随着19世纪现代科学的出现,以及在解决多种问题上科学方法的有效性和巨大的生产效率,一个有价值的自由、客观的科学概念在认知领域产生了深刻的影响并逐渐得到最高的尊重,且支配着大学的文化。"[④]柏林大学的创办,使得教学与科研相结合的理念产生了广泛的影响,德国大学模式

---

① 约翰·S·布鲁贝克:《高等教育哲学》,郑继伟等译,浙江教育出版社1987年版,第30页。
② 毛亚庆:《高等教育发展的知识解读》,《教育研究》2006年第7期。
③ 别敦荣、张征:《世界一流大学的教育理念》,《高等工程教育研究》2010年第4期。
④ Hans Weiler. *Knowledge*, *Politics and the Higher Education*. Ruth Hayhoe, Julia Pan (eds.). *Knowledge Across Cultures: A Contribution to Dialogue Among Civilizations*. Hong Kong: Comparative Education Research Center, University of Hong Kong, 2001. 转引自许美德:《大学与文明间的对话》,《浙江大学学报(人文社会科学版)》2002年第3期。

注重创造和发展知识。工业革命以来,社会对专门化人才的诉求风起云涌,自然科学从以古典文学和哲学为核心的学术体系中分离出来并不断被强化,在美国,1904年范·海斯校长提出"威斯康星精神",大学通过知识的应用,担负起了社会服务的职能。大学职能从人才培养到科学研究再到社会服务,从社会的边缘走向了中心。不同时期的大学也经历了"智者之家""学术的殿堂""学者的圣殿""象牙塔""社会的灯塔""服务站"等隐喻。产学研相结合也是围绕着"生产知识""传播知识"和"应用知识"这三个知识的不同形态而展开的。

"可以说,从中世纪到20世纪中叶,在相当长的历史时期中,大学既是高深学问的占有者,也是各种学术研究的权威机构。"[①]正是由于大学处在发展、传播乃至应用知识的垄断性、原发性地位,大学课程的知识化倾向才得以不断维系和强化。

二、我国大学课程中知识化倾向的原因分析

"就大学课程来说,需要正视大学的时代变迁,根据学生发展需要和社会期许,重建课程理念、目标与结构体系。"[②]社会需求是推动大学课程体系不断变化的根本性原因。作为社会的子系统,教育必须服从和服务于不同历史时期社会对于人才规格的动态需求。对于大学而言,满足社会需求,为社会提供有效服务的直接途径,就是通过调整课程体系,完善培养目标,培养不同人才。

大学从社会的边缘走向中心的过程中,通过创造知识、传播知识和应用知识,为受教育者的自我实现和价值外化创造了条件。相对情感、文化素养和批判性精神而言,知识尤其是应用层面的知识,更

---

① 王一军:《大学课程:发展学生"个人知识"的必要与可能》,《高等教育研究》2011年第4期。
② 同上。

容易与市场需求对接,也更符合受教育者的心理需求。

在约翰·S·布鲁贝克看来,高等教育哲学主要分为两种:以认识论为哲学基础,追求知识的目的解读为"闲逸的好奇";以政治论为基础,探求深奥的知识不但出于闲逸的好奇,更在于它对国家有深远的影响和功用。这种分析也同样适用于解读我国高等教育发展的历史轨迹和当代问题。"在社会现代化的过程中,仿效先现代化国家的社会制度、教育制度,是后发展国家的共同道路。20世纪中国教育现代化的历程,也是不断学习、引进外来文化,中西文化强烈冲突、碰撞、融合的痛苦过程。"[1]

作为高等教育的后发国家,我国的大学模式和课程体系均源自对于西方发达国家经验的借鉴。阿特巴赫认为:"现行的国际教育综合体中存在着某些大学和知识'中心',它们指出方向、提供样板、开展研究,一言以蔽之,就是将自己置于学术系统金字塔的顶端起着领头的作用,而这一金字塔的底部则是那些处在'边缘'的大学,它们照搬国外的发展模式,很少产生具有原创性的成果,一般不能涉足知识的前沿。"[2]

由于我国大学在建立之初担负着"救亡图存"和重构中国社会秩序的时代使命,工具理性的支配和推动,强化了大学课程的知识化倾向。"中国孤注一掷地在课程中引进西方科学教育,希望借此实现自立自强的目的"[3],而这倾向久未扭转,甚至愈演愈烈。鲁洁先生指出,在当代科学技术和实证思维的作用下,现代人成为"被自然情欲

---

[1] 杨东平:《百年回首:中国教育现代化之梦》,《科学中国人》2003年第4期。
[2] 菲利普·G.阿特巴赫:《比较高等教育:知识、大学与发展》,人民教育出版社2001年版,第27页。
[3] R. Hayhoe, "Written Languages Reform and the Modernisation of the Curriculum: A Comparative Study of China, Japan and Turkey", *Canadian and International Education*, Vol. 8, No.2, Dec 1979.

操纵的人,为工具理性所支配的人,丧失了生命激情的人"[1]。

加拿大学者许美德(Ruth Hayhoe)指出,20世纪80年代中国向西方开放的主要目标,与19、20世纪之交现代化主张者学习和借鉴西方先进的科学技术和经验,进而应用这些来实现中国的自强的想法多少有些不同,20世纪80年代的对外开放是希望中国在20世纪末能够进入世界强国之列。[2] 从根本上讲,我国大学课程知识化倾向的日益加剧,源于对大学课程的知识性索取和工具性诉求。德国社会学家马克斯·韦伯(Max Weber)说过:"直接决定人们行为的是(物质和观念的)利益,而非观念。但是,观念所创造的'世界观'往往像扳道工规定着利益驱动行为前进的轨道。"[3] 今天中国大学的课程体系中,无疑肢解了韦伯所说的"利益"和"观念",注重"利益",漠视"观念"。科学使得人类更加了解和控制自然,技术帮助人们更好地利用和改造自然。然而,科学和技术的联姻,使得人们陶醉于对自然的驾驭和征服,而这种陶醉,反映在大学课程体系中,便是知识化倾向的放纵和功利主义思想的盛行。

受功利主义思想的影响,大学被视为解决实际问题的工具,先后成为培养政治人、经济人等的"职业训练场"。高等教育的专门化发展,以及学生、家长中普遍存在的功利性的"职业至上论",使得人们对自己专业以外的知识与教育,尤其是对那些与"功利""实用"无直接关系的人文教育缺乏兴趣,以致大学中人文课程成为少人问津的

---

[1] 鲁洁:《实然与应然两重性:教育学的一种人性假设》,《华东师范大学学报(教育科学版)》1998年第4期。
[2] R. Hayhoe. Chinese Universities and the West : Issues and Debates in the Eighties, *Canadian and International Education*, Vol.11, No.1, June 1982.
[3] 陈洪捷:《德国古典大学观及其对中国大学的影响》,北京大学出版社2002年版,第8页。

多余物。①

　　另外,我国大学课程的知识化倾向的深层次原因在于优质教育资源稀缺,经济发展结构失衡。一方面,高考被看作占据优质教育资源、实现阶层流动的重要通道,因此学生在进入大学之初,还带有高中阶段应试教育模式下的学习惯性。另一方面,我国经济发展阶段和产业结构相对落后,大学毕业生总量需求相对不足,迫使大学生不得不通过过分关注知识这一相对容易外化的指标,增加自身在就业竞争中的砝码。

三、大学课程中"知识化"倾向的"力不从心"

　　历史学家哈罗德·柏金(Harold Perkin)认为:"大学的含义和目的可以说是因时而异,因地而异,它依靠改变自己的形式和职能以适应当时的社会环境同时通过保持自身的连贯性,并通过使自己名实相符来保持自己的活力。"②因此,大学课程也应该是一个动态和开放的系统,只有这样,才能适应、推动和引领社会的发展。

　　普林斯顿大学校长伍德罗·威尔逊(Woodrow Wilson,1902—1910)指出:一所大学能在国家的历史上占一个位置,不是因为其学识,而是因为其服务精神。③ 结合社会背景的变革,1989 年,联合国教科文组织在《学会关心:21 世纪的教育》中明确指出:"归根到底,21世纪最成功的劳动者将是最全面发展的人,是对新思想和新的机遇

---

① 郭中华、唐德海:《人学视域中大学课程的反思与重构》,《江苏高教》2008 年第 2 期。
② 伯顿·克拉克:《高等教育新论——多学科的研究》,王承绪等译,浙江教育出版社 1987 年版,第 22 页。
③ S·E·佛罗斯特:《西方教育的历史和哲学基础》,吴元训等译,华夏出版社 1987 年版,第 307 页。

开放的人。"该组织在《教育:财富蕴藏其中》的报告中将全面发展的人解释为"学会认知、学会做事、学会共同生活和学会生存的人"①。

高等教育大众化时代的到来,使得适用于精英教育时代的培养对象、培养目标和课程体系难以适应新的需求。大学课程"知识化"是精英教育的时代的惯性,无法适应新的时代需求。埃德蒙·金指出:"大学教育,对于许多受教育者来说,仍然是一种社会经历或者从事各种专业前的准备,而不是做扎扎实实的学问的时候。"②随着高等教育大众化的发展,"更多的院校越来越注重为学术生涯之外的其他职业做准备。这就推动高等教育的课程哲学和教学理念发生了质的变化"③。

因此,我们需要审视现行大学课程目标和课程体系的着力点。有学者对上海、南昌、西安的三所综合性大学本科课程的基本情况调查分析的结果显示:"现行课程目标侧重于学生的认知发展水平,这样的目标使师生更加关注知识点,关心学习的效果,而忽视学习过程与方法,忽视情感、态度、价值观的发展。"④

基于知识传递的大学课程,仅仅关注学生认知水平的发展,其局限性在于:

首先,数字化时代的到来,泛在学习理论(U-Learning)和终身学习理念的深入人心,消解和稀释了学生以往聚焦于知识传递的愿望和诉求。与此同时,关注学生学习能力的构建和激发学生自主学习

---

① 母小勇:《论课程的文化逻辑》,《教育研究》2005 年第 11 期。
② 埃德蒙·金:《别国的学校和我们的学校——今日比较教育》,王承绪等译,人民教育出版社 2001 年版,第 307 页。
③ 龚放:《课程和教学:高等教育研究的潜在热点——对〈高等教育研究〉的一点期望》,《高等教育研究》2010 年第 11 期。
④ 肖海涛:《大学课程目标与内容调查报告——对三所综合性大学本科课程的调查分析》,《教育研究》2004 年第 1 期。

的热情成为大学课程设计的题中应有之意。传统条件下,知识无限性和学生学习时间有限性之间的根本性矛盾,是体现大学课程设计科学性的重要尺度。随着网络的普及和知识来源的日趋多元,今天评价大学课程科学性的视角,应该更加关注如何激发学生的学习兴趣,增强学生自主学习的能力。

其次,知识优先造成师生间情感的疏离、学生间的"零和博弈"。泰勒是现代主义课程范式的集大成者和主要代表人物。在泰勒模式中,课程仅仅是一个指令性的传输计划,是一个装着将被发送到学习者手中去的知识包裹,它突出的是指令和程序的执行,强调目的和方法之间存在线性关系。这些指令被认为具有普适性,与课堂和学生的个性特点无关,学生的情感、审美、想象等方面均被忽略,它贬抑学生已有经历的作用,使学习过程变得毫无生气和活力。[1] 师生之间的交流活动仅仅停留在基于传播知识的教学活动和发展知识的研究活动,而没有更充分的深度交往,维系师生感情的纽带固化在知识传递的机械活动中,师生间交互性活动缺失,难免造成师生之间的情感疏离。同学之间基于占有知识数量和水平的排他性竞争,使得学习主体在求知的过程中时刻面对紧张的压力,这对学习兴趣和自主学习的主动性造成冲击。

再次,大学课程知识化阻滞了批判性思维和创新能力的培养。批判性思维和创新能力的培养,需要借助知识这一载体来实现,但拥有知识并不必然代表批判性思维和创新能力的增强。相反,如果过分关注知识本身,甚至会阻滞和禁锢其形成与发展。过分关注知识的大学理念在现实生活中越来越成为"只是代表一种对理想化了的

---

[1] 郭中华、唐德海:《人学视域中大学课程的反思与重构》,《江苏高教》2008年第2期。

过去的回忆,一种并不能阻止现实向另外方向发展的怀旧观念"①。

同时,文明对话时代的到来,大学课程的知识化将导致"文化失据",进而造成中国大学生走向世界舞台过程中的困惑、跛行和失声。联合国倡导将2001年定为"世界文明对话年"。联合国教科文组织也认为:"文明对话是人类可持续发展和平等发展的必然步骤。它使全球化更具人性,它是持久和平的基础,孕育着不同历史传承和传统的人类共存的良知意识。"②"文化是一个民族的身份证",只有具备足够的文化积淀,才不会在国外炫目的新奇中迷失自我;只有真正具备足够的文化素养,才不会对多样文化产生管中窥豹的偏见;也只有两者兼备,才能够有比较和借鉴的视野和判断力。

最后,知识化倾向过于明显的大学课程,不利于公民道德水准和社会责任感的提升。梁漱溟先生认为,中国是"伦理本位社会"③,其要义不在于对纲常伦理的坚守,而在于跳出利己的狭小园地,拥有利他的胸怀和担当。在纽曼看来,"培养有文化修养的人是教育的真正的也是唯一的目的","大学的光荣在于培养完全有教养的人","具备思想和行为上一切优良品行"的人。④ 哈佛大学前校长德里克·博克指出,"一所大学如果不愿认真对待道德问题,就违背了其对社会应负的基本责任"。⑤"我们所期望的是,现在正在成长的一代首先应重新习惯于下面的观念:'成为一个人物'不是刻意求得的,达此目的的

---

① 伯顿·克拉克:《高等教育系统——学术组织的跨国研究》,王承绪等译,杭州大学出版社1994年版,第21页。
② 许美德、潘乃容主编《东西方文化交流与高等教育》,南京师范大学出版社2003年版,第1页。
③ 梁漱溟:《中国文化的命运》,中信出版社2010年版,第134页。
④ 别敦荣、张征:《世界一流大学的教育理念》,《高等工程教育研究》2010年第4期。
⑤ 德里克·博克:《走出象牙塔——现代大学的社会责任》,浙江大学出版社2001年版,第143页。

方法只有一个,那就是义无反顾地献身于'职责',而无论它以及由此产生的'与时俱变的要求'在具体情况下究竟会是什么。"①许美德教授在分析中国现代化过程面临的问题时也深刻地指出,"如果人力资源不具有政策上的敏锐性和事业上的奉献精神,经过教育而仅仅具有专业技能,恐怕现代化进程想要取得成功将举步维艰"②。说到底,大学课程设置的导向性和科学性,关系到各个行业人力资源的整体素质,如果仅靠追求知识上的数量优势,忽视对每个人责任感的关注,前进的道路上难免步履维艰。

四、扭转局面的思路举措

"课程的最终目的是传承人类文化、发展人类文化和培养创造新文化的人。"③大学课程的知识化倾向造成学生的适应性生存,违背了大学的超越性特征。"有了培根,就有了近代意义下的大学;有了洪堡,就有了现代意义的大学;有了威斯康星思想,大学逐渐由边缘走向中心。近代意义下的大学下意识地表现了高等教育的超越;现代意义下的大学在清醒意识下表现了高等教育的超越;随后便有了高等教育更成熟的超越意识。在各类教育中,高等教育更充分地体现了人类的超越意识。"④"教育的精神就是超越,就是创造,而现在的教育却正反其道而行之。"⑤为了扭转大学课程知识化倾向带来的被动

---

① 马克斯·韦伯:《社会科学方法论》,韩水法等译,中央编译出版社 2002 年版,第 140 页。
② R. Hayhoe. Chinese Universities and the West : Issues and Debates in the Eighties, *Canadian and International Education*, Vol.11, No.1, June 1982.
③ 母小勇:《论课程的文化逻辑》,《教育研究》2005 年第 11 期。
④ 张楚廷:《高等教育哲学》,湖南教育出版社 2004 年版,第 74 页。
⑤ 鲁洁:《超越性的存在——兼析病态适应的教育》,《华东师范大学学报(教育科学版)》2007 年第 4 期。

局面,我们可以从以下几方面尝试寻求突破:

第一,搭建师生交互性活动的沟通平台。长期以来,为了确保完成既定教学计划,教学管理人员及师生习惯于通过灌输的方式传递知识和模式化的知识考试制度。就在这一活动进程中,教学演变为一种纯粹的认知过程,由于交互性活动的缺失,师生之间的生活阅历、价值追求、道德体验等意义层面的生成与建构没有得到足够的重视。相比较而言,教师的人格力量和学术风范给学生带来的影响远比知识本身更加长久和深刻。"学术沙龙"在大学中遍地开花,而师生间的"生活沙龙"却十分鲜见。如果能够搭建类似"生活沙龙"的交流互动平台,将有利于师生之间的深度交往和心灵对话。即便从知识传递过程本身来看,作为"平等中的首席",教师与学生之间的广泛接触,也有利于作为学习主体的学生以更加饱满的热情和更加浓厚的兴趣投身到学习的过程中来,进而促进学生的全面发展。

笔者曾经就读的南京大学,通过"新生研讨课"的形式,开始了构建师生交互平台的有益尝试。新生研讨课师资阵容强大,主持新生研讨课的教师接近半数来自中科院院士、国家级教学名师、"长江"学者、"杰青"教授。而且实行30人以下的小班化教学。新生研讨课的侧重点不在于知识学习的系统性,而是通过充分的师生交流互动,注重学生通过团队合作学习,体验到学术活动的一般过程,在实践中形成科学的思维方式,从而提高自身的研究素养和创新意识,顺利完成从高中阶段向大学阶段在学习上和心理上的转换和适应过程。[①]

第二,要重视课外活动。有学者指出,丰富的课外活动也是美国

---

① 参见南京大学教务处主页 http://jw.nju.edu.cn/328/menu329.html。

学院和大学公民和道德教育的重要组成部分。①虽然学校的规模、层次和类型,关系到大学课外活动的组织形式和最终效果,但是,课外活动可以帮助学生实现"生活世界"与"学术世界"的衔接,有利于增强学生的社会责任感,也可以帮助学生更加充分地了解社会需求,从而不断完善和调整已有的知识结构,为实现从学生到劳动者的角色转变,做好充分的准备。走出课堂,走向生活,在课外活动中为学生体验成功创造条件,可以激发学生更加稳定的学习兴趣和确保饱满的精力投入。通过社区服务等志愿者活动,还可以促进学生之间建立团队意识与合作精神。梁漱溟先生在《中国文化要义》和《中国文化的命运》等著作中多次指出,与西方相比,我们缺少"集团生活"。如果从这个意义上讲,参与课外活动,能够在一定程度上避免学生在日常生活中关注自己而忽视他人造成的偏狭。哈佛大学前校长德里克·博克指出:"事实上,当被问到大学期间真正收获知识、完成自我了解的关键事件是什么时,学生更多提及了课堂之外的某次活动,而不是某堂难忘的讲座,或者某次研讨会上的顿悟。"②

第三,为知识的迁移创造条件,允许和鼓励学生个性化成长。学生的充分和适当就业,既体现了高等学校的办学效益和水平,也关系到学习者的高等教育成本回收,因此,大学课程中无法回避学生就业需要的合理诉求。但是,大学课程既要关注学生如何"启航",也要关注"续航"能力。现代社会中,知识的半衰期越来越短,专业知识与就业领域的相关性越来越小,离散性越来越大,因此,大学课程既需要着眼于如何帮助学生增强就业竞争力,顺利"启航",也需要激发学生

---

① 李曼丽:《今日美国大学的道德和公民教育——课程与教学》,《高等教育研究》2004年第2期。
② 德里克·博克:《回归大学之道:对美国大学本科教育的反思与展望》,侯定凯等译,华东师范大学出版社2008年版,第31页。

的学习热情,提高学生自主学习的意识、能力和素养,为学生知识的迁移创造条件,这样才能保障其长久的"续航"能力。正如纽曼所言:"这种能力是心智的科学构成的结果。这是一种习得的判断力、敏锐力、洞察力、见识力、心智的理性延伸力以及才智的自治力及沉着力。"①批判性思维建基于学生的独立思考,也是促进学生实现职业生涯规划得以实现的重要因素。改变知识的"流水线"传递方式,拓展学生个性化成长的空间,才能从根本上确保学生的永续发展。

第四,注重大学课程中的人文教育,通过开展通识教育,开阔学生的视野,培养学生的文化自觉,增强中国大学生在参与文明对话过程中的自信心和方向感。合理把握人文教育在大学课程中的比重,充分理解通识教育的精髓所在。对通识教育的理解,应该从"一种理念"的束之高阁或者"知识拼盘"的肤浅应用中解放出来,进而通过大学课程体系的完善引领学生了解本国的文化积淀,理解文明多样性的时代呼声,坚定参与文明对话的步伐,明确自身的责任与使命。凤凰出版传媒集团在《文化的解释》一书的出版说明中指出:"经济全球化的背后是不同文化的冲撞与交融,是不同思想的激荡与扬弃,是不同文明的竞争和共存。从历史进化的角度来看,交融、扬弃、共存是大趋势,一个民族、一个国家总是在坚持自我特质的同时,向其他民族、其他国家吸取异质文化的养分,从而与时俱进,发展壮大。"全球化时代,中国大学课程设置应该审视全新的时空坐标,着力关注学生的文化自觉。"没有文化自觉,就没有文化自尊;没有文化自尊,就没有民族自尊;没有民族自尊,就没有国家自强。所以,文化的自觉是非常重要的。"②大学课程设置的过程中一定要走出文化的"荒原",这样才能真正做到让中国大学走向世界,面向未来。

---

① 约翰·亨利·纽曼:《大学的理想(节本)》,徐辉等译,浙江教育出版社2001年版,第72页。
② 胡显章、曹莉主编《大学理念与人文精神》,清华大学出版社2006年版,第43页。

| 大学课程学术* |

——认知视野、实践特征与文化认同　　　　　　王一军

一位作者对18世纪莱比锡大学的神学系学生进行了这样的描述:"看着他们急匆匆地从一堂课赶往另一堂课,真是有趣……每个人都想努力超过别人的这种热忱是必需的,因为他们大多坐在长凳上,不能占座(也没有写字的桌子)。他必须很费力地挤进讲堂,占据一个座位……然后,取出笔记本、钢笔和墨水瓶,等待教授的到来。教授来了之后,他就马上开始做笔记。为了把讲授的东西都有条理地记在纸上,他不得不保持一种让人看了忍俊不禁的奇怪坐姿。"[①]这一描述代表了相当长历史时期内世界大学教学的基本情景,大学教育仅仅围绕知识展开,课程就是教师的讲稿,讲座是教学的基本形式,不讲什么教学方法,学生都能积极认真地掌握知识。尽管大学教学条件不断革新,知识领域不断拓展,学科分化陆续展开,教学规模

---

* 基金项目:教育部人文社会科学研究规划一般项目"大学课程与学术文化协同创新研究"(16YJA880047)及"江苏省2011计划'立德树人'协同创新模式"。
① 威廉·克拉克:《象牙塔的变迁——学术卡里斯玛与研究性大学的起源》,徐震宇译,商务印书馆2013年版,第100页。

迅速扩大,但直到20世纪中叶,大学课程与教学基本上延续着以知识为几乎全部内容的组织形式。这恰好体现了近代与现代高等教育的共同意旨。布鲁贝克根据麦奇路普(F. Machlup)的观点,把高等教育解释为面向学者、科学家和其专业,是以继续研究为基础的专业人员的教育。学习这种课程必须有六种品质:智力、创造力、好奇心、抱负、勤奋和坚韧。他据此指出:"或许只有10%—15%大学年龄组的人有资格接受高等教育。"[1]这种传统大学教育依赖的条件有三:一是面向精英,二是生源文化背景单一,三是缺少现代教学技术。这些条件在当代社会发生了根本的变化。最直接的是精英化被大众化代替,高等教育多样化,知识中心受到生源多样化的冲击,数字化技术正在改变传统教学模式。对此,布鲁贝克为美国大学普及化辩护说:"美国高等教育的特征是多样化。第三级教育由许多种机构组成,其中既有尖子大学,也有初级学院——它看起来也许更像一所中学而不是学院。"[2]显然,高等教育普及化在降低知识掌握层次和知识多样化两个层面挑战大学课程。与之相比,全球化对大学课程的挑战来自文化多元化和知识个性化;数字化对大学课程的挑战则是知识的网络传播和市场经营。全球化与数字化又相互影响,互为动力。这些转变对大学以学科研究为中心的学术传统构成冲击,推动课程与教学研究迅速进入大学学术视野。由于学术始终是大学生存、发展的形态与标志,而课程是大学教育活动的核心与载体,所以学术与课程共同成为大学立足之本。旨在整合大学传统学科研究、课程研究与教学研究的大学课程学术将成为当代大学重要的学术领域,并逐步得到学术界的文化认同。

---

[1] 约翰·S·布鲁贝克:《高等教育哲学》,郑继伟等译,浙江教育出版社1987年版,第77页。
[2] 同上书,第79页。

一、当代大学课程认知的新视野与学术自觉

普及化、全球化与数字化作为整体因子对当代大学产生的影响,在发达国家更为明显,澳大利亚也不例外。1991年,在澳大利亚莫纳什大学(Monash University),91%的学生是国内的学生,2900名国际留学生全都在澳大利亚境内学习。到了2000年,21%的学生是国际留学生;9300名国际留学生中的大部分在墨尔本,但是将近3500名学生是离岸学习(在澳大利亚境外),他们在莫纳什大学位于马来西亚的海外校区和在位于越南、新加坡和中国香港的合作院校学习,或者是参加学位考试的校外学生。[①] 可见,高等教育国际化背景上,全球性院校应运而生,这些院校在多个国家经营运作,实现的方式可以有建立分校,或是建立学习中心,或是与当地院校组建联合大学,且大量的全球在线合作大学也是遍地开花。据估计,到2020年,在他国大学学习的学生人数将达到800万。[②] 学生的国际流动不仅反映出各国的国家战略和大学战略,也反映了世界各地的学生个人的决定。国际学生的流动有两种趋势,一是亚洲学生进入北美、西欧、澳大利亚和日本的主要学术体系。二是欧盟内部用各种计划和项目来鼓励学生流动。学生群体的多样化、国际留学生人数的增长、课程实施格局的转变、信息通信技术的广泛运用、学习时空的转换,无不冲击着传统的大学课程内容与组织方式。

(一)知识与文化走向整合

高等教育在大众化乃至普及化的条件下,学生共同的文化背景

[①] 罗杰·金等:《全球化时代的大学》,赵卫平译,浙江大学出版社2008年版,第273页。
[②] 菲利普·阿特巴特等:《全球高等教育趋势——追踪学术革命轨迹》,姜有国等译,上海交通大学出版社2010年版,第7页。

不复存在,大学在追求教育价值的同时,必须把文化尊重与认同纳入其中。比如,"在西方国家的许多大学中,性别和女性研究变得日益重要。这些研究反映的是性别、劳动力市场、生殖技术与我们特殊的文化习俗之间的动态关系。如果你认为上述学科中的学术与个人价值观能够普遍推广到其他社会,或许太狂妄自大了"[1]。在多元文化条件下,大学课程必须处理好知识与文化的融合问题,满足学生的文化学习需要,将学生民族文化融入课程开发与实施中,支持国际主义价值观,支持群体性文化习俗。这种整合具有多种维度。一是增强课程内容的灵活性。"一些大学正认识到,许多学科内容的国内指向太明显,在当今这个时代,国内外的毕业生都正面临着这样一种前景,即有更多的全球流动择业的机会,或者,即使在当地工作,但也是为在跨国环境中运转的一些组织工作。诸如国际法律界、全球电信业和工程等部门现在要求了解国际的标准、不同民族的文化和成功就业的法规。"[2]二是调整大学课程的结构框架。国际留学生对信息技术和商科的强烈偏爱已经使招生偏向那些领域。工业的相关性和部门的经验被认为比博士的学识更有价值,面对工商业界支付高工资的竞争,大学普遍转向雇佣更多的来自工业界的兼职教师,许多营利性的学院和大学普遍重视职业课程。在全球化的背景上,兴趣和目标多元的学生群体为课程分化带来更大的压力,至少迫使大学在更广阔的学习领域提供高质量的课程。"过去几十年里,互联网对推动国际化发展发挥了强大的影响。在一些较新的领域,如管理学科,

---

[1] 皮特·斯科特:《高等教育全球化:理论与政策》,周倩等译,北京大学出版社 2009 年版,第 169 页。
[2] 罗杰·金等:《全球化时代的大学》,赵卫平译,浙江大学出版社 2008 年版,第 275 页。

全世界的课程都逐渐美国化了。"①因为这些领域都曾是从美国开始发展的。三是教学方式上体现文化关照,如"出于政治、经济和文化等种种原因,大多数人的兴趣集中在儒学上,因为一大部分的国际留学生来源于亚洲华人社区。儒学据说是支持崇尚教师的权威和崇尚书本,赞成对所得知识的复制而不是产生新的思想"②。文化对知识的浸润,改变了传统大学课程的组织形态,增加了大学课程设计的复杂性。

(二) 知识与技术融为一体

数字化技术的运用推进了教育全球化进程,同时又转而被全球化的进程推动。凯文·凯里(Kevin Carey)介绍说,《生命的奥秘》是一门著名的生物学入门课,是美国麻省理工学院兰德(Eric Lander)教授为所有新生开设的。麻省理工学院每年的学费是 42000 美元,另外书费、学杂费、食宿费大约 15000 美元,过去想学习这门课需要高昂的费用。由于与技术结合,现在学习这门课是免费的。"全球成千上万的人都在免费学习《生命的奥秘》,其中有来自南美的医生和医学院的学生、一群希腊的高中生、一位居住在荷兰的 72 岁高龄的退休化学家、一位斯里兰卡的大学辍学生……""在那晚兰德教授的课堂上,日本广播公司(NHK)的摄制组,整堂课都分散在教室的两侧和后面,在加州电视制片人的指导下,拍摄新闻纪录片,记录下兰德教授和学生的教学与学习状况。同时,一组日本的摄像技术人员在教室内用高清摄像机从不同角度对兰德教授进行了拍摄。"③兰德教授这种现场与在线相结合的教学把技术牢牢地根植于传统的大学

---

① 菲利普·阿特巴特等:《全球高等教育趋势——追踪学术革命轨迹》,姜有国等译,上海交通大学出版社 2010 年版,第 16 页。
② 罗杰·金等:《全球化时代的大学》,赵卫平译,浙江大学出版社 2008 年版,第 276 页。
③ 凯文·凯里:《大学的终结:泛在大学与高等教育革命》,朱志勇等译,人民邮电出版社 2017 年版,第 5—6 页。

知识之中,且多媒体技术、数字化技术、网络传播技术等成为课程的显著特征。正是知识与技术的整合,使原来昂贵的大学教育资源,如书籍、讲座视频、音频等可数字化的东西,现在不管在全球哪个角落,只要有互联网存在,就可以获取、享用。在网络环境下,即时学习(just-in-time learning)成为可能。"即时学习理念就是无论何时你想学习什么内容以完成任务时,你都可以找到你想找到的东西。"[1]即时学习是在反对试图教会某人未来某天所需知道的一切这种学习策略,强调人在需要时即时地重新学习。即时学习所需的方式更多基于技能而不是事实,在技术视野中,培养提出问题的能力比学习基本事实更加宝贵,即时学习背后的观点是发展学习者在任何地方发现信息的技能,而不仅仅是在课堂里跟着教师学习的技能。技术为即时学习者提供了各种在需要时能提供帮助的信息资源。对课程带来巨大冲击的是,信息技术通过提供更复杂的动态交互,使学习环境更加引人入胜。这种交互允许学习者看到他们行动的结果,他们的期望和预见能被证实或证伪,他们能尝试不同的行动路线,去评价它们的相对有效性。当给予学习者关于他们行动的即时反馈时,他们更可能学会该如何正确地做事。开发一个成功的学习环境常常意味着提供脚手架,让学生参与困难的任务。"脚手架是当学习者执行不同活动时系统提供给学习者的一种支撑。例如,一个设计用于教授电子故障排查的系统可以将任务结构化,慢慢增加难度,当学生不知道该怎么办时就提供暗示。"[2]脚手架采取不同的形式,使学习者能执行超越他们能力的任务。总之,知识与技术整合,使大学课程无限地放

---

[1] 阿兰·柯林斯等:《技术时代重新思考教育——数字革命与美国的学校教育》,陈家刚等译,华东师范大学出版社2013年版,第26页。
[2] 同上书,第31页。

大了自身价值。

(三) 大学课程成为重要的生产领域

就当代大学课程而言,知识与文化是课程内容的两面,不可否认,知识仍处于中心地位。技术则是课程的呈现手段和表达方式。正是"知识—文化—技术"连接体的形成,使大学课程从传统的单纯形态走向多维复杂形态、从传统单一知识组织模式走向多因素相互作用模式、从传统静态的文本呈现走向动态的多媒体呈现,从而使大学课程自身实现了革命。

网络条件下,许多标榜革命性的产品不过是借大学与课程的名义而已。慕课(MOOC)的流行,使成千上万的人能够一起学习一门大学课程,看上去是高等教育冲破大学时空的约束,走上自由成就之路,然而其本质仅是以大学教育的名义,进行学科性知识的传播。总体来说,作为慕课的大学课程与传统校园里的大学课程在组织、情境、教学、互动、作业及考核方面都存在巨大的差异。离开大学特有的学术和知识环境,离开与教授面对面的对话,离开对教师的批判性质疑,离开以精神与情感为纽带的同伴关联,离开与课程相关的项目探究、知识综合与辅导活动,孤立的在线课程学习就显得苍白无味。即便如此,慕课却使大学课程发现了自我身份,不仅是一种独立的存在物,还是一种有巨大价值的商品,推动大学课程走向高等教育的中心。

据罗杰·金等专家的研究,"高等学习的业务"(higher learning businesses)主要发源于美国、英国和澳大利亚,并且呈现出各种形式。其中某些活动是纯粹的商业行为,另一些是公共服务和商业因素两者兼而有之,还有一些则是现有的大学扩展它们的在线和远程教育。刚冒出来的还有一些营利性的参与者,它们提供一些新的教育形式。他们瞄准全球市场中可盈利的那些部门:商业、医疗护理、工程和信息技术等课程,还有能赚钱的继续专业发展(CPD)的市场,在这里,雇主们将承担所需的费用。这些组织在许多地区靠近城市的私立的校园或者中心里提供面对面的教学,或者通过在线学习提供教育。[1] 2012 年被称为慕课元年,经过 5 年多的发展,全球的 MOOC 课程已不计其数,注册用户达数亿人,人类高深知识学习显然进入新纪元。面对如此浩大的生产领域,大学课程必须有一个专业与学术自觉的过程。在这一点上,有关在线课程的研究走在了高等教育科学研究的前列。

威廉·G.鲍恩给出的"在线课程的区分式",从在线课程的特点、授课方式、课程提供者与目标受众、证书与所有权计 11 条[2],初步构成了大学在线课程开发的框架:1. 课程内容有多高深,是否有令人却步的先决条件?2. 认知型助教或其他适应性学习特点在课程中的运用程度如何?3. 课程给学员留有多大的互动空间?是否也能与领导或监督该课程的讲师或助教(如有)进行互动?4. 课程是完全在线的,还是在线与面授结合?5. 课程的在线部分是同步授课,还是不同步,或是两者兼有?6. 课程是"直接面向学生",还是需以现有高校为媒介?7. 主要的目标学生群体是谁,传统的学生,还是全球各地任何有能力和兴趣的人?8. 若未来要服务不同的学生群体,适应不同的教学环境,那么该课程的改编或重新定位的空间有多大?9. 课程是否提供学分,是否与学位挂钩,是否提供结业证书?还是,既无学分也无法对学习完成程度进行评估?10. 课程材料的知识产权属于谁?握有知识产权的组织是营利性的还是非营利性的?11. 课程背后的商业模式是什么?课程是否免费向学生开放?如果是,那么课程的开发成本和持续运营成本由谁承担?

---

[1] 罗杰·金等:《全球化时代的大学》,赵卫平译,浙江大学出版社 2008 年版,第 245—246 页。
[2] 威廉·G.鲍恩:《数字时代的大学》,欧阳淑铭等译,中信出版社 2014 年版,第 102—104 页。

看到在线大学课程研究逐步清晰化的同时,让人失望的是高等教育研究中有关大学课程的研究仍是混沌一片。英国学者马尔科姆·泰特对高等教育研究的问题进行了系统的梳理,有关大学课程研究涉及多个领域。一是"教与学的问题",包括:哪些教学方法是可行的、在不同环境中如何最有效地使用这些教学方法?学生实际上如何学习?学生的学习方式存在怎样的差别?应该如何根据我们的期望鼓励学生的学习?不同特点的学生常常以不同的方式学习吗?为了更有效地完成教学任务,新任的大学教师需要了解些什么?二是"课程设计研究",包括:什么是最公平或最有效的评价学生成绩的方法?如何鼓励学生培养用人单位期待的各种可迁移的技能?如何运用信息技术拓展和提升学生的学习经验?如何通过学习技术整合各类大学课程?大学课程的现状是什么、应该如何建设?在设计研究生课程时应该考虑哪些因素?三是"大学生经验研究",包括:学生如何申请学校课程?影响学生学业成功的因素有哪些、他们是否完成了课程?不同学生(如不同性别、阶层、种族及年龄)的生活经验有什么不同?高等学校需要为他们的学生提供何种支持系统?学生如何从高等教育过渡到就业阶段,或者如何进入更高一阶段的教育和培训?学生经验如何随着时间而发生变化?四是"质量研究",包括:如何评价学者们的工作?什么形式的质量保证制度最适合高等教育?特定高等教育体系的学位标准都是一样的吗?评估实践、标准及质量之间的关系是什么?五是"知识研究",包括:不同学科中哪些知识是被普遍认同的?研究成果如何生成知识?研究与其他学术职能有何关系,特别是与教学活动有何关系?知识如何分类?[①] 可以想

[①] 马尔科姆·泰特:《高等教育研究:进展与方法》,侯定凯译,北京大学出版社 2007 年版,第 64—201 页。

像，因大学自身的官僚化，这些内容的研究一定分属大学不同的部门，分属那些兴趣各异、视野狭窄的不同研究者，研究的结果如同瞎子摸象，难以对大学课程形成整体的认知图式，离大学课程实践所需要的认知水平也相去甚远。

很显然，当代知识背景上，大学课程面临实践挑战并处于新的视野之中，当务之急是强化大学课程研究，寻求大学课程自身的学术自觉。具体理由有三：

其一，知识生产与传播的主体分化，大学课程自然成为教学人员学术研究的中心地带。天然的学术基因，赋予大学教育研究与创新的性格，尽管传统科研与教学产生漂移，但大学教学研究的本质不会随之飘落。即便是大学专职教学人员，身处高等学府之中，生存与发展之力仍在研究与学术，无此则失去知识身份与社会影响力。传统科研与教学的知识分化，并非建立了知识鸿沟，相反，传播的知识是发现的知识的延续，正是在这个意义上，以知识选择、转化、加工为主要任务的课程研究是传统科研工作的延伸，保持着学科研究的本质，是教学必须研究的内容，是教学人员的学术领地。

其二，从知识主体走向多维互动，大学课程研究成为提升高等教育质量的基础。大学教育长期维持在精英层面进行，在此条件下，科学与人文知识是教育主要内容，那些年轻精英们具有掌握高深学问的天赋，教师不需要讲究教学的方式方法。随着高等教育进入大众化阶段，教育对象开始多样化，学生对知识的需求与认知水平都呈现出显著的差异性，大学教学也从"让学生适应高深学问"开始转向"让高深学问适应学生"，高深知识不再是直接与学生互动，需要通过教学转化以多种形式呈现给学生，以适应学生多样的学习需要。更重要的是，课程单一的知识要素扩展到学生文化，多媒体技术、问题情境等亦融入其中，课程实施过程由单纯的知识传递走向多种要素的互动过程,这种多元互动过程不是自然发生的,而是教师精心设计与组织的。课程设计成为提高大学教育质量的基础,也是大学课程学术的重要领域。

其三,从科研的衍生物到独立的实践领域,大学课程研究是知识发现与传播的重要桥梁。大学肩负着发现、保存与传播知识的使命,尽管历史奔涌向前,但大学的使命基本未改变过,无论是过去还是当下的数字化社会。不过在大学课程逐步走向独立实践的状况下,大学的知识使命受到了挑战,知识发现、保存与传播的线索有断裂的危险。需要在尊重大学课程实践独立的同时,重修知识发现与传播的连接体,具体路径有三:一是不断更新大学课程知识体系,努力把最前沿的学科知识通过转化、统整等措施及时纳入大学课程之中;二是在课程中着力呈现知识探究的过程,呈现知识源头与朴素状态,展示科学发现的历程;三是将系统学科知识与科学实验、应用研究与前沿探索相关联,呈现知识体系的同时也呈现知识的族谱全貌。此三路径正是大学课程研究的主要任务,也是基于课程实践的学术自觉方向,至之则重建知识发现、保存与传播的线索。

二、大学课程学术的内涵与特征

当大学课程自身发展需要以科研为支撑的时候,显然其本身就是一种学术。对传统学术的突破源于 E.L.博耶基于美国学术反思的研究报告,他说:"我们现在对学术水平的看法已有很大的局限性,把它局限在某种功能的等级上。基础研究成为首要的和最基本的学术活动,其他功能则从中派生了来。所谓学者就是从事研究、出版论文和著作,然后把他们的知识传授给学生,或把研究成果加以应用的学术研究人员。后面的功能是派生的,不被认为是学术水平的一部分。

但是,知识并不一定都是以这种线性方式发展的。因果关系的箭头可能和常常是指向两处方向的。理论确实可能指导实践,但实践也会产生理论。"①尽管博耶的目的在于提出教学是一种学术的观念,但这段话显然也是大学课程成为一种学术的有力论证。不过他强调知识传播也是科研工作者学术研究的组成部分:"不错,学术水平是意味着参与基础研究,但一个学者的工作还意味着走出调研,寻求相互联系,在理论与实践之间建立桥梁,并把自己的知识有效地传授给学生。"②也许几十年前是这样,但现在出现了"主体漂移",需要强调的是那些专门从事大学课程研究的人,其工作就是一种学术,因为其研究是专门的、系统的、理性的,这种学术称为大学课程学术。

博耶把教学本身看作一种学术水平,以与传统的基础性学术相区分。课程学术与教学学术不同,其本身具有知识加工的任务与过程,同时又包含诸多教学的要素。课程与教学是两个有着密切关联性的概念。在课程理论中,教学是课程实施的一种主要方式;在教学理论中,课程则是教学的内容。当代教育理论往往把课程与教学统称为"课程教学",建构为一个整合的实践过程。就大学教育来说,不管是课程、教学还是课程教学,都包含学生、教师、知识与大学理念四个基本的实践要素,课程、教学或课程教学都是这四个要素相互作用的过程。其中大学理念是一个特殊的要素,支配并构成学生学习的环境与价值导向。知识与学生是主体性要素,在不同的大学理念下,有时课程与教学过程表现为"知识中心",有时又表现为"学生中心"。

---

① E. L. 博耶:《学术水平反思——教授工作的重点领域》,吕达等:《当代外国教育改革著名文献(美国卷·第三册)》,人民教育出版社 2004 年版,第 17 页。

② 同上书,第 18 页。

教师既是知识的代言人,又是大学理念的执行者,且教育实践过程是由他主导建构的。大学课程学术与教学学术的区分与联系可从这些要素的关系分析入手,其中重点是把握知识观与大学理念的变动脉络,这种脉络已经融入理性与经验的讨论中。

德国哲学家卡西勒认为,"'理性'成了 18 世纪的汇聚点和中心,它表达了该世纪所追求并为之奋斗的一切,表达了该世纪所取得的一切成就"。何谓理性?"它不是一座精神宝库,把真理像银币一样窖藏起来,而是一种引导我们去发现真理、建立真理和确定真理的独创性的理智力量。"[①]在文艺复兴的时代,对人文精神的倡导是当时的主旋律,理性实际上被理解为广泛的人性。以理性为基础的数学和实验自然科学的光辉成就,使许多西方思想家相信理性具有无上权威。他们由此把理性当作一种普遍有效的尺度和万能的工具,似乎一切都可以而且应当由理性来建立,一切都可以而且应当由理性来判决,任何科学都由理性概念构成,都以是否符合理性的要求来确定真伪标准。康德认为这陷入了理性的独断论。哈贝马斯依据康德的思想,利用"兴趣"这一概念,区分"经验的兴趣"与"理性的兴趣"。前者受功利目的支配,"来自需要",是由令人愉快的或者有用的东西刺激感官而产生的一种嗜欲力;后者又叫"纯粹的兴趣",超越了实用功利之目的,它是由理性原则决定的,不是"来自需要"而是"唤起需要"。在哈贝马斯看来,作为认识基础的不是"经验的兴趣",而是"理性的兴趣"。他提出三个不同等级的理性的兴趣:人在用工具去改造自然界的时候,就形成了"技术的认知兴趣",引导出"经验分析的科学",即自然科学;指导着人们对自身的交往活动进行处理和认识的是"实践的认识兴趣",引导出"历史的解释的科学";以自我解放为目

---

① E·卡西勒:《启蒙哲学》,顾伟铭等译,山东人民出版社 1988 年版,第 3—11 页。

的的,即"解放的认识兴趣",对应着"反思批判性的科学",主要是心理分析和意识形态批判科学等理论。赫钦斯的永恒主义教育思想显然源于对"理性兴趣"的崇拜。他说:"一个有学问的专业的论题是属于理智方面的东西。尽管行业的规则可以在实践中学到,的确也只能在实践中学到,但是专业的理智方面的内容一般只能在大学中才能掌握,至少大学应该成为这类学习的一个理想场所。"[1]他明确指出自己所描述的大学是理智性的。围绕理性的追求,他对大学课程提出一系列主张:"形而上学、社会科学与自然科学的基本问题,是高等教育恰当的学习内容。……通过这种方式构筑大学,可以使大学变得明智。探究首要原则的形而上学无所不在,与此密不可分的是对世界的属性和人的属性的那些最为普遍的理解,社会科学和自然科学就是建立在这种基础之上的,并服从于它。"[2]赫钦斯的大学课程思想代表了"永恒时代"以及"进步时代"一贯的课程主张,强调知识自身的目的性,主张教育是对理性的追求,强调不同专业共同的真理探究使命。

然而,经验在伽达默尔的解释学里则是一个重要的概念,他在《真理与方法》第二版前言中说,他的释义学是"思维所是的那种真正的经验的理论"。他始终强调理解和语言的经验性质,即使是语言和思维,其根本性质也不在于反思和自我意识,而在于经验。他认为,开放性与有限性构成了经验的一般结构,经验的形成必须反映这种结构。经验的辩证法不是在确定的知识中完成的,而是在开放中完成的,真正的经验是人自己的历史性的经验。在伽达默尔看来,一切经验都有问题的结构,提问题揭示了意义的可能性,作为一个问题与

---

[1] 罗伯特·M·赫钦斯:《美国高等教育》,汪利兵译,浙江教育出版社2001年版,第30页。
[2] 同上书,第62—63页。

我们期待的答案有关,预期的答案意味着人是传统的一部分,也说明历史经验的意识对历史的经验开放,它的实现就是视界融合。视界融合构成经验和理解。这种思想反映在后现代的语境中,齐格蒙特·鲍曼以一种怀旧的情绪描绘着大学"学术权威式微"后的情思:"如果说现代性抛弃了'永恒年代'的意义,那么我们可以说,后现代性抛弃了'进步时期'的意义。游离于永恒和进步双重废墟之间的片段,无情地否定了我们逐渐建立起来的、关于大学的标志性的认识,即大学是'人们相聚一起探寻高深学问的场所'。被否定的,不仅仅是终身教职的制度,更有这个制度所蕴含的思想和对美好未来的憧憬——那种经历,就像美酒一样历久弥香;那种技能,就像造房子一样,是逐步累积起来的;那种声望,就像储蓄一样,保存时间越久,产生的利息就越多。"[①]鲍曼认为,与传统大学不同,"当今,'为了追求高深学问'的人们聚集在一起,形成了多元的价值观和思想,这与立法者热爱和谐的思想格格不入,因为多元性威胁到公共利益,并导致对个人的冒犯,立法者对此颇感反感与不屑"[②]。这正是大学"迎接挑战、独树一帜的机会","制定从事高深学问的多样化标准,是大学系统迎接后现代挑战的基本条件"[③]。正是在这个意义上,德兰迪在说明当代社会大学不再拥有对知识的特权时候,强调它应当成为现代知识社会中互相交流的最重要的场所。[④] 在这种场所中的"高深学问"学习,不再是为了习得知识以及某种功利的目的,而是为了"经验的兴趣",在经验生长中建构生命的价值与意义,这种经验的生长则

---

① 齐格蒙特·鲍曼:《大学:历史、现状和差异性》,安东尼·史密斯等:《后现代大学来临?》,候定凯等译,北京大学出版社2010年版,第37页。
② 同上书,第44页。
③ 同上书,第45页。
④ 杰勒德·德兰迪:《知识社会中的大学》,黄建如译,北京大学出版社2010年版,第7页。

通过"视界融合",大学只是展开历史对话、以"高深知识"筑就的、汇聚各种思想与观念的"文本"。

这样,以教师作为连接中心,知识与学生构成主体轴,理性与经验构成理念与环境轴,大学课程学术与教学学术的内涵要素结构及其联系,可用下面坐标表示。

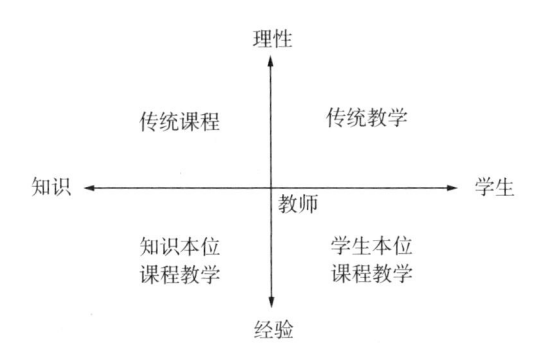

```
                    理性
                     |
         传统课程    |    传统教学
                     |
  知识 ←────────── 教师 ──────────→ 学生
                     |
         知识本位    |    学生本位
         课程教学    |    课程教学
                     |
                    经验
```

从图示中可以看出,以知识为目的、以追求理性发展为归宿的古典大学中,"课程"与"教学"是两个过程,前者属于学科研究并提供知识传播的方案,后者执行知识传播的方案是一个较为独立的实践过程。随着大学教育从知识中心转向学生发展中心,大学开始追求服务于学生经验的生长,试图通过高深学问推动学生个人知识建构,课程与教学开始整合。在研究型大学,知识仍然占据权威地位,课程教学表现出鲜明的知识本位倾向,而在教学为主的高等学校,知识更多地服务于学生的发展需要,学生自身的经验背景决定着知识学习的层次,课程教学则是学生本位的。这个图示也揭示出,在当代大学教育背景上,本文所说的大学课程学术包含传统的教学学术,是大学课程教学学术,包括研究型大学的课程学术也包括"教学为主"高等学校的课程学术,它们统一于学科知识加工与传播的过程,尽管在"高深学问"的层次上有鲜明的差异。在这一图示中,博耶所说的"教学的学术"当属于"传统教学"之学术,而本文所说的大学课程学术包括"知识本位课程教学"与"学生本位课程教学"两大类型知识加工与传播之学术。

对大学课程学术的讨论与博耶关于大学教学学术的讨论是完全不同的两种语境。博耶的立足点是对学者学术工作的反思,他不厌其烦地告诉学者们:"我们今天有当务之急是确立何谓一个学者的内涵的更全面的观点:即承认知识是通过研究、通过综合、通过实践和通过教学取得的。我们承认,我们把互相联系、不可分割的智力功能划分成四种类型——发现的、综合的、应用的和教学的学术水平。"[①] 显然他在说一个学者的学术工作是四个方面,而教学本身是一种学术水平,这种学术就是教学实践,是一个学者研究工作连续体的有机部分,是知识发现后的传播,没有其他成果诉求和科研目的。然而在讨论大学课程学术的时候,大学研究者与教学工作者已经分化,那些从事发现性学术的学者主要集中在研究型大学,且较少从事本科教学工作,大学课程学术的主体是那些主要从事本科教学工作的教员。尽管大学课程学术仍是知识探究连续体的部分,但它总体上与知识发现剥离,是一个相对独立的学术实践。同时,大学课程学术作为本科教育范畴所涉及的知识领域多是成熟的知识体系,必然不同于过于分化或尖端的科技研究,那些研究更多地属于研究生学位课程。据此分析,当代大学课程学术与传统的基础性学术和博耶所说的传统教学的学术可做如下比较:

---

① E. L. 博耶:《学术水平反思——教授工作的重点领域》,吕达等:《当代外国教育改革著名文献(美国卷·第三册)》,人民教育出版社 2004 年版,第 24 页。

实践要素	传统基础性学术	传统教学的学术	当代大学课程学术
目标	发现未知	传播已知	呈现已知,揭示知识价值
内容	学科与问题领域	知识领域与学习行动	学科历史文献、最新科研成果及经典教材
方法	调查、实验、推理等	计划、行动、反思	文献综合、方案设计、行动建构
成果	论文、报告与出版	教学质量提升	论文、教材、课程方案并提升教学质量

从比较中可以看出,大学课程学术是传统学科基础学术与传统教学实践学术的桥梁,既有传统教学学术的实践性,又兼具传统基础学术的学科性。大学课程学术的具体内涵有四点:

第一,大学课程学术不属于某一学科,是进入大学场域各学科的共同学术领域。尽管教育学科中有课程教学论专业,但大学课程学术并不从属于课程教学理论。它可以属于文学,因为文学院的所有课程都是文学学者研究并开发的;它可以属于法学,因为教育学科的学者不可能独立开发法学相关课程。大学课程学术首先是课程所属学科领域的学术活动,那些进入大学进行知识传播的学科都要进行大学课程研究,即所有从事教学的学者都有大学课程的学术使命。与学科单纯的知识学术逻辑不同,课程在知识加工的同时还在学科与人之间建立逻辑关系。"真正的教育,目的在于完善人的心智。为此目的,困难的并且首先是无用的科目看起来是最好的——所以牛津迷恋古典学,剑桥专注于无用的数学。柏林的浪漫主义者与英国人殊途同归,他们同样一头扎进古典学,而无用的数学则以形而上学代之。"[①]这恰好说明课程学术重在发现学科对于人的发展的价值和

---

① 威廉·克拉克:《象牙塔的变迁——学术卡里斯玛与研究性大学的起源》,徐震宇译,商务印书馆2013年版,第537页。

意义,并通过具体的方案设计为这种价值实现提供教学路径。

第二,大学课程学术是多学科知识与方法介入的综合学术。2010年,亚马逊首席执行官杰夫贝佐斯(Jeff Bezos)在普林斯顿大学毕业典礼上发表了一场演讲,题目为《选择塑造人生》(We Are We Chose)。贝佐斯以自己10岁时与祖父母的一次旅行经历开始了此次演讲。当时他们正坐在清风房车里,这个早慧的10岁小男孩煞费苦心地计算吸烟对祖母身体的伤害。按照每吸一口烟会减少2分钟寿命来计算,祖母已经自减了9年的寿命。当他自豪地告诉祖母这一发现时,祖母突然哭了。祖父将车停下,温柔地对小贝佐斯说:"终有一天你会明白,善良比聪明更可贵。"故事讲完,贝佐斯接着谈论了天赋与选择之间的区别。"聪明,"他说,"是种天赋,善良是种选择。天赋来得很容易,毕竟是天生的。但做选择很难。"高校有能力也有义务找到帮助学生区分这一关键问题的方式,并鼓励他们至少在某些时候,要选择善良而非聪明。[①] 选择是一种能力,善良是一种品质,还有领导能力、意志品格、奉献精神、企业家风范等都是学生必备的文化素质,大学都是通过以知识为中心的学科课程培养的,是引导学生在知识领悟中生成的。学科知识与这些品格培养之间的机理在于大学课程不是"学科拿来主义",它是多学科共同作用和跨学科方法参与的产物,课程内容所属学科领域当然是主体学科,同时教育学、心理学、道德哲学、文化学、学习科学、脑科学与神经科学、信息技术科学等都为大学课程研究提供必要的理论基础。

第三,大学课程学术是多主体参与的协同学术。1970年,福柯用下面一番话结束了自己的就职演说,以表示对自己的导师、已故的海波利特(Jean Hyppolite)的忠心:"我很明白在我之前这里回响着谁

---

① 威廉·G.鲍恩:《数字时代的大学》,欧阳淑铭等译,中信出版社2014年版,第95页。

的声音……我知道开始说话是何等美妙的事,因为我是站在听他说话的地方,而他已经不能再听见我的声音了。"教授们是通过一把别人曾经坐过的座椅说话。因此,是带着对前人声音的尊敬而说话,以免他们被人遗忘。福柯说,他写作的目标是没有面目。至于演讲,他则渴望在一种合唱队的气氛中说话,那就是说,目标是没有声音。[①]如何理解"合唱队的气氛中说话""目标是没有声音",也许马克斯·韦伯说得更明白,他以"民主"为例对课堂进行分析:"你可以讨论民主的各种形式,分析民主运作的方式,比较不同形式的民主对生活状态的影响,然后你将民主形式与非民主政治秩序的形式对照来看,努力让听者进入一个能够找到出发点的状况,以便他可以根据他自己的终极理想,确定自己的立场。"[②]他是强调用事实说话,让学生在多种观点中自己判断并形成立场,福柯的"没有声音"大概也是这个意思。成熟的大学课程总是多代学者持续努力建构而成,客观呈现知识面貌是大学课程的基本准则。另一方面,大学课程研究本身是一个系统工程,需要教师协同,需要学术领导审议,需要对话学生,具有很强的协同性。

第四,大学课程学术是对学科知识与学生学习行动进行统整性规划的实践建构学术。课程中的知识呈现与学科不同,学科重视知识体系及严密的逻辑,课程则注重学生认知并与经验连接,从学科到课程的第一次转化就是把知识转化为学习方案,其中最重要的是对学习过程与教学方法的设计。大学课程学术之所以成立,不仅仅是将知识演进的逻辑与最新成果梳理、整合到课程中去,还在于重视将

[①] 威廉·克拉克:《象牙塔的变迁——学术卡里斯玛与研究性大学的起源》,徐震宇译,商务印书馆2013年版,第485页。
[②] 马克斯·韦伯:《韦伯作品集I:学术与政治》,钱永祥等译,广西师范大学出版社2004年版,第176页。

学科知识与人的发展(包括认知、情感等多方面的发展)在序列、逻辑、结构等多个层面结合起来,将知识的"一"(确定性、自然科学的一元性等)与人的发展的"多"(多样性、丰富性、复杂性)结合起来。"一"与"多"的辩证统一,正是大学课程学术的核心所在,魅力所在。因为人类的知识创新是一元的,而人的发展是多样的,课程开发和课程实施也是多姿多彩的。课程规划不仅要满足学生学习需求的多样化,还要为学生各异的学习风格、方式等提供方案、工具等资源支持,教学行动以服务学生个性化学习活动为中心。显然,基于学科知识与学生经验关联的具体学习活动规划是课程研究的主体,是一种情境性的实践建构,需要在继承与创新上寻求结合点。多年来,德里克·博克一直强调,缺乏对各种教学法效果的仔细研究是一个长期存在的问题。威廉·J.鲍莫尔教授评论道:"我们其实并不知道自己教学活动的真实意义。我正在教授一门创新企业家的课程,但关于应该强调的主题,(或)学生应该掌握的工具,我虽有自己的观点,却完全没有可以支援的证据。我对这些问题的心态就像 18 世纪的内科医生一样,他们之所以用水蛭和拔罐的方式为病人治疗,只是因为以前的内科医生都是这样做的。"[1]大学课程学术需要给教学行为提供证据的支持。另一方面,需要克服在线大学课程带来的负面影响,千万不能混淆大学实施的课程就是线上的所谓大学课程。总体上来说,线上大学课程只是一种资源形态,缺少必要的实践建构,实际的大学课程对实践的设计与实施要比线上复杂得多。2012 年 3 月,康奈尔大学罗伯特·弗兰克(Robert Frank)校长指出:"随着生产率的提高,只用曾经需要用到的劳动力中的一小部分来组装汽车是有可能实现的,但是要演奏贝多芬的 C 小调第四号弦乐四重奏,仍需要 4

---

[1] 威廉·G.鲍恩:《数字时代的大学》,欧阳淑铭等译,中信出版社 2014 年版,第 71 页。

名乐师花 9 分钟的时间,跟 19 世纪一样。"①简言之,在大学教育领域,通过提高生产率来抵消工资上涨的程度,不太可能跟制造业一样。作为需要学术参与的实践,大学课程仍然保持传统智力与精力共同参与的研究形态,因为基于师生、生生互动的实践行动设计,比静态的学习资源呈现要投入更多的学术力量。这种建构也包括对大学学习情境的开发与利用。"大学应该成为人生中的一个个驿站。在这样的大学里,无论长幼,大家都能学做或反思一些事情——而在生命中的其他时间里,他们可能没有这样的机会。这样的学习最好在集体和寄宿的环境下进行,而不是一个人闭门造车。从这个角度出发,我们可以解释为什么开放大学虽然在许多方面胜人一筹,却无法成为其他大学的楷模。"②伙伴关系、师生关系、交流情境等,比单纯的知识设计更具有大学学习实践意义。

三、大学课程学术的文化认同

从大学诞生之日起,就存在大学课程及学术,但是长期以来,学者们并没有在大学课程研究上投入太多智力和精力,推进大学课程学术的关键是积极争取广泛的文化认同。博耶的《学术水平反思——教授工作的重点领域》发表后,在美国掀起了大学教学学术运动。2001—2002 年一项对全美 729 所四年制非营利院校(占全美四年制非营利院校的 50%)学术总长(CAO)的调查表明:在过去的十年中大多数的四年制学院已经启动了正式的政策或程序来对教学学

---

① 威廉·G.鲍恩:《数字时代的大学》,欧阳淑铭等译,中信出版社 2014 年版,第 6—7 页。
② 克里尚·库尔马:《场所的重要性》,见安东尼·史密斯等:《后现代大学来临?》,侯定凯等译,北京大学出版社 2010 年版,第 49—50 页。

术进行鼓励和奖励。2/3(68%)的 CAO 报告称他们所在的院校机构在过去的十年中改变了任务或计划文献,修改教师评价标准,提供激励奖励,或者开发了更加灵活的工作量项目来鼓励和奖励实施教学学术的教师,一多半(57%)的 CAO 称过去五年中在教师晋升和终身教职评审案例中有 50%—100% 对教学学术进行了强调。[1] 这充分说明有关教学学术的思想获得了广泛的认同,认同的背后是美国大学利益相关方的共同努力。各种资料显示,在推进大学教学学术运动中,各大学将教学学术纳入大学教师晋升和终身职位评审标准,着力构建教学学术实践的支持体系,包括设立项目、设立奖项、组建研究中心、建立校际教学系统等,同时聘用重视教学的教师、推动教学学术成果评价等。同样大学课程学术被广泛认同并成为大学和教授的自觉行为,使他们能够主动投入应有的智力和精力,也需要各相关机构与主体的共同努力。

第一,主体认同。大学课程研究的主体是所有专业与学科的大学教师,他们在大学的学术场域中分别隶属于某一学科,但不会把大学课程研究作为主攻方向,在他们看来,大学课程就是学科,或一本讲稿而已,哪需要什么研究。大学教师投身大学课程学术的障碍有三。一是传统观念。包括课程即知识、教学即讲授,也包括发现求知是学术的最高目标。这些观念导致的结果,既把大学课程等同于一本教材或一本讲义,也把课程编制工作排除在学术研究工作之外。二是知识结构。学者进入大学从事科研与教学工作,仅仅是因为他有博士学位,他具有研究和传播某一学科知识的能力,至于大学教师需要什么素质他并不清楚,什么是大学课程、大学生的学习具有什么

---

[1] Kerry Ann O'Meara. Encouraging Multiple Forms of Scholarship in Faculty Reward Systems: Does It Make a Difference? *Research in Higher Education*, 2004,46(5).

特点等,因为不属于其学科体系,也就总体上若明若暗,甚至一无所知,更不要谈大学课程编制技术了。三是现实需求。课程是大学教学的基本载体,但课程教学始终被几乎所有的大学排名忽视,主要因为课程教学的质量很难测量,跨越不同国家、大学和学术体系去测量课程教学质量更是难上加难。当课程被排除在大学排名之外的时候,热衷于排名的大学甚至政府就视课程为无物。是否进行大学课程研究并不影响教师的晋升和待遇。尽管存在一些所谓"精品课程"之类项目,也仅仅成为部分学者的业余爱好而已。克服这些障碍,使大学教师广泛认同课程学术,教师自身需要做出努力。首先需要教师把献身大学教育事业纳入献身科学的情怀之中,有了这种献身精神就会有责任感与使命感,就会把知识育人作为科学事业的构成部分,就愿意积极投入大学课程研究。其二,要正视大学课程实施过程的专业性和复杂性。"在19世纪初德国研究型大学建立之前,大学主要被视为教学机构。今天校园里的学生更加多元。在教育大众化时代,接受高等教育的学生来自不同的社会经济环境,拥有不同的知识能力,这使发展教学和课程的任务更为复杂。"[1]当认识到课程实施以学生学习为基础并且包括特定的能够产生预期学习结果的行动方式时,才能清楚基于学习结果构建适宜的课程方案,将教学带入课程设计之中。能够自觉意识到教师的课程观和知识观对知识传授过程的实际影响,意识到教师如何扮演好知识加工者的角色,意识到教师的课程研究最终决定着学生学习质量。其三,勇于面对更加开放与超越学科的学术挑战。课程基于学科而超越学科。史密斯(Smith)和韦伯斯特(Webster)称大学必须致力于批判性探究和理性辩论,培

---

[1] 菲利普·阿特巴特等:《全球高等教育趋势——追踪学术革命轨迹》,姜有国等译,上海交通大学出版社2010年版,第16页。

养诸如分辨论点与论据的能力,培养冷静评判一种观点的能力,培养独立学习和集体学习的能力,培养表达连续一致的论点的能力,培养提高个人思维缜密程度的能力,培养开拓想象空间以及思考的能力,提高分析问题并进行概念化思考的能力。[①] 这些人类赖以进步的知识理性,都需要基于超越学科的知识加工作基础,需要对课程实施过程进行富于挑战的学术行动设计。对学科的挑战、对学科与人关联性的挑战、对学生富于想象力的学习过程的挑战,是大学教师进行课程研究的思想基础。

第二,制度认同。推进大学课程学术的关键是制度保障,但在当下面临种种制度障碍。一是功能错位。大学原本是教育机构,在发展过程中又获得了科研与服务的功能,但在研究型大学,教育功能渐渐被边缘化了,科研则处于核心地位,服务占去学者大部分精力,教学被严重忽视。二是评估缺失。大学和政府非常在意所谓"一流",对那些严重干扰高等教育秩序的"大学排名"近乎崇拜。吊诡的是课程与教学却没有公认的评估体系,致使大学视课程为无足轻重但不得不应付的事务。三是指标缺席。主要是教师职称评定、职务晋升中课程教学指标可有可无,主要依据学科性科研成果,课程开发与教学工作多有数量要求,而无质量评定。这必然影响到教师从事课程研究的积极性。这些问题在发达国家出现较早,已经引起重视。"欧洲、北美以及部分澳大利亚的大学已经妥善准备好在大学层面的教学和评估中使用教育理论作为战略和政策实施的反思工具。在世界其他地方的一些院校里,课程的设计与评估的方法越来越多地建立

[①] 安东尼·史密斯等:《后现代大学来临?》,侯定凯等译,北京大学出版社 2010 年版,第184页。

在学生的预期学习成果而非教师传递给学生的内容上。"[1]在美国,有关教学学术评价已经纳入许多大学教授职务晋升和终身教职的评定。许多国家在大学教师入职方面已经把教育学和心理学理论作为重要的培养与专业发展内容。可见,设计和完善大学课程研究与教学学术的制度设计,把人才培养作为大学的中心职能,将大学课程学术作为教授和终身教职评定的关键指标,建立促进教授积极投入大学课程学术的长效机制,是促进大学课程学术的主要制度内容。

第三,学问认同。当代大学学术的基本格局是:研究是学术工作的核心,追求知识以知识为目的;借助学术团队拓展知识前沿;名望由国内外的学术同行建立与传播;而其质量则是由同行的评价和学术自由鉴定的。[2] 大学课程学术同样需要团队、需要同行评价。在学术界认同层面面临的主要障碍有三点。一是学科屏障。当代学科分化越来越细,大学教师在做博士的时候就进入较为狭窄的研究领域,这与课程研究所需要的知识开放与学科超越是相悖的,使大学教授们对本研究以外的任何学术都不感兴趣,自然轻贱作为综合学术的大学课程研究。二是学术霸权。许多学术领域一向等级森严,话语权掌握在小部分所谓学术权威手中,一方面他们为学术繁荣做出了贡献,另一方面他们又是学术多元化与实现突破的保守力量。对于大学课程这样不同于传统学科的研究,显然离具有诱惑力的学术领域尚有较大的距离。三是成果分层。就学术形态而言,往往发现的学术最硬,综合的学术次之;就学术层次而言,学科原创性成果更加有价值,综合性和应用性的则打折扣。现实中像教材、专著等比研究

---

[1] 菲利普·阿特巴特等:《全球高等教育趋势——追踪学术革命轨迹》,姜有国等译,上海交通大学出版社2010年版,第104—105页。
[2] OECD:《OECD展望:高等教育至2030》(第1卷 人口),杨天平等译,重庆大学出版社2011年版,第140页。

论文或报告的成果价值要低得多,而课程研究的论文很难在权威的学术杂志上刊登。"到目前为止,作为知识创新和人才培养基地的高等院校,仍然被视为'学科共同体'。……正是这些掌握了'高深思想''高深知识'的学者教授,组成了以专门化为特征的学科专业。尽管近年来学科的分化与学科的整合使得传统的学科界限有日趋模糊的倾向,但学科的实力、水平和特色,依然是高等学校竞争力的主要标志。"[1]在这个意义上,作为学问得以被认同的重要标志就是具有学科性。因此,需要将大学课程学术纳入学科范畴,进而成为学科共同体的重要成员。事实上,近代大学的课程、教学是学科不可分割的组成部分,现在科研项目、课程分化了,但课程研究需要也应该回到学科学术之中,只有这样,大学课程学术才能获得广泛的学问认同。

---

[1] 龚放:《大学教育的转型与变革》,中国海洋大学出版社 2009 年版,第 277 页。

回归教学质量

聚焦本科教育质量

潘金林

本科教学质量是高等学校办学声誉、办学品牌的重要载体，也是一流大学建设的重要指标。综观近年来国际高等教育的发展，高等教育强国普遍重视本科人才培养，世界一流大学普遍将提高本科教学质量作为学校办学重要的目标追求。

回归本科教育教学质量也是中国从高等教育大国走向高等教育强国的必然要求和必经之路。进入新时代以来，我国高等教育发展取得了历史性成就，高等教育综合改革全面推进，高校办学更加聚焦人才培养，本科教育教学质量明显提升。教育部 2001 年 4 号文件《关于加强高等学校本科教学工作提高教学质量的若干意见》将本科教育在高等教育中的地位明确概括为"主体和基础"，要求各级教育行政部门把"本科教育质量作为评价和衡量高等学校工作的重要依据"。教育部 2005 年 1 号文件《关于进一步加强高等学校本科教学工作的若干意见》再次重申了"本科教育质量是衡量高校工作重要依据"的主张。随着"双一流"建设政策的出台，本科教育教学质量再次受到关注。2018 年 6 月 21 日，教育部在四川大学召开了新时代全国高校本科教育工作会议,进一步凸显并强调了本科教育教学质量的重要性。教育部 2018 年 2 号文件《关于加快建设高水平本科教育全面提高人才培养能力的意见》(新高教 40 条)明确指出,办好我国高校,办出世界一流大学,人才培养是本,本科教育是根,要求高等院校把本科教育放在人才培养的核心地位、教育教学的基础地位、新时代教育发展的前沿地位,要围绕激发学生学习兴趣和潜能深化教学改革,构建全方位全过程深融合的协同育人新机制,加强大学质量文化建设。

高等院校提高本科教学质量的路径是丰富多样的,质量理念变革、质量文化建设、质量保障体系建构、教学质量监控与评价、教师教学能力提升、学生学业支持,等等,都是近年来学者们探讨本科教学质量的切入点。本部分选取了五篇论文,分别从不同视角探讨了回归本科教育教学质量的路径。

潘金林博士的《精准化学业支持:提升本科教育质量的着力点》一文从大学生学习的视角探讨提升本科教育质量的策略。文章认为,目前我国本科人才培养质量并不能完全回应社会期待。在我国高等教育已全面实现大众化、即将迈入普及化的关键阶段,本科院校还有大量学术基础薄弱、学习意愿模糊、学习动力不足的大学生难以适应"高深学问"与"复杂技能"的学习,其学习困难不仅是制约自身发展的"短板",也成为影响高等教育整体质量的"短板"。因而在当下,提升本科教育教学质量的着力点是对本科生提供精准有效的学业支持,从而补齐学生学习短板,促进学生全面发展。文章在对国内外大学生学业支持的理论与实践进展进行系统梳理的基础上,提出,在高等教育大众化与普及化背景下,本科生学业支持应立足于服务学生终身发展,同时,要达到标本兼治的目的,必须将提升学习力作为本科生学业支持的核心目标。文章通过对学习力内涵的分析,将大学生学习力划分为知识与经验、情感与态度、动力与能力、策略与效率、反思与批判、迁移与创新等六个方面。为促进学生学习力提升，为每个学生提供精准化的学业支持，提出从诊断与咨询、指导与激励、互助与互促、预警与救助四个子系统构建本科生学业支持体系。

周继良博士的《学科评估与一流学科建设的关系定位与制度突破——兼论学科评估的理性评判及其与"双一流"建设学科的差异》一文则从学科评估的视角探讨了回归本科教育质量的思路。指出，我国高校学科评估结果及其变化，与学科发展的动态性和评估参评规则紧密相关，我们不宜对其进行简单比较和无端质疑，需要做好科学分析和理性评判，并真正读懂学科评估的本质与要义。文章以我国著名的研究型大学 C9 高校联盟为例，通过 C9 高校第四轮学科评估结果与得分情况、C9 高校第四轮和第三轮学科评估的 A 级学科与排序等数据分析，认为高校第四轮学科评估结果与我国第一轮"双一流"建设学科存在一定程度的差异，这些差异主要是由学科评估与遴选规则差异、指标体系与标准差异决定的，但二者也表现出较高的吻合度。文章建议学科评估与一流学科建设都要进行动态管理，二者是一种相互补充和共治而进的关系，共同推进学科发展和内涵建设；同时，应该找到学科评估与一流学科建设的制度突破，即在做好国内学科评估的基础上，积极参与学科国际评估。

李德方博士的《高职院校校长影响策略与方式研究——基于行为事件访谈法的分析》则是从高等职业教育院校治理的视角探讨了回归高等教育质量的另一种路径。文章认为，改革开放 40 年来，我国的高等职业教育获得了快速发展，为我国高等教育大众化目标的实现起到了举足轻重的作用。在后大众化时代，特别是中国经济进入"新常态"的背景下，如何使高职在原有基础上更好地发展，是当前及今后一段时期面临的一个挑战。充分发挥高职院校校长的作用，不断提升其管理水平和能力,则是其中不可或缺的关键举措。论文通过行为事件访谈法收集资料,综合采用样板的组织类型和编辑的组织类型方法进行编码并统计,结果显示高职院校校长在领导学校过程中主要采用"示范—合作""权力—强制"和"借力—激励"等三种影响策略对下属施加影响,具体包括"理念引领""以身作则""制度化"等 15 种影响方式。研究还表明,受访校长在实际领导行为中大多综合使用以上策略方式,尤其注重优先使用"示范—合作"策略,尤以"理念引领""以身作则"方式最为常见。

叶俊飞博士的《从"少年班""基地班"到"拔尖计划"的实施——35 年来我国基础学科拔尖人才培养的回溯与前瞻》一文在历史的视角上,对我国拔尖人才培养历程进行评析。从 1978 年中国科技大学创建第一个"少年班",到 90 年代"国家理科基础科学研究和教学人才培养基地"的建设,到 2009 年"拔尖计划"的启动,35 年来我国高校培养学术英才的改革探索,取得了丰硕的成果,形成了"多样选拔,集中成班,系统培养"的基本模式,以及"少而精、高层次"的培养目标和"拓宽、强化基础,倡导早期科研训练"的基本路径。展望未来发展,作者认为,要真正解答钱学森的"世纪之问",造就一批基础学科拔尖创新人才,还应当在以下三方面有所突破:其一,造就学术精英的努力应当始于本科而又不限于本科,重视造就拔尖人才的长期性与整体性;其二,关注学生发展,自主选择,重视个性化发展机制的完善;其三,拓展"基础",训练思维,重视学术素养的形成与提升。

王小青、王九民博士的《中国大学生学业成就评估:二十年的回顾(1998—2017)》一文以翔实的文献和数据为基础,以国际大学学业成就评估的发展历程为参照,综合运用文献研究、比较研究、历史研究和访谈研究等多种方法,全面梳理了近二十年来我国大学生学业成就评估的测评工具开发与应用、测评方法运用、评估结果应用等方面的现状及存在的问题。基于以上分析,作者提出了中国大学生学业成就评估的5大趋势,即:建立学业成就评估系统性的制度,构建新的学业成就评估范式,综合运用学业成就评估与其他学习结果评价,开展学业成就评估元评价,促进学业成就评估理论和实践的进一步本土化等。如此,则可以促进我国大学生学业成就评估的理论与实践健康发展,更好地保障我国新时期的本科教育质量。

五篇文章尽管研究方法不同,研究视角各异,却在提高本科教育教学质量上殊途同归。

精准化学业支持:提升本科教育质量的着力点

潘金林

引 言

随着我国"双一流"建设的推进,本科教育质量问题再次受到高等教育界的关注。2018 年 6 月,教育部召开了改革开放 40 年来的首次全国高校本科教育工作会议。陈宝生部长在会上发表讲话,指出高等教育要坚持以本科教育为根本,推动"四个回归",建设一流本科教育。"四个回归"就是要求高校要回归大学的本质职能,把人才培养的质量和效果作为检验一切工作的根本标准。

毋庸讳言,目前我国本科人才培养质量并不能完全回应社会期待。在高等教育已全面实现大众化、即将迈入普及化的关键阶段,数量众多的学术基础薄弱、学习意愿模糊、学习动力不足的青年人正在进入地方本科院校学习。受多种因素的制约,他们的学业并未得到及时有效的引导和支持,因而难以适应"高深学问"与"复杂技能"的学习,他们的学习困难已成为制约其自身发展的"短板",一大批学生的学习困难又成了影响高等教育整体质量的"短板"。因此,坚持以本为本,回归"大学之道",引导和激励本科生投身学习,当务之急是开展精准化的学业支持,补学生学习短板,促进学生发展,提升本科教育质量。

一、大学生学业支持的理论与实践进展

中西方高等教育机构在一千多年前就已开始学业支持的实践探索,但直到20世纪二三十年代,大学生学业支持研究才开始受到关注,较为系统的理论研究兴盛于20世纪七八十年代以后。

在西方,牛津大学在14世纪首创导师制,明确导师要承担住宿生的学业指导和日常行为监管的职责,经过几个世纪的完善和发展,导师制成为牛津大学、剑桥大学等英国大学学业指导的特色制度。19世纪,以柏林大学为代表的德国大学倡导教学和科研相结合的原则,在学业指导上采用"习明纳"(seminar)的方式,即高年级大学生在教师指导下,组成小组研究高深的科研课题,经过不断完善,该方法成为创新人才培养与指导的经典模式。美国高校尽管从殖民地时期就为学生提供学业支持,但效果并不明显。1841年,卫兰(F. Wayland)向布朗大学董事会投诉新生能力差,呼吁高等院校做出应对。[①]自此,提高大学生学习成绩一直是困惑美国高校的问题,各高校也一直通过为学习困难的大学生提供各种服务来回应这一问题。1870年艾略特校长任命了哈佛大学第一位负责学生纪律、发展及选课管理的院长,系统协调学生学业指导。1876年霍普金斯大学产生了教

---

① W.Brown. What's a Learning Center? Online Submission, December, 2014. https://files.eric.ed.gov/fulltext/ED552875.pdf.

师参与的大学生学习指导系统。"二战"后,由于大学生学习成绩滑坡问题严重,学习指导再次引起关注。20世纪70年代初,随着高等教育大众化的到来,更多准备不足的学生进入大学校园,许多高校开始创立专门的学习支持中心,为学生提供全面的学习与指导,克莱斯特(F.Christ)在加利福尼亚州立大学长滩分校成立了全美第一个学生援助中心(当时称为学习援助支持系统)。[①] 随后,这一经验迅速得到推广,到目前为止,全美高校中已有70%以上的大学成立了学习支持中心等类似机构。结合马可思维尔(Maxwell,1997)、阿伦戴尔(Arendale,2010)、特鲁西埃和雷迪(Truschel & Reedy,2014)的研究来看,西方高校学习支持的主要功能包括:课程辅导与学术指导、残疾人服务、新生年体验、学习咨询、职业发展服务、学习成绩提升服务、妇女中心、学困生服务等;学业支持的项目包括:学术咨询,对学困生的学术诊断与评价,提高学习技能和学习策略的工作坊、辅导或课程,同伴辅导与专业辅导,矫正课程,残疾学生服务,新生入门服务,女大学生服务,补偿教育计划、发展项目等。[②③④]

在理论研究上,西方学者对大学生学业支持的研究是与大学生学习经验、大学生满意度等研究交织在一起的。20世纪80年代,随着高等教育质量问责、教育质量评估的兴起,学者们开始从宏观和微

[①] D.R.Arendale. Access at the Crossroads: Learning Assistance in Higher Education. *ASHE Higher Education Report*, 2010(35).

[②] M.Maxwell. What are the Functions of a College Learning Assistance Center? National College Learning Center Association 2000 – 2001 Resource Directory. National College Learning Center Association,1997.

[③] D.R.Arendale. Access at the Crossroads: Learning Assistance in Higher Education. *ASHE Higher Education Report*, 2010(35).

[④] J.Truschel,D.L.Reedy. National Survey-What is a Learning Center in the 21st Century? *Learning Assistance Review*, 2009(14).

观视角探讨制约和影响高等教育质量的因素。一些研究机构和学者从宏观视角对大学生学习的支持性条件进行探讨,美国高质量高等教育研究小组(1984)提出,保障本科教育质量的条件包括三个方面:学生投身学习、严格要求、评价和反馈[1];卡内基基金会主席博耶(E.Boyer,1986)主张从中学到大学的过渡、通识课程、教学工作、大学管理、教育评价以及校园与外部世界的联系等方面系统构建本科生学业支持。[2] 一些学者以不同的理论框架探讨了大学生学习支持的构成要素与效果:E.Pascarella(1985)的"变化评定综合模型"指出,大学生的学习和发展受到5个方面因素的影响:学校组织结构与组织特征、校园环境、学生与他人交往、学生的努力程度、学生个体的特征;[3] A. Checkering(1987)从"本科教育的良好行为"的角度提出成功的本科教学有赖于师生互动、同学互动、主动学习、及时反馈、高期望值等方面的支持;[4]V. Tinto(1993)的"交互影响理论"表明,大学生的校园经验是由学术系统和人际系统整合而成,两个系统对学生学习的支持程度越高,学生的积极性就越强;[5]G.Kuh(1999)的"学生参与理论"揭示,高校通过资源配置及创设各种学习机会和支持性环境,

---

[1] 美国高质量高等教育研究小组:《投身学习:发挥美国高等教育的潜力(A)》,吕达、周满生主编《当代外国教育改革著名文献(美国卷·第一册)》,人民教育出版社2004年版,第32页。

[2] E. L.Boyer. *College: The Undergraduate Experience in America*. Carnegie Foundation for the Advancement of Teaching, 1987.

[3] E.T.Pascarella. Students' Affective Development within the College Environment. *Journal of Higher Education*, 1985,56 (6).

[4] A.W. Chickering, Z. F. Gamson. *Seven Principles for Good Practice in Undergraduate Education*. American Association for Higher Education, Washington, DC., AAHE Bulletin, Mar 1987,pp.3-7.

[5] V. Tinto. *Leaving College: Rethinking the Causes and Cures of Student Attrition*, University of Chicago Press,1993.

能够强化学生的学习性投入,提升学生的学习质量。[1] 其他学者如 C.Pace(1982,1990), Endo & Harpel(1982), Terenzini & Wright(1987), Ory & Braskamp(1988), Kaufman & Creamer(1991), Bean & Eaton(2000), Lohfink & Paulson(2005)也从不同视角探讨了大学生学业支持的形式与成效。这些理论研究不仅从学业支持的视角揭示了影响大学生学习质量的因素,研究成果又进一步推动了大学生学业支持的系统化和制度化。

在国内,通过密切师生互动促进学生发展是我国高等教育所秉持的优良传统。两千年前孔子就通过密切师生的互动传播高深知识、培养高层次人才;古代书院通过师生共处、学生互助的方式开展学业支持。中国现代大学创立后,将中国传统教育理念与牛津、剑桥等大学的导师制相结合,建立具有自身特点的高校导师制体系,在学生学业指导上取得一定成效,梅贻琦先生的"从游论"就是这一时期大学生学业支持的生动写照。抗战时期的西南联合大学,教师与学生密切互动,李政道为"钱学森之问"给出的答案就是如当年西南联大的"一对一"教学支持。[2] 新中国成立后,我国高校建立了由班主任、辅导员、导师和任课教师构成的学生工作与管理体系,为学生学习和成长提供全方位支持。改革开放后,高等教育规模迅速扩展,为了满足不同类型学生的发展需求,我国高校构建了校党委领导下各部门分工协作的学业指导工作体系以及由二级学院专职学生工作党委(党支部)书记、专职辅导员、专职心理咨询人员、班主任(班级导师)、授课教师构成的学生工作与学业指导队伍,为学生提供助学、心

---

[1] G. D.Kuh. How are We Doing? Tracking the Quality of the Undergraduate Experience, 1960s to the Present. *Review of Higher Education*, 1999, 22 (2).
[2] 马海燕:《李政道破解"钱学森之问":杰出人才需一对一教育》,中国新闻网,http://news.xinhuanet.com/politics/2010-10/31/c_12720034.htm。

理辅导、学业指导、就业指导等方面的支持。

我国学者对学业支持的理论研究始于20世纪末,并随着高等教育大众化的进程不断深化。研究内容主要集中于以下几个方面:一是大学生入学机会支持,探索建立多元化助学体系以保障学生不因贫困失学;二是大学生心理服务支持,探讨大学生心理问题的有效矫正方法以促进学生健康成长;三是学习方法支持,主要探讨了在大学英语、思想政治理论课等公共基础课中提供有效的学习指导;四是学习资源服务与支持,探讨诸如网络教学资源的利用、慕课模式下师生角色转换等问题;五是学业支持服务的队伍建设,重点探讨了导师、辅导员队伍建设机制。研究方法则是以比较研究、思辨研究、经验总结法为主,比较研究主要是探讨欧美等国家大学生学业支持的经验及其对我国的启示,思辨研究主要阐释了大学生学业支持的意义、价值及实践路径等,经验总结结合校本实践提出大学生学业支持的问题、解决思路及实践成效等。在学业支持体系建构方面,则主要围绕两个维度展开:一是学业支持的功能要素。有研究者认为学业支持的功能包括氛围营造、目标激励、课程引导、个别辅导、结对帮扶等要素;[①]亦有学者认为包括大学适应教育、专业甄别与选择、学习策略与方法指导、学习心理疏导等要素。[②] 二是学业体系的总体构架,有学者建议从理论基础、功能架构、服务内容[③],从学业引导、学业评价、学业支持[④],从学习目标规划与激励、学习质量监控与预警、学习质量问

---

① 程孝良、曹俊兴:《构建学习支持系统 提高大学生学习质量——基于6所高校大学生学习现状的调查与研究》,《中国大学教学》2012年第12期。
② 陈凯泉、李春荣:《大学生学习支持服务:研究型大学创新型人才培养的重要支撑》,《高等理科教育》2012年第5期。
③ 仵林军、高希:《大学生学习支持体系的构建研究》,《前沿》2014年第Z6期。
④ 冯其红:《大学生学业引导与支持体系的构建与初步实践》,《中国大学教学》2015年第1期。

题分析与扶助等维度①构建大学生学业支持系统;有学者探讨从系统论视角建构大学生学业支持系统;②还有学者探讨了残障大学生学业支持系统的构建。③④ 总体看来,构建学业支持体系是我国学者近年来关注的重点之一。

综合近年来国内外学习支持的理论和实践,可以看出,欧美高校注重为学习准备不足、发展不充分的学生提供有效的学业支持,建立了较为完善的大学生学业支持体系,形成了一定的理论成果积累。我国学者试图建立学业支持体系,但对后大众化以及普及化阶段大学生学习特点与需求了解不够,对如何对本科生实施精准学业支持缺乏深入的理论研究和系统的实践探讨,成果的影响力有限。

二、服务学生终身发展:本科生学业支持的基本理念

理念是行动的先导。高等教育先进的理念是反映高等教育自身发展规律并能引领高等教育改革实践的先导性理论。建立精准化的本科生学业支持,也应以先进的教育理念作为先导。结合高等教育自身发展的规律和世界高等教育改革的经验,以及我国高等教育发展的现状与趋势,特别是面对高等教育普及化、终身教育思潮、当代大学生的学习心理变化,我们将大学生学业支持的基本理念定位于

---

① 程孝良、张永芳:《大数据时代的大学生学习及质量提升策略》,《现代教育管理》2016年第2期。
② 薛正斌:《大学生学习支持系统构建研究》,《延安大学学报(社会科学版)》2017年第5期。
③ 赵钢:《视障大学生全纳教育学校支持系统构建——以长春大学视障大学生全纳教育实践为例》,《劳动保障世界(理论版)》2013年第8期。
④ 蔡翩飞:《残障大学生的学业支持研究:基于"理想类型"视角》,《广州大学学报(社会科学版)》2017年第9期。

服务学生终身发展。这一理念包含以下要点：一是服务学生学习。学习是学生终身发展的基础，是大学生的第一要务。本科院校要聚焦本科教育这一核心使命，回归大学之道，服务学生学习，促进学生学习。二是突出能力培养。在普及化高等教育阶段，大学教育不仅仅是为了学生完成学业，顺利毕业或完成一次就业，而是要让学生具有应对未来不断变化的竞争能力。高等院校通过精准化的学业支持，提升学生的学习力，形成胜任未来多样化发展的能力。三是注重个性化发展。在高等教育普及化阶段，本科院校的培养目标和培养规格是多元的，学生成长成才的路径与方式也是多样化的。高等院校要通过构建"一生一策"式的支持体系，为学生建立个性化的发展通道。四是促进学生主动学习。实践证明，学生学习和个人发展的量，总是与其时间和精力的投入量成正比的。学生对学习的积极投入、对学习资源的有效利用、对学习策略的及时调整，决定了其学习的成效。因此，从管理和服务的视角来看，提高学习效果的最有效方式就是促进学生主动学习。五是注重学习效果导向。高等学校的质量应该体现在学生从入学到毕业在知识、能力、技能以及情感态度等方面的改变和进步，本科院校的教育质量必须聚焦学习的效果。要以学生的学习结果为中心评价教育，以学生学到了什么、学会了什么评价本科教育的成效。

三、提升学习力：本科生学业支持的核心目标

目前我国高校学业支持偏重于为学习困难学生以及学习危险中的学生提供课程辅导以及考试辅导，提高学生考试分数和及格率，以保障学业保持率、毕业率、学位授予率等学习质量的外显性指标。这种学业支持往往只能治标，难以治本。通过临时性的课程辅导或考

试辅导,可能会让学生暂离学习危险境地,但由于其没有掌握系统的学习方法,没有强烈的学习意愿和持久的学习动力,下一次又会面临新的学习困难。这种无奈的处境不断循环,就会让学生失去学习兴趣,耗尽其坚持学习的耐心;而一旦缺乏"救急"措施,他们立即就会陷入学业失败的境地。要达到治本功效,则要在学业支持中更多地关注本科生的学习意愿、学习动力、学习能力、学习策略等,从根本上调动大学生的学习积极性,让大学生主动、充分地投入学习,持续有效地改进学习,提高学习质量。本文将本科生的学习意愿、学习动力、学习能力、学习策略等核心要素归纳为本科生的学习力。

1. 学习力研究现状

学习力,英文为 learning power,日本学者以及国内部分学者表述为"学力"。1949 年,日本学者青木诚四郎在《新教育与学力低下》著作中提出了"学力"的概念,此后日本学者围绕"学力"进行了系统研究,形成了各种形态的学力观,诸如基础主义学力观、知识主义学力观、技术主义学力观、新学力观等,建立了相应理论模型,如广冈亮藏模型、胜田守一模型、中内敏夫模型、清水利信的广义学力模型、梶田冰山学力模型、田中博之综合学力模型等。[①] 1965 年,美国麻省理工学院佛雷斯特(J. Forrester)在《企业的新设计》一文中提出"学习力"的概念,至 20 世纪 90 年代,学习力逐渐成为前沿管理理论。20 世纪 80 年代,欧美学者将"学习力"概念引入教育领域。

国内外学者对学习力的定义近乎百种,对其内涵总体说来持四种观点:能量观(McGettrick,2002;D. R. Crick,2006;沈书生等,2009,裴梯娜 2016)、品质观(Claxton,2002;谷力,2009)、素质观(吴也显等,2005)和能力观(瞿静,2008)。尽管学者对其内涵理解存在

---

① 钟启泉:《日本"学力"概念的演进》,《教育发展研究》2014 年第 8 期。

差异,但亦有共同之处,即学习力是依附学习主体而存在,在学习活动中生成和发展的某种能量/品质/素质/能力。

对学习力的要素构成,多数学者持"三要素说",认为学习力是由学习动力、学习毅力和学习能力构成;克莱斯顿(Claxton,2002)把学习力划分为顺应力、策应力、反省力、互惠力四要素;我国有学者在综合国外学者研究的基础上提出"五要素说",即学习动力、毅力、能力、效率和转化力(陈满林、曹卫秋,2003;张雪娇,2010);裴娣娜(2016)认为学习力包括知识与经验、策略与反思、意志与进取、实践与活动、协作与交往、批判与创新等六要素[①];英国 ELLI 项目组提出学习力包括变化和学习、关键好奇心、意义形成、创造性、学习互惠、策略意识、顺应力等七个要素;哈佛大学文理学院院长科比提出了综合体说,认为学习力是一个包括学习动力、学习态度、学习方法、学习效率、创新思维和创造力的综合体。

2. 大学生学习力本质内涵

综合国内外学者的研究,本文认为,大学生学习力是学生在学习活动中生成和发展的,由情感、态度、动力、能力、策略、效率、创造等组成并共同发挥作用,以发动、维持和促进大学生学习的多要素综合体。根据这一定义,可以从以下方面理解大学生学习力的内涵:首先,大学生学习力既是学习发生的基础,也是促进学习的手段,更是学习发展的目标;其次,大学生的学习力是大学生个体内部表征的学习心理品质,包括认知、情感、意志和行为等因素;再次,大学生的学习力是大学生个体学习能力的综合体现,反映在个体学习行为上通过自我规划、学习效率、自主性、思维的发展等进行表征;最后,大学生的学习力不仅包含学习的数量(掌握的知识与信息量),也包含学

---

① 裴娣娜:《学习力:诠释学生学习与发展的新视野》,《课程·教材·教法》2016年第7期。

习的质量(即大学生的综合素质、学习效率和学习品质),还包含其学习流量(学习的速度及吸纳和扩充知识的能力),以及知识增量(学习成果的创新程度以及学习者把知识转化为价值的程度)。[①]

3. 大学生学习力构成要素

根据大学生学习力的概念和内涵,本文将大学生学习力要素划分为知识与经验、情感与态度、动力与能力、策略与效率、反思与批判、迁移与创新等六个方面。其中,知识与经验、情感与态度、动力与能力是学习力的第一层次。本科生的学习,不仅需要知识与经验的积累,也需要对学习的钟爱和兴趣,更需要发动和维持学习的动力以及习得高深学问和复杂技能的能力,因而,知识与经验、情感与态度、动力与能力构成了大学生学习力的基础要素,只有具备了相应的基础学习力,学生才算真正达到了上大学的基本学业要求。策略与效率、反思与批判是学习力的第二层次,策略和效率是制约大学生学习方法的重要因素,反思和批评则是影响大学生学习质量和效果的关键指标,同时,它们是大学生学习力生成与成长的标志,正是通过策略调整和效率优化,以及对学习活动的不断反思和批判性,大学生的学习经验得以不断整合与重构,因而它们构成了大学生学习力的发展层。迁移与创新是学习力的第三层次,也是最高层次。这一层次揭示了大学生学习的最终目标:在迁移和创新中学会学习、学会创造,成为有创新精神和实践能力的高素质人才。

4. 大学生学习力的生成路径

每一个大学生的学习力基础及其发展路径都是不一样的,从而构成大学生的既全面又个性多样的发展模式。大学生的学习力不是自动生成的,既需要学生的积极实践,也需要学习资源的有效支持。

---

① 裴娣娜:《学习力:诠释学生学习与发展的新视野》,《课程·教材·教法》2016年第7期。

总体来看,大学生学习力的生成路径有以下方面:学生自主学习与感悟,课堂教学与学习,网络学习、各类培训、校内各类课外活动,社会实践、同辈学习等。每一种路径都在一定程度上影响或提高学生的学习力,但对某种学习力要素影响程度更高。如,学生自主学习与感悟对提升知识与经验、情感与态度、动力与能力、策略与效率、反思与批判、迁移与创新都会有所裨益,但对知识与经验的影响程度更高。同样,某种学习力要素也会受到多种方式的影响,但某种路径的影响力会更大。如,迁移与创新能力可以通过多种路径而得到提升,但校内外实践活动(如大学生创新实践项目)对其提升的作用会更大。通过对学习力生成路径的分析,可以将学习力的各要素融入大学生学业支持的各个环节,让学业支持的主要形式与学习力各要素交互对应,最终形成基于学习力提升的学业支持的有效模式。

四、体系构建:大学生学习支持的系统构架

落实以本为本理念,为本科生提供精准化的学业支持,构建全过程、个性化的学习支持体系是关键。根据国内外大学生学业支持的经验以及大众化背景下我国本科院校的实际,应从诊断与咨询、指导与激励、互助与互促、预警与救助等子系统组成本科生学业支持体系。

1. 诊断与咨询体系

学习力水平的诊断与咨询是学业支持的基础。只有对每一个学生的学习基础、学业专长、学习意愿以及学习能力等进行全面了解,才能准确把脉学生学习力现状及其发展潜力,进而合理规划学生的学习生涯,有的放矢地对他们进行学业引导,让他们目的明确、充满自信地投身到学习活动之中。许多大一新生在知识、意愿、能力等方

面还没有为上大学做好准备,即使是那些有所准备的大学生,由于大学和中学在学习环境、学习方式、学习目标等方面的差异,对大学四年该如何度过也缺乏清晰的计划。由于缺乏必要的学业指导,许多学生面对充裕的课余时间不知如何打发,不少人沉迷于网络游戏和无聊消遣而不能自拔。因此,当务之急是让学生在第一时间得到及时的学业水平诊断和有效的学业指导。

首先,高等院校要在学生进入大学之后尽快对其学习基础进行全面诊断。目前许多本科院校也对大一新生的学业基础进行测评,以此作为教学组织(如划分教学班级、分级教学等)的依据,但评价形式相对单一(以学业水平测试为主),对学生学习基础诊断不够全面,个性化诊断与咨询基本处于空白。要全面诊断大学生的学业基础,需从以下方面进行考量:(1)学生的教育经历与背景,不仅要考察学生的高考成绩,也要考察其在中学阶段的修读课程、学业特长、兴趣爱好等,还应关注其成长环境与家长教育经历等(一般而言,父母未受过大学教育的第一代大学生需要更多的学业指导)。(2)学业目标与学习兴趣。学生进入大学后,其学业志趣在学术、技术还是技能,毕业后是深造还是就业,不仅关乎学生大学四年的学习,更关乎其人生的发展。(3)学习风格与学习方式。学习风格和学习方式受到多种因素影响,也会影响其大学阶段学习效果,了解学生的学习风格与学习方式,不仅有利于因材施教,也能让学生学习通过合适的方法得到适宜的发展。(4)学习意愿与学习动力。意愿和动力不仅影响学生学习的效率,也影响学生发展的质量。对大学生学习力进行全面诊断,需要运用多种技术和方法,如查阅学生档案,与学生中学阶段的班主任老师建立联系,开展学业水平测试、能力测试与心理测试等,而有效的方式还是咨询教师与学生一对一的谈话,这种谈话可以让教师对学生的学业基础乃至学生的个性特征获得最直接的了解，进而为个性化、精准化学业支持奠定基础，还能给新生带来良好的入学体验，增进其进入大学阶段学习的信心。

其次，高等院校要为每一位学生提供全过程、个性化的学业咨询。每一所本科院校都应该设立类似于"学生学习咨询服务中心"的咨询机构，聘请德高望重的教师，为全校学生提供学术导航、学业规划、资源利用和学习策略等方面的咨询与辅导，帮助学生顺利实现从中学到大学的过渡。院系层面可以成立"学生学习咨询办公室"，聘请经验丰富的专业教师为学生提供个性化的咨询，帮助学生做出学术生涯的最佳选择，使其在大学的四年时间得到最充分的利用。学校还应该为一些有特殊需要的学生（如少数民族学生、体育特招生、艺术特招生、残疾学生、有升学或出国深造需要的学生等）设立专门咨询项目。每一位辅导员、班主任、学业导师以及授课教师都应该主动为学生提供学业咨询，通过师生深度交流，了解学生的学习基础以及学习困难；让学生在每一个关键阶段知道该做什么以及如何去做，增强学习自主，增进学习动力。

2. 教学与指导体系

教学与指导体系是提高本科教育质量的根本，也是精准化学业支持的关键。通过有效的课堂教学与充分的课后指导，发挥教师在本科教育中的主导作用，夯实大学生知识基础，增强大学生的学习动力，培养学习策略，提高学习能力。

课堂是大学生学业支持的"动力站"。本科生的核心学习经历主要是通过师生间课堂上的"风云际会"得到发展的。然而，学生能否投身学习在很大程度上取决于教师能否投身教学，能否密切与本科生的接触与交流，能否对学生的需求和困惑做出敏锐反应。[①] 教师在

[①] 龚放：《聚焦本科教育质量：重视"学生满意度"调查》，《江苏高教》2012年第1期。

课堂上与学生有效的互动和交流不仅可以激励学生课堂学习的兴趣,还能激发他们课后主动学习的意愿。小班化教学(如新生研讨课)在激发学生学习兴趣、增进学生学习动力、引导学生积极主动学习方面起到了立竿见影的作用,为此,高等院校应优化教学组织形式,创设有利于生师互动的教学条件。教师还要努力创新教学方法,提升课堂教学效果。研究表明,条理清晰、结构合理的授课会产生积极效应,通过增加课程的价值与趣味性,加强学生之间的联系,树立他们的信心,让他们感受到自己的进步。[①] 因此,教师应根据课程特点、学生特点和自身特点,选择适宜的教学方法,并根据课堂情境和学生的反馈及时调整、改进。尤其重要的是,教师要善于激励学生的学习愿望。教师对学生鼓励和欣赏的态度以及良好人格魅力(如亲和力、幽默感),可以有效提高学生学习的参与度,提升学生学习的意愿。研究表明,学生的课堂参与越多,他们在学习过程中越主动,学习的体验越愉快。因而教师要充分调动学生的积极性,让其主动参与到听课、思考与回答问题、讨论交流、练习、汇报等课堂活动之中,教师还可以吸纳学生参与教学资源建设,组织学生开展指导严密的实践性学习,开展模拟教学,让学生享受参与教学活动带来的乐趣。总之,教师要通过教学能力的提升和教学方法的变革,提高课堂教学的吸引力。

尽管课堂教学在大学生学业支持中有着不可替代的重要作用,但由于大学生在课堂之外度过的时间占据了其学习生涯的绝大部分,因而课堂之外的学业指导至关重要。为此,高等院校还应加强以下方面工作,为学生提供全过程、个性化、精准化的学业辅导。

第一,建立和完善学业指导的组织构架。学校层面应成立类似

---

① 德里克·博克:《大学的未来:美国高等教育启示录》,曲强译,中国人民大学出版社2017年版,第87页。

于"大学生学习发展指导中心"的机构,整体协调和组织全校学生的学业指导工作。相关职能部门和各公共教学机构也应成立面向全校学生的学业指导与服务中心,如"大学生外语学习指导中心""大学生科研与创新指导中心""大学生学业拓展服务中心""大学生国际交流服务与指导中心""大学生就业与创业指导中心"等。二级学院以及系部应成立专业与课程学习指导办公室、职业发展指导办公室等学业指导机构。总之,应通过建立完善的学业指导机构,满足学生多样化学业发展需要。

第二,加强本科生学业指导教师的配备。在新生入学后,学校应立即配备指导教师,进行一对一的指导,以便学生在大学入门阶段就能够在课程修读、专业选择、职业发展等方面得到教师的建议,并在以后的学习中经常与指导教师面对面交流。导师的指导工作应该从学生入学一直持续到毕业,甚至当他们走上工作岗位或进一步深造之后。通常情况下,同一个教师连续的跟踪指导,在互动频率与深度上比经常更换教师要好得多。高校的行政管理者尤其是院系领导也应积极加入指导教师的行列之中,通过对学生的指导,不仅可以在生师互动方面率先垂范,更为重要的是,他们能够直接发现学生所存在的问题,也更有针对性、更快地为学生解决实际问题。

第三,延展学业指导的时空。在学业指导的时间阶段上,可以提前至学生进入大学之前,乃至高中一、二年级阶段。有研究表明,如果学生在上大学之前更加了解大学的情况,就会在高中更加努力。[1]因此,高等院校可以和高中合作,提前告诉高一和高二的学生,让他们做好相应准备,并将高中课程和高等院校所要求的学术能力与知

---

[1] 德里克·博克:《大学的未来:美国高等教育启示录》,曲强译,中国人民大学出版社2017年版,第87页。

识结合起来。在学业指导的空间上,大学生的学业支持可以延展至社区和实践基地,学校可以聘请活跃在各行各业的杰出校友以及社区、工厂、企事业单位经验丰富的专业技术人员担任大学生学业"领航师",让学生了解社会对自己将来所要从事职业的要求,从而增加学习的主动性和自觉性,提高职业情感和实践能力。

第四,探索学业支持功能与形式的创新结合。目前我国本科高校学业支持的功能主要包括:学习生涯适应,专业选择,课程修读、能力提升、经验拓展、学法指导、心理辅导、学业成绩提示与预警、就业、创业与升造等。学业支持的形式包含:导师辅导、咨询项目、科研与创新活动、社会实践、研讨课、专题讲座、国外学习,等等。某一学业支持的功能可以通过多种形式来实现,如,在学习生涯适应中,形式可以有:校情报告会、预科生夏令营、新生入学教育、导师指导、新生咨询项目等;在学生的专业选择中,形式可以有:专业导论讲座或研讨、导师辅导、新生研讨课、专项咨询会等。高等院校要积极拓展学业支持的功能,创新学业支持的方式,探索学业支持功能与形式的有效匹配和最佳组合,开发满足不同类型学生发展需要的学业支持项目,实现精准化学业支持,不断增进学生的知识与经验,培养学生学习策略与方法,锻炼学生的反思、评判与创新能力,提高学生的学习质量与效率。

3. 互助与互促体系

同伴交往以及相互学习是大学生学习经历的重要组成部分。早期的研究表明,参与各类课外活动是学生在其大学生涯中最为珍惜的经历之一。这些活动有利于鼓励公共社会意识,保持大学传统,激励学生的社会交往和智力交流。[①] 同时,学生之间的沟通合作及"同

[①] 欧内斯特·博耶:《美国大学教育》,复旦大学高等教育研究所译,复旦大学出版社1988年版,第300—301页。

伴影响"(peer effect)是大学阶段的重要学习方式。[1] 有证据表明，在很多学科，如果成立学习小组，那些不能很好地掌握概念或解答题目的学生就能从其他同学那里获得帮助，学生能够从这样的过程中收获更多。[2] 基于以上经验和大学生的基本特点，建立本科生的学业互助与互促体系，不仅必要，而且可行。

本科生学业的互助与互促，首先是从课堂中的小组合作学习开始的。在课堂教学中，教师有意识地要求学生以团体合作的方式完成一些具有挑战性的学习任务，训练学生倾听、交流、批评、反思等合作学习的意识和方法，并努力通过学生之间的互动与合作解决学习中的困难和问题。学生在互动合作中，学习自主性得到提高，创造能力得到锻炼，组织协调能力得到提升，在课后也能够将这种方法进一步推广。

开展大学生学业互助与互促，需要建立和完善以学生为主体的助学和帮扶网络。由于学生之间的年龄和阅历相似，助学者能比教师更好地理解受助同学遇到的问题，在助学过程中他们的学习也能取得长进；受助者面对的是自己朝夕相处的同伴，压力和顾虑相对较小，在受助过程中也能更好地理解所学内容。高等院校可依托团委、学生会等组织，发挥学生志愿者、党员、学习骨干的作用，建立可满足不同学生需要的学习援助中心。院系层面建立学习帮扶小组，发挥优秀学生的示范、督促和激励作用，对学习困难学生适时救助，必要时开展一对一帮扶，使他们摆脱学习困境，重树信心。班级则应大力加强学习小组、学习型宿舍等学习共同体建设，让学生在共同的目标

---

[1] 史静寰、文雯:《清华大学本科教育学情调查报告 2010》,《清华大学教育研究》2012 年第 1 期。
[2] 德里克·博克:《大学的未来:美国高等教育启示录》,曲强译,中国人民大学出版社 2017 年版,第 180 页。

驱动下，相互帮助、相互启发、相互探索、相互督促、相互勉励，形成良好的学习氛围，最终获得共同发展和进步。

4. 预警与救助体系

大学生学业预警与救助体系是在对学生学习过程进行监控的前提下，依据一定的标准对学生学习进行实时评估，依据评估结果，及时对学业成绩不良或学习危险中的学生、家长（或监护人）、班主任、辅导员、相关授课教师以及学校有关部门发出一定等级的预警信号，并通过有效协调机制，及时采取干预措施，最大限度地帮助学习困难学生和学习危险中的学生改进学习，提高学业成绩。

开展学业预警与救助工作，首先要建立和完善相应的工作体系。学业预警与救助工作体系一般由学业预警与救助机构、学业预警与救助制度、学业预警管理信息系统等机构、制度和网络系统构成。学业预警与救助工作牵涉面广，需要高校教学管理部门、学生工作部门、院系以及家长（或监护人）密切配合，因此每一所高校都应建立起协同高效的组织机构和精练能干的救助队伍。在此基础上，完善预警与救助的规章制度，如学生学业预警等级与标准，预警数据的使用与安全，学业救助人员的责任与权利、学生预警后相关措施等。学业预警体系还需要开发以信息技术为载体、以大数据为支撑，学校、教师、学生、家长多方联动的信息平台，为学业预警与救助提供技术保障。

落实学业预警与救助工作，关键是对预警学生的及时帮扶与救助。对处于预警边缘的学生，辅导员或指导教师要定期与其谈话，了解思想动态，及时发现问题，查找和分析原因，促使其端正学习态度，树立学习信心。对少量课程考试成绩不及格的学生，帮扶人员要帮助他们找到学习短板，协助制定学习规划，采取诸如与学科成绩优秀学生结对的形式帮助其提高学业成绩。对心理出现问题的学习困难学生，要注重对其进行心理健康辅导，主动与家长联系，及时将学生在校学习、生活情况与家长进行沟通，使家庭与学校形成合力，促进他们健康成长。对多次受到初级预警的学生，要安排人员进行专门辅导，并可为这类学生开设专门的补习班，同时，鼓励学习优秀学生或学生干部与其结对，进行一对一或一对多的学业辅导。对达到高级别预警的学生，帮扶人员要及时掌握学生的心理状况，通过耐心细致系统的帮扶，提高其自控能力和抗挫折能力，让其重拾学习信心，解决学业上的危机。对各种有特殊困难的学生，要根据学生的特点和需求，提供有效学习救助与支持，不让一个好学的学生掉队，助力学生个性化发展，促进学生成功。

结　语

在我国高等教育即将全面迈入普及化阶段的背景下，本科生学业支持作为高等院校发展和学生自身发展的内在需求正日益受到重视。同时，随着高等教育质量观从"输入性质量"向"输出性质量"的转变，大学生学习力已成为衡量高等教育质量的核心指标。通过精准化的学业支持提升本科生的学习力是高等教育质量研究领域的新趋势。本文在本科生学业支持及其理论建构方面提出了若干设想，但其可行性还需在实践中检验，理论体系也还有待于进一步完善。

学科评估与一流学科建设的关系定位与制度突破*

——兼论学科评估的理性评判及其与"双一流"建设学科的差异

周继良

一、问题的提出:学科评估结果的公布及其反响

学科评估是教育部学位与研究生教育发展中心(简称"学位中心")按照《学位授予与人才培养学科目录》(简称"学科目录")对全国具有博士或硕士学位授予权的一级学科开展的整体水平评估。2002年首次开展,2002—2004年为第一轮,2006—2008年为第二轮,2012年为第三轮,2016—2017年为第四轮。第四轮学科评估于2016年4月启动,在95个一级学科范围内开展(不含军事学门类等16个学科),共有513个单位的7449个学科参评(比第三轮增长76%),全国

---

* 基金项目:国家社会科学基金2017年度一般项目"我国创建世界一流大学的公共决策与资源配置模式研究"(17BGL173)。

高校具有博士学位授予权的学科有94%申请参评。[①] 该轮学科评估的主要特点是[②]：采用"绑定参评"规则；评估体系在前三轮的基础上进行了诸多创新；评估数据以"公共数据和单位填报相结合"的方式获取；评估结果按"分档"方式呈现，具体方法是按"学科整体水平得分"的位次百分位，将前70%的学科分9档公布：前2%（或前2名）为A+，2%—5%为A（不含2%，下同），5%—10%为A−，10%—20%为B+，20%—30%为B，30%—40%为B−，40%—50%为C+，50%—60%为C，60%—70%为C−。

2017年12月28日，学位中心公布了全国第四轮学科评估结果，而其正值我国加快推进世界一流大学和一流学科建设的关键机遇期。或因于此，学科评估结果的公布立刻成为各种媒体的极致热点甚至焦点新闻：各种报道、分析与评判见诸报端，如高校比较、学科比较和地区比较等；手机屏信息瞬间刷爆且不断更新；央媒网站发布整体与综合评估情况；地方媒体发布本地区高校参评学科取得成绩；高校官方网站发布和宣传参评学科取得的佳绩并分析不足，等等。其中，综合性研究型大学的此轮学科评估结果及对应成绩、与"双一流"建设学科名单有何差异等问题受到了更多的关注，也有诸多颇有见地的深刻分析与评价。但从总体情况看，诸多关于此轮学科评估结果的分析与报道，更多地带有既有学科优势的刻板印象和情感宣泄的非理性成分，比较缺少确凿翔实的证据说明与有力支撑，更难形成鞭辟入里的理性分析与深刻论述，难以产生较强的信服感知。本研究将以我国著名的研究型大学联盟即C9高校联盟为例，探究它们此

---

① 《全国第四轮学科评估工作概览》，http：//www.chinadegrees.cn/xwyyjsjyxx/xkpgjg/283494.shtml#2。
② 《全国第四轮学科评估结果公布导言》，http：//www.chinadegrees.cn/xwyyjsjyxx/xkpgjg/283498.shtml。

轮学科评估结果及其与"双一流"建设学科的差异。

二、分析对象与数据来源：以 C9 高校为例

本研究分析对象为我国著名的 C9 联盟高校，即北京大学、清华大学、浙江大学、复旦大学、上海交通大学、南京大学、中国科学技术大学、哈尔滨工业大学和西安交通大学。之所以选择它们作为代表，是因为它们是我国大陆高校学科水平最高和综合实力最强的研究型大学，而且获得较高评估等级的学科数量和入围"双一流"建设学科的数量相对更多，代表性和典型性相对更强。一所高校如果仅有一两个学科获得较高评估等级或者入围"双一流"建设学科，则很难评判它的学科整体实力和水平，亦很难分析它们的学科评估结果与"双一流"建设学科的差异。本研究的数据来源，主要基于学位中心官方网站公布的学科评估结果及相关信息，相关数据也是根据学科评估结果的原始数据、经过整理并按照计分规则计算而得。

三、C9 高校第四轮学科评估结果及理性评判

（一）C9 高校第四轮学科评估结果与得分情况

为了客观、真实和全面地反映 C9 高校第四轮学科评估结果及学科建设的整体水平，本研究将 C9 高校所有获得 C－及以上级别的学科（位列前 70% 的学科）都纳入分析范围。首先需要说明的是：(1) A 级（A 类或 A 档学科）学科包含 A＋、A 和 A－，B 级和 C 级学科同此规则。(2) 计分规则。由于第四轮学科评估结果分 9 档公布，本研究将 A＋至 C－档分别赋值：A＋为 9 分、A 为 8 分、A－为 7 分、B＋为

6分、B为5分、B—为4分、C＋为3分、C为2分、C—为1分。A＋得分即为该校获得A＋档次的学科个数乘以9的得数,A得分即为该校获得A档次的学科个数乘以8的得数,其余得分亦据此计算规则。我们对C9高校第四轮学科评估结果进行了整理并计算其综合得分(见表1)。

表1显示,不管是从学科评估获得A级学科的数量,还是从评估总得分来看,浙大、清华、北大和上海交大均名列第1至第4,浙大、清华、北大实力超群。南大A级学科数量第6,评估总得分第5;复旦A级学科数量第5,评估总得分第6,西安交大A级学科数量第9,评估总得分第7;哈工大A级学科数量第7,评估总得分第8;中科大A级学科数量第8,评估总得分第9。

(二) C9高校第四轮和第三轮学科评估的A级学科与排序

有学者认为,A级(A档)以上学科数应是科学真实反映一所大学综合实力的最具有参考意义的指标。[①] 为了能够反映高校学科综合实力与水平,我们对C9高校第四轮和第三轮高水平学科评估结果进行了同质比较,可以看到其学科实力排序的变化。由于第三轮学科评估并未采取分档而是采用学科整体水平得分的方式公布结果,我们则借用第四轮学科分档方式,将第三轮学科评估结果进行分档,同时对各档按照上述同样规则赋值,然后按照第三轮学科评估的A级学科得分进行排序,与第四轮学科评估的A级学科得分排序进行比较,可以看出两轮学科评估中C9高校排名位置的变化(见表2)。

---

① 《如何客观呈现大学综合实力? 学者:A档以上学科数是反映大学综合实力的重要指标》,http://www.sh.chinanews.com/kjjy/2018-01-03/33706.shtml。

表 1　C9 高校第四轮学科评估结果及综合评分（单位：个，分）

项目 学校	A+	A	A−	A级	B+	B	B−	B级	C+	C	C−	C级	A+得分	A得分	A−得分	B+得分	B得分	B−得分	C+得分	C得分	C−得分	总分（排序）
浙江大学	11	11	17	39	9	6	2	17	1	0	2	3	99	88	119	54	30	8	3	0	2	403(1)
清华大学	21	8	8	37	10	0	2	12	2	0	2	4	189	64	56	60	0	8	6	0	2	385(2)
北京大学	21	11	3	35	8	3	2	13	1	0	0	1	189	88	21	48	15	8	3	0	0	372(3)
上海交通大学	5	10	10	25	9	4	4	17	6	1	1	8	45	80	70	54	20	16	18	2	1	306(4)
南京大学	3	11	7	21	10	5	2	17	2	1	0	3	27	88	49	60	25	8	6	2	0	265(5)
复旦大学	5	8	10	23	9	5	2	12	1	1	0	2	45	64	70	54	10	4	3	2	0	252(6)
西安交通大学	2	4	8	14	6	5	7	18	4	2	3	9	18	32	56	36	25	28	12	4	3	214(7)
哈尔滨工业大学	3	5	9	17	5	6	1	12	4	3	0	7	27	40	63	30	30	4	12	6	0	212(8)
中国科学技术大学	7	2	6	15	7	3	2	12	0	0	1	1	63	16	42	42	15	8	0	0	1	187(9)

资料来源：1.《全国第四轮学科评估结果公布》，http://www.cdgdc.edu.cn/xwyyjsjyxx/xkpgjg/，2017-12-28；2. 表中数据及评估得分是根据学科评估结果的原始数据，通过整理并按照计分规则计算而得。

表2 C9高校第四轮和第三轮A级学科评估结果及得分排序（单位：个，分）

项目 学校	第四轮学科评估									第三轮学科评估						
	A+	A	A-	A级	A+得分	A得分	A-得分	总分（排序）	A+	A	A-	A级	A+得分	A得分	A-得分	总分（排序）
清华大学	21	8	8	37	189	64	56	309(1)	19	5	8	32	171	40	56	267(2)
浙江大学	11	11	17	39	99	88	119	306(2)	6	4	12	22	54	32	84	170(3)
北京大学	21	11	3	35	189	88	21	298(3)	24	5	3	32	216	40	21	277(1)
上海交通大学	5	10	10	25	45	80	70	195(4)	4	2	9	15	36	16	63	115(6)
复旦大学	5	8	10	23	45	64	70	179(5)	5	3	7	15	45	24	49	118(5)
南京大学	3	11	7	21	27	88	49	164(6)	7	2	9	18	63	16	63	142(4)
哈尔滨工业大学	3	5	9	17	27	40	63	130(7)	3	4	2	9	27	32	14	73(8)
中国科学技术大学	7	2	6	15	63	16	42	121(8)	6	1	4	11	54	8	28	90(7)
西安交通大学	2	4	8	14	18	32	56	106(9)	4	1	2	7	36	8	14	58(9)

资料来源：1.《全国第四轮学科评估结果公布》，http：//www.cdgdc.edu.cn/xwyyjsjyxx/xxsbdxz/，2018－02－04；3.《第四轮与第三轮学科评估结果对比分析》，http：//www.360doc.com/content/17/1231/08/29405657_717828189.shtml，2017－12－31；4.表中数据及评估得分是根据学科评估结果的原始数据，通过整理并按照计分规则计算而得。结果》，http：//www.cdgdc.edu.cn/xwyyjsjyxx/xkpgjg/，2017－12－28；2.《2012年全国高校学科评估

表 2 显示,不管是第三轮还是第四轮学科评估,北大、清华和浙大的 A 级学科都位列前三,实力超群,优势比较明显,可为第一集团。具体来看,浙大发展迅速,强势崛起;第三轮评估中,A 级学科数量和总分均排名第 3,而且与北大、清华还有不少距离,但在第四轮评估中,A 级学科数量排名第 1,总分排名第 2,且总分超过北大,与清华也无距离可言。北大第三轮评估 A 级学科数量和总分均排名第 1,超出浙大一大截,但在第四轮评估中,A 级学科数量和总分排名均为第 3,被浙大超越。清华第三轮评估 A 级学科数量与北大并列第 1,总分排名第 2;第四轮评估中,其 A 级学科数量排名第 2,总分排名第 1;清华各项指标位次比较稳定。上海交大、复旦和南大可为第二集团,南大第三轮学科评估的 A 级学科数量和总分均为第 4,第四轮则下滑至第 6;上海交大两项指标均由原来的第 6 上升至第 4;复旦位次维持不变。中科大、哈工大和西安交大可为第三集团,详细情况不再赘述。基于如上结果,我们认为,浙大在第四轮学科评估中表现极为出色,成绩尤为突出;浙大的亮丽成绩伴随着北大学科评估成绩的稍微下滑;南大学科评估成绩也有所下滑,但客观上反映了它现在的学科实力与学术贡献;其他高校的学科实力还是相对比较稳定。

需要说明的是,上述 C9 高校学科评估结果及计算得分的排序,根本上还属于简单粗放的比较绝对数量的评价方法,即"点个数"和"比分数"。它并未考虑各一级学科总的参评高校数量(该学科参评高校数越多,获得较高等级的学科评估结果就越难,反之就越容易,这些因素在最终比较时都未纳入计算规则)、原有学科发展基础与学术贡献等各种因素,这是不科学的。所以,计算学科评估结果得分,其实是需要考虑学科得分权重的,在此基础上以何种规则给予加分还是减分,后文对此还会进行必要补充与分析。

（三）高校学科评估结果的理性评判

1. 学科发展的动态性：学科的长久优势哪里寻

高校学科建设与发展本身是一个动态变化的过程，具有很强的动态性特征。也即是说，学科发展本身是不断变化的，并不存在长久的突出优势和至高无上的地位，更不能形成固化的所谓优势学科的"刻板印象"。每轮学科评估其实仅仅评价一级学科在前一个发展阶段和年限内取得的成绩与贡献，各所高校在每一发展阶段的建设与发展本身就会存在诸多差异。原先建立和积累的学科优势会因为各种原因（如高校合并、人才流动、院系机构建制调整、学科专业设置调整、学科制度甚至科研制度变化等）逐渐变小甚至荡然无存，学科地位当然会被其他高校撼动，而有的高校也会因为这些原因迅速发展甚至强势崛起某些学科。所以，每一轮评估结果仅为该发展阶段学科专业发展实力与学术贡献的反映，而非学校学科整体实力甚至综合实力的全部反映。

2. 学科评估结果的不同：评估工作主要要素的影响

高校学科评估结果的不同，很大程度上与学科评估工作本身的差异有关，即由评估工作主要要素的影响所致。这主要是因为第三轮和第四轮学科评估的主要要素，即参评规则、指标设计、计算方法及结果公布方式等也存在很大程度的不同。[1][2] 由于指标设计、计算方法、权重设定及结果公布方式在其官方网站都有详尽表述，在此不予表述。这里主要探讨参评规则的差异对学科评估结果可能造成的影响。

第三轮学科评估的参评规则是：坚持"自愿申请参加，免收参评费用"的原则；各单位只要有一个及以上二级学科具有博士或硕士学

---

[1] 《全国第四轮学科评估结果公布》，http://www.cdgdc.edu.cn/xwyyjsjyxx/xkpgjg/。
[2] 《2012年学科评估结果公布》，http://www.cdgdc.edu.cn/xwyyjsjyxx/xxsbdxz/index.shtml。

位授予权(即具有研究生培养和学位授予资格),均可申请参加该一级学科的评估;按"新学科目录"(2011年)进行,要求"拆分学科"(如原"历史学""建筑学")相关学科必须同时申请参评,以客观反映学科拆分后的真实情况。第四轮学科评估的参评规则是:坚持"自愿申请、免费参评"原则,各单位具有博士或硕士学位授予权的一级学科(含一级学科和二级学科授权),均可申请参评;为了真实反映各单位学科发展水平,基于参评单位形成的共识,第四轮评估采用了"绑定参评"规则,即同一学科门类满足参评条件的学科须同时申请参评或均不参评(仅有"硕士二级"授权的一级学科除外)。两轮参评规则的主要不同在于参评学科的组合不同。第三轮的参评规则可能会造成两种类型的学科资源重组问题:(1)同一学科门类下一级学科的资源重组。参评规则要求,只要有一个及以上二级学科博士点或硕士点,就可自愿申请参加该一级学科评估,势必造成学校为了拼大和做强某一个一级学科并申报参评,将另一个或多个一级学科所有二级学科资源归并拼凑给该申报参评的一级学科,另一个或多个一级学科就不申报参评,申报参评的这个一级学科必然具备"帕累托改进"带来的次优甚至最优组合,因而具备该高校现有条件下可能进行的学科资源组合与选择的最强实力。这是同一个学科门类下的一级学科资源的不合理重组与整合。(2)学科门类间的一级学科资源重组。第三轮评估还会造成另一种学科资源的重组与选择,即学科门类间或者跨学科、多学科的学科资源重组问题。比如,"教育经济与管理"二级学科的资源,既可以放在它本来所属的"公共管理"一级学科参评,也可放在"教育学"一级学科申报参评,还可放在"应用经济学"一级学科参评。如果该校教育学学科实力较弱,就可将"教育经济与管理"二级学科资源放在"公共管理"或者"应用经济学"参评,使得这两个学科实力更为强劲,而"教育学"不予申报参评。同样,这样的学科门类间的学科资源组合也会带来"帕累托改进",使得申报参评的一级学科具备最强实力。为了避免和消除第一种不合理的学科资源重组现象,第四轮特别采用"绑定参评"规则,即同一学科门类满足参评条件的学科须同时申请参评或均不参评(仅有"硕士二级"授权的一级学科除外),使得同一学科门类下一级学科的资源组合无法实现,但是第二种学科门类间的一级学科资源重组问题同样存在。比如,"教育学"门类下属三个一级学科:教育学、心理学和体育学,如果该校"教育学"整体实力不强,而该三个一级学科都满足参评条件,则可将这三个一级学科的资源放在其他一级学科申报参评。教育学或者教育管理的有关资源就可放在"公共管理",心理学及相关成果就可放在医学的某些一级学科,如"基础医学",体育学尤其是体育管理、体育产业开发与管理等的相关成果就可放在"工商管理"一级学科,而教育学的三个一级学科均不申报参评。类似的学科门类间的学科资源重组情况还有很多,不再一一赘述。有报道称,南大此次学科评估成绩尤其是获得 A+ 档次的学科数量较少的原因就在于此,即没有合理谋划学科门类间的学科资源整合与重组。报道如下[①]:

> 客观说,任何评价指标都存在不足之处。早在第四轮评估进行中,就有专家指出,一些高校为争取排名靠前,围绕一些所谓的优质学科去整合材料,要么是一些学科不参评,要么是通过拆并一些非重点、非优势学科,来确保自己的优势学科,这样造成学科分裂和评估结果失真。南大内部人士表示,南大确实犯了一些"技术性"错误,申报学科数太多,比如理论经济学和应用

---

① 《直面问题 理性看待南大学科评估"排名风波"》,http://www.js.xinhuanet.com/2018-01/04/c_1122206664.htm。

经济学都参评,电子、材料、声学、现代工程等物理学科的力量分散申报,没有"握紧拳头打出去"。

3. 学科评估结果的分析:科学性评价需要进一步提升

第四轮学科评估结果公布后,媒体、单位和有关人士把学科评估结果进行了各种角度的分析,根据这些分析也对学科、高校、研究单位、地区学科资源等进行排名,但多数都属于基于学科评估结果及所获等级本身进行的分析与评价。南京大学在这些分析与评价中所受伤害最深,引起的社会反响也最大,因为它获得A+等级的学科数量较少,甚至被媒体说成是"断崖式下滑"[1],学科实力与水平似乎一夜之间"直线式下降"。南大师生及海内外校友也极为关注此次学科评估结果与成绩,甚至集体发声以示高度关切,给南大校领导班子和整个学校带来很大压力,当然也成为南大学科建设工作的十足动力和促进因素。南大党委常委会甚至为此召开专题会议,非常坦率和勇敢地面对学科建设存在的问题并对其进行深入研讨。党委常委会认为,"本次学科评估结果中呈现出的问题虽然集中于A+学科偏少,但也客观公正地反映了当下学校在学科建设等方面遇到的危机与挑战,深刻揭示了学校在办学思路和管理上存在着一些需要认真反思和调整的问题。对此,学校党政领导班子有不可推卸的领导责任"[2]。但是,有关媒体的报道与分析,甚至南大师生与校友的关注与思考,可能多数还属于典型的"点人头、数帽子"的评价标准与方式,是粗放

---

[1] 《第四轮学科评估结果出炉,南京大学部分优势学科出现下滑》,https://baijiahao.baidu.com/s?id=1588270983688235318&wfr=spider&for=pc。

[2] 《南京大学党委常委会专题研讨学科评估问题》,http://news.nju.edu.cn/show_article_1_48289。

型的评价理念与简单方式,即总是单一地根据其获得的 A+、A 以及 A-学科数进行比较,尤其看重 A+ 和 A 的学科数,我们认为这不够科学与客观。其实,不管采用何种分档赋值原则与计算方法,都总是基于这些获得的 A 级学科数量,尤其是 A+ 和 A 学科数。因此,这些简单的学科数比较和学科得分情况分析,都只是客观地反映了既定学科评估规则下高校自愿选择参评的一级学科的资源合力。当然,可能还反映了高校学科评估既定规则与指标体系设计下的战略选择与合理安排。从高校自身来说,它申请参评的一级学科数量以及可能获得的学科等级,取决于学校类型、学科框架、学科沉淀与实力,还有就是根据此轮"绑定参评"规则进行的战略选择。有的学校基于各种考虑并未将符合参评条件的一级学科申请参评,而是将其学科资源整合到另一学科门类的有关一级学科参评,但并不意味着它的学科实力较弱(当然有的学校则反之)。所以,我们不能仅仅比较各单位的学科评估结果及其所获等级的数量,并据此对单位的学科实力进行价值和位次评判,而是要多一些基于学校类型、学科结构、学科积累与贡献等的理性分析与客观评判。所以,学科的评价与建设,既要注重学科既有沉淀与学术贡献,又要注重发展潜力、国家急需与重大利益、新兴及交叉领域带来的需要与创新。

4. 学科评估结果:我们到底应该读懂什么

(1) 真正领会和读懂学科评估的本质与要义。有专家认为:"任何评估都是一次对既定指标的外部测量,因此,对一个学校有利的评分,未必能概括它所有的优势;同样,对一个学校不利的评分,也未必能反映出它所有的问题。"[1]就像大学排行榜一样,总是基于不同的价

---

[1] 《"断崖式"下跌的南大怎么了?》,http://www.sohu.com/a/214370900_115479。

值取向及由此确定的排行指标体系、权重及计算方法,再加上其发展实力和所做贡献的不断变化,大学总会处于不同的位次,所以其排行位次"仅供参考"。高校之间学科评估结果的比较与排序也只能是"仅供参考",无非是摸清学科发展的家底,找到差距,为下一阶段的学科建设与发展提供思路与方向,最终服务于学科内涵建设与发展水平的提升,这样的意义和作用就已足够,也是学科评估的根本目的与本质意义所在。切忌因为学科评估结果及基于某些计算方法产生的位次、排序变化而否定高校的学科建设成效与贡献,更不能给高校的当前与未来发展制造不谐之音和带来负面影响,甚至产生发展矛盾。

(2) 科学理解和理性认知学科评估结果,将不利转为有利。高校需要科学理解和理性认知学科评估结果,至少需要深入分析这么几个层面的问题:学科评估结果及其成绩到底是上升、下降还是保持稳定?这种上升或下降,其分析方法与比较基础是什么?其根本原因或者主要因素(学校类型、学科结构、学科发展战略与制度设计、院系建制与调整、人才流动等)有哪些?社会反馈及影响是不利还是有利?学校下一步学科发展战略与制度安排应该如何设计?只有将这些问题分析清楚甚至在学校达成共识,才会真正摸清学科建设与发展的所有家底,以便真正明白学科优势和发展不足,对学科发展劣势的把握才会更加准确,更加清楚。一所大学学科评估结果及其成绩的变化,受到如此众多校友的真切关注、广大师生的反思与批评、社会其他各界的质疑甚至诘难,本身就证明了该所大学的综合实力与社会影响。大学如果能够利用学科评估结果尤其是所谓的不利结果,深入查找学科评估不利之因,抓住真实存在的问题,重新思考学科发展战略与规划,那么就很可能将这种不利因素转化为大学学科发展甚至整体发展的一个绝好契机,这种不利与危机也才可能转变为大学下一个大发展、强发展的安静的开始。比如,是否要重新定位和思考大学与地方政府、依附城市甚至社会各界的关系,大学社会服务与贡献(第四轮学科评估比较重视学科的社会服务与贡献)到底在哪里;是否要调整人才政策与完善人才建设制度,尽量减少高层次高水平人才的流失;是否要在保持传统基础学科优势的基础上,注重多学科交叉发展和学科融合,通过学科的交叉融合,巩固传统学科的发展优势与学术贡献,这或许也是未来学科发展的重要增长点。浙大在第四轮学科评估中表现突出,成绩卓著,应该说与其学科的交叉融合密不可分,他们非常注重文理工医和理工农医的交叉发展。

四、学科评估结果与"双一流"建设学科:"相得益彰"还是"彼此拆台"?

第四轮学科评估结果的公布恰逢我国加快推进世界一流大学和一流学科建设的关键时期。因此,有人就将学科评估结果与2017年9月21日公布的第一轮"双一流"建设学科名单进行对比,既有理性批判与质疑,也有简单非议与诘难。例如,比较典型的学科案例为"机械及航空航天和制造工程",该学科入围北大和复旦第一轮"双一流"建设学科名单,历来以航空航天为傲的西北工大、哈尔滨工大和南京航空航天大学均落选。有的报道甚至用"西工大哈工大南航:家祭无忘告乃翁"[①]这样的字眼与表述来表达对遴选结果的质疑与批

---

① 《最新学科评估出来了,双一流,你们还好吗?》,http://www.sohu.com/a/213677576_99992414。

评。但是,此轮学科评估,西北工大和北京航空航天大学的"航空宇航科学与技术"学科评估结果为 A+,哈尔滨工大和南航的评估结果为 B+。可以说,西北工大还是完全证明了自己,终于"沉冤得雪",北大和复旦基于学科发展规划和战略选择并未将此学科申报参评。相反的情况是"法学"学科,西南政法和华东政法的评估结果均为 A,但并未入围第一轮"双一流"建设学科名单。同样,复旦的"新闻传播学"一直以来就是社会各界公认且具有很深底蕴和取得杰出成绩的优势学科,此轮学科评估结果为 A,也未入围第一轮"双一流"建设学科名单。类似的情况其实还有许多,只是这几个学科相对比较典型并被社会熟知,具有较强的代表性和影响力。那么,学科评估结果与"双一流"建设学科名单,到底是"相得益彰"与"遥相呼应"还是"彼此拆台"和"相互抬杠"呢?

(一) 第四轮学科评估结果与"双一流"建设学科:差异到底在哪里

首先需要说明两点:一是学科评估结果与"双一流"建设学科吻合度的界定。该吻合度为"双一流"建设学科名单中相应评估等级的学科数量占"双一流"建设学科数量的比例。二是一流学科界定的说明。根据学科评估结果,A 级学科为前 10%,可视为一流学科;10%—20% 为 B+,20%—30% 为 B,30%—40% 为 B−,B 级学科确实不应列入一流学科,尤其是评估等级为 B 和 B− 的学科。本文之所以把 B 级学科也列入一流学科,是因为我们发现有的学科评估等级虽为 B 级,但是也入围了"双一流"建设学科。为了扩大分析范围和提升说服力,我们采取了这样的研究设计与操作,特此说明。我们列出了 C9 高校第四轮学科评估结果与"双一流"建设学科的差异与吻合度(见表 3)。

表 3 C9 高校第四轮学科评估结果与"双一流"建设学科的差异与吻合度

学校名称	第四轮学科评估等级（数量）	"双一流"建设学科数量	A级学科入围"双一流"建设学科及其占数量A级学科比例（%）	仅以A级学科作为一流学科标准的吻合度（%，"双一流"建设学科中A级学科数量占其的比例）	A,B级学科入围"双一流"建设学科的数量及其占A、B级学科比例（%）	以A,B级学科作为一流学科标准的吻合度（%，"双一流"建设学科中A,B级学科数量占其的比例）
北京大学	A+(21)A(11)A−(3)B+(8)B(3)B−(2)A级(35)B级(13)	41	31(88.57)	75.61	34(70.83)	82.93
清华大学	A+(21)A(8)A−(8)B+(10)B(0)B−(2)A级(37)B级(12)	34	30(81.08)	88.24	30(61.22)B级学科未进入	88.24B级学科未进入
浙江大学	A+(11)A(11)A−(17)B+(9)B(6)B−(2)A级(39)B级(17)	18	18(46.15)	100	18(32.14)B级学科未进入	100B级学科未进入
复旦大学	A+(5)A(8)A−(10)B+(9)B(2)B−(1)A级(23)B级(12)	17	13(56.52)	76.47	15(42.86)	88.24
上海交通大学	A+(5)A(10)A−(10)B+(9)B(4)B−(4)A级(25)B级(17)	17	12(48.00)	70.59	15(34.88)	88.24
南京大学	A+(3)A(11)A−(7)B+(10)B(5)B−(2)A级(21)B级(17)	15	11(52.38)	73.33	13(34.21)	86.67

续 表

学校名称	第四轮学科评估等级（数量）	"双一流"建设学科数量	A级学科入围"双一流"建设学科的数量及其占A级学科比例（%）	仅以A级学科作为一流学科标准的吻合度（%，"双一流"建设学科中A级学科数量占其中的比例）	A、B级学科入围"双一流"建设学科的数量及其占A、B级学科比例（%）	以A、B级学科作为一流学科标准的吻合度（%，"双一流"建设学科中A、B级学科数量占其中的比例）
中国科学技术大学	A+(7)A(2)A-(6)B+(7)B(3)B-(2)A级(15)B级(12)	11	11(73.33)	100	11(40.74)B级学科未进入	100B级学科未进入
西安交通大学	A+(2)A(4)A-(8)B+(6)B(5)B-(7)A级(14)B级(18)	8	7(50.00)	87.50	8(25.00)	100
哈尔滨工业大学	A+(3)A(5)A-(9)B+(5)B(6)B-(1)A级(17)B级(12)	7	7(41.18)	100	7(24.14)B级学科未进入	100B级学科未进入
平均比例			59.69	85.75	40.67	92.70

资料来源：1.《全国第四轮学科评估结果公布》，http：//www.cdgdc.edu.cn/xwyyjsjyxx/xkpgjg/，2017-12-28；2.教育部、财政部、国家发展改革委：《关于公布世界一流大学和一流学科建设高校及建设学科名单的通知》（教研函〔2017〕2号），http：//www.moe.edu.cn/srcsite/A22/moe_843/201709/t20170921_314942.html，2017-09-21；3.表中数据是根据以上两份资料进行整理和计算的结果。

据表3可知,C9高校中,A级学科入围"双一流"建设学科的数量占A级学科的平均比例仅为59.69%,说明至少有40%的A级学科并未入围,其对应的以A级学科作为一流学科标准的平均吻合度仅为85.75%;A、B级学科入围"双一流"建设学科的数量占A、B级学科的平均比例仅为40.67%,说明有大量的B级学科未入围,这符合学科发展规律与常理,其对应的以A、B级学科作为一流学科标准的平均吻合度为92.70%,说明绝大部分"双一流"建设学科来自A级和B级学科,有部分"双一流"建设学科来自没有参与学科评估的学科或者其他自主设置学科。这些数据分析表明,学科评估结果与"双一流"建设学科存在差异,但是也表现出较高的吻合度,非同于媒体和社会各界的报道与炒作。下面分如下情况做详细说明:

1. "双一流"建设学科全部来自A级学科

浙大此轮学科评估获得A级的学科39个,B级学科17个,而"双一流"建设学科18个且全部来自A级学科,说明还有21个A级学科未入围。中科大A级学科15个,B级学科12个;哈尔滨工大A级学科17个,B级学科12个;两所大学"双一流"建设学科分别为11和7,且全部来自该校A级学科。三所大学以A级学科作为一流学科标准的吻合度为100%。

2. "双一流"建设学科全部来自A级和B级学科

西安交大此轮学科评估获得A级学科14个,B级学科18个,而"双一流"建设学科8个。其中,有7个A级学科和1个B级学科入围"双一流"建设学科。以A级学科作为一流学科标准的吻合度为87.50%,以A、B级学科作为一流学科标准的吻合度为100%。

3. "双一流"建设学科来自A级、B级和其他学科

北大此轮学科评估获得A级的学科35个,B级学科13个,而"双一流"建设学科41个。其中,有31个A级学科和3个B级学科

入围"双一流"建设学科,还有 7 个不在 A 级和 B 级学科之列的其他学科,它们是:材料科学与工程、控制科学与工程、现代语言学、语言学、机械及航空航天和制造工程、商业与管理、社会政策与管理。大气科学 A＋、工商管理 A、公共管理 A、教育学 A－共 4 个 A 级学科并未入围"双一流"建设学科。以 A 级学科作为一流学科标准的吻合度为 75.61％,以 A、B 级学科作为一流学科标准的吻合度为 82.93％。

复旦此轮学科评估获得 A 级的学科 23 个,B 级学科 12 个,而"双一流"建设学科 17 个。其中,有 13 个 A 级学科和 2 个 B 级学科入围"双一流"建设学科,还有 2 个不在 A 级和 B 级学科之列的其他学科,它们是:机械及航空航天和制造工程、现代语言学。理论经济学 A＋、马克思主义理论 A、新闻传播学 A、工商管理 A 等 10 个 A 级学科并未入围"双一流"建设学科。以 A 级学科作为一流学科标准的吻合度为 76.47％,以 A、B 级学科作为一流学科标准的吻合度为 88.24％。

上海交大此轮学科评估获得 A 级的学科 25 个,B 级学科 17 个,而"双一流"建设学科 17 个。其中,有 12 个 A 级学科和 3 个 B 级学科入围"双一流"建设学科,还有 2 个不在 A 级和 B 级学科之列的其他学科,它们是:电子电气工程、商业与管理。工商管理 A＋、外国语言文学 A、物理学 A、动力工程及工程热物理 A 等 13 个 A 级学科并未入围"双一流"建设学科。以 A 级学科作为一流学科标准的吻合度为 70.59％,以 A、B 级学科作为一流学科标准的吻合度为 88.24％。

南京大学此轮学科评估获得 A 级的学科 21 个,B 级学科 17 个,而"双一流"建设学科 15 个。其中,有 11 个 A 级学科和 2 个 B 级学科入围"双一流"建设学科,还有 2 个不在 A 级和 B 级学科之列的其他学科,它们是:化学工程与技术、矿业工程。社会学 A、中国史 A、软件工程 A、工商管理 A、理论经济学 A－、法学 A－、数学 A－等 10 个 A 级学科并未入围"双一流"建设学科。以 A 级学科作为一流学科标准的吻合度为 73.33％，以 A、B 级学科作为一流学科标准的吻合度为 86.67％。

4."双一流"建设学科来自 A 级和其他学科

清华此轮学科评估获得 A 级的学科 37 个，B 级学科 12 个，而"双一流"建设学科 34 个。其中，有 30 个 A 级学科入围"双一流"建设学科，B 级学科均未入围，还有 4 个不在 A 级和 B 级学科之列的其他学科，它们是：会计与金融、经济学和计量经济学、统计学与运筹学、现代语言学。电子科学与技术 A、应用经济学 A－、社会学 A－、外国语言文学 A－、新闻传播学 A－、艺术学理论 A－、美术学 A－共 7 个 A 级学科并未入围"双一流"建设学科。以 A 级学科作为一流学科标准的吻合度为 88.24％。

5.关于"双一流"建设其他学科的分析

"双一流"建设学科中的其他学科，北大、清华和复旦均有"现代语言学"入围；北大和复旦均有"机械及航空航天和制造工程"入围；北大和上海交大均有"商业与管理"入围；与社会经济发展关系紧密的有关学科，例如，会计与金融、经济学和计量经济学、统计学与运筹学、社会政策与管理等也得以入围。这说明，这些学科在大学中已经取得较好甚至优秀的科研成绩和做出巨大的学术贡献，具备一流学科的发展潜力和冲击一流学科的综合实力。

（二）学科评估结果与"双一流"建设学科的差异：可能性因素分析

经过如上分析，我们知道，第四轮学科评估结果与第一轮"双一流"建设学科名单虽然表现出较高的吻合度，但是也存在结构上的差异，其可能性因素如下：

1. 评估与遴选规则的差异

前文已述,第四轮学科评估参评基本规则主要是:自愿申请、免费参评和"绑定参评",不再详述。而"绑定参评"是为了避免以往评估存在的学科资源不合理拼凑、集中资源提升某个学科实力的不良组合与选择,克服学科材料与资源的不合理重组与整合。这种参评规则有利于真实反映高校学科整体水平;同时也促使高校摸清学科家底,优化学科布局,增强调整动力,克服盲目扩点、"摊大饼"式的学科建设倾向。

"双一流"建设学科名单的产生,完全取决于专家委员会制度,无须高校申请和申报。关于世界一流大学和一流学科建设名单的遴选,文件《统筹推进世界一流大学和一流学科建设实施办法(暂行)》(教研〔2017〕2号,以下称《实施办法》)已经做了具体规定[1]:坚持公平公正、开放竞争;采取认定方式确定一流大学、一流学科建设高校及建设学科;设立世界一流大学和一流学科建设专家委员会,由政府有关部门、高校、科研机构、行业组织人员组成;专家委员会根据《统筹推进世界一流大学和一流学科建设总体方案》[2](国发〔2015〕64号,以下称《总体方案》)的要求和本办法,以中国特色学科评价为主要依据,参考国际相关评价因素,综合高校办学条件、学科水平、办学质量、主要贡献、国际影响力等情况,以及高校主管部门意见,论证确定一流大学和一流学科建设高校的认定标准;根据认定标准专家委员会遴选产生拟建设高校和拟建设学科名单,并提出意见建议。有

---

[1] 教育部、财政部、国家发展改革委:《关于印发〈统筹推进世界一流大学和一流学科建设实施办法(暂行)〉的通知》,http://www.moe.edu.cn/srcsite/A22/moe_843/201701/t20170125_295701.html。

[2] 国务院:《关于印发〈统筹推进世界一流大学和一流学科建设总体方案〉的通知》,http://www.moe.edu.cn/jyb_xxgk/moe_1777/moe_1778/201511/t20151105_217823.html。

专家指出[①]:"双一流"建设在遴选程序上继续采用无须高校事先申报、不折腾高校的做法;与以往相比有所创新的是,更注重发挥专家委员会的咨询作用(国家三部委成立了以全国政协副主席韩启德为主任的"统筹推进世界一流大学和一流学科建设专家委员会",委员会中,有部分高校主要负责人,有相关部委领导,有国家教育咨询委员会委员,也有大学教授代表);遴选过程严格、严肃;专家委员会的结论都经过讨论、记名投票,且不允许委托投票;建议名单的产生,先由专家们讨论并通过遴选方案、认定标准等,再整体生成建议名单。

据此可知,学科评估对象为具有博士或硕士学位授予权的一级学科且属于学科整体性水平评估;单位可申请参评,也可不申请参评;如果申请参评,同一学科门类满足参评条件的学科须同时申请参评,否则该学科门类所有一级学科均不申请参评。因此,公布的学科评估结果中的所有学科均为学科目录中的一级学科,而且是各单位自愿选择申报参评的一级学科。各单位有的学科根据"绑定参评"规则的要求可能并未选择申报参评,但并不意味着这些学科实力较弱。"双一流"建设高校和建设学科的遴选采用专家委员会认定规则及方式,充分发挥专家委员会的咨询和评价作用,高校无须申请,其遴选过程也相当严格和严肃。况且,专家委员会的认定也不完全根据学科目录中一级学科,而是依据《总体方案》和《实施办法》的规定和要求确定相应学科。这些评估与遴选规则的差异必然会造成结果的不同,从而导致学科评估结果与"双一流"建设学科名单的差异。

---

① 黄达人:《我所了解的"双一流"建设》,http://edu.people.com.cn/n1/2017/0921/c1053-29550031.html。

2. 评估与遴选的指标体系与标准差异

学科评估指标体系采用"师资队伍与资源""人才培养质量""科学研究水平"和"社会服务与学科声誉"四个一级指标框架基本不变，共设置人文、社科、理工、农学、医学、管理、艺术、建筑、体育等 9 套指标体系框架，每个一级学科设置不同的权重。本文对这些指标的具体内涵、评估方法与过程等不再详述，在此仅说明与前几轮相比的创新之处[①]：采用主客观评价相结合的方法，克服单纯依据公共数据评价大学的片面性；提出跨学科成果按实际内涵，拆分归属到相应学科的"归属度"成果认定方法，解决跨学科成果评价难题；摒弃"数帽子"，抑制"抢帽子"，强化中国期刊作用（尤其是哲学社会科学学科）；采用数据查重、公共数据比对、证明材料核查等 6 项措施全面审核材料；探索国际同行评价，首次在数学、物理、化学等 6 个学科邀请国际同行专家参与声誉调查。

"双一流"建设学科的标准，在《实施办法》中实际上就是一种宏观性的模糊表述：一流学科建设高校应具有居于国内前列或国际前沿的高水平学科，学科水平在有影响力的第三方评价中进入前列，或者国家急需、具有重大的行业或区域影响、学科优势突出、具有不可替代性。《国家教育事业发展"十三五"规划》关于世界一流大学和一流学科建设就指出：支持建设 100 个左右学科，重点支持一批接近或达到世界先进水平的学科，加强建设关系国家安全和重大利益的学科，重点布局一批国家急需、支撑产业转型升级和区域发展的学科，积极发展一批新兴学科、交叉学科，覆盖哲学社会科学、自然科学、工程技术等重点领域，努力形成支撑国家长远发展的建设体系，大力提

[①] 张麒麟：《全国第四轮学科评估结果出炉》，http://news.enorth.com.cn/system/2018/01/18/034903865.shtml。

升国家自主创新能力和核心竞争力。[1]《实施办法》在此基础上增加了"积极建设具有中国特色、中国风格、中国气派的哲学社会科学体系,着力解决经济社会中的重大战略问题"的表述。这表明,国家重点支持建设这四类学科,也成为遴选"双一流"建设学科的标准。当然,这些标准也是宏观性表述,没有对其进行具体界定和说明。另外,由于遴选采用专家委员会制度,专家委员会还会根据国家需求、布局、区域发展以及政策连续性等因素,建议部分高校自主确定一批建设学科。需要说明的是,此次遴选认定所产生的是"双一流"建设学科,重点在"建设",是迈向世界一流的起点,而不是认定这些学科就是世界一流学科,能否成为世界一流学科还要看最终的建设成效、学术成就与社会贡献。

学科评估采用已然设定的指标体系及具体的评价方法与标准,而且是对高校申报参评的一级学科进行评价。"双一流"建设学科的遴选是采用专家委员会认定方式,严格根据《实施办法》的规定和要求确定标准和相应学科。也就是说,"双一流"建设学科遴选看的是条件和标准,而不涉及具体高校和对应具体学科。所以,我们就看到这样的评述:

"投票投的是条件,什么样的学科属于一流学科。"第二届国家教育咨询委员会委员、中山大学原校长黄达人几个月前在北京参与了两轮投票,他告诉南方周末记者,"比如,(同不同意)五年之内有人得过国家自然科学二等奖,他所在的学科就作为一

---

[1] 国务院:《关于印发〈国家教育事业发展"十三五"规划〉的通知》,http://www.moe.gov.cn/jyb_xxgk/moe_1777/moe_1778/201701/t20170119_295319.html。

流建设的学科,(第一轮投票投的是这个)。像'复旦新闻'这样具体的学校名、学科名,我们投票时连这四个字都见不到。"专家委员会讨论通过了一整套遴选标准,标准中既有学科排名等"硬条件",也有定性标准;有一些条件是并列的,满足其中一条即可入选。[①]

所以,这样两种不同的评估与遴选标准,必然造成二者的结构差异。这就能够解释北大和复旦的"机械及航空航天和制造工程"能够入围、复旦的"新闻传播学"却不能入围"双一流"建设学科的事实与原因。前者属于关系国家安全和重大利益的学科,国家着实急需,甚至也属于交叉学科,入围毫无争议。现代语言学、商业与管理、会计与金融、经济学和计量经济学、统计学与运筹学、社会政策与管理等入围"双一流"建设学科的其他学科,都是国家急需发展的新兴学科与交叉学科,所以它们的入围也合情合理。

3. 学科的动态性发展可能带来的不同

前文已述,大学学科发展具有比较明显的动态性。学科评估是对其上一发展阶段的成效与贡献的测度,是固定的、既有的发展结果。而"双一流"建设学科除了重视其已有发展基础与优势、既有贡献与成就之外,更重视其未来学术发展潜力和可能的创新空间与贡献,而且还要与国家发展战略、国家重大需求、社会急需等因素结合起来,使其更具有"建设"的性质。

[①] 《谁属于一流学科?"双一流"遴选专家投的是条件》,http://www.edu.cn/ke_yan_yu_fa_zhan/special_topic/syl/201709/t20170930_1558095.shtml.

五、学科评估与一流学科建设：相互补充与制度突破

（一）学科评估与一流学科建设的动态管理与相互补充

我国学科评估从 2002 年首次开展以来，平均每四年进行一轮评估。它实际上是对全国具有博士或硕士学位授予权的一级学科开展的水平评估，属于动态监督与管理，旨在促进培养单位学科内涵建设、提高研究生研究水平和培养质量。随着评估指标体系的完善和评估过程、方式的科学化与合理化，学科评估应该能够比较客观和有效地评价培养单位的一级学科建设水平，促使高校不断提升学科建设内涵，争出高质量学科研究成果并做好社会服务，为学科发展和社会发展做出比较卓越的学术贡献与社会贡献，从而真正夯实建成一流学科的基础。换言之，学科评估为高校建设"双一流"建设学科甚至世界一流学科提供了比较重要的发展依据，有助于高校根据学科评估结果调整学科建设与发展战略，通过学科制度的完善与优化进一步提升学科建设水平，为建成世界一流学科提供强力支持和扎实基础。

根据《总体方案》和《实施办法》的规定与要求，世界一流大学和一流学科建设周期为五年，2016 年开始新一轮建设，并实施总量控制、开放竞争和动态调整的管理方式。"双一流"建设学科需要打破身份固化，建立建设学科有进有出的动态调整机制。建设过程中，对于出现重大问题、不再具备建设条件且经警示整改仍无改善的建设学科，将调整出建设范围；建设期末，建设学科将根据建设方案对建设情况进行整体自评，对改革的实施情况、建设目标和任务完成情况、学科水平、资金管理使用情况等进行全面分析，发布整体自评报告；专家委员会根据建设学科的建设方案及整体自评报告，参考有影响力的第三方评价，对建设成效进行评价，提出评价意见；根据期末

评价结果等情况，重新确定下一轮建设范围；对于建设成效特别突出、国际影响力特别显著的少数建设学科，在资金和政策上加大支持力度。

因此，二者都是采取动态管理方式，目的均在促进学科内涵建设，提升学科建设水平，亦即共同为学科发展提供良好的制度支持与政策环境，创造一种能使学科做出更大学术贡献和社会贡献的研究空间和发展空间，为建成世界一流学科奠定比较扎实宽厚的基础。同时，"双一流"建设学科的管理、调整以及各种支持，也能弥补学科评估仅仅针对学科目录中一级学科的缺陷，使政府、高校及其他培养单位能够考虑和兼顾其他重要学科的发展，如关系国家安全和重大利益的学科、国家急需发展的学科、支撑产业转型升级和区域发展的学科、新兴学科以及交叉学科等，将这些学科纳入他们的学科建设与发展规划，制定相应的学科发展战略。学科目录是一个既定的、已然的学科设置，尽管也会不断进行修订与调整（周期较长），但总是落后于国家和社会发展的需要，尤其是上述这些类别的学科很难在既定的学科目录中体现。所以，我们认为，学科评估与一流学科建设是一种相互补充、共治共进的关系，共同推进学科发展和内涵建设，不断提升学科研究水平和做出更大学术贡献，争创一流并达致一流。其实，第四轮学科评估正好赶上了"双一流"建设这样一个难得的历史发展机遇。所以，学科评估需要为"双一流"建设服务和提供支持。"在这样一个大背景下，学科评估理应主动围绕中心，服务大局，从自身的发展需要出发，更重要的是要对照国家的重大发展战略开展好教育评价服务。"[①]下一步"双一流"建设学科的绩效考核与评估、动态

---

① 王立生：《"双一流"背景下高校学科评估改革与创新》，《宁波大学学报（教育科学版）》2017年第1期。

调整与竞争,则完全可以与学科评估制度与工作结合起来。除了做好已有的一级学科评估之外,可以借助学科评估制度专门针对"双一流"建设学科进行绩效评价。

(二)学科评估与一流学科建设的制度突破

学科评估与一流学科建设都是国内较好的学科评估与建设制度,尤其是第四轮的学科评估,不管是指标体系选择,还是评估的具体过程与方法,都进行了比较科学的制度完善与政策创新。[①] 应该说此轮学科评估还是比较科学的,也取得了较大程度的成功。我们需要继续做好学科评估与一流学科建设的成效评估与考核,积极引入专门机构对学校的学科、专业、课程等水平和质量进行评估,同时注重学科国际评估,这是学科评估与一流学科建设的制度突破。其实,《总体方案》早就指出,要积极参与国际教育规则制定、国际教育教学评估和认证,切实提高我国高等教育的国际竞争力和话语权,树立中国大学的良好品牌和形象。学科评估与一流学科建设要积极引入和参与学科的国际评估与认证。对于世界一流大学的标准尽管观点各异,但拥有一批在世界上具有领先地位的学科是成为世界一流大学的必要条件,鉴定学科国际定位的方式是学科国际评估。[②] 而且,通过学科国际评估,大学可以对自身学科的国际地位有比较清晰的了解,既能明确自己的优势与不足,也能更好地确立大学的学科发展战

[①] 《以评助建,推动高等教育内涵式发展——教育部学位与研究生教育发展中心负责人就第四轮学科评估有关情况答记者问》,http://www.cdgdc.edu.cn/xwyyjsjyxx/xkpgjg/283569.shtml。

[②] 何峰、姜国华:《以学科国际评估推进一流大学建设的实践和思考——基于北京大学国际同行评议的考察和分析》,《学位与研究生教育》2015年第11期。

略。[1] 有学者提出,学科国际评估需要建立学科评估的国际化理念,建立常态化学科国际评估机制,注重人才培养,体现自身发展特色;[2] 应完善国内学科国际评估体系,加强制度保障,培育学科国际评估文化。我国工商管理学科国际认证(有的也称为"商学国际认证")与评估其实做得比较成功,进展也非常顺利。它本身有一套认证体系与标准,典型的是美国 AACSB 认证、欧洲的 EQUIS 认证和英国的 AMBA 认证。中国大陆很多综合性研究型大学、理工类研究型大学、财经类院校及其他类型大学的商学院(管理学院、工商管理学院或经济管理学院),其研究生教育和工商管理学科都参与和通过了这些国际评估体系的评估。参与商学国际认证与评估,旨在寻找我国大学商学院同世界一流商学院的差距;通过评估发展具有中国特色的商学教育体系,发扬符合中国社会发展的价值观和人文理念;拓宽商学院的国际化道路,引领中国的商学教育朝世界先进水平迈进,争取跨入世界一流商学院的行列。这样的国际评估也就成为建设世界一流商学学科的重要路径与现实的理想选择。

---

[1] 黄容霞、Lennart Wikander:《一个学科国际评估的行动框架——以学科评估推进世界一流大学建设的一个案例》,《中国高教研究》2014 年第 2 期。
[2] 刘海涛:《"双一流"建设视角下高校开展学科国际评估的探析》,《黑龙江高教研究》2017 年第 5 期。

高职院校校长影响策略与方式研究[*]

——基于行为事件访谈法的分析

李德方

一、问题的提出

众所周知,改革开放40年来,我国的高等职业教育获得了快速发展,为我国高等教育大众化目标的实现起到了举足轻重的作用。在后大众化时代,特别是中国经济进入"新常态"的背景下,如何使高职在原有基础上更好地发展,是当前及今后一段时期面临的一个挑战。充分发挥高职院校校长的作用,不断提升其管理水平和能力,则是其中不可或缺的关键举措。

领导力(Leadership)是影响、激励并使他人能够为了所属组织的效能和成功做出贡献的能力。[①] 领导力的大小实质上取决于其通过适当的方式和策略影响他人的能力。换句话说,影响力是领导力的

---

* 本文主要内容曾以《如何领导学校——高职院校校长影响方式研究》为题发表在《职教论坛》上。
① 史蒂文 L.麦克沙恩、玛丽·安·冯·格里诺:《组织行为学》,吴培冠、张璐斐等译,机械工业出版社2012年版,第287页。

核心,而影响力的大小又往往取决于领导在日常管理工作中对组织成员的影响方式。这些方式有些是管理者普遍采用的,有的则是个别领导者特有的。这些影响方式中具有共同性质的一类方式则称为影响策略。[①] Kipnis 等人通过经理们如何影响组织成员的方法搜集,得到了 7 种影响策略,按照使用频率由高到低排序,依次为:合理化、硬性指标、友情、结盟、谈判、高层权威和规范的约束力等。Jon L. Pierce 等人则把所有的影响方式归结为理性劝说、压力、吸引力、交换、逢迎、联盟、鼓舞、协商。[②] 谢晓菲、陈文锋在回顾 Kipnis 经典研究的基础上,通过自行设计的问卷对 226 名企业管理人员施测,按照从高到低的顺序得出其影响方式分别是个人风格、权力规范和相互关系等三种。林天伦按中小学校长是否借助正式职权和学校规范,将校长影响方式分为权力影响方式与非权力影响方式两类。前者指校长依靠组织授权的正式职权和学校规范施加影响的方式。后者指校长通过自身的品质、作风、知识、能力、业绩以及行为榜样等影响师生,分为支持关怀、愿景榜样、联盟合作、激励鼓舞、理性劝说、交换指导、智力启发等。本研究将在已有研究的基础上,立足中国实际探讨高职院校校长通过何种影响策略、采用何种影响方式实施领导行为。

二、研究过程

(一)研究方法的选择

在迄今的领导者影响方式研究中,大体可分为实证主义和解释

[①] 谢晓菲、陈文锋:《管理者个人影响力的测量与分析》,《北京大学学报(自然科学版)》2002 年第 1 期。

[②] 转引自林天伦:《校长的影响需要与影响方式研究》,《中国教育学刊》2007 年第 7 期。

主义两种范式。前者往往通过调查研究法来收集数据资料,再通过数理统计归纳出研究对象的影响策略。这种范式假定我们能够测量变量,而且变量和其他要素有着固定的关系,认为"事实独立于人而存在",它"就在那里",因此研究的过程就是人们发现和检验事实的过程。解释主义研究范式是在批判实证主义研究范式对于社会人文科学研究中的局限性基础上提出的,它对"事实"的看法是,认为"事实"是特定环境中的人们所共享的意义建构,不是实证主义冷冰冰的"纯客观研究"能做到的,因而它特别注意倾听人们用来理解对于不同事件和现象共同意义的语言,是一种充满"人情味"的研究。客观而言,上述两种研究范式各有利弊,如解释主义在克服实证主义罔顾教育中人的"主观性"和"价值性"缺陷的同时,却也回避不了其对"当事人"意义解释的过分尊重所导致的相对主义。事实上,作为复杂科学的"教育",对它的全方位的理解和把握不是任何一种研究范式单独能做到的,因而必须在教育研究中倡导多元的方法论,以相互补充、相得益彰。

  行为是确定一个人自身信仰、价值观和态度的主要信息源。[①] 领导者影响方式归根结底是行动作用的结果,而行动又是思想的派生物。因此,研究高职院校校长影响方式的最佳方法莫过于"听其言、观其行"。行为事件访谈法(Behavioral Event Interview,简称 BEI)是由美国哈佛大学教授麦克莱兰(McClelland)于 20 世纪 70 年代开发出来的开放式行为回顾式探索技术,是一种结合 John C. Flanagan 的关键事例法(Critical Incident Technique,CIT,又称关键事件法)与主题统觉测验(Thematic Apperception Test,TAT)的访谈方式。BEI 最早用以进行心理测评,通过一系列的问题,如"您当时是怎么

[①] 罗伯特·B.西奥迪尼:《影响力》,闾佳译,北方联合出版公司 2016 年版,第 85 页。

想的""您是怎么对他说的""您采取了什么措施"等,收集被访者在代表性事件中的具体行为和心理活动的"实际"信息,而不是假设性的或抽象性的行为举动,这就一定程度上保证了研究所需的客观真实。基于此,本研究采用行为事件访谈法收集资料。

(二)研究对象的选择与施测

从理想的角度出发,一项研究如果能够对所有研究对象进行研究,那么其研究结果的误差相对就会更小。但是由于研究条件的限制(时间、经费等),"无论什么研究方法,都不可能、也没有必要穷尽对研究总体中的所有个体进行研究"[①],因而科学的抽样方法对研究精度的保证就显得非常重要。尽管遵循"随机化原则"的概率抽样对总体代表性最高,但是考虑到研究对象的特殊性和研究实施的可行性,本研究采用方便抽样法,选取经济发达、职业教育发展水平较高、位于长三角地区的江苏省境内担任"一把手"正职校长具有一定年限的16名高职院校校长,包括三年制高职和五年制高职各8名(表1)。然后对访谈对象进行行为事件访谈并录音,访谈时间一般控制在1小时左右,实际访谈录音时间最短的59分钟40秒,最长的2.5小时,平均访谈时间1.5小时。

表1 访谈对象基本情况

序号	代号	性别	学校类型	任职年限	所在地区
1	F1	男	三年制高职	7	苏南
2	F2	男	五年制高职	12	苏南
3	F3	男	五年制高职	11	苏中
4	F4	男	三年制高职	4	苏中

---

① 张红霞:《教育科学研究方法》,教育科学出版社2009年版,第265页。

续 表

序号	代号	性别	学校类型	任职年限	所在地区
5	F5	男	五年制高职	5	苏南
6	F6	男	三年制高职	6	苏中
7	F7	男	三年制高职	10	苏中
8	F8	男	三年制高职	3	苏北
9	F9	男	五年制高职	16	苏南
10	F10	男	三年制高职	10	苏南
11	F11	男	五年制高职	7	苏南
12	F12	男	三年制高职	10	苏南
13	F13	男	五年制高职	4	苏南
14	F14	男	五年制高职	11	苏南
15	F15	男	三年制高职	1	苏北
16	F16	男	三年制高职	10	苏南

备注:F1指第一个访谈校长,F2指第二个访谈校长,以此类推,F16指第十六个访谈校长。

(三)编码与统计

编码就是将研究所获得的资料按照既定的程序和研究设计进行转换,使之有利于分析和表述。毋庸赘言,编码的质量将直接影响到研究的质量。按照 William L. Miller 和 Benjamin F.Crabtree(1999)的观点,对于原始资料的编码有三种理想化的组织类型,分别是样板的、编辑的和融入/结晶化的。

样板的组织类型类似于内容分析方法。在开始阅读文本资料之前,首先界定思考单位、设计编码表。编码表的设计可以依据文献分析、课题组的讨论、先前的研究,或者使用其他组织类型分析时所得的结论。之后,依据编码表对资料进行登录。该方法易于理解和操作,也更容易对原始资料进行聚焦。编辑的组织类型则类似编辑的工作方式。事先没有编码表,而直接进入文本,逐字逐行进行开放式阅读,在阅读过程中对那些最贴近研究主题、最有价值的信息进行概念化、设立码号,在此过程中逐渐建构出编码表。融入/结晶化的组织类型强调研究者的直觉与反省。它要求研究者完全浸入文本之中,在不断反省之后"出现对于资料的一种直觉式的结晶输出",并通过融入与结晶化的反复循环,达到诠释的目的。这种方式对研究者个人的素质要求很高。

不难发现,上述三种组织类型各有利弊,其中样板的组织类型虽易于操作,但难以避免重要的概念信息遗漏的可能;编辑的组织类型和融入/结晶化的组织类型虽可以使信息较为完整,但操作上比较困难并且对研究者的素质要求高。本研究根据实际情况,综合采用样板的组织类型和编辑的组织类型方法进行编码,即首先将先前文献分析和前人同类研究的部分结果作为编码的概念依据,设计出编码表(表2)。实际编码时又不完全依赖于事先确定的编码条目,将访谈文本中与研究主题密切关联的内容信息逐句逐段摘录并进行概念化处理,产生新的编码条目,直至完成整个编码工作。事实上,本研究最后获得的开放式编码多达 162 个,关联式编码 15 个。运用 Excel 软件对高职院校校长对下属的影响方式情况进行统计并分析。

表 2　编码表

序号	编码	序号	编码
1	理念引领	7	激励
2	准确判断并行动	8	交换
3	独断	9	迎合
4	间接运用威权	10	合理授权
5	合理化	11	公开奖惩
6	结盟	12	协商

三、研究结果

采用组合的编码方法对访谈文本进行编码。首先对整理出的访谈文本逐字逐行进行阅读,采用主题分析与内容分析的方法,将与本研究主题最为贴近的影响行为进行分析提炼,初步形成"创新理念""顶层设计""开设讲座"等开放式编码162个。其次,根据形成的开放式编码的内涵特征进行归类综合形成"理念引导""以身作则""独断"等15个关联式编码。研究表明中国高职院校校长对下属的影响方式呈多样化态势,按照其性质特征可以分为以下三种策略。

（一）"示范—合作"策略

顾名思义是作为一名校长,在领导过程中注重自己言行的示范效应,同时采取与下属进行合作的态度以获得对方服从和支持。具体方式包括"理念引领""以身作则""协商交流""结盟""迎合""包容"等。按照出现的频次高低排序,排在前三位的分别是"理念引领""以身作则"和"协商交流"。

1. 理念引领:具有独特的办学理念,能独立思考,针对具体实际采取创新举措并落实在行动中,包括"理念引导""理念运用""理念灌输"等开放式编码条目。共有13位校长78人次在阐述的关键事件行为中有所涉及,占受访校长总数的81.25%,由此可见这是受访校长中最为常见的一种影响方式之一。

"我个人觉得,我在服务这个学校的时候,已经逐步是在用思想、文化、理念来,或者说叫管理这所学校,来引领这所学校。"(F9)那么他的理念是什么呢？"这么多年来呢,我逐步形成了一个教育理念,就是幸运教育理念——就是因为我的存在,而让学生感到幸运,让教师感到幸运,让社会感到幸运。"(F9)

当然,有的校长在访谈中并没有言及,但在实际领导行为中却体现了"理念引领"的特征:"做课程呢,我们学校我有一个顶层设计,我自己总结是叫'3、4、5、6'。'3'就是我给整个教师做过3次讲座,就是讲'大众化教育下的人才观、质量观、课程观'。我反复给他们强调的就是随着高等教育大众化的实现,特别我们现在是后大众化阶段,马上就要普及化了,越来越多的文化分高的到本科去了,文化分低的到我们这边了,这是社会进步的表现。"(F1)这位校长理性剖析了高职面临的形势后,对学校的使命目标又是如何看待的呢?即在"后大众化"时代高职人才培养的目标是什么?"我们的目标是培养不是淘汰。"(F1)同样,在这样的阶段,民众对职业教育的需求是什么?"我感觉到,现在对职业教育的需求,已经不是基本需求,现在是一种品牌的需求。"(F4)面对这种情况,我们如何来管理高职?"实际上就是在我们讨论工作、讨论活动、部署工作的时候,就是不要就工作而工作。就像我刚才以景观为例一样的,就是我们在譬如处理一件事情的时候,你的指导思想、你的观念是什么?是一清二楚的。"(F9)

2. 以身作则。校长在管理过程中,与大家一道干,用自己的实际行动做出榜样并由此产生的积极效果对下属产生影响。这也是校长行为中最为常见的方式之一,共有16位校长64人次具有这种影响行为,占调查校长总数的100%,也就是所有的受访校长都是这样做的。具体体现在校长能够根据形势"准确判断",善于"捕捉时机""善于谋划",为了目标的实现"全力以赴""身先士卒""亲力亲为"。

"在骨干[①]申报的时候呢,它是一次遴选,100所一次遴选,那么一次遴选相对来讲个数就比较多一点,机会把握好的话呢,成功的可

[①] 根据《教育部、财政部关于进一步推进"国家示范性高等职业院校建设计划"实施工作的通知》评选出的"国家示范性高等职业院校建设计划"骨干高职院校立项建设单位。

能性比较大,所以当时我就班子里面定下来,要尽一切可能,要搭上这班车。"(F10)

该校长首先根据国家骨干院校申报的总体情况准确判断出只要努力是能够"搭上这班车"的,随后迅速行动。"当时我还在北京开会,在天津参加那个全国职业院校技能大赛,去看我们的参赛选手。6月30号,这个通知从教育厅刚出来,我就赶回来,从6月30号开始就是搭班子来做申报的准备工作。"在此过程中,该校长与大家一道为了这个目标的实现精益求精、执着努力。"整个答辩材料的准备,包括这个PPT的制作,我记得为了一张PPT,我跟我们几个校领导啊,还有我们这个艺术系的老师啊,为了一张PPT讨论了一个晚上。"(F10)最终如期实现了目标。

同样的情形也发生在另一位校长身上。"当时我来了以后,2010年正好赶上搞第二批国家骨干高职院校,就是示范工程,前面搞了100所,后面全国再搞100所国家骨干,这个荣誉是非常巨大的。""当时我接到通知后,就立即把教务处长、科研处长以及相关的系主任找来学校开会。怕时间来不及,我们就住在隔壁宾馆里加班,把宾馆租下来,干了一个半月,不许回家。"与大家一同干的同时,该校长还善于谋划,"我们打了两张牌,一个是区域牌、区位牌,一个就是特色牌。这两个牌打得现在看是很成功的"。有了这样的一系列行为,那么结果也就不难预期了,"最后通过省里到教育部答辩,说通过了"。(F15)

在访谈中类似的情况还有很多,比如"在整个改革过程中整个方案的设计,框架,基本上是以我为主的整个校长室团队……,整个推进和操作实际上很多事都是我自己亲力亲为",(F4)"我感觉到作为一个团队的领头人,我感到最核心的一个东西就是你自己要正。你什么时候都要身先士卒,你不能够说要大家给我上,而是你要跟我上。无论是我们在处理和拆迁户的矛盾的时候,我们在碰到一些关

键的有一些风险的时候,你一定要冲在前面,至少你要到现场。而我呢,一个是冲在前面,第二个肯定都是在现场。"(F6)

美国著名心理学家阿尔伯特·班杜拉(Albert Bandura)曾经做过一项经典研究,其结论是通过观察他人的行为会极大地影响我们自身的行动,中国有句俗语"榜样的力量是无穷的"表达的也是同样的意思。通过访谈不难发现,在事关学校发展的重大问题、疑难问题和复杂问题上,这些校长通常是身先士卒与大家并肩拼搏,用实际行动施加着影响,而这样的影响效果无疑也是最好的,正如孔子所说,"其身正,不令而行;其身不正,虽令不从"。

3. 协商交流。即遇到问题时能够征求组织成员的意见并进行讨论商量,包括"征求意见""沟通""研讨"等条目。共有13位校长27人次具有这种行为。

"我们在做的时候,比如说我们这个精神文化建设,学校的校训也好、校风也好、学风也好,开始这些我们是在全校老师大家讨论征集,包括退休教师,我们在退休教师当中也在发动。""这个东西呢,我觉得不能少数人就几个校领导讨论决定,广泛的讨论、征集,实际上就是在逐步地统一一种认识,这种过程是非常重要的,所以通过这种广泛的讨论,我们几上几下,慢慢地老师他们能够认同这种做法,还有他们也有了对你的一种认可。"(F5)"我们一般碰到问题的话,我很少个人独断,有什么问题,我们指挥部有个办公会,各个部门的负责人集中起来开会研究,经常开会研究。"(F6)

伦西斯·利克特(1967)曾经在广泛研究的基础上提出了四类管理系统的主张,其中"系统3型"即"协商型"。在这种组织中,上级和下级沟通往往很好,横向沟通也大多较好,较少有筛选和歪曲信息的倾向发生,上级往往在讨论以后才明确目标并发布指令,因而有助于落实并实现组织目标。调研结果表明,八成以上的受访高职院校校长在领导行为中注意倾听下属的意见和声音,并在此基础上形成决策。

(二)"权力—强制"策略

主要包括强硬、直接的影响方式和温和、间接的影响方式。前者有"制度化""独断""坚持原则"和"公开奖惩"等,后者有"以理服人"和"合理授权"两类。

1. 制度化。指校长在领导工作中制定规章并执行,包括"建章立制""按章办事""规范操作"和"运用规则"等开放式条目。这也是校长较为常用的影响方式,共有 10 位校长 28 人次涉及。

"我呢,用了六个干部,前面的三个采取公推公选的办法,十来个程序呢。这个首先把职位和条件公布出去,然后开大会号召,符合条件的都给我报名。"(F8)

"我经过一段时间的调研以后……,最为重要的一点就是规范学校的管理体系,咱们用通俗的话讲就是建章立制。""《'十一五'师资队伍建设规划》,是我专门直接起草来做这件事情,跟大家进行研究探讨。"(F11)

"我们刚刚出了一套《非事业编制分类管理办法》,这次制度全是我们自己制定的,非常平等,而且对稳定非事业编制人员,提高他们待遇,稳定他们的情绪起到非常好的作用。"(F4)

上述校长在干部队伍和师资队伍管理中都不约而同地用制度进行管理,所谓制度是"由人制定的规则,这些规则抑制着人际交往中可能出现的任意行为和机会主义行为"[1]。美国经济学家诺思也持同样的观点:制度是一系列被制定出来的规则、守法程序和行为的道德伦理规范,这些规则、程序和规范的直接作用就是减少不可预见的行

---

[1] 柯武刚、史漫飞:《制度经济学——社会秩序和公共政策》,韩朝华译,商务印书馆 2000 年版,第 32 页。

为和机会主义。制度具有刚性特点,制度管理能够有效减少因人为因素而产生的负面作用,保证公平,即"制度面前人人平等",从而保证组织意图的顺利实现。

2. 独断。指运用校长法定性权力直接要求对方服从,包括"明确要求""明确指令""强制推行"等开放式条目。与 Kipnis 影响策略中的"硬性指标"以及 Jon L. Pierce 所说的"压力"相似,也属于国内学者谢晓菲等人归纳的"权力规范"范畴,即利用法定性权力或压力强制要求下属执行。

"我们有些中层干部,工作上我从来都不留情面,还有一些自己有些过分的要求在我这都行不通的。"(F6)——这是对干部队伍的管理。

"我经常推门听课,……我推门听课呢,就是看看我们老师的原生态,他们教学的状况,他们教学的内容,学生的感受。同时通过这个推门听课也认识老师。后来我也讲的,我说我这个推门听课是感受到的自然状态,但它又是提升后的自然状态——因为老师都知道我可能随时要推门听哪个课,所以他一般就不敢太随意上课、不准备就上课,他经过他的准备再上课,就是这个原生态也是提升后的原生态。所以给大家一种紧张感,给大家一种可能要检查的感觉。"(F8)——这是对教师教学工作的管理。

"你比如我们的烹饪专业学生,实习的时候必须排着队进实训室,必须要穿工作服,戴工作帽,你没有做到这一点就不允许你进入实习间去实习。"(F3)——这是对学生实习时的要求。

如果说"协商交流"是柔性方式的话,那么"独断"与之正好相反,是一种硬性的权力影响方式。一方面是校长具有采用这种方式的合法性基础,也就是说,作为一校之长,其本身就有着社会和组织赋予其领导学校的权力职能,而"独断"正是校长发挥其权力职能的一种方式;第二,这种方式的使用是建立在一定的合理性之上的,并且效率高。但无论是哪种方式,其目的均是在于获得组织成员的认同和服从,以实现组织管理的目标,正如一位校长所言,"在校长这个位子上接触的事情比较多,就利用这个行政权力把一些老师好的做法推行下去"(F3)。

3. 以理服人。用事实或数据使要表达的思想显得合理而使目标对象容易接受并服从。如对于课程建设,"我觉得课程建设不是一个终极的目标而是一个过程。所以我在学校里反复强调的是,千万不能说,我这个国家级精品课程建好了,我就束之高阁,我就不用了……最终被我说服了。"(F1)该校长正是通过很多次的摆事实、讲道理,以理服人,使大家对课程建设的理念发生变化并达到认同。

(三)"借力—激励"策略

指领导过程中善于借助外在的力量以及采用激励的方式施加影响,从而达到影响他人的目的,包括"借助外力""激励"和"关心他人"。

比如,有的校长运用"激励"方式并取得了良好的影响效果。"我这个橱窗里边,今年9月10号把我们的教授、副教授作为名师风采,放在橱窗里面给学生认。一个学生认认老师,那么多的教授、副教授,第二个让我们的老师有一种荣誉感,让其他同事有一种目标追求,所以把他们全部放在(里面)",结果"整个教师的干劲啊又激发出来了,这样你现在给他们一个科级岗位,他们就不去争了。他就好好把书教好,好好把教科研工作搞好,他这个更是可持续的,更是能迸发大家的这种能量的、这种激情的一个东西"。(F8)又如某职业学校校园扩建遇到了难题,"我曲线救国找了一个将军。这个将军跟我们市长、市委书记都是很要好的,所以我跟市长、市委书记说叫将军帮这个忙,来解决这个问题"。(F7)该校长根据掌握的信息,善于借力施加影响,巧妙地请市委书记、市长出面叫将军帮忙,最终使问题得到圆满解决。

具体影响策略及其方式内涵见表3。

表 3 高职院校校长的影响策略、影响方式及其内涵、频次和出处

序号	影响策略	影响方式（关联式编码）	内涵	频次	开放式编码（资料出处）
1	"示范—合作"策略	理念引领	具有独特的办学理念，能独立思考，针对具体实实采取创新举措并落实在行动中	78	创新理念(F1,F2,F3,F4,F4,F8,F12)、善于思考(F10,F10,F12,F16)等
		以身作则	校长在管理过程中，与大家一道干，用自己的实际行动做出榜样并由此产生的积极效果对下属产生影响	64	亲力亲为(F4,F4,F8,F9,F10,F11,F11,F15,F15)、以身作则(F3,F6,F6)、准确判断(F2,F10,F10,F10,F11,F12,F13,F15,F15,F16,F16)等
		协商交流	遇到问题时能够征求组织成员的意见并进行讨论商量	27	商讨(F7,F9,F9,F13,F13)、征求意见(F4,F5,F8)等
		结盟	使用策略与技巧争取他人的拥护与支持	9	友情(F15,F15,F16,F16)、先抓关键人物(F1,F3)等
		迎合	按照目标对象期望的方向作出相应的举动，以期被认同接受	5	倾听意见F7、迎合(F9,F9,F14,F14)
		包容	宽容目标对象的不当言行	5	不厌其烦F1、包容(F1,F2,F2)、大度F2

续 表

序号	影响策略	影响方式（关联式编码）		内涵	频次	开放式编码（资料出处）
2	"权力—强制"策略	强硬直接的方式	制度化	在领导工作中制定规章并执行	28	制定规范（则）（F3、F7、F11、F11、F11、F11）、规范(F8、F16)等
			独断	运用校长法定性权力直接要求对方服从	20	明确要求（F1、F8、F8、F8、F9、F11、F11、F12、F13、15、）、明确指令F16、强制推行F3等
			坚持原则	对原则问题不妥协，不让步	13	坚持原则（F1、F6、F8、F8、F11、F16）、不留情面F6、公正无私F8等
			公开奖惩	用一定的方式（口头、书面文件）公开表明对相关行为事项的奖励或惩罚的态度和额度	6	惩罚（F3、F8）、公开批评F6、公开奖励（F8、F8）、合理奖惩F4
		温和间接的方式	以理服人	用事实或数据使要表达的思想显得合理而使目标对象容易接受并服从	10	反复解释（F1、F1）、说服F16、现身说法F1等
			合理授权	根据情况在法定范围内授予他人领导职权	4	合理授权（F4、F4、F5、F5）

续 表

序号	影响策略	影响方式（关联式编码）	内涵	频次	开放式编码（资料出处）
3	"借力—激励"策略	借助外力	领导过程中善于借助外在的力量，包括借助上司的权威和其他内外部力量来影响目标对象	12	借助外力（F4，F7，F7，F10，F13，F14），请上司支持F7，争取支持F11等
		关心他人	在物质或精神层面用口头或具体行为关心目标对象以获得对方支持	5	以人为本 F11，关心他人（F8，F8，F11，F16）
		激励	激发鼓励	5	鼓动 F13，激励（F1，F8），职务提拔 F5，提高待遇 F4

备注：F1 指第一个访谈校长，创新理念（F1,F2,F3,F4,F8,F12），即指第一、二、三、四、八、十二个校长均有这种方式，以此类推。

四、结论与讨论

(一)研究结果的检验

在质性研究中,比较一致的倾向是用"效度"来评估质性研究的质量,即能否反映人们真实的经历、态度、行为与动机等,常用原始资料检验法、反馈法、专家评价法等来检验模型和研究结果的有效性。所谓原始资料检验法是指"对模型中的概念和关系返回加以审查:'概念'必须来源于原始资料"[①]。本研究也采用此法。在三种影响策略十五种影响方式中,大部分直接出自受访者之口,有的受访者虽没有直接说出,但其实际行为和言语本身与这些影响方式的内涵是高度一致的。如"我在服务这个学校的时候,已经逐步是在用思想、文化、理念来,或者说叫管理这所学校,来引领这所学校"(理念引领)、"整个推进和操作实际上很多事都是我自己亲力亲为"(以身作则)、"当时我想这个评估怎么弄呢?就和大家商量"(协商交流)、"时机成熟了动手,动手以后我觉得就按照规矩操作"(制度化)、"作为一个校长来讲,尤其在现在这样一种情况下,要包容,要很大度"(包容)、"我们有些中层干部,工作上我从来都不留情面,还有一些自己有些过分的要求在我这都行不通的"(坚持原则)、"内部运行机制的改革,可能涉及的方方面面比较多,最终都归结到每个教职工的切身利益问题,所以我的想法呢,这项工作要依靠我们自身可能有点限制,当时我想到我们要请专家"(借助外力)、"当然这中间还有一些制度构建呢,这个还要在执行制度的时候注重以人为本,就是关心每一个教职工的成长"(关心他人)、"比如说'十一五'我规定你要达到研究生,'十二

---

① 吴继霞、黄希庭:《诚信结构初探》,《心理学报》2012年第3期。

五'我提出来要达到博士,你要读博士我有奖励"(激励)等。由此可知,本研究得出的影响方式与原始资料呈现的结果之间一致性程度还是较高的,说明研究具有较好的效度。

(二)结论与讨论

本研究通过行为事件访谈法探讨了高职院校校长对下属的影响方式,结果显示,高职院校校长在领导学校过程中主要采用三种主要的影响策略:一是"示范—合作"策略,包括理念引领、以身作则、协商交流、结盟、迎合、包容等影响方式;二是"权力—强制"策略,含强硬直接的方式和温和间接的方式,前者包括制度化、独断、公开奖惩、坚持原则,后者包括以理服人、合理授权;三是"借力—激励"策略,包括借助外力、关心他人、激励等方式。研究还表明,受访校长在实际领导行为中大多综合使用以上策略方式,尤其注重优先使用"示范—合作"策略,尤以"理念引领""以身作则"方式最为常见。这与国外学者Kipnis和Jon L. Pierce等人的研究结果具有较大的差异性,他们得出的影响策略中排位最先的分别是"合理化""硬性指标"和"理性劝说""压力"。究其原因,除了研究对象职业领域、所处时代及地域不同外,或许主要是中外文化差异所致。中国早在春秋时期,孔子就提出"仁"的思想,战国时期孟子将孔子的"仁"发展为"仁政",荀子也主张施政用"仁义"和"王道",不难看出中国传统儒家是主张"己所不欲,勿施于人"的原则要求的。特别是中国共产党执政后,提出"全心全意为人民服务"的执政理念,强调各级领导干部要"正确行使人民赋予的权力,坚持原则,依法办事,清正廉洁,勤政为民,以身作则,艰苦朴素,密切联系群众"[1],这些要求在受访校长中不同程度地得以体

---

[1] 中国共产党第十八次全国代表大会:《中国共产党章程》, http://www.cnrencai.com/zhongguomeng/61587.html, 2016-10-24。

现,因而与西方领导者采用的方式不一致也就是理所当然的了。

最后需要指出的是,尽管本研究通过研究达到了预期的目的,在研究过程中也采用了原始资料检验法对研究结果进行了验证,但这还是初步的,特别是基于行为事件访谈法的研究过程的主观倾向非常明显,对访谈文本的编码过程也主要是源于研究者的主观判断。因此,要获得更为客观的、准确的研究结果,除了要进行更为细致的研究外,还应该进行更为严格规范的验证,这将是在后续研究中需要解决的问题。

从"少年班""基地班"到"拔尖计划"的实施[*]

——35 年来我国基础学科拔尖人才培养的回溯与前瞻

叶俊飞

1978 年 3 月党中央、国务院在北京召开全国科学大会之后,我国科技事业的发展进入了新时期,而作为科技工作重要组成部分的基础科学研究也受到了应有的重视并开始蓬勃发展,从事基础科学研究的后备人才培养工作重要性凸显。也是那一年,中国科技大学首创了少年班,拉开了我国基础学科拔尖人才培养试点的序幕。2009年,教育部启动了"基础学科拔尖学生培养试验计划"(以下简称"拔尖计划")。该计划首批遴选了北大、清华等 11 所高校开展探索与试验。之后,参与该计划试验的高校扩充至 19 所。

从 1978 年至今,我国从事基础学科拔尖人才培养已逾三十年,经历了不断探索、实验的历程,并由此留下了许多宝贵的经验。因此,认真回顾该历程,总结基础学科拔尖人才培养中的成绩与经验,

---

[*] 本文系江苏省教育科学"十二五"规划 2013 年度立项课题"基础学科拔尖创新人才培养之研究"(编号:C-c/2013/01/036)、江苏省 2013 年度普通高校研究生科研创新计划项目(编号:CXLX13_011)研究成果。

探寻基础学科拔尖人才培养的规律,展望其前景,对促进我国基础学科拔尖人才的培养,无疑具有十分重要的理论价值与现实意义。

一、35 年来基础学科拔尖人才培养探索历程的回溯

为便于分析,根据培养对象、规模、教学管理形式等特点,可以将 35 年基础学科拔尖人才的培养历程大致划分为三个阶段:

(一)"少年班"时期:早出人才,快出人才(1978—1990)

基础科学要发展,人才是关键。"文革"十年,教育领域首当其冲,成为"重灾区",人才断档的现象非常严重,"人才奇缺,各地、各部门、各系统都需要大量的符合社会要求、有觉悟、有能力的专门人才"[1]。此时,如何"早出人才,快出人才"就成为摆在整个教育领域的迫切问题。

1978 年 3 月,本着"理科人才也可以像文艺、体育那样从小培养"的设想,中国科学技术大学创立了少年班,当年即招收两期共计 88 名学生。[2] 1984 年 8 月,邓小平同志在北戴河会见华裔学者丁肇中教授时谈道:"少年班很见效,也是破格提拔,其他几个大学都应办少年班。"根据邓小平同志的谈话精神,教育部当即下文《关于请北京大学等校举办少年班的通知》,请北大、清华、人大、复旦等 10 所高校研究办班事宜。次年 1 月,教育部下发《同意北京大学等 12 所院校举办少年班》的文件,批准北京大学、清华大学、北京师范大学、吉林大学、复旦大学、上海交通大学、南京大学、南京工学院(现东南大学)、浙江大学、武汉大学、华中工学院(现华中科技大学)、西安交通大学

---

[1] 胡启立:《〈中共中央关于教育体制改革的决定〉出台前后》,《炎黄春秋》2008 年第 12 期。
[2] 少年班管理委员会:《少年班十年实践》,《教育与现代化》1988 年第 Z1 期。

等12所重点高校开办少年班。

大学举办少年班,是学校拔尖人才培养的新形式,同时它也承担着各校教学改革的试点。它采取了一系列人才培养的"新"举措:

1. 单独、自主招生

为了招到优秀少年大学生,学校试行完全自主招生。以中科大为例,经过反复实践,逐步确定了"少年班"的招生办法:"少数德、智、体、美全面发展和有特殊专长的优秀学生,经考核后,可以免试保送。而大多数考生必须通过推荐→高考→复试→心理测试→专家鉴定,最后择优录取。"①其他高校也有类似做法。

2. "前期拓宽、加强基础,而后自选专业分流"

不同于普通大学教育,少年班的教学计划进行了全新修订。如华中工学院(现"华中科技大学")少年班,学制五年:前两年集中在物理系,以强化基础学科、数学、外语以及基本工程原理的学习,后三年则分流至各专业学习。

3. "高起点""高难度"教学

中科大少年班针对班里学生按照大学普通班要求授课反映"吃不饱"的情况,允许任课教师适当加深课程内容。如复旦大学针对少年大学生的知识接受能力很强的特点,适当加大所授课程的难度。"学校生物学科的师资力量较强,就给少年班开设了难度较高的《生物学引论》课程;《数学分析》任课教师秦曾复教授在讲课中,经常增加讲义上所没有的理论证明。"②

4. 单独成班,集中管理

针对少年大学生年龄小的特点,学校一般将少年大学生集中单

---

① 朱源、秦裕芳:《科技"神童"的摇篮——中国科技大学少年班与少年大学生》,湖南人民出版社1988年版,第18页。

② 张跃进、李志斌:《狠抓教学改革 认真办好"基地班"》,《高等理科教育》1996年第3期。

独成班,为之配备专职管理人员,有针对性地实施教育与管理。以中科大为例。随着在校少年大学生人数的增加,相应的教育管理工作也日益复杂。中科大为此成立了系级建制的少年班管理委员会。该管理委员会设主任1人,副主任1—2名,还建立了党支部以负责思想政治工作。

作为新生事物,大学举办少年班的探索过程始终伴随着诸多争议,也碰到许多特殊的矛盾和困难。其中,如何营造适合这群少年大学生成长成才的教育教学环境,无疑是横亘于各高校面前的一大挑战。如吉林大学少年班在一份工作总结中曾提到在实践中遇到的问题:"招生如何把好质量关?对学生的非智力因素和智力如何考查?参加高考,还是单独出题,或其他方式?毕业分配问题,考不取研究生的年龄还小,延长学制或读第二学位?经费怎么办?管理体制如何确定好?"[1]这也许是后来高校少年班纷纷停办的原因之一,而有的研究者[2]认为少年班停办的根本原因在于,不少学校只是在形式上招收了些"小天才",却没有开发出他们的潜能,没能形成一整套科学的培育模式。

总体来说,少年班实质上是一种为理科智力超常的青少年提供的大学教育,其创办目的在于使这些智力超常少年能够早日脱颖而出,并且探索早出人才、出好人才的教育规律。中科大少年班的毕业生中,出现了年龄最小国内研究生、年龄最小出国研究生以及年龄最小的助教。这在当时激起了强烈反响。而它所探索出的"入学不分专业,两年以后再自选专业"宽口径理科通才培养模式,无疑是基础

---

[1] 刘雅男:《吉林大学少年班工作总结》,《教育与现代化》1989年第3期。
[2] 李德才、沈克祥:《坚持教育创新,探索高等教育改革新模式——我国大学少年班教育的历史回顾与启示》,《江淮论坛》2004年第3期。

学科拔尖人才培养的途径之一。

(二)"基地班"时期:培养"少而精,高层次"的基础性人才(1990—2008)

20世纪80年代末,受经济体制转轨影响,我国高等理科教育遇到了困境与危机,令人担心的状况出现了:一方面报考理科专业的尖子学生逐年减少,"北大招生,理科数学最后。数学专业每年招生仅40人左右(不算应用数学与计算数学),多数还是从二、三志愿'调剂'进来的"①。另一方面,理科毕业生结构性过剩,社会上出现了"要爱迪生,不要爱因斯坦"的说法。这一时期,大学里响起了"保护理科"的呼声。

在这一背景下,1990年7月下旬,原国家教委在兰州大学召开了全国高等理科教育工作座谈会。会议的一个重要成果就是明确高等理科教育的基本任务,即保护和加强基础,培养"少而精、高层次"的基础性科学研究与教学人才。会议之后,国家先后分五批在高校建立了106个"国家理科基础科学研究和教学人才培养基地"。2008—2009年,教育部分两次批准了共计30个"国家理科基础科学研究和教学人才培养基地"。至此,拥有国家理科基地的高校数目增至48所,分布在全国21个省市区,占全国本科院校总数的近4%,学科门类也拓宽覆盖至数学、物理、化学、生物、地学、天文、心理、基础医学和基础药学等9个学科。②

1995年,针对基础科学本科教育阶段的困难与"国家理科基础科学研究和教学人才培养基地"建设中经费严重短缺的问题,卢嘉

---

① 王义遒:《理科基地二十年感言》,《高等理科教育》2012年第5期。
② 张贵友、潘勋、谢焕瑛:《国家基础科学人才培养基金"十一五"实施工作成绩与展望》,《中国科学基金》2010年第3期。

锡、苏步青、朱光亚等十一位科学家致信国家领导人，提出了《关于进一步加强和保护基础科学研究和教学人才培养的呼吁书》。卢嘉锡等六十三位全国人大代表提出了《关于建立国家基础科学人才培养基金的提案》，提议党中央和国务院增拨专款，建立"基础科学人才培养基金"，以增加对"基地"建设的经费投入，并对"基地"建设和改革提出了许多重要建议。在他们的呼吁与推动下，国务院在国家自然科学基金下增设了一项"国家基础学科人才培养基金"，专用于支持国家理科基地本科生和特殊学科点青年人才的培养。

国家的政策导向与资金支持，对于各高校培养基础科学拔尖创新人才的实践探索，既是肯定更是鼓舞。为了保护和加强基础性人才培养，各高校依托"理科基地"进行了新的探索：

1. 多样化招生

为获得高质量生源，基地采取多种形式遴选高中毕业生。如厦门大学化学与生物学两个理科基地的招生采取有条件选送保送生和提前批录取相结合的方法：一方面，对获得全国和省级奥林匹克化学和生物竞赛三等奖以上的学生，择优予以保送；另一方面，在高考招生中，采取"提前批"录取。还有的如兰州大学物理学基地则采取"直接招生"与"二次选拔"相结合的方式，所谓的"二次选拔"，是指该基地每年在大一入学新生中通过全校考试，挑选出对物理学具有浓厚兴趣的学生进入基地班学习。

2. 加强基础，深化课程与教学改革

为了保证人才发展"后劲"，基地班的课程与教学注重强化基础训练。复旦大学基地班在培养过程中，注重加强学生自然科学基础，要求数学专业的学生强化物理课程学习，为物理专业学生增设普通化学与普通化学实验课，要求化学、生物学专业的学生加强数学课程的学习。

3. 建立动态流动机制

为保证学生质量,激励学生积极进取,基地班绝大多数建立了动态进出制度。兰州大学生物学基地班,实行动态滚动制度。大一大二,每学期转出10%左右不适合在基地班学习的学生,并选拔其他班的学生补充。被转出的学生努力学习之后,成绩优异者仍可重新进入。

总体来说,"基地班"设立初衷是保护、加强基础性科学研究与教学人员培养。它培养了一批优秀的基础科学研究与教学人才,使一批基础学科专业走上了"保护—复苏—发展"之路,为它们今后的继续巩固、提高奠定了基础,其功不可没。而在拔尖人才培养探索方面,较之前少年班,"基地班"同样非常重视课程体系与教学内容、方法的建设与改革,重视"加强基础",并且人才培养模式更为多样。两者之间的最大区别就在于招生培养对象不同。

(三)"拔尖计划"的实施:多模式培养学术领军人才(2009年至今)

当前,我国正处在从高等教育大国向高等教育强国、从人力资源大国向人力资源强国转变的关键时期。而转型成功的标志之一无疑是培养造就一大批世界一流科学家和科技领军人才、创新人才大量涌现。因此,"如何培养出更多的拔尖创新人才"这一问题受到了党和国家、全社会的广泛关注。新中国成立至今逾六十年,但在中国本土未能产生诺贝尔奖自然科学类获得者的"国人之痛"和为何培养不出杰出人才的"钱学森之问",正是对这一命题的时代拷问。

2009年,教育部启动了"基础学科拔尖学生培养试验计划"(以下简称"拔尖计划")。该计划的目标任务设定为"在高水平研究型大学和科研院所的优势基础学科建设一批国家青年英才培养基地,建立拔尖人才重点培养体制机制,吸引最优秀的学生投身基础科学研究,形成拔尖创新人才培养的良好氛围,努力使受计划支持的学生成长为相关基础学科领域的领军人物,并逐步跻身国际一流科学家队伍。"①为了做好计划的实施,教育部领衔成立了三个小组:一是"拔尖计划"协调组,负责协调教育部内相关司局的工作,并且积极争取外部政策与资金资源的支持;二是"拔尖计划"专家组,由试点学科领域内有国际影响和突出贡献的知名专家组成,负责提供咨询、建议与指导;三是"拔尖计划"工作组,负责具体实施推进。如今,参与"拔尖计划"的高校已达19所,分别是:北京大学、清华大学、南开大学、吉林大学、复旦大学、上海交通大学、南京大学、浙江大学、中国科学技术大学、四川大学、西安交通大学、北京师范大学、山东大学、中山大学、武汉大学、厦门大学、兰州大学、北京航空航天大学、哈尔滨工业大学。这些高校主要在基础学科领域选择数学、物理学、化学、生物科学和计算机科学五个学科进行探索与试点。

从人才培养方案上分析,各高校的实践大体可分为三类:

1. 单学科类

采取这类模式的高校,主要以单一学科为依托培养拔尖人才。参与"拔尖计划"的19所高校,大多数采取这种模式。

2. 跨学科类

采取这类模式的高校,其典型做法就是:学生前期培养统一学习,不分方向。到大三、大四再具体划分学科方向深入学习。

3. 综合类

采取这类模式的高校,其拔尖人才培养兼顾上述两类高校的做法,体现出"综合性"。如复旦大学以"望道计划"为载体,在数学、物理、化学和生物四个基础学科试点。其数学专业从入学之时已明确数学大类招生,依托数学学科进行培养。其余三个专业则按照自然

---

① 《基础学科拔尖学生培养试验计划实施办法》、《基础学科拔尖学生培养试验计划进展报告:2009.01—2011.12》,高等教育出版社2012年版,第4—5页。

科学大类招生，入选学生在一年级时不分专业方向，而后逐渐分流。

而在育人体制机制上，各高校大胆创新，以"领跑者"为理念设立了形式多样的人才培养"特区"，以"集中"或"开放"的方式试点基础学科拔尖人才培养：有的高校组建试点学院，如上海交通大学致远学院、山东大学"泰山学堂"、武汉大学"弘毅学堂"、兰州大学萃英学院等；也有高校依托相应基础学科或是跨学科的"拔尖班"与项目组，如南开大学设立数学、物理、化学与生物学四个伯苓班、吉林大学的跨学科试验班（唐敖庆理科实验班）、浙江大学的求是科学班等；还有的则仍放在普通班，对其中的拔尖学生进行专门指导。

此外，相较之前的少年班与基地班，"拔尖计划"的国际化色彩更浓。各高校通过多种途径，引入与利用国外优质教育资源，给学生提供直接接触世界一流专家学者、进入世界一流大学学习交流的机会。常见做法有：聘请国外一流专家学者授课，开办学术讲座；参考国外高水平大学的课程体系修订培养方案，采用英文原版教材，强化英语训练；鼓励学生赴国外参加学术会议，利用假期赴国外高水平大学游学等。为了能够与国际接轨，有的高校还试行三学期制，即将原来传统的春、秋两学期制改为春、夏、秋三学期制。

总体来说，为培养21世纪的学术领军人才，19所高校在人才培养模式上大胆探索，各显神通：试行导师制、小班化的教学与研讨、个性化的学习计划……现今，"拔尖计划"的实施进入了第五年，成效初显。据最新统计，各高校选拔进入该计划的学生总数达4500人，首批毕业的500名学生中，进入国内外高水平大学继续深造的比例达95％。[1]

---

[1] 《"基础学科拔尖学生培养试验计划"：培养领军人才》，http：//www.centv.cn/news/world/2014/02/2014-02-2565947.html。

二、35年来我国基础学科拔尖人才培养探索的"变"与"不变"

从"少年班"到"基地班",再到如今的"拔尖计划",虽然三个阶段所处的时代背景与要求不同,然而各高校始终一如既往的投身于基础学科拔尖人才培养探索、试点。这既是其勇于担当社会责任的表现,也有英才教育情结的影响。综合考察35年来基础学科拔尖人才培养实践,可以发现其呈现如下特点:

（一）**多样选拔,集中成班,系统培养**

虽然不同时期所赋予的使命、招生培养对象、培养规格与目标定位、教学管理形式均有所差别,然而各高校在拔尖人才培养实践中常采用的策略或做法是:多样选拔,集中成班,系统培养,亦即通过多种途径与方式,遴选优秀学生,专门设立英才班或试验班,进行系统、严格的大学教育。

它肇始于中国科学技术大学少年班。前已述及,少年大学生年龄小,绝大多数介于11—15周岁。他们既是大学生又是青少年,对科学兴趣浓厚,有旺盛的求知欲,有理想,有抱负。既专心学习,好胜心强,往往又经不起挫折,缺乏生活经验。因此,学校将他们集中在一起,为其配备专职干部教师,对其学习、思想和生活进行统一的教育管理,这在当时不失为一条可行办法。

而到了国家设立"理科基础科学研究和教学人才培养基地"时期,基地班的设立,其初衷是为了保护与加强基础性人才培养。基地班与非基地班的主要区别在于人才类型的不同,在于培养目标和基本规格上的不同,而非层次、水平高低的差别。然而,相较非基地班,基地班的生源质量普遍较高。

到了现阶段,"拔尖计划"所针对的对象群体,已经明确为"特别优秀的学生",要"物色特别优秀的苗子,进行精英教育",使其成才,成大才。

(二)"少而精、高层次"

长期以来,培养面向科学、教育事业的基础性研究与教学人才就一直是高等理科教育的基本任务,但它的发展趋势是"少而精、高层次"。基础学科拔尖人才的培养正顺应了这一趋势。基地班的人才培养目标明确设定为"少而精、高层次"的理科人才。到了"拔尖计划","少而精、高层次、国际化"被作为其基本指导原则之一。进而言之,基础学科拔尖人才的培养,只能是依托部分有条件、有能力培养的重点高校,而不能也不必大面积铺开。

这是与我国国情、经济社会发展水平紧密相关的。关于这一点,早在 20 世纪 90 年代初原国家教委主任朱开轩在《关于深化改革高等理科教育的若干问题》中就已阐明,"从我国现阶段的国情出发,对基础性研究和教学人才的需求,只能是少而精、高层次。因此并不需要全国所有设有理科的学校的所有专业都来培养这类人才,也不是所有设有理科专业的学校和所有理科专业都具备条件能够培养这类人才"[①]。

(三)拓宽、强化基础,倡导早期科研训练

基础学科拔尖人才的培养过程,始终伴随着各高校本科教育教学改革。从最早的少年班,到后来的基地班,再到现如今的"拔尖计划",无不承担着本校的教育教学改革试点任务。在试点中,各高校从生源选拔、教学管理、课程与教学等诸多方面进行了大胆尝试与探索。而作为本科教育的中心工作,课程与教学改革无疑是各高校最

---

① 朱开轩:《关于深化改革高等理科教育的若干问题》,《中国高等教育》1990 年第 9 期。

为着力与关注的。从35年的实践来看,拔尖人才培养的教育教学改革始终围绕着一个思想:拓宽、强化基础,倡导早期科研训练。

提倡学生早期科研训练,从少年班时期起已有相关实践。中科大少年班,在其五年分阶段的教育培养工作重点中就提到,在四年级提高期要"加强科研学习和工作能力的训练"。然而,在教育教学改革过程中,应注意教学课程的安排与衔接,避免加重学生学习负担。如有研究者在少年班创办十五周年时,总结其经验教训中提到应注意少年班强化基础的教学计划与各系教学安排的衔接问题。"目前情况是少年班头两年按照强化数学教学,而有些系的专业基础知识课在提前,哪种课都重要又无法减少,因而少年班学生负担相当重。平均周学时都在32节左右(头四个学期都这样)。"[1]

三、我国基础学科拔尖人才培养前瞻

从1978年中科大少年班创办开始,我国基础学科拔尖人才的培养实践已逾三十年了。35年的探索,所培养的毕业生如今已在社会各行各业发光发热。然而,无可讳言,若从冒尖程度上看,"平而不尖"的状况依然存在,独占鳌头者为数不多。这多少令人感到遗憾的同时,也引发深深思考。

(一) 始于本科,不限本科,重视造就拔尖人才的长期性与整体性

国内外有关拔尖人才的研究表明,影响拔尖人才成长的因素众多,且相当复杂。这当中,拔尖人才自身所具备的知识、能力结构及个性等素质特征,固然是不可或缺的重要因素。而其本科与研究生教育背景、所在工作机构声誉及环境、学术关系网络等外在支持条件

---

[1] 肖臣国:《少年班教育十五年概况》,《教育与现代化》1993年第4期。

的影响同样不可小觑。在众多影响因素之中,拔尖人才的高等教育经历与背景是一关键变量。这也正是各高校培养拔尖人才何以可能的原因。有研究者通过考察 67 名改革开放后接受高等教育的两院院士的相关经历,分析了高等学校在培养拔尖人才中的作用,"拔尖创新人才成长的基础是优秀的本科教育。……高质量的科研训练是提升拔尖人才的研究能力、培养拔尖创新人才的关键,而这一训练多数是在硕士生、博士生阶段完成的。"[①]由此而言,拔尖人才的培养具有长期性,它不限于本科四年,它至少应向后延深至研究生培养阶段。甚至还可以提早至高中阶段。

考察 35 年来各高校拔尖人才培养实践,会发现它所采取的种种改革举措主要集中于本科阶段人才培养,这无疑是不够的。拔尖人才培养不能等同于本科阶段的人才培养,光靠本科阶段,是培养不出基础学科拔尖人才的。本科阶段培养的重要作用在于它为拔尖学生进入研究生阶段奠定良好基础,而拔尖学生能够真正接受高质量、系统的科研训练主要还是在研究生阶段。因此,拔尖人才的培养不能将眼光局限于本科阶段。

而且,拔尖人才培养还应该密切不同培养阶段的整体协调与配合。目前各高校已经有了一些很好的尝试,以贯通本科与研究生阶段教育。如允许学有余力的学生提前选修研究生阶段课程、早期介入科研训练等。但"如何能够密切高水平专家学者与本科学生的学术交流与联系"仍是一个困扰着各高校的实践难题。另外,如前所述,目前本科阶段拔尖人才的培养模式已发生了改变,分成三类。研究生阶段的培养模式是否应随之而变,具有针对性呢? 如果是,那么

---

① 瞿振元等:《高校如何成为拔尖创新人才培养的基地——从年轻院士当年的高等教育经历谈起》,《中国高教研究》2008 年第 2 期。

又应如何变呢？这些都是值得进一步思考的命题。

（二）关注学生发展、自主选择、重视个性化发展机制的完善

教育教学的基本原则就是以学生为中心，注重学生个性发展，让学生自主选择成才之路。学校与教师则是为学生成长成才提供条件、创造环境以及加以引导。这对于基础学科拔尖人才培养同样如此。这当中最基本的一点，就是让学生拥有学习的自由，即"选择学什么（选修课程）的自由，决定什么时间学和怎样学的自由，以及形成自己思想的自由"[1]。

然而，长期以来，我国大学教育所擅长的就是按照整齐划一的样式去培养人才，学生们惯于按照统一的课程表去上课学习。虽然自20世纪80年代开始，大学开始试行学分制，但实施情况不尽如人意。培养计划总学分偏多，必修课所占比例高，选修课所占比例小，且不被重视。事实上，学生选课的自由度不大。这种情况在基础学科拔尖人才培养中同样存在。而且由于拔尖人才的培养更强调拓宽、强化学生的知识基础，这在教育教学实践中也就意味着在同样时间段内，较普通学生而言，拔尖学生所需要学习掌握的知识量更大。从某种程度上而言，这无疑会占用他们更多的时间精力，加重他们的学习负担。前述少年班学生平均周学时32节左右，就是一个例子。事实上，它并非个案。试想一下，当学生们整天忙于上课、整天忙于消化吸收课堂上所习得的知识，他们又如何能够有时间去自由地思考、去根据自己的兴趣发展自我？

因此，以学生为中心，注重学生个性发展，让学生自主选择成才之路，这一教育教学基本原则如何落实？这仍值得进一步探索。它既要有教育思想、教育观念的转变，又有教育教学方式、方法的转变，

---

[1] 约翰·S·布鲁贝克：《高等教育哲学》，郑继伟等译，浙江教育出版社1987年版，第58页。

同时还要有与之相适应的教育教学机制来保障,如学生学习自由的实现,就需要大学建立较为完善的学分制以及与之相适应的导师制等一系列制度。

而若从制度层面来仔细考察35年来各高校的拔尖人才培养实践,则会发现,它们已有所涉及但尚不完善。如在少年班时期,中科大就已经试行"尖子学生"导师制。而到了基地班时期,在教学管理方面的探索主要集中在学籍管理制度上。兰州大学数学系基地班实行严格的学籍管理:"按照'严格、灵活、激励、选优'的思想,实行学分制和淘汰制的学籍管理。一是允许学生提前选课,修满学分可提前进入研究生阶段学习。二是建立严格的淘汰制度和激励机制。'基地'学生和非'基地'学生每年根据德智体全面考核双向对流。"[1]目前正在实施的"拔尖计划",在九项改革措施中就强调要改革教学管理:"实行班级管理与导师制相结合;制定灵活的课程选修、免修和缓修制度;改革学业评价制度,经评价不适合继续参与计划的学生,将转出计划继续学习。"[2]

综之,基础学科拔尖人才成长需要个性化培养。而如何建立和完善与之相适应的教育教学机制,仍是亟待深入探索的实践命题。

(三)拓展"基础",训练思维,重视学术素养的形成与提升

拔尖人才的基本素质就是具有创新思维与创新能力。然而如何进行培养?35年来拔尖人才培养实践在这方面也进行了探索。

在少年班时期,中科大就提出"必须在通才教育的基础上,有计划地实施创才教育(即创造型人才教育)"[3]。其主要措施就是:优化

---

[1] 张跃进、李志斌:《狠抓教学改革 认真办好"基地班"》,《高等理科教育》1996年第3期。
[2] 《基础学科拔尖学生培养试验计划实施办法》,《基础学科拔尖学生培养试验计划进展报告:2009.01—2011.12》,高等教育出版社2012年版,第4—5页。
[3] 少年班管理委员会:《少年班十年实践》,《教育与现代化》1988年第Z1期。

教学计划;加强、改进教学方法。其他高校的少年班也有类似做法。到了基地班时期,其思路与措施大体类似。西北大学物理学基地班有目的地选择了基础物理、理论物理中的三门骨干课程试点教学改革。注意课堂教学内容的更新,力图融入现代科技知识,以拓宽学生的视野;提倡研究性学习,激发学生的学习热情与创新能力。

综上,各高校对于拔尖人才创新能力的培养主要是通过教学计划与教学内容的优化、教学方法的改进来实施的,这样培养出来的毕业生基础扎实、知识面较广。然而,在学生创新思维以及创新能力的培养方面,仍未能令人满意。

前已述及,拔尖人才培养的一个基本教育教学思想在于拓宽、强化基础。它注重基本概念、基本原理与基本技能的教育与训练。然而,隐藏在这些基本概念、基本原理乃至基本技能教育与训练之后的学生观察、想象、判断与创造思维能力培养与训练,在实际的教育教学过程中却常常被忽视。应该说,这些思维能力的培养与训练才是基础之中的"基础"。

长期以来,在大学课堂上,教师习惯于照本宣科式的讲解,向学生灌输现成的科学事实、原理、定律,学生也惯于这些知识点的记背。之后到了学期末,教师出试卷,学生参加考试之后得到一个成绩,这门课就算学完了。如果教育的目的仅仅是向学生传递知识,这种教学方式无疑是令人满意的。但问题在于,基础学科拔尖人才培养的终极目标是希望能够培养出一流科学人才。因此,在课堂上,教师所要做的,并不仅仅是将一大堆自然科学的事实、原理、定律灌输给学生,而更应该指导学生学习,让他们在掌握这些事实、原理、定律的同时,能够触及隐藏其背后的科学活动,譬如问题的提出、数据的收集与分析、解释等。换言之,教师应指导学生亲身去探求科学知识,而非机械地学习与记忆知识。这正如美国著名科学史家杜安·罗勒(Duane W. Roller)教授所说的,科学的本质在于对知识的探索,而非知识本身。[①] 而在传统满堂灌的教学过程中，找不到学生"探求科学知识"的因素，因而，学生观察、想象、判断与创造等思维能力自然无法得到有效锻炼与提升。

由此而言，拓宽、强化"基础"，并不仅限于基本概念、基本原理与基本技能的教育与训练，而更应渗透着学生思维的培养与锻炼；应当引导学生们去探求知识，而非单纯的学习与掌握知识。要做到这一点，就要求教师进行"有效教学"。什么是"有效教学"？它至少包含两个特征：第一，教师教学方法的选用应基于最新的学习科学研究成果并且该方法被证明是行之有效的；第二，教师在教学过程中还应引入学生学习结果评价。为此，教师需要投入时间与精力去研究、学习、改进自己的教学方法。而要做到这一点，光靠教师本身或是学校成立一个教师教学发展中心是不够的，它还需要学校创设一种鼓励教学的总体氛围以及建立完善相应教学激励机制。这无疑仍是今后拔尖人才培养中各高校需要继续探索解决的实践问题。

35 年来，在国家的大力推动与支持下，各高校大胆采取教育教学改革措施，积累了宝贵经验教训，也培育出了众多优秀人才。然而，我国在拔尖人才培养方面优势仍然不够突出。且更为重要的是，拔尖人才培养本身从一开始就担负着我国高等教育教学改革创新试点的重要使命。应该说，它代表着我国高等教育的最高水准。在这过程中所取得的经验与教训，不仅是对我国，对世界其他国家的教育教学改革实践，都将会是一笔宝贵财富。

[①] John W. Renner, Edmund A. Marek. An Educational Theory Base for Science Teaching. *Journal of Research in Science Teaching*, 1990(3).

| 中国大学生学业成就评估研究：
二十年的回顾(1998—2017) |

王小青　王九民

一、前言

对于资源缺乏、财力薄弱的中国高等教育而言，低成本扩张机制是在短时间内实现高等教育规模扩增，普及高等教育升学机会的有效手段，然而，马丁·特罗(Trow)认为，规模扩张和质量提升，这双重使命形成了高等教育发展中的悖论[1]。高校面临着越来越大的压力，它们需要向家长和其他利益相关者们证明，大学能够很好地利用投资并帮助学生为毕业后的职业生涯做好准备[2][3]，或者说，学校和

---

[1] 鲍威：《未完成的转型：高等教育影响力与学生发展》，教育科学出版社2014年版，第17页。
[2] S.P.Klein, G.Kuh D., M.Chun, L.Hamilton, R.Shavelson An Approach to Measuring Cognitive Outcomes across Higher Education Institutions. *Research in Higher Education*, 2005, 46(3).
[3] O. L.Liu. Value-added Assessment in Higher Education: A Comparison of Two Methods. *Higher Education*, 2011, 61(4).

学生之间关系转变为显性的产品提供方和顾客的关系,导致了问责制度(accountability)的产生①。问责制往往需要借助评估来完成。简言之,问责制的执行推动了评价运动,高等教育利益相关者希望明确高等院校是否真正促进了学生的学业成就,是否对学生发展给予增值效应,是否培养了适应于当今知识经济发展的合格人才,这里的学业成就(learning outcomes)指的是高等院校学习所导致的学生个体变化或收益②。

那么,如何才能评价出学业成就的提升和进步呢?西方流行的美国大学生学习投入调查(the National Survey for Student Engagement,NSSE)、研究型大学学生就读经验调查(Student Engagement in Research University,SERU)、课程经验问卷(Course Experience Questionnaire,CEQ)都是在尝试回答这一问题。③ 国内的北京大学的全国高校教学质量与学生发展监测项目(原名为"首都高校教学质量与学生发展监测研究",简称"北大项目")④、清华大学的中国大学生学习与发展追踪调查(CCSS)、厦门大学的国家大学生学习情况调查研究项目(NCSS)等也参与到对学生学业成就评估的行列。如果以复旦大学社会学系开始于1998年主持的"上海大学生发展研究"为起点,中国大学生学业成就评估的探索刚好二十年。笔者对近二十年大学生学业成就评估工具、评估方法和评估结果应用的研究进行梳理,试图发现存在的问题并为国内的实践提供可参考的建议。

---

① 程星:《世界一流大学的管理之道——大学管理决策与高等教育研究》,北京大学出版社2011年版,第35—36页。
② 鲍威:《未完成的转型:高等教育影响力与学生发展》,教育科学出版社2014年版,第49页。
③ 张煜、孟鸿伟:《学校效能研究与教育过程评价》,《教育研究》1996年第7期。
④ 自2017年开始正式命名为"全国高校教学质量与学生发展监测项目"。

由于中国大学生学业成就评估的测评工具、测评方法和应用等[1]均是"西学东渐"的产物,故讨论中国的大学生学业成就评估发展,往往需要以欧美国家的发展为参照物,在行文之余均会简单介绍国际上的基本情况再过渡到中国本土的情境。

在此,需要指出的是,有学者将学业成就评估进一步归纳为质量评估的"增值"问题[2],在国内部分文献中称为"增值评价"[3][4][5][6],考虑到本研究需要对目前大陆比较有代表性的大学生学业评估项目进行研究,而有的项目负责人对将他们的项目看作增值评价表示强烈反对,争议点在于"增值"太难测量[8],笔者阅读了其他研究增值评价的文献,发现增值评价的对象就是对学业成就的评估,因此,本研究

---

[1] 本文没有将大学生学业成就评估背后的高校影响力理论进行梳理,原因有二:一是目前国内尚无本土的高校影响力理论;二是高校影响力理论较为系统,足以用一篇论文的篇幅专门介绍,鲍威在《未完成的转型:高等教育影响力与学生发展》中已经进行了非常详尽的阐述,可以参考。

[2] E·格威狄·博格、金伯利·宾汉·霍尔:《高等教育中的质量与问责》,毛亚庆、刘冷馨译,北京师范大学出版社2008年版,第126页。

[3] 马莉萍、管清天:《院校层次与学生能力增值评价——基于全国85所高校学生调查的实证研究》,《教育发展研究》2016年第1期。

[4] 周文清:《增值评价:高职院校实践教学质量评价的新选择》,《湖南师范大学教育科学学报》2016年第3期。

[5] 刘海燕:《美国高等教育增值评价模式的兴起与应用》,《高等教育研究》2012年第5期。

[6] 章建石:《基于学生增值发展的教学质量评价与保障研究》,北京师范大学出版社2014年版,第10页。

[7] 彭瑾:《基于国际视野的我国大学生学业成就增值评估研究》,《中国成人教育》2017年第7期。

[8] 来源:2017年11月7日与M老师面对面谈话。因为涉及研究伦理,在此处不便指出该学者的姓名,笔者特地去搜索了该研究团队的所有论文,确实几乎没有一篇论文提到"增值评价"。

采纳学业成就评估,可以囊括增值评价的相关研究[1],唯一的区别在于后者的研究者们认为学生的增值可以测量[2][3][4]。下文文献综述部分也将详细展开。

二、中国大学生学业成就评估研究综述

(一)中国大学生学业成就评估工具及应用研究

在 20 世纪 70 年代末 80 年代初,美国就出现了一些测评工具,如 McBer 公司的"行为事件访谈"(Behavioral Event Interview),美国 ACT 和 ETC 关于通识教育的测评工具等[5]。近年来国际上的增值评价测评工具发展迅速,通过文献梳理,笔者根据评估内容和测评对象的不同,整理出了各国研究者们开发的 27 种测评工具。

美国最多,主要包括合作性的院校研究项目——新生调查(CIRP - FS)(1966)[6]、大学生期望问卷调查(CSXQ)[7]、大学学术能

---

[1] 比如章建石认为:"所谓增值评价即通过对学生在整个大学就读期间或某个阶段的学习过程、学习结果的分析,来描述学生在学习上进步或发展的增量,这个增量可看作教学质量提升的结果,是学校教学改进的标志,也是教学质量评价所要关注的重点。"详见章建石:《基于学生增值发展的教学质量评价与保障研究》,北京师范大学出版社 2014 年版,第 8 页。

[2] 刘海燕:《美国高等教育增值评价模式的兴起与应用》,《高等教育研究》2012 年第 5 期。

[3] 章建石:《基于学生增值发展的教学质量评价与保障研究》,北京师范大学出版社 2014 年版,第 10 页。

[4] 吕林海:《国际视野下的本科生学习结果评估——对"评估什么"和"如何评估"的分析与思考》,《比较教育研究》2012 年第 1 期。

[5] Alexander W. Astin. *Achieving Educational Excellence: A Critical Assessment of Priorities and Practices in Higher Education*. San Francisco: Jossey-Bass Publishers, 1985, pp.51 - 53.

[6] Ibid., p.211.

[7] 李奇:《试析美国本科教育质量评估中的问卷调查》,《比较教育研究》2008 年第 3 期。

力测评(Collegiate Assessment of Academic Proficiency,CAAP)(1988)[1]、学业表现和进步测量(Measure of Academic Proficiency and Progress,MAPP)(2006)[2][3]、大学生就读经验调查(College Student Experience Questionnaire,CSEQ)(1994)[4]、大学生调查(College Student Survey,CSS)(1993)[5]、全美大学生满意度调查(National Student Satisfaction Study,NSSS)(2000)[6]、学院学习结果评估(the Collegiate Learning Assessment,CLA)[7][8]、美国大学生学习经历调查(NSSE)(2000)[9][10]、研究型大学学生就读经验调查(SERU,也称为"加州大学本科生就读经验调查",UCUES)[11][12]、CIRP

---

[1] 鲍威:《未完成的转型:高等教育影响力与学生发展》,教育科学出版社2014年版,第50页。
[2] 同上。
[3] 吕林海:《国际视野下的本科生学习结果评估——对"评估什么"和"如何评估"的分析与思考》,《比较教育研究》2012年第1期。
[4] 高耀明主编《大学生学习问题研究:就读经验·学习适应·参与管理》,学林出版社2013年版,第19页。
[5] 鲍威:《未完成的转型:高等教育影响力与学生发展》,教育科学出版社2014年版,第61页。
[6] 黄雨恒、郭菲、史静寰:《大学生满意度调查能告诉我们什么》,《北京大学教育评论》2016年第4期。
[7] 鲍威:《未完成的转型:高等教育影响力与学生发展》,教育科学出版社2014年版,第51页。
[8] 吕林海:《国际视野下的本科生学习结果评估——对"评估什么"和"如何评估"的分析与思考》,《比较教育研究》2012年第1期。
[9] 鲍威:《未完成的转型:高等教育影响力与学生发展》,教育科学出版社2014年版,第59页。
[10] 从2000年启动以来,已有总计1500所美国与加拿大的四年制高等院校参与了NSSE调查,其中,2011年参与调查的院校为683所美国高校和68所加拿大高校。详见鲍威:《未完成的转型:高等教育影响力与学生发展》,教育科学出版社2014年版,第59页。
[11] 龚放、吕林海:《中美研究型大学本科生学习参与差异的研究——基于南京大学和加州大学伯克利分校的问卷调查》,《高等教育研究》2012年第9期。
[12] 目前有中国的4所顶尖大学、美国的17所顶尖大学、欧洲和南美的6所顶尖大学。详见吕林海:《国际视野下的本科生学习结果评估——对"评估什么"和"如何评估"的分析与思考》,《比较教育研究》2012年第1期。

大四学生调查(CIRP College Senior Survey,CIRP - CSS)(1992)[1]、全美大型质量评估项目(the Wabash National Survey of Liberal Arts Education,WNSLAE 或 Wabash)(2006)[2][3]、专业领域测试(Major Field Test,MFT)[4]以及大学结果调查(CRS)和综合性的校友评价问卷调查(CAAS)[5]等。澳大利亚次之,包括毕业生技能评价(Graduate Skills Assessment,GSA)(2000)[6]、大学生经验调查(Student Experience Survey,SES)(2015)[7]、课程经验问卷(CEQ)(1993)[8]、毕业生就业目的地调查(the Graduate Destination Survey,GDS)(1974)[9]、毕业生收获调查(Graduate Outcomes Survey,GOS)(2016)[10]等。还有

---

[1] 李湘萍、马娜、梁显平:《美国大学生学习评估工具分析和比较》,《现代大学教育》2012 年第 1 期。

[2] 朱红:《高校人才培养质量评估新范式——学生发展理论的视角》,《国家教育行政学院学报》2010 年第 9 期。

[3] An,B.P.,Taylor,J.L. Are Dual Enrollment Students College Ready? Evidence from the Wabash National Study of Liberal Arts Education,*Education Policy of Analysis Archives*. 2015,23(58).

[4] 吕林海:《国际视野下的本科生学习结果评估——对"评估什么"和"如何评估"的分析与思考》,《比较教育研究》2012 年第 1 期。

[5] 李奇:《试析美国本科教育质量评估中的问卷调查》,《比较教育研究》2008 年第 3 期。

[6] 吕林海:《国际视野下的本科生学习结果评估——对"评估什么"和"如何评估"的分析与思考》,《比较教育研究》2012 年第 1 期。

[7] 大学生经验调查(SES)的前身是大学经验调查(University Experience Survey),主要包括教学与支持、学习者参与和教育发展。详见 https://www.qilt.edu.au/about-this-site/student-experience。

[8] 章建石:《基于学生增值发展的教学质量评价与保障研究》,北京师范大学出版社 2014 年版,第 85 页。

[9] 吕林海:《国际视野下的本科生学习结果评估——对"评估什么"和"如何评估"的分析与思考》,《比较教育研究》2012 年第 1 期。

[10] 毕业生收获调查 GOS 从 2016 年开始代替澳大利亚毕业生调查(Australian Graduate Survey,AGS)及相关的调查和出版物,包括 GDS、CEQ、PREQ 等。详见澳大利亚社会研究中心:《澳大利亚 2016 年全国大学毕业生收获调查报告》(2016 Graduate Outcomes Survey: National Report),https://www.qilt.edu.au/about-this-site/graduate-employment。

英国的全英大学生满意度调查(National Student Survey, NSS)(2005)[1][2]和大学毕业生目的地调查(the Destinations of Leavers From Higher Education, DLHE)[3], 加拿大的青年工作转换调查(the Youth in Transition Survey, YITS)和全国毕业生调查(National Graduates Survey, NGS)[4], 日本的全国大学生调查(东京大学创成科研项目, CRUMP)[5]。国际经济合作与开发组织(OECD)2008发起的高等教育学生学业成就跨国评估项目(The Assessment of Higher Education Learning Outcomes, AHELO)[6]是涉及国家数量最多的项目。

其中,评估内容又有认知和非认知的区别,前者一般分为共同性知识与领域特定的知识[7]。如美国的CAAP、MAPP、Wabash项目[8]测量的就是通识教育教学成效,美国的CLA测量的是特定领域的学习结果,而CEQ、NSSE主要关注非认知学习结果和一般性能力,MFT则是两者兼而有之[9]。从测评对象来看,大多数都是关注过程

---

[1] 章建石:《基于学生增值发展的教学质量评价与保障研究》,北京师范大学出版社2014年版,第90页。

[2] 黄雨恒、郭菲、史静寰:《大学生满意度调查能告诉我们什么》,《北京大学教育评论》2016年第4期。

[3] 吕林海:《国际视野下的本科生学习结果评估——对"评估什么"和"如何评估"的分析与思考》,《比较教育研究》2012年第1期。

[4] 同上。

[5] 鲍威:《未完成的转型:高等教育影响力与学生发展》,教育科学出版社2014年版,第62页。

[6] 周海涛、景安磊:《"高等教育学习结果评价"概述》,《高教发展与评估》2014年第1期。

[7] 吕林海:《国际视野下的本科生学习结果评估——对"评估什么"和"如何评估"的分析与思考》,《比较教育研究》2012年第1期。

[8] 朱红:《高校人才培养质量评估新范式——学生发展理论的视角》,《国家教育行政学院学报》2010年第9期。

[9] 吕林海:《国际视野下的本科生学习结果评估——对"评估什么"和"如何评估"的分析与思考》,《比较教育研究》2012年第1期。

中的大学生就读经验和收获,如美国的 CSEQ、NSSE、SERU,澳大利亚的 CEQ、GSA,英国的 NSS 等,而 CIRP-FS 和 CSXQ 关注的则主要是新生的基本信息和就读期望。与此同时,有些测评已经关注到校友层面的增值和发展,如美国的 CRS、CAAS,澳大利亚的 CEQ、GDS,英国的 DLHE,加拿大的 YITS 和 NGS 等。还有两个测评工具比较特殊,一是日本的全国大学生调查,既关注在校生也关注校友;一是 OECD 发起的高等教育学生学业成就跨国评估项目(AHELO)测评多国的大学生增值情况,可以是一般性能力也可以是专业能力[1]。

上述这些测评工具之间存在一些"互相借鉴学习"(或称为本土化)的情况,如英国的 NSS 就是在澳大利亚的 CEQ 基础上修订而成[2],美国的 NSSE 原版调查问卷的 2/3 来自 CSEQ 的问卷内容[3],而日本的全国大学生调查参考了美国 NSSE 调查[4]。之所以花这么大篇幅先介绍国外的测评工具,是因为发生在英国和日本的这种本土化进程也同样发生在中国。

国内方面,自从有学者开始讨论大学生就读经验[5][6],始于 2007 年左右的学业成就评估蓬勃发展,逐步形成了多足鼎立的第三方机构评价局面(见表 1)。

---

[1] 鲍威:《未完成的转型:高等教育影响力与学生发展》,教育科学出版社 2014 年版,第 53 页。
[2] 章建石:《基于学生增值发展的教学质量评价与保障研究》,北京师范大学出版社 2014 年版,第 90 页。
[3] Kuh, G. D.. Assessing What Really Matters to Student Learning: Inside the National Survey of Student Engagement. *Change*, 2001, 33(3).
[4] 鲍威:《未完成的转型:高等教育影响力与学生发展》,教育科学出版社 2014 年版,第 63 页。
[5] 周作宇、周廷勇:《大学生就读经验:评价高等教育质量的一个新视角》,《大学(研究与评价)》2007 年第 1 期。
[6] 章建石:《增值评价法——关注学生的实际进步》,《评鉴》2007 年第 8 期。

表1 国内主要的高校学业成就评估工具一览

序号	发起者机构	评价工具	借鉴测评工具	测评对象	主要负责人	来源
1	北京大学，2006	全国高校教学质量与学生发展监测项目	美国NSSE、CSS、日本CRUMP	在校生和毕业生	鲍威团队	鲍威(2014)；朱红(2010)
2	清华大学，2009	中国大学生学习与发展追踪调查(CCSS)	美国NSSE	在校本科生	史静寰和罗燕团队	史静寰(2015)
3	北京师范大学，2007	中国大学生就读经验问卷(CCSEQ)	美国CSEQ	在校生	周作宇、章建石团队	周作宇，周廷勇(2007)；李湘萍，马娜，梁显(2012)；章建石(2014)
4	南京大学，2011	研究型大学学生学习就读经验调查(SERU)	美国加州伯克利大学SERU（或UCUES）	大二、大三、大四	龚放和吕林海团队	龚放，吕林海(2012)；吕林海(2013a；2013b)
5	厦门大学，2011	中国大学生学习情况调查研究项目(NCSS)	自主研发	在校生	史秋衡团队	史秋衡，郭建鹏(2012)
6	中山大学，2012	中山大学本科生学习情况调查	自主研发	在校生	屈琼斐团队	屈琼斐，傅承哲，高雯(2013)
7	西安交通大学，2004	课堂学习环境与学生发展关系调查	数学学习经验量表(ESMI)、比格(Biggs)的学习过程问卷(RVLPQ)和澳大利亚CEQ	大学生	陆根书团队	鲍威(2014)

表1主要有北大项目、清华大学牵头的中国大学生学习与发展追踪调查(CCSS)、北京师范大学主导的中国大学生就读经验问卷(CCSEQ)、南京大学发起的国内SERU调查项目[1][2]、厦门大学牵头的国家大学生学习情况调查研究项目(NCSS)等。有研究者还提到了北京市学习科学研究会杜智敏教授主持的"北京市大学生学情调查"(2002),山东理工大学谭秀森负责的"当代大学生学习环境与研究"(2007),复旦大学的"上海大学生发展研究"(1998)等与学生学习与成就相关的测量工具[3],这些测评工具尽管不完全是基于学业成就评估的,但依然对了解学生学业成果和发展有重大意义。国内测评工具的区域特点是全国性调查与地方性调查并存。全国性调查如清华的CCSS,南大的SERU,厦大的NCSS等,地方性的调查如湖南省借助大学生就读经验调查(CSEQ)对105所本科及高职院校进行调查[4],北大项目从2017年由原先地方性的"首都高校教学质量与学生发展监测研究"成功转变为全国性调研[5]。当然也有很多高校尝试自主研发测评工具,主要服务于各自的院校研究,如中山大学[6],可以称之为"校本模式"。

从参与测评院校数量而言,以北大项目和清华项目为例(见图1),北大项目自2006年开始6所参加,到2008—2015年每年参加的首都

---

[1] 吕林海:《国际视野下的本科生学习结果评估——对"评估什么"和"如何评估"的分析与思考》,《比较教育研究》2012年第1期。
[2] 龚放、吕林海:《中美研究型大学本科生学习参与差异的研究——基于南京大学和加州大学伯克利分校的问卷调查》,《高等教育研究》2012年第9期。
[3] 鲍威:《未完成的转型:高等教育影响力与学生发展》,教育科学出版社2014年版,第71页。
[4] 郭丽君等:《大学生就读经验——基于湖南省的实证研究》,经济管理出版社2016年版,第48—55页。
[5] 来源:2017年5月25日与项目负责人的对话。
[6] 屈琼斐、傅承哲、高赛:《学生学习调查结果的专业和课程情况分析——以中山大学为例》,《中国大学教学》2013年第8期。

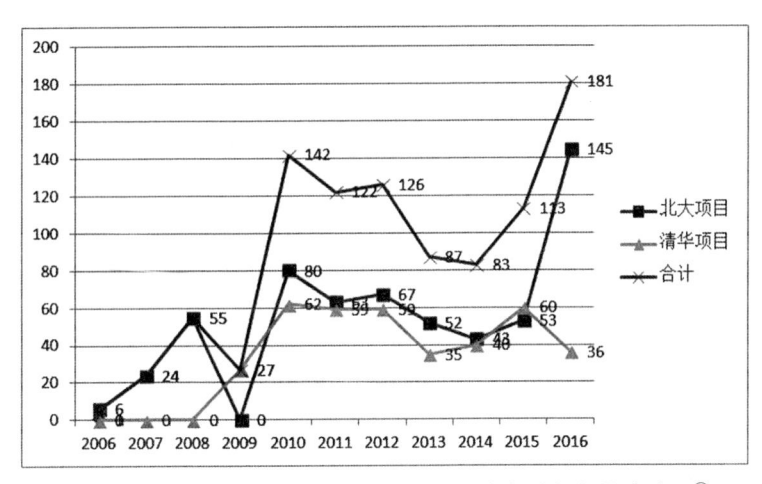

图 1　北大项目和清华项目 2006—2016 年参与院校数量统计图[①]

[①] 数据来源：(1)北大项目数据(2006—2015)主要来源于鲍威等：《首都高校教学质量与学生发展监测研究》，人民日报出版社 2016 年版，第 10—11 页。2016 年数据由该课题组提供。(2)清华项目数据主要来源于文献搜集、官网报道、第三方媒体报道。如 2012 年数据参见赵琳等：《大学前教育经历对高等教育质量的影响机制研究——兼议教育领域综合改革》，《清华大学教育研究》2014 年第 3 期，2016 年数据参见详见搜狐教育，大学生学习与发展追踪研究网络调查(CCSS)，http://www.sohu.com/a/146904096_171850；2010 年数据是估算，笔者搜集了史静寰、罗燕、文雯等课题组几乎所有公开发表的文献，暂时均未搜集到关于 2010 年清华项目在全国数据搜集的情况。不过在清华教育研究院的官网看到一则报道"2010 年'中国大学生学习与发展追踪研究'全国课题组工作会议召开"，共 62 所院校参加了 2010 年"中国大学生学习与发展追踪研究"全国课题组工作启动会议，笔者假设实际上所有院校都参加了该评估项目，详见 http://www.ioe.tsinghua.edu.cn/publish/ioe/5332/2010/20101223190857812674475/20101223190857812674475_.html；2013 年数据是估算，2014 年 5 月 6 日，清华大学教育研究院在北京举行"中国大学生学习与发展追踪研究(CCSS)"2014 年度项目启动会议。有 47 所院校 130 多名教师和学生参加了会议，新增院校中有 12 所院校参与了本次会议。笔者由此推断，2013 年共约 35 所院校参加了清华的 CCSS 项目。详见《中国教育网络》2014 年第 6 期电子期刊；2015 年数据是估算，张华峰、郭菲、史静寰的论文《促进家庭第一代大学生参与高影响力教育活动的研究》汇报 2015 年回收有效样本 60703 个以及回收率、无效率，推算出共发放问卷 102000 余份。根据赵琳、王文、李一飞、纪洪超、史静寰的论文汇报数据，2012 年 59 所院校共回收 71698 份(发放 100644 份)，李一飞、史静寰的论文汇报数据，2012 年 48 所本科院校回收 59595 个样本，故 2015 年参与清华项目的院校大概有 60 所。曾经有一篇院校关于参加清华项目的通知，要求在该校发放 3200 份问卷，详见中南民族大学学工部官网《关于开展"大学生学习与发展追踪研究网络调查(CCSS)"的通知》，http://www.scuec.edu.cn/s/24/t/450/01/41/info0131393.htm。

高校稳定在 50 所上下,十年参与人数超过 30 万人次[①],2017 年开始推广到全国,参加院校近 100 所[②]。清华领衔的 CCSS,2009—2015 年参加的院校累计超过 100 所,人数超过 30 万人次[③]。厦大的 NCSS,2011—2014 期间每年参加的院校在 50 所左右,参加学生人数亦超过 30 万人次[④]。据估算,2017 年选择参加三个项目的院校数量,预计超过 200 所[⑤],占全国高校近 1/10[⑥]。这可以算是中国高教史上值得纪念的事件,越来越多的中国高校自发地通过学业成就评估来促进自身的长远发展。另外,南京大学、湖南大学、西安交通大学、同济大学参与的研究型大学学生就读经验调查(SERU),尽管国内参与学校较少,但因为可以与美国的 17 所顶尖大学(如加州大学伯克利分校)、欧洲(如牛津大学)和南美的 6 所顶尖大学、韩国首尔大学等近 30 所形成跨国数据库[⑦],国内大学在"双一流"大学政策[⑧]背景下可以更好地与国外大学在相同指标上进行比较,可以看出各自大学的长处和短板。

[①] 鲍威等:《首都高校教学质量与学生发展监测研究》,人民日报出版社 2016 年版,第 10 页。
[②] 来源:2017 年 5 月 25 日与项目负责人的对话。
[③] 黄雨恒、郭菲、史静寰:《大学生满意度调查能告诉我们什么》,《北京大学教育评论》2016 年第 4 期。
[④] 数据来源于史秋衡、汪雅霜《大学生学习情况调查研究》和史秋衡《大学生学习情况究竟怎样》报告的数据核算。
[⑤] 如上文所述,北大项目参加院校近 100 所,清华项目和厦大项目均值为 50 所。
[⑥] 截至 2017 年 5 月 31 日,全国高等学校共计 2914 所,其中:普通高等学校 2631 所(含独立学院 265 所),成人高等学校 283 所。数据来自中华人民共和国教育部 2017 年 6 月 14 日发布的《全国高等学校名单》,2017 年 11 月 12 日下载于 http://www.moe.gov.cn/srcsite/A03/moe_634/201706/t20170614_306900.html。
[⑦] 据悉,北京大学正在考虑加入 SERU 联盟,来源于 2017 年 12 月 24 日与北京大学教育学院 Z 老师面对面访谈。
[⑧] 国务院:《关于印发〈统筹推进世界一流大学和一流学科建设总体方案〉的通知》,http://www.gov.cn/zhengce/content/2015-11/05/content_10269.htm。

国际上测评工具绝大多数都有较好的信效度[1],在国内学者引入和本土化过程中也进行了信效度检验,相当一部分在研究中都呈现了较好的结果[2][3][4][5][6][7][8];多数学者使用的是克伦巴赫 α 信度系数[9][10][11]或者项目反应理论边际信度[12],探索性因子和验证性因子验证效度[13][14]。

---

[1] 李湘萍、马娜、梁显平:《美国大学生学习评估工具分析和比较》,《现代大学教育》2012 年第 1 期。

[2] 鲍威:《未完成的转型:高等教育影响力与学生发展》,教育科学出版社 2014 年版,第 73—74 页。

[3] 章建石:《基于学生增值发展的教学质量评价与保障研究》,北京师范大学出版社 2014 年版,第 99—110 页。

[4] 黄雨恒、郭菲、史静寰:《大学生满意度调查能告诉我们什么》,《北京大学教育评论》2016 年第 4 期。

[5] 龚放、吕林海:《中美研究型大学本科生学习参与差异的研究——基于南京大学和加州大学伯克利分校的问卷调查》,《高等教育研究》2012 年第 9 期。

[6] 屈琼斐、傅承哲、高赛:《学生学习调查结果的专业和课程情况分析——以中山大学为例》,《中国大学教学》2013 年第 8 期。

[7] 史静寰、涂冬波、王纤、吕宗伟、谢梦、赵琳:《基于学习过程的本科教育学情调查报告 2009》,《清华大学教育研究》2011 年第 4 期。

[8] 史秋衡、郭建鹏:《我国大学生学情状态与影响机制的实证分析》,《教育研究》2012 年第 2 期。

[9] 鲍威:《未完成的转型:高等教育影响力与学生发展》,教育科学出版社 2014 年版,第 74 页。

[10] 章建石:《基于学生增值发展的教学质量评价与保障研究》,北京师范大学出版社 2014 年版,第 99 页。

[11] 黄雨恒、郭菲、史静寰:《大学生满意度调查能告诉我们什么》,《北京大学教育评论》2016 年第 4 期。

[12] 涂冬波、史静寰、郭芳芳:《中国大学生学习性投入调查问卷的测量学研究》,《复旦教育论坛》2012 年第 1 期。

[13] 章建石:《基于学生增值发展的教学质量评价与保障研究》,北京师范大学出版社 2014 年版,第 101—102 页。

[14] 涂冬波、史静寰、郭芳芳:《中国大学生学习性投入调查问卷的测量学研究》,《复旦教育论坛》2012 年第 1 期。

(二) 中国大学生学业成就评估测评方法研究

大学生学业成就评估方法通常采用定量方法,根据信息来源不同,可以分为直接估算法和间接估算法;按照测评学生是否为同一批,可以分为横向评估法和纵向评估法。测评的数据分析方法也各有不同。

直接和间接估算法。直接估算法,通常采用直接对比的方法,在大学入学时对学生进行标准化的测试,或者在学生的入学考试成绩基础上预测大学学习结果评估(CLA)的成绩作为基础值,在就读的某一阶段,通常是在学生毕业时,进行类似测试以确定结果,两个得分的差异即可视为学业成就的提升。国际上,使用直接估算法的测评工具主要有美国的 CAAP、MAPP、CLA 及 MFT,澳大利亚的 GSA 等。间接估算法则通过学生自我汇报的方法确定学业成就提升的程度。国际上,美国的 NSSE、NSSS、CSEQ 和 SERU,澳大利亚的 CEQ 即为代表,国内方面,北大项目、清华的 CCSS、北师大的 CCSEQ、厦大的 NCSS 等都属于自我汇报法。

横向和纵向评估法。横向评估法对一年级新生和四年级毕业生同时进行测试,入学新生被视为控制组,其当前状况被近似地等同于现有毕业生的当时入学状况,新生和老生之间的差距就被标识为"大学在学生的学习经验的发展上所起的作用和做出的贡献"[1]。这种评估方式的问题在于,当前的新生状况不能完全地等同于老生入学时的基准状况,诸如转学或辍学学生、招生标准等因为时间因素所导致的变化和影响没有被考虑进来[2]。这种缺陷可以通过纵向评估或跟

---

[1] 吕林海:《国际视野下的本科生学习结果评估——对"评估什么"和"如何评估"的分析与思考》,《比较教育研究》2012 年第 1 期。
[2] 鲍威:《未完成的转型:高等教育影响力与学生发展》,教育科学出版社 2014 年版,第 53 页。

踪评估得到很好的解决。纵向评估被用来测量同一组学生在时间发展序列上的学习结果变化,这种方式保证了对入学时的各种输入变量的良好控制,美国的 CAPP、MAPP 和 CLA 即采用此法①。构建通识教育的理想教育产出的全美大型质量评估项目(WNSLAE,简称 Wabash)②和澳大利亚毕业生收获调查(Graduate Outcomes Survey,GOS)亦采用了跟踪调查。国内北大项目从 2011 年也开始加入纵向评估。③ 尽管如此,纵向评估仍然因为其外部环境因素的不可控性、样本的大幅流失和天花板效应等原因存在着一些局限性。④ 最理想的解决办法以加拿大青年工作转换调查(YITS)为代表,选择一组没有进入大学的高中毕业生,他们与进入大学的且接受测试的学生群体在个人特征和学术背景上基本相同,并将该组学生作为控制组,评估采用了该方案。⑤

数据分析的技术层面,主要有多元线性回归模型(Multivariable Linear Regression Model,MLRM)和分层线性模型(Hierarchical Linear Mode,HLM)。通过多元线性回归模型得到的残差值,即是大学生在一段时间内学习进步的增值;分层线性模型可以将影响学生学业成果的外部因素(如学生的学习基础、家庭背景等)与学校或教师的效应分离开来,得到学校或教师的"净效应",从而判断学校对

---

① 吕林海:《国际视野下的本科生学习结果评估——对"评估什么"和"如何评估"的分析与思考》,《比较教育研究》2012 年第 1 期。
② 朱红:《高校人才培养质量评估新范式——学生发展理论的视角》,《国家教育行政学院学报》2010 年第 9 期。
③ 鲍威:《未完成的转型:高等教育影响力与学生发展》,教育科学出版社 2014 年版,第 72—73 页。
④ 同上书,第 53 页。
⑤ 吕林海:《国际视野下的本科生学习结果评估——对"评估什么"和"如何评估"的分析与思考》,《比较教育研究》2012 年第 1 期。

学生的影响力。[1] 国内北大项目[2]和清华的CCSS[3]采用的是多元线性回归模型。

综合国内外的测评方法，可以将大学生学业成就评估方法归纳为一个矩阵(见表2[4])。国际上早期处于第二象限、第三象限，但现在测评工具多数处在第一、四象限，不管是直接估算法还是间接估算法的测评工具都能很好地实现跟踪调查。而国内主要采用的间接增值估算法，直接增值估算法的测评工具研发相对比较落后，大多数院校采用的是横向评估法，很少能像北大项目和清华CCSS那样做到长期跟踪调查。因此，我国大学生学业成就评估方法应该向第一、四象限努力，如果能够将直接和间接估算法相结合并且做到长期跟踪，则效果更佳。

表2 大学生学业成就评价方法组合一览表

测评学生选择信息来源	横向评估法	纵向评估法	数据分析法
直接估算法	第二象限：直接估算法—横向评估法（国际上早期）	第一象限：直接估算法—纵向评估法（国际上当前多数）	多元线性回归模型和分层线性模型
间接估算法	第三象限：间接估算法—横向评估法（国际上早期，我国多数）	第四象限：间接估算法—纵向评估法（国际上当前多数，我国少数）	

---

① 辛涛、张文静、李雪燕：《增值性评价的回顾与前瞻》，《中国教育学刊》2009年第4期。
② 鲍威：《大学生学业成就增值效应研究》，《江苏高教》2015年第1期。
③ 黄雨恒、郭菲、史静寰：《大学生满意度调查能告诉我们什么》，《北京大学教育评论》2016年第4期。
④ 该表来源于王小青于2018年10月发表于《高教发展与评估》的论文《高等教育增值评价方法的比较与应用》，略有变动。

(三) 中国大学生学业成就评估结果使用研究

理论上,大学生学业成就评估的结果是用来指导教育教学改革和实践的。Astin 在 1985 年就谈到它的功能:学生的前测表现出的优缺点可以用来作为学业建议和职业咨询的依据,对于后测中对学生成长的性质和程度也可以为学生、教师和管理者所用[1]。对于学业成就评估结果的使用可以从教育行政管理、学校(含教师)和学生三个角度分别阐述。

国际上,对于教育行政管理而言,教学行政部门可以通过对学校常模的分析,把握学校的实际教学状况,为高校教育质量的评估、认证奠定现实基础,并从根本上提高对高校教学质量干预的科学性。[2] 这种"干预"在有些国家是作为资源分配的依据,如澳大利亚政府通过 CEQ 结果对各个大学的教学质量进行排名,排名结果将作为大学拨款的重要衡量指标。[3] 美国的 VSA 系统得出的学生们的增值得分可以给参加的学校进行排名[4],其结果的进一步使用由州政府决定。在有些国家却是间接的,英国政府尽管会通过 NSS 测评结果,掌握高校教学工作和人才培养的基本情况,并可以此作为对高校进行质量问责的依据,但坚持"有限使用"的原则,并不以此来对高校的教学工作水平进行排序和奖惩,也不直接以此来干预高校内部的教学质

---

[1] Alexander W. Astin. *Achieving Educational Excellence: A Critical Assessment of Priorities and Practices in Higher Education*. San Francisco: Jossey-Bass Publishers, 1985, p.61.

[2] 章建石:《基于学生增值发展的教学质量评价与保障研究》,北京师范大学出版社 2014 年版,第 84 页。

[3] 吕林海:《大学教学的内部支持性机构及其经验借鉴研究——澳大利亚纽卡斯尔大学"学习与教学中心"的个案调研报告》,《比较教育研究》2010 年第 8 期。

[4] Liu, O. L. Value-added Assessment in Higher Education: A Comparison of Two Methods. *Higher Education*, 2011, 61(4).

量保障工作。[1] 在学校方面,对于美国的院校,评价结果除了可以衡量内部教学的质量并进行恰当的干预,还可以向认证机构表明教学工作的成效,满足认证的需要。[2] 同时,也可以通过横向比较和纵向比较,发现自己多年来的进步和问题,以及与同行相比的优劣势,便于更好地自我定位。对于教师而言,学生对教师个人教学效果的评估结果是保密的,但会以恰当的形式告知教师个人,并附以改进的意见。[3] 在学生方面,除了 Astin 提到的作用,美国 CSEQ 官方认为这还可以促进学生自我反思和评价提供非常有价值的信息,促使他们思考学习的经历及取得的进步[4],英国的准大学生还可以根据 NSS 提供的质量信息来选择高校与专业[5],澳大利亚的 GSA 给参与评价学生求职时提供其课程申请简历与 GSA 得分,提供评估院校新生识别和研究生增值信息[6]。

相比较而言,对国内大学生学业成就评估结果使用的系统性研究较少。即使产生的影响也是以学校和学生为主。与美国不同,大学生学业成就评估结果可以满足认证的需要,对于高校的这种制度性的内部动力在中国并不存在。将本科教学评估结果与大学的资源分配的相挂钩的方法在国内一般而言属于政府主导的教育教学评估的功能范畴,而非民间发起的大学生学业成就评估项目。再者,有些项目负责人明确表态需要抵挡住排名的诱惑和弊端,否则数据的真

---

[1] 章建石:《基于学生增值发展的教学质量评价与保障研究》,北京师范大学出版社 2014 年版,第 91 页。
[2] 同上书,第 94 页。
[3] 同上书,第 87 页。
[4] 同上书,第 84 页。
[5] 同上书,第 91 页。
[6] 鲍威:《未完成的转型:高等教育影响力与学生发展》,教育科学出版社 2014 年版,第 52 页。

实性将会大打折扣。[①] 一般而言,国内的大学生学业项目的研究结果使用一般交给参与项目的院校自主处理。对于学校而言,理论上可以从学生个体层面监控、保障教学质量,还可以根据需要形成院系、年级、专业等类别的常模,关注各院系、年级、各专业的学生整体的学习动态变化,有针对性地改进教学,不断提高教学质量[②]。而实际上,有关大学生学业成就评估结果对于学校的发展和老师的教学如何影响的研究如凤毛麟角。清华大学的 CCSS 研究发现,清华老师对学生的支持度不够,因此建立了学生辅导中心,参与 CCSS 项目的一些院校也发现了类似的问题,也建立了相应的机构;从学生的满意度也可以看到学生对教学、环境等方面的精准需求。[③] 也有研究表明,南京大学将 SERU 评估工作作为三三制教学改革的三驾马车之一[④]。然而,对于参与这些大学生学业成就项目的院校而言,对于评估结果的重视程度本身也存在差异。"有的加盟院校只是派一名辅导员来领取报告,相关的一些说明和注意事项回去传达,仅有个别院校邀请我们去给所有学工部门的领导和人员宣讲和解释,或者新教师培训讲讲。"[⑤]对于学生而言,像国外大学学业成就评估信息作为学生选择大学、就业或继续升学方面依据的功能尚未在国内已有研究中发现。他们在大学生学业成就评估中的角色仅限于填写问卷提供了自己的个人信息,至于个人的实际调研结果到底意味着什么很难得知。很多时候,大学生学业成就评估结果可以确定在少数部门、少数群体内

---

① 该观点来源于某项目负责人于 2018 年研究生课堂上的讲话。
② 章建石:《基于学生增值发展的教学质量评价与保障研究》,北京师范大学出版社 2014 年版,第 84 页。
③ 来源:2017 年 12 月 25 日与清华大学 CCSS 项目组成员 T 老师面对面访谈。
④ 施佳欢:《研究型大学本科生学习成效评估研究》,南京大学硕士论文,2012 年,第 61 页。
⑤ 来源:2017 年 5 月 18 日对国内某测评工具联盟研究项目负责人访谈。

部共享,而到底如何影响了本科教育教学改革,可以说是一个黑箱。国际上的测评工具由于校领导和教务处领导主推,评价结果得以抵达院系主管教学的副院长,具体这份报告发挥了怎样的作用,就不得而知了。[1]

三、中国大学生学业成就评估存在的问题

(一)评价内容

国外的学业成就评估内容具有较多版本,基本都能覆盖数据维度、类型维度和时间维度,前两个维度意味着评价指标的多元化。质量保障的重要原则之一就是拒绝在单一指标或证据的基础上评价学生、项目,或者学校的表现状况。[2] 评价内容的选择,在李湘萍等看来,是理论的本土化问题。[3] 的确,国内测评工具的选择即便宣称是本土化工具,其理论基础依然是国外的[4],这也许是我们国内开展学业成就评估的必经之路。时间维度的问题,在于提醒院校评价实践应该注意跟踪调查,以及"不同时期学生的特征是有差异的"[5]。国内大学对于学习结果的就业率和就业待遇非常关注,但对于学业成就提升或增值和后续的发展关注是较少的,像 Pascarella 和 Terenzini

---

[1] 来源:2017年2月15日对某C9院校教务处老师的访谈。
[2] E.格威狄·博格、金伯利·宾汉·霍尔:《高等教育中的质量与问责》,毛亚庆、刘冷馨译,北京师范大学出版社2008年版,第13页。
[3] 李湘萍、周作宇、梁显平:《增值评价与高等教育质量保障研究:理论与方法述评》,《清华教育研究》2013年第4期。
[4] 鲍威:《未完成的转型:高等教育影响力与学生发展》,教育科学出版社2014年版,第17页。
[5] Alexander W. Astin. *Achieving Educational Excellence: A Critical Assessment of Priorities and Practices in Higher Education*. San Francisco: Jossey-Bass Publishers, 1985, pp.68–69.

提及的对于学生的终身学习、下一代子女影响等①几乎没有关注。这种时间跨度的选择,目前是国外处理得相对更为科学。在笔者看来,可能需要分几步走,至少对于毕业生的提升和发展需要通过测评工具来测量。另外,不同的测评指标也意味着不同的数据来源方法,认知相关的指标可选择直接估算法,如果是非认知则可以选择间接估算法,甚至跳出数据分析的方法,像道德发展可能就更适合质性研究的访谈法。

(二)评价方法的比较和应用

直接估算法和间接估算法各有优缺点,比较理想的处理方式是能够实现多元的测评方法互为补充。而在横向评价法和纵向评价法或跟踪评价法中,很显然纵向评价法对于同一组学生的测评能够控制可能影响增值的输入变量,可以更好地解释增值。国内大多数研究都是前者,其局限是只能进行学生发展的描述性分析和解释性调查研究,无法动态地探究高校人才培养质量与学生发展的变化趋势和因果关系,也无法充分考虑高校学生在不同学年过程中的发展和行为特性等。② 而更完美的方案则是像 YITS 那样对进入大学和未进入大学的青年群体进行比较,才能更准确地评估大学对于学生发展真实的作用。在数据分析的方法上,有多元线性回归模型和分层线性模型可供选择,但条件取决于院校的具体需要和研究目的。然而,国内测评方法比较显著的问题需要在此指出来,即院校选择某一测评工具无法保持一定的连续性,无法保持长期跟踪研究(follow-up studies),没有多年的数据积累,就没法进行纵向比较,那么自然就没

---

① Ernest T.Pascarella, Patrick T.Terenzini. *How College Affects Students: A Third Decade of Research* (Volume 2). San Francisco,CA: Jossey-Bass,2005.
② 鲍威:《未完成的转型:高等教育影响力与学生发展》,教育科学出版社 2014 年版,第17页。

法享受其带来的好处,学校决策者也没法获得确切的证据来了解自己的本科教育是否获得了进步以及获得了多大的进步。

在选择学业成就评估方法的同时,还需要注意到周期和质性证据两个问题。周期问题就是一个测评工具需要选择高年级学生和毕业生校友进行测评,上文已经提及。而质性证据问题,则在于证据是通过量表、问卷还是访谈等质性研究方法搜集数据。在与 N 大学教务处工作人员访谈中,他坦承现在教育质量的评价看到的都是数据分析的图表,缺乏了对活生生的学生的关注和了解,应该去课堂上看看老师是如何教的,学生是如何反应的。[1]"质量问题不应通过使用许多量化的目标来回避,否则会导致更大的风险。评估仅仅基于数量和特征的描述,将意味着对质量的追求只是实现正确的数字。"[2]"也许是最令人不安的事实是,在我们的调查中,几乎有一半(48%)的大学生说,他们感到他们所在的学校像对待书本上的数字一样对待学生。"[3]这段来自学生的沮丧的体验不只是说定量研究方法的局限,更重要的是提醒我们质性研究更具有人情味,学生能够感觉到学校实实在在的关心。而这个关心则是多重意义的,将会决定着他们对学校的满意度。[4]"不是所有大学教育的结果、不是所有发生在我们教室或演播室里的重要事情、不是所有师生互动交流中的珍贵东西、不是所有能让学院增值的力量都可以或应该以数字和测量来加

---

[1] 来源:2017 年 2 月 15 日对某 C9 院校教务处人员的访谈。

[2] Reale E., Seeber M. Organization Response to Institutional Pressures in Higher Education: The Important Role of the Disciplines. *Higher Education*, 2011(1).

[3] Ernest L. Boyer. *College: The Undergraduate Experience in America*. New York: Harper & Row, Forward, 1987.

[4] 王小青:《研究型大学本科师生课外沟通的实证研究——以某 C9 大学调查为例》,《教育学术月刊》2016 年第 8 期。

以评定的。"①阎光才认为,将定量研究和定性研究等多种研究方法结合在一起,可以更大程度上缓解单个方法带来的偏误。②

(三) 学业成就评估工具选择和使用

主要问题在于:测评工具的标准化、本土化和单一化。首先是标准化问题,尽管现在大陆涌现出丰富多彩的基于学业成就评估理念的测评工具,北大、清华这些著名高校所负责的测评项目也带领着一部分高校在搜集横向和纵向的数据,形成常模,对于各自学校来说,也或多或少都有积极的影响,但问题在于,研发测评工具需要非常强的专业性,而且周期很长,即便高校自己可以解决这个问题。③ 完全自主设计的测评工具可以反映院校具体的课程重点和前瞻性风格,但更容易变化或缺乏稳定性④,而且无法形成校际、省际、国际之间的比较。因为各自依据的理论框架不同,甚至没有理论框架,最后的数据结果只能在本校进行分析,无法在同类学校之间形成比较,学校就没法定位自己在推动学生学业成就提升方面究竟处于怎样的位置,就如大海里的小船,一旦没有灯塔,很容易在剧烈的高等教育改革大潮中迷失方向,失去机会(美国、韩国、日本有相关的法律要求,也许可以借鉴)。其次是本土化的问题,庆幸的是早已有研究者意识到测

---

① E·格威狄·博格、金伯利·宾汉·霍尔:《高等教育中的质量与问责》,毛亚庆、刘冷馨译,北京师范大学出版社 2008 年版,前言第 4 页。
② 赵蕾:《中国院校研究规范发展路径探索——2016 年"中国院校研究的挑战与突破"学术研讨会综述》,《高等教育研究》2017 年第 2 期。
③ 程星:《世界一流大学的管理之道——大学管理决策与高等教育研究》,北京大学出版社 2011 年版,第 82 页。
④ Alexander W. Astin. *Achieving Educational Excellence: A Critical Assessment of Priorities and Practices in Higher Education*. San Francisco: Jossey-Bass Publishers, 1985, p.71.

评工具的本土化问题,并且倾向于先引进后本土开发。[①] 清华、南大分别在 NSSE 和 SERU 基础上进行微调,前者还增加了毕业生的跟踪调查。厦大、中山大学主要是自主开发工具,而北大的"首都高校教学质量与学生发展监测研究"项目兼顾了本土化和国际化的双重特征。再次是单一化问题,即测评工具选择单一化,如未参加国内几大测评工具联盟的院校仅选择自己开发的工具,或者即便是选择了国际化的测评工具也存在的问题在于每个测评工具都有不同的侧重点,如 NSSE 和 Wabash 项目比较倾向于通识教育,而澳大利亚的 CEQ 和 OECD 主导的 AHELO 比较全面。如果使用商用评估工具或研究协会开发的调查工具,优点在于使用的院校可以获得运用校内自行开发工具所不能得到的"常模数据",从而使得同类院校的比较研究成为可能;缺点在于,大多数这类调查问卷为了使用的广泛性而削足适履,不能评估那些源于本校学生所在的特定环境中产生的、为他们所独有的经验。[②] 比较理想化的方法是,选择至少两种测评工具。参与美国 Wabash 项目的成员学校学生除了填写该项目的调查,还被要求填写 NSSE 和 CESQ 的问卷,这将大学教育产出的测量和学生学习过程的测量紧密地结合在一起。[③]

然而,在工具的选择上面,无论选择哪种方案,院校都需要明白测评的共性和个性相结合的问题,前者倾向于通过院校联盟的方式采用同一种测评工具,而后者则针对本校特色的校本测评工具。当

---

① 吕林海:《国际视野下的本科生学习结果评估——对"评估什么"和"如何评估"的分析与思考》,《比较教育研究》2012 年第 1 期。
② 程星:《世界一流大学的管理之道——大学管理决策与高等教育研究》,北京大学出版社 2011 年版,第 82 页。
③ 朱红:《高校人才培养质量评估新范式——学生发展理论的视角》,《国家教育行政学院学报》2010 年第 9 期。

然,也可以选择一些比较灵活的测评项目,如美国考试中心和教育考试服务中心,一般同一份工具可以包括共性的问题和学校自己增加的问题[①],可以同时实现测评共性和学校的特色。国内也开始出现一种模式,即参与北大项目的院校可以选择除了参与统一的测评外,还可以委托项目组提供"定制服务",目前已有两所院校进行了实践。[②]

(四)学业成就评估结果的使用

上文提及的国内大学生学业成就评估使用的情况主要来自中国大学生学业成就评估项目的负责人或参与成员,来自参与项目成员院校的第一手信息则较为罕见。最基本的问题是,这个结果到底如何使用信息,我们根本不得而知。关于质量的信息应该对公众开放到何种程度[③],这个问题是有争议的。然而,国内有的院校可能还停留在"信息是否公开"的问题上。可以说评价结果使用几乎是黑箱。中国大学生学业成就评估项目负责方通过无偿或有偿的方式为参与院校撰写调研报告供其推进本科教育教学改革作为参考,是否使用以及如何使用完全取决于院校自身,这是市场所决定的。诚如上文从访谈中得知参与院校对于评估结果的态度有天壤之别。因此,可以说,不只是评价结果是否到达院级二级单位,而是在学校层面是否很好地接受和消化的问题。也就说,测评工具的功能使用面临虚化和悬置的尴尬境地。另一个问题是,问卷调查是为教育教学改革服务,但实际情况可能恰恰相反,"某些决策者不是通过调查以及由此

---

① E·格威狄·博格、金伯利·宾汉·霍尔:《高等教育中的质量与问责》,毛亚庆、刘冷馨译,北京师范大学出版社 2008 年版,第 77—80 页。
② 来源:2018 年 5 月 29 日,北京大学"全国高校教学质量与学生发展监测项目"项目推进会上的案例介绍。
③ E·格威狄·博格、金伯利·宾汉·霍尔:《高等教育中的质量与问责》,毛亚庆、刘冷馨译,北京师范大学出版社 2008 年版,前言第 2 页。

得来的数据来了解学校的总体情况和学生对于学校运作的基本看法和评价,而是将调查当成一种应急的工具"[1]。

为什么学业成就评估结果使用处于黑箱?可能存在以下几个原因:第一,传统公立院校的绝大多数经费来自中央部委或地方政府,故由上级管理部门发起的评价,不管是否喜欢,要拿到资源就必须按照教育质量评价的一套制度来办学,资源依赖理论(resource dependence theory)[2]已经能支撑这个观点,显然,学业成就评估的实施并不能帮助学校直接获得经费,反而要使用经费。第二,评估属于部门发起者"自导自演",未能调动全员。收益没有考虑清楚,学业成就评估往往成为学校本科教育质量成绩的依据,而不是提高教育教学质量的工具,目的和手段本末倒置。师生未能充分地参与,学生参与的形式停留在填写问卷和提交问卷,甚至都无法获知自己填写的结果到底意味着什么。从组织层面来说,院系作为学校的二级单位,也是被动参与自我评价。参与评价主体缺失严重的表现之一还在于,教师没有参与到测评工具的开发和完善中来,如商用测评工具关注的通识教育是否是老师认为的呢?[3] 第三,院校的学业成就评价并未成为常规的本科教育质量的活动,往往与学校分管领导的喜好有关,带有一定的偶然性,上级决策层觉得很重要,就对于结果相对重视,即便如此,信息公开非常有限,特别是如果结果不利于学校声誉,就更难对公众开放结果。第四,国内而言,政府有自己的一套评价制度,而

---

[1] 程星:《世界一流大学的管理之道——大学管理决策与高等教育研究》,北京大学出版社 2011 年版,第 34 页。

[2] G.R.Salancik, J.Pfeffer. The Bases and Use of Power in Organizational Decision Making: The Case of a University. *Administrative Science Quarterly*, 1974, 19(4).

[3] E·格威狄·博格、金伯利·宾汉·霍尔:《高等教育中的质量与问责》,毛亚庆、刘冷馨译,北京师范大学出版社 2008 年版,第 126 页。

学校发起学业成就评估并非自下而上"倒逼"所致,而是研究范式与国际接轨所致,我们政府的问责和公众的问责尚属于"同床异梦",或者说,政府问责是强势,而公众问责是弱势,而强势一方对于学业成就评价还不能真正用于其重大决策,其质量评价实际上还停留在"四种传统质量观"("基于声望的质量观""基于资源的质量观""基于结果的质量观"和"基于教育内容的质量观")[1]。简言之,国内这类评价结果的使用缺乏内在动力。

除了上面讨论的学业成就评估内容、评价方法、评价工具选择与使用,以及评价结果使用等四个方面的问题,评价团队的专业化[2][3]等问题也是需要院校推进和解决的实际问题。

四、中国大学生学业成就评估的趋势和展望

尽管学界对于学业成就评估有这样那样的批评,但退一步讲,学业成就评估已经是国际上发达国家非常认可的质量问责的途径,我们的任务在于如何让它更好地服务于国内的本科教育质量提升,而非躲躲闪闪、闪烁其词。目前由北大、清华、南大、厦大等高校发起的评价联盟已经让人们看到了进步和希望,初步形成了北大模式、清华模式、南大模式、厦大模式和校本模式,各个模式的特征有待进一步

---

[1] Alexander W. Astin. *Achieving Educational Excellence: A Critical Assessment of Priorities and Practices in Higher Education*. San Francisco: Jossey-Bass Publishers, 1985, p.xii.

[2] 李湘萍、马娜、梁显平:《美国大学生学习评估工具分析和比较》,《现代大学教育》2012年第1期。

[3] 黄晓婷:《美国、芬兰、中国台湾的教育评价制度比较》, http://ciefr.pku.edu.cn/cbw/kyjb/2017/05/kyjb_4560.shtml.

研究。笔者提出未来需要努力的方向:

第一,建立学业成就评估系统性的制度。上文讨论的评估内容、评估方法、工具选择与使用,以及结果使用都属于学业成就评估制度的内部组成部分,未来院校还需要使这些组成部分通过系统的方式有机地形成一个整体。澳大利亚从 2015 年开始进行了一系列的调整,将原来相对分散的测评工具通过 QILT 的项目方式联系在一起来综合衡量学生学业成就。也就说,澳大利亚高校的质量保障形成了"组合拳",其理念是增值评价。国内大学将学业成就评价作为单项或专项的本科教育质量评价,是远远不够的。

第二,考虑建立新的学业成就评估范式。对过去 20 年间的评估实践略加考察我们便会发现,高校评估所面临的问题远不是挑选一两个评估工具或创建一个数据库就能解决的,必须首先在更深的层面上回答传统范式和新范式之间的争论和整合问题。传统的质量保障环看起来是闭环管理,但信息完全的假设是不成立的,导致结果不是"O"型,而是"C"型。程星提出的新范式是"三级金字塔"[①]:

> (1) 对直接参与教学活动的团体负责,负责将学生学习的成果交代清楚;(2) 对直接和间接支付教育费用的团体负责,负责将他们投资高等教育所能得到的回报交代清楚;(3) 对直接和间接管理与规范高等教育的团体负责,负责将高校的社会效益交代清楚。在这个三级范式中,评估活动根据信息接收端的需求展开,并且上一级的评估总是建立在下一级评估所提供的信息基础之上。

[①] 程星:《世界一流大学的管理之道——大学管理决策与高等教育研究》,北京大学出版社 2011 年版,第 54—55 页。

该新的范式最大的进步是利益相关者理念再次得到体现。然而,根据对我国特有文化的了解,传统范式和新范式都面临信息公开的问题。将学业成就评价结果等信息对公众公开估计还有漫长的道路,当前比较有希望实现的是"内部科学有效使用"。在笔者看来,这种新范式的形成还需要漫长的过程,比较务实的做法还是在传统范式上微调,尤其是通过立法进一步推动信息的公开。时机成熟再考虑向程星提倡的新范式过渡。

第三,学业成就评估和其他学习结果评价结合使用。评估的多元化包括两种情况,一种是我们需要采用多元化的测评工具,典型的是澳大利亚的学习与教学质量指标(QILT),用学生经历调查(SES)、毕业生雇佣(GOS)、毕业生满意度(CEQ)和雇主满意度(ESS[①])来综合衡量学生学业成就。另一种是指学业成就评估和其他学习结果评价结合使用形成的更大结构的多元化。尽管我们讨论了学业成就评估的种种优点,但并非否定传统的结果评价方式,如学业成绩、毕业率、就业指标等[②],这些多元的指标在评价内容的探讨部分已经可见一斑。当然,需要提醒的是,学习结果评价数据的统一性(和真实性),大陆高等教育主管部门需要努力改进。数据端口的统一性,美国有立法要求或大学联盟有统一要求。[③] 否则省际、校际就无法比较,也就失去了在横向和纵向比较中进步的机会。尤其需要注意的是,高校如何向相关利益群体证明数据的真实性和可靠性也是另一

[①] 全称 Employer Satisfaction Survey,通过对毕业生雇主的访谈获得毕业生的表现情况,详见 https://www.qilt.edu.au/about-this-site/employer-satisfaction,2017 年 5 月 23 日。
[②] 程星:《世界一流大学的管理之道——大学管理决策与高等教育研究》,北京大学出版社 2011 年版,第 88 页。
[③] 同上书,第 35—36 页。

个令人头疼的问题。[1]

第四,对现有的学业成就评估进行元评价。所谓元评价(Meta-evaluation),就是对现有评价的评价,即,"按照一定的理论框架和价值标准对教育评价所进行的评价"[2]。"国内做学业成就评价已经做了很多年,研究成果也那么多了,那么效果到底怎么样?还是需要有相关研究关注。"[3]通过评估才能发现现有的评价哪些部分是值得保留的,哪些是需要改进的。如英国高等教育研究院组织专家于2006年年底对质量信息收集工具——NSS的影响和成效进行评估。其评估结果既认可了调查本身对于高校教育质量保障的作用,也发现,在行动方面真正付诸实施的也受到质疑。[4] 国内的学业成就评估可以从评价结果使用的跟踪开始,搞清楚结果是如何被学校和二级单位层面使用的,在实际的整改方案中是否体现了专家组的意见。在一定时期内,通过一定的评价标准或工具来评价整改的效能。

第五,学业成就评估理论和实践的本土化。谢立中归纳了四种社会科学本土化类型:对象转换型本土化、补充—修正—创新型本土化、理论替代型本土化和理论方法、全面替代型本土化,这里的分类只是事实判断,并无价值判断。[5] 所幸,我国的专家学者已经早已认

---

[1] 笔者曾经负责的一个学校管理服务学生满意度调查,分析数据发现某个学院的得分普遍非常高,与其他学院相差一大截,说明学生填写时出现了"干扰"。章建石在其著作中也提到英国某大学老师引导学生打高分。
[2] 章建石:《基于学生增值发展的教学质量评价与保障研究》,北京师范大学出版社2014年版,第153页。
[3] 来源:2017年5月18日对北京大学教育学院M老师的面对面访谈。
[4] 章建石:《基于学生增值发展的教学质量评价与保障研究》,北京师范大学出版社2014年版,第92页。
[5] 谢立中:《论社会科学本土化的类型——以费孝通先生为例》,《江苏行政学院学报》2017年第1期。

识到本土化的重要性[①],北大项目、清华的CCSS、厦大的NCSS等项目测评工具的本土化历历可见。一位早期参与北大项目的成员的观点很具有代表性:"中国和国外的教育发展阶段不一样,所以国外的大学问题有些和中国不是一回事。所以这些量表也不可能问的是中国的问题。所以,评估量表应该问中国的问题,反映教育管理人员、教师和学生的问题,应该用中国的教学管理老师、教学老师和学生的话来编制,框架可以借鉴,必须本土化。"[②]目前,中国大学生学业成就评估的对象转换型本土化、补充—修正—创新型本土化形式已经实现,第三种有关理论方面的本土化,则处于较为缓慢的阶段,主要还是借助于西方的院校影响力理论,但这也是最难的,需要一个发展的过程。随着我国高等教育进入后大众化发展阶段,很多特有的现象和问题涌现出来,需要更具有解释力的本土理论指导实践,以学业成就评估为契机提高我国高等教育的竞争力。

最后,就是上文所述的评价部门人员专业化问题。这是院校开展包括学业成就评估在内的各种评价活动的基本性前提,尽管如今的社会机构测评比较成熟,但院校自身应该有专门的研究人员能够甄别工具的优劣,能够解读最终的结果,并能够深入浅出,说服相关高校决策层重视学业成就评估的作用,推动该评估在本科教育质量保障过程中的功能发挥。

---

① 鲍威:《未完成的转型:高等教育影响力与学生发展》,教育科学出版社2014年版,第73页。
② 来源:2017年11月15日对北京大学教育学院E老师的面对面访谈。

回归科学发展

追寻多元的中国一流大学

刘永芳

自我国推动实施"世界一流大学和一流学科建设"战略以来,如何推进一流大学建设,成为高等教育研究者的热议论题,也成为高等教育领域亟待探索和解决的重大理论与实践课题。从国家实施该战略的总体目标和所认定的首批一流大学建设高校(42所)和一流学科高校(95所,其中有26所是行业和学科特色明显的非211高校)名单可以看出,我国建设"一流大学建设高校"和"一流学科建设高校"的根本目的就是要对标那些处于世界领先地位的一流研究型大学发展模式和一流学科认证标准,推动一批国内大学率先建设成为人类知识发现和科技创新的重要力量、先进思想和优秀文化的重要源泉、培养各类高素质优秀人才的重要基地,从而在支撑国家创新驱动发展战略、服务经济社会发展、促进高等教育内涵发展等方面发挥重大作用。与国家之前所实施的985工程、211工程相比较而言,"双一流"战略更侧重于学科的质量内涵,强调集中力量加大优势特色学科建设,以大力推进中国大学的学科建设朝着世界一流高尖新方向发展。

"双一流"战略其语境内涵指向建设具有国际领先地位的世界一流大学和一流学科。从当今经济社会发展需求和高等教育发展趋势来看,中国需要建设一批世界一流大学和一流学科,也需要构建多样化的具有世界水准的高等教育系统。正如美国马里兰大学高等教育学名誉教授伯恩鲍姆(Birnbaum, R.)所提出的:各个国家各个地区真正需要的其实并不是更多的世界一流大学,而是更多的世界一流的理工学院、世界一流的社区学院、世界一流的农业学院、世界一流的教师学院,以及世界一流的区域性州立大学。我国一流大学建设需根据国情特点、制度文化、办学理念,并结合高等教育生态系统理论,将建设世界一流大学的长远规划与实施,与国家现阶段经济社会发展战略、教育改革以及不同类型高校的发展计划密切联系起来,对于我国高等教育发展过程中不同大学所表现出的差异性和特殊性问题,展开更为深入细致的针对性研究,构建包括研究型大学、教学型大学、创业型大学和技术型大学等不同类型大学在内的完整的一流高等教育系统发展理念和建设路径。因此,应将建设世界一流高等教育体系纳入"双一流"建设的研究范畴和政策视野,并逐步成为我国一流大学建设过程中的一项重要政策内容。当前高等教育领域对其他不同类型高校的一流建设之路的关注、研究还很不够,这在很大程度上会加剧国内一流大学建设的同构化趋势。建设多元的一流大学和先进的高等教育系统,期待并呼唤更多的教育研究者谱写更加抑扬顿挫、更加铿锵有力、更具原创魅力的交响华章。

　　本部分所选七篇论文,从不同层面展示了学者们对中国不同类型高校一流目标定位和科学发展问题的深度思考。论文作者来自不同层次和类型的高校,他们在个人学术成长过程中无不深受龚放教授的大家学术风范和严谨治学精神的影响,并因龚老师的因材施教、指导有方和倾力支持而得到了境界提升和学术升华。

柳友荣教授在《后大众化时期我国新型大学管理制度的外部诉求与内部治理》一文中针对我国新型大学的一流发展之路进行有益探索。文章分析了"新型大学"的应然样态（包括基本型态、组织结构型态、运行型态、师资队伍结构型态、教学型态等），认为处于迈向高等教育普及化的后大众化时期的应用型本科教育与当今经济社会的需求还不相称，应用型大学内外部管理制度基本还固着于精英教育的制度范本之上。针对政府对大学的直接干预过多、大学教师身份、大学的管理文化、企管主义思潮等现实问题，在意义上的自治被广泛采纳、大学的管理文化规定着学者的行为、组织变革需要运用综合协调手段与方法的情况下，应充分借鉴国外新公共管理理论思想和应用型院校管理制度研究分类评价经验，须从主体间性出发来着力构建新型的应用型大学府学关系，及时填补组织运行的"立法真空"，强化"归还"而非"下放"办学自主权的意识；要警惕企管主义思潮，企管主义思潮进入大学的管理应适可而止；要从强调技术转让是现代大学的社会职能来推动应用型大学取得社会和国家认可，须通过立法把行业企业打造成应用型人才培养的"新主体"；社会公众层面要自觉维护应用型大学守正创新的空间，重视应用型大学内部治理体系建设等多重外部管理制度诉求等多个方面，构建一流新型大学管理制度和范例。

《高等教育治理现代化背景下的高校学术创业与学科发展：现状比较及策略思考》深入分析了高等教育治理现代化与建设创业型大学、推进学术创业及学科发展的内在逻辑关系。运用SPSS因子和聚类分析方法对江苏省38所高校的学术创业和学科建设状况进行了实证研究，揭示出大学的学科发展与学术创业之间的内在关联性。通过择取江苏2所案例高校与欧美2所创业型高校进行综合性比较，归纳总结出江苏高校学术创业与学科建设的状况、特点，提出了在推进高等治理现代化过程中建设创业型大学、加强学术创业、推动学科发展的若干策略建议。

《基于分类分层的一流大学差别化发展框架》一文，以生态系统理论和差异化战略理论为基础，构建了"三类三层两级一主体"的一流大学差别化发展框架。作者梳理了我国一流大学差别化发展所面临的现实挑战，这些挑战包括分类管理制度缺失导致的高校"学术漂移"，教育决策层级偏高形成的省级政府的"中梗阻"，非均衡化重点高校体制所造成的高校"内卷化效应"。在此基础上，通过运用"三类三层两级一主体"的一流大学差别化发展分析框架提出了构建我国一流高等教育系统的理论思考，即：进行国家顶层设计，建立制约与使能的"双激励机制"；加大地方统筹推进，开展积极的差别化探索；推动高校自主发展，在使命和区域范畴内追求一流和卓越。

《中国新型大学的新特质与新样态》研究认为，新建本科院校研究的重心，已经从"新建"的时间维度转向"新型"的性质维度。以"应用型"为核心特质的中国新型大学具有"四个新"的新特质，即以为地方发展服务为使命的"新历史使命"，以参与式建设为特征的"新大学精神"，以社会性标准为主导的"新质量标准"，以产学研合作为核心的"新教育模式"。基于中国新型大学新特质的解析，提出中国新大学的未来发展样态会分别呈现出高水平应用型大学、多样性有特色大学、创业型大学、开放型大学、创新性大学和高成长性大学等多种形态。

《知识生产模式Ⅱ视野中的"双一流"大学建设》一文通过斯坦福、麻省理工、卡内基梅隆大学等一批美国一流大学崛起与超越的典型案例，详细阐述了知识作为经济社会发展的关键资源在其生产过程中呈现出的系列特征。文章分析认为，实现办学理念和办学模式的转型、结合社会需求发展尖端学科、创立新型研究机构、产学研结合、增强大学的研究能力以及为学生、企业、地方、联邦政府提供高质量服务的能力,是它们成功跻身世界一流大学的共同特征。这些一流大学崛起与超越的过程其实也是从传统的知识生产模式向知识生产模式Ⅱ发展的过程,是大学的发展理念、科研模式、学科方向和体制机制适应社会发展需要的过程。文章最后强调指出,现阶段中国大学的世界一流大学建设应充分借鉴国外大学的成功经验,从拓展大学新能力、创建一流学科建设、重构科研组织、优化大学评价体系等方面持续加以推进。

《"双一流"建设背景下创业型大学发展的若干思考》深入分析了创业型大学的类型,认为创业型大学是知识经济社会应运而生的一种新型大学,它顺应了经济变革、区域发展和社会需求的变化,体现了知识生产新模式的本质特点。在"双一流"背景下,我国创业型大学发展中面临着如何在"双一流建设"中寻求发展空间、如何化解与当下学科评估导向之间的矛盾、如何平衡驾驭核心的办学雄心与严酷现状的落差等普遍矛盾和特殊环境。在此背景和环境下,"双一流"建设语境中的创业型大学发展策略要从争取政府给予大学转型理解与支持、构建服务区域经济发展的特色之路、发挥领导决策核心的作用和价值等方面,从而走出现实困境并开辟创业型大学发展新路。

曲铭峰博士有机会到美国对德里克·博克先生进行专访,对这位著名高等教育家的思想有深刻的理解,由论文《德里克·博克大学社会责任观评析》可见一斑。德里克·博克是哈佛大学历史上最伟大的校长之一,他在执掌哈佛大学长达21年的实践中,逐渐形成了自己独特的大学社会责任观思想。博克的大学社会责任观强调大学应当通过高质量的人才培养、科学研究和社会服务来承担社会责任;

与此同时,大学又必须遵循"学术自由""学术自治"和"学术中立"这三项基本学术原则,以及防范"政治化""过度扩张化"和"商业化"这三种巨大的风险。德克的大学社会责任思想对我国新一流大学建设无疑具有重要的指导意义。

后大众化时期我国新型大学管理制度的外部诉求与内部治理*

柳友荣

新型大学究竟应该如何定位自己的"型",如何根据应用型大学的"应然"型态来建构自己的内部管理体制和机制,如何与"中国制造2025""一带一路""互联网+"以及经济社会新业态、新产业对接,成为我国经济转型发展的新引擎,已经不仅仅是高等教育界在密切关注的问题,也是整个社会都普遍关心的问题。国际上的一项研究表明,"那些迄今为止几乎被奉为金科玉律的原则,比如大学自治权、大学民主、教职工的地位、甚至研究工作的重要性等,并非像我们希望的那样被大家广泛接受。如今,不乏卓越的大学体制和学院存在,它们并没有达到很多人认为是不可或缺的单一标准。因此,解决大学治理问题唯一合理的途径是摒弃所有偏见,以开放的心态做出判断。"[1]通过有关文献分析、国际比较和实证调查结果,我们可以得出

---

* 本文系国家社科基金项目"新建应用型本科院校管理体制改革研究"(项目号:13BGL126)阶段性成果,作者为项目主持人。

[1] José-Ginés Mora, Governance and Management in the New University. *Tertiary Education and Management*,2001(7)。

这样的结论：大学的外部管理相关方主要是政府及其部门、区域社会、行业企业，这些机构既共同构成大学的外部治理环境，又是大学利益的相关方。新型大学因为与社会需求更为贴近，要比传统意义上的精英大学更加关注与这些利益相关方的协调。

应该说，新型大学作为一种有别于传统精英教育的不同类型高等教育，在内部治理结构、行政权力与学术权力的运行型态上理所当然要有所突破与创新。2018年，新时代，新气象，国务院办公厅就深化产教融合专文予以部署，文件把未来10年作为加速推进产教融合，形成产业行业与新型应用型大学的深度嵌入、互联互促的态势。特别是在对加快新型大学内部治理结构的现代化步伐上，提出了一整套新的目标、新的举措、新的政策。通过促进新型大学理事会的建立，进一步深入"引企入教"的探索，并通过建构产业行业与应用型大学在应用型人才培养上的"双主体"架构，整体谋划、强力推进校企合作。可以预见，在不远的将来，我国新型大学的内部行政权力、学术权力的运行型态将会出现令人瞩目的变革与创新。

后大众化时代：倾听普及化的声音

20世纪末，中国高等教育启动了大众化进程。在短短的不到20年的时间里，我们实现了高等教育毛入学率42.7%，预计在未来的4—5年内，或者说"十三五"期间，我国高等教育发展将会迈入普及化阶段。[①] 在高等教育大众化后期——普及化时代前期，社会对高等教育的新要求，引起了大学定位、目标的显著变化。"未来的大学将为大多数人提供终身教育。那时大学将不仅是知识生产的中心，也

---

① 别敦荣：《普及化高等教育的基本逻辑》，《中国高教研究》2016年第3期。

将是为学习型或知识型社会提供培训和技术发展的服务中心。"①

众所周知,我国高等教育大众化进程的推动是一种国家战略,是为了满足人们日益增长的接受高等教育的需求,缓解就业压力,推动经济发展的"自上而下"的国家行为。在这一点上,与发达国家的高等教育大众化发端于经济社会发展客观需求的"自下而上"模式相比,存在着先天性、基因型的缺陷。发达国家的高等教育大众化是经济社会发展的阶段性产物,是一种客观实在的需求,是作为一种"衍生物"的现实存在;我们的大众化是为推动经济社会发展的一种国家战略,是一种手段。人们受教育程度的提高,固然能够推动经济的增长,但是也不可避免地存在着与经济社会需求之间适应不良、结构性错位的"基因型"不足。尽管我们的高等教育管理体制具有很强大的纠错功能,然而,纠错的前提是准确地认识错误、把握错误,特别是面对高等教育在人才培养等诸多功能显效上的滞后性,更是存在着误判错判的风险,更是存在着高等教育与经济社会发展、人才培养与社会需求、学科专业设置与产业升级业态变更不相适应。因此,我们必须警惕认识上的两个误区:

误区之一是"高等教育大众化是一个结果"。马丁·特罗在20世纪60年代根据毛入学率划分了高等教育的发展阶段,把毛入学率达到15%和50%分别看作高等教育大众化和普及化的标识,但这绝不意味着毛入学率达到15%就是实现了高等教育大众化这一结果。"化"本质上是一个过程,毛入学率从15%到50%都是大众化动态的水平。无论是"自下而上"还是"自上而下"推动的,大众化进程都需要与技术革新、产业升级、业态变更,特别是经济社会发展相匹配,都

---

① José-Ginés Mora, Governance and Management in the New University. *Tertiary Education and Management*, 2001(7).

有一个不断调试、调整、对焦、合辙的过程。

误区之二是"以己大众化之躯学人普及化之神"。可以这么说,在最近 20 年里,我国高等教育的发展取得了举世瞩目的成就,但是我们始终还处在大众化阶段,不能把我们在现在发达国家看到的高等教育治理模式、发展路径,不加辨别地套用在我们的高等教育发展上。只有从自身高等教育发展需求出发,知雄守雌,选择适合我们的发展路径,才能知止不殆。

引导部分本科院校向应用型大学转型发展,这是我国高等教育大众化过程中与经济社会发展型态调试、对焦的过程,是解决高等教育人才培养与行业企业需求结构性错位问题的根本举措。从国家政策层面上理解,地方本科院校转型似乎是大势所趋。但在现实层面上,多数高校的怀疑观望,既有对高等教育本质理解上的差异,也有对国际范畴内的技术教育的误读,更有对转型外部制度环境建构的期待。众所周知,"威斯康星思想"推倒了大学的围墙,催生了大学的社会服务职能。我们的理解是:转型不是政府说、高校演的"双簧",也不是高校内部的"独角戏",它需要利益相关方的角色重新定位与调整。①

"十三五"期间将是我国高等教育由大众化走向普及化的关键过渡期。克拉克(Burton R.Clark)在《高等教育系统》一书中谈道:"对各高等院校进行分工已经变得越来越有必要,因为这有利于不同单位全力投入不同的工作。不同层次的专业培训,不同类型的、适合不同学生的一般教育,复杂程度不等的研究,所有这一切都可以因院校分工后产生了各类相应的组织结构而得到承担。"②因此,"十三五"期

---

① 柳友荣:《转型不是高校自导自演的"独角戏"》,《中国教育报》,2015 年 6 月 19 日。
② 伯顿·克拉克:《高等教育系统》,王承绪等译,杭州大学出版社 1994 年版,第 291 页。

间,我国高等教育的功能必将发生新的嬗变,高等教育的地区结构将逐步均衡,层次结构将更加高效有序,科类结构更加稳定合理,形式结构更加灵活融通。这些结构的变化通过高等教育内外部协同合作的模式,实现高等教育向非传统功能、非传统生源的扩张,更好地服务于社会经济发展需求。

府学关系:从主体性到主体间性

大学治理结构是现代大学制度基本内容,大学治理体系和治理能力现代化更是现代大学制度建设的本质与核心。大学治理结构由内部治理与外部治理两个方面组成。大学外部治理涵盖的是大学和政府两者之间的权力分配与权力制衡,而大学内部治理则表述的是大学内部各利益相关者之间的权力分配、协调与制衡。[①]

从全球意义上说,在最近的半个世纪左右,人类的创造力得到了空前的发挥,技术关联的世界达到了前所未有的状态,人们生活也因为技术的不断创新,而显得更加便捷与高效,人们享受着现代主体性赐予自己的源源不断的福祉。但是不可否认的是,这些漠视主体间性的固执的技术革命,就像一柄"双刃剑",在给人们带来充足的物质、殷实的生活,以及繁盛、舒适、快捷的同时,也破坏了人与自然的和谐与安谧相处。打破了的生态平衡,让我们在满目疮痍的生存环境里,无处躲藏地面对人口膨胀、山河破损、环境污染等一系列糟糕的境遇。

当纯净的蓝天、洁净的空气、干净的河水都成了奢侈品时,我们

---

① 欧阳光华:《董事、校长与教授:美国大学治理结构研究》,高等教育出版社 2011 年版,第 186 页。

舒适安逸的享受,就可能变成了生存的危机与困境。于是,人的自由发展空间受到挤压,甚至贬黜为物,沦为现代机器生产和流通市场流水线上的一个环节,人自身存在的价值受到冲击,内心在现实冰冷的挤压之下变得孤独,这就是过分强调"主体性"的困境。"主体性"有着丰富的内涵,不仅仅具有自主性、自为性的品质,选择性和创造性也是主体性的表征。但是,单方面强调或者过分强调"主体性",疏略"主体间性",就会自戕存在的意义和生存的价值。就像狱警和囚犯一样,狱警总是觉得自己在看押着囚犯,于是须臾不会离开,要把囚犯自始至终置于自己视线严密监控之内。我们没有理由怀疑狱警实现自己目的的可能性,但狱警在达到自己目的的同时,也将自己变成了囚犯的"奴隶",过着"亚囚犯"的生活,这就是只重视"主体性"的糟糕结果。

"主体性"和"主体间性"(Intersubjectivity)共同生成了"主体",每一个主体都在"主体性"与"主体间性"之间同构自身存在意义。"主体间性"是指作为主体的"人"对作为客体的"他人"的意图的推测与判定。"主体间性"意指主体与主体之间互为同意的关系。"主体间性"又称主体际性、交互主体性等,本质上是承认"他者"的客观存在,接受"他者"并非"他物",而是与主体的"自我"并存的主体"他者"。[①] 在哈贝马斯(J.Habermas)那里,现实社会中都是互为主体,同时又互为客体的关系,他把人际关系行为分为工具行为和交往行为,在工具行为里只是实现了交往中的主客体关系,而交往行为才是互为主客体的"主体间性"行为,有利于主体间相互理解与沟通。

曾经担任剑桥大学校长的阿什比(Eric Ashby)认为,大学的管

---

① 马晓辉:《胡塞尔从主体性到主体间性的哲学路径》,《聊城大学学报(社会科学版)》2006年第2期。

理具有相当的专业性和高度的技术性,外行人可以要求他们做出什么样的贡献,但不能指导他们如何教学,就像外行人不能指导医生开处方一样。高等教育是以"高深知识"为逻辑起点的专业性很强的活动,学术自治是大学的精神,所以归还大学的办学自主权,释放大学的自主空间,是增强大学的办学活力,办出高水平大学的基础。2013年,党的十八届三中全会报告就把处理好政府和市场的关系作为经济体制改革的核心问题,明确使市场在资源配置中起决定作用。"十三五"规划将"深化行政管理体制改革"单列一章,从简政放权、加强监管、优化服务等三个方面转变政府职能,释放社会活力;明确划定政府与市场、社会的权责边界,加强事中事后监管,创新政府服务方式。这无疑是一种信号,对教育界,尤其是高等教育界将会产生深远影响。

现代社会里,大学是一个重要而又复杂的组织,完善大学的治理结构,优化大学内外部治理过程,是大学科学定位,分类指导,多元发展的题中之意。治理本身就是一个复杂性、协调性与系统性兼备的过程,它不仅要通过制度建设来保障利益相关主体充分参与,和他们履行大学事务的决策权力,更加需要通过非制度化路径,培育大学,特别是新型大学的制度德性和制度文化,促进大学治理从制度规范到价值引领的跃升。

新型大学外部制度环境从行政化向市场化转变,将会促使大学基于自身利益考量,主动适应以市场化为基本特征的办学制度环境和新型大学治理生态,并积极重构与政府、社会和市场之间的关系,重塑大学的外部治理结构。然而,在府学关系中,大学始终处于相对弱势的、从属的地位;政府则有更多的选择空间,和更有效的干预手段,处于强势的、操控的地位。要厘清政府与大学之间的权责关系、范围和边界,既需要政府和社会组织的行动自觉,又需要政府充分利用立法和第三方组织的参与来有效调控,放弃对大学自治型的学术事务,而只对"准公共产品"的大学任务型事务加强管控和评估。当下,政府对大学的直接干预过多,政府的主体性强势发挥,时下的国际经验状况是众多国家都在致力于建立新型的府学关系,尝试主动放弃传统的、习以为常的"主管者"(supervisor)身份与角色和家长制的工作方式,担当起充分体现主体间性的"引导者"(facilitator)角色,通过相关的制度建设,来规制和约束政府权力的放大与膨胀。

国外应用型大学管理制度研究新进展

一、国外应用型大学管理制度研究新进展

在近千年的大学发展史中,作为社会组织的大学已经发生了深刻而广泛的变化。其变革历史可以追溯到欧洲中世纪时期,大学经历了从博洛尼亚时期到洪堡时期,再到威斯康星时期的最重要的变迁,也完成了从精英教育到大众化教育的嬗变。当高等教育进入了大众化,甚至是普及化阶段,随之而来的是高等教育需要做出与之相适应的调整,大学能也要对自身的治理和管理体制做出适切性变化。而从这方面讲,大学文化在决定大学成员的行为、大学的治理和决策过程中具有决定性的作用。[①] 因为高等教育职能随着社会需求的不断突破,作为一种新的类型的大学(new universities)便在不断产生,我们这里只是对二次转变,即是从洪堡到威斯康星时期的变革后,大学化茧成蝶,称为历史意义上的一种新型大学的研究突破。

那些迄今为止几乎被奉为金科玉律的原则,比如大学自治权、大

---

① José-Ginés Mora, Governance and Management in the New University. *Tertiary Education and Management*, 2001(7).

学民主、教职工的地位、甚至研究工作的重要性等,并非像我们希望的那样被大家广泛接受。如今,不乏卓越的大学体制和学院存在,它们并没有很多人认为是不可或缺的单一标准。换句话说,不同国家的办学环境是不一样的,没有一个固定的模式适用于所有的大学管理。但是,从一些研究或者实践中得到管理新型应用型大学的启示,对我们作为大众化乃至普及化"后发国家"的高等教育来说是尤为重要的。

在办学定位以及与区域社会关系上,国外大学中有类似我国新型大学性质的,研究成果主要集中在此类学校的内涵,以及高等教育管理体制改革的背景、类型和权能(powers and functions)研究。关于新型大学的内涵,研究者分别从对英国的新大学(New University)、新美国大学(New American University)、德国应用科技大学等的体制变迁中得出新型大学的模式:在管理体制上突破传统,在政校关系上推进大学自治,在人才培养上顺应经济社会(H.C.Barnad, 1961; W.Ruegg, 2004; J.G.More, 1998; M.Crow, 2002);关于大学的组织特性,普遍认为大学有独特的组织特性,大学的领导具有不同于其他组织领导,不同国家的大学体制受制于其不同的体制背景(B.Clark, 1970; J.Vandegraaff, 1974);关于管理体制改革的背景,可分为内部和外部背景因素两个方面,大学应该适应21世纪的变革,改革的提案和控制策略是"自上而下"和"自下而上"的统一(M.Fullan, 1993; J.J.Duderstad, 2000; B.Levin, 2004);关于高等教育管理体制类型和权能分配,认为适当集权是高等教育实现国家目标的保障,适度的教育分权有助于权利均衡及行政效率的提高。管理体制类型一般分为权力分散、权力委托、权力下放三种类型。政府要转变管理角色,市场体制下政府对大学扮演的角色主要是制定政策以支持权力下放、重视地方能力建设、推动地方能力建设、鼓励改革和创新四个方面

(R. Birnbaum，1988；J. Mercllallt，1997；J. Enders，2004；A. Fusk，2005）。国外关于新型大学的管理体制研究主要方面可以表述为：

第一，分类评价，并以此进行经费供给，是新型大学获得国家地位的途径。[①]世界各国都在研究如何利用有效的大学拨款方式的变革，来刺激大学的办学主动性和效益。比较一致的看法就是，按照社会经济发展的需求，对大学进行分类评价，作为大学拨款的主要依凭。这种方式抓住高等教育多样化、教学质量多元化的本质，保障了不同类型的大学在相互各异的评价指标面前，得到几乎一致的公平拨款机制。这些评价指标中，也有效地包含了"新大学"的完整身份，如教学的完美程度，通过广泛参与对社会平等做出的贡献，通过延伸与合作促使社区发展。通过这种方式不同的角色与优势根据不同的指标获得奖励。那种加强一元评价、等级主导的拨款方式使绝大多数非精英大学面临严重的身份危机。这些大学有时候不得不颠覆自己的办学定位，趋同地参与到"千校一面"的竞争中。

第二，大学技术转让是现代大学的社会职能。博克（Derek Bok）认为："一所大学要完全认识到自己在今天社会中真正的作用与目的，那么它就必须审视自己应该承担的社会责任。"[②]一直以来，大学都非常重视知识的教学与发现，对知识产权的保护意识保持高度警觉，期望通过转让知识产权获得利益。据澳大利亚一项历时30年的调查显示，以新南威尔士大学为例，在它拥有的知识产权中，只有不到1%的技术转让给大学带来了超过100万澳元的收入，而另外大部分产权转让是不能令人满意的，其中有85%的转让存在亏本的现象。

[①] Chris Duke，Changing Identity in an Ambiguous Environment：A Work in Progress Report. Higher Education Management and Policy，2003(3)．

[②] 德里克·博克：《走出象牙塔——现代大学的社会责任》，徐小洲、陈军译，浙江教育出版社2001年版，第11页。

据统计,在大学里,只有5%—10%的知识产权有着比较明确的商业价值,另外超过90%的产权只能用于与企业建立长期的科研伙伴关系中,来显示间接价值。新南威尔士大学通过"产权直通车"(Easy Access IP)来处理90%的剩余产权,将其免费让渡给企业;企业因为得到这些免费的潜在资本,而确定并稳固了与大学的积极伙伴关系,在设立基金、赞助经费、咨询服务、人员培训、学生培养等诸多方面给予大学回报;企业因此还不断与大学就有关科研合作、产品研发等方面进行会商、咨询,充分显现了大学对业内思想的领导能力。

第三,新的公共管理意义上的自治被广泛采纳。从19世纪80年代开始,欧洲国家开始意识到,面对当今不断变化的世界,如果继续实行严格的控制,那么事情不仅难办,而且可能会适得其反,欧洲大学因此逐步获得了更大的自治空间与自治权。提高自治是事业单位管理的一种新方法(即新的公共管理),该方法目前正被许多国家采纳(Dill,1997)。在盎格鲁-撒克逊模式的大学体制下,大学享有很大的权力。政府职能仅局限于提供资金和建立通用标准,这些标准是高等教育政策的一个部分。大学在其自身的学术和财政政策上拥有决定权。在所有对大学具有掌控历史的欧洲国家中存在一种趋势:大学一直在追求更大的自治权。大多数欧洲政府(英国除外)已经实施了一些政策,旨在解除对高等教育的控制。而另一方面,在英国、澳大利亚和美国等传统上大学拥有自治权的国家,政府则采取更多的干预政策。这样在大学的治理模式上明显有一种趋同的趋势。政府在扮演大学支持者的同时,并没有放弃对高等教育的控制权。相反,他们已经开始采取更多的间接方法,鼓励大学只在自己拥有的主动权范围内有所作为(Goedegebuure et al.,1994)。这样一来,国家放弃了"主管者"身份,担当起"引导者"的新角色(Neave & Van Vught,1991)。其任务在于尽力鼓励大学提高功效和效率,以适应社会需求。这一点既可以解释国家对大学态度的变化,又可以解释大学治理与管理体制的融合,其原因是我们正在见证一种新类型大学的诞生,这种大学又被称为通用大学。通用有两层含义:一是大学覆盖了人口的绝大多数;二是大学是全球性的,即与世界各地的其他组织紧密相连,在全球市场上争夺生源和教职员工,并为大学提供服务。

第四,大学教师的公务员身份不利于现代大学发展。随着大学的开放性越来越大,与社会交流融通也越来越广泛,大学的"象牙塔"不再神秘高深。享有公务员身份的大学教师习惯性地认为自己是"在大学工作的专业人士,而不是为大学工作的专业人士"(work at a university rather than for it)。如果教师队伍是政府雇员,就要受到校园之外太多的规章制度的管制,不利于现代大学体制,大学就难以做到自治。大学教师享有国家公务员身份那种根深蒂固的感觉,造成了教师对学校、学生、教学往往缺乏责任意识。有一点不可否认,那就是世界上最好的公立大学并没有为其雇员提供公务员身份。[1]

第五,大学的管理文化规定着学者的行为。新型大学一个重要的表征就是文化的异同和变迁越来越普遍,因为大学体制的不同产生了不同的治理办法,这些方法有些成熟为一种文化,成为我们今天治理与管理大学的基础。一项对英国、德国、法国、西班牙等国大学领导的调查结果说明,欧洲存在三种不同的大学文化。调查显示,大学治理观点在国家的历史和经验中形成,而非当前发展的产物。当被问及大学是否有可能在 2010 年获得更大的自治权时,在英国这个

---

[1] José-Ginés Mora, Governance and Management in the New University. *Tertiary Education and Management*,2001(7).

有着自治权传统的国家,大多数受访者给予了否定的回答。在德国这个有着学术传统但缺乏财政自治权的国家,27%的校长做出了肯定的回答。而在法国和西班牙这些具有大学中心文化的国家,41%的受访者也予以肯定。关于大学领导是否应该由专业学者推选的问题,各国受访者的看法差别很大。大学体制受国家的掌控越多,学者反对大学领导由外部选举的声音越大。在英国,45%的受访者赞同由专业学者选举大学领导,而在法国和西班牙这些对大学掌控较强、有着深厚传统的国家,多达97%的受访者赞同内部选举。[1] 大学自治是大学组织从产生伊始就存在并长期坚守的一种基础性方法。它既不能被窄化地片面理解成一种管理原则,也不能被简单地看作大学学术自由的延伸。应该说,支持大学自治的言论和研究不绝于耳,但是教育作为国家机器,按照国家意志办事似乎也是天经地义,国家高等教育采取干预的态度,甚至有些强制的成分,也有许多不言而喻的充分理由。一般认为,大学自治是管理大学的最优化的方案,但是国家无可争议地有责任参与其中,最理想的方案是国家采取与大学自治兼容的间接方法来干预大学。

第六,组织变革需要综合协调的手段与方法。处理变革问题,却无视其各个部分的相互作用,极有可能导致失败。变革管理必须有效处理组织变革的多样性及其相互关系。假如把变革分为过程、结构、文化和政治四种类型具有价值,不同类型的组织变革需要不同的方法来管理。每一个维度都与组织变革相关,在组织变革中起作用。组织变革的不同类型密切相关,需要整体管理;成功管理变革不同类

---

[1] José-Ginés Mora, Governance and Management in the New University. *Tertiary Education and Management*, 2001(7).

型的相互作用,需要综合使用各种方法和手段。[1] 在组织文化对大学管理的影响上,哈顿(Elizabeth J. Hatton,2002)指出,新建大学获得成功的最重要一点是大胆创新。他从创办查尔斯特大学的行为出发,分析了院校合并中的联合模式和去中心化的整合模式。与联合模式相比,去中心化的整合模式在某些方面使反对分校和校长权力的情况得到缓解,从而恢复学校的稳定。[2]

第七,企管主义思潮进入大学的管理应适可而止。经营主义(managerialism)与企管主义(enterpreneurialism)思想在不断地向大学渗透,尤其是新型的应用型大学。虽然大家普遍认为大学应该更多地使用管理技术,然而也有共识认为管理大学不应该像管理公司那样。采用管理主义应该有个度,超过这个度会对大学产生致命的影响。我们不能将学校培养人的品质与企业生成产品的品质等而视之,把企业一整套质量管理制度和标准引入大学的管理中,显然是不太合适的。对每一个生产单位行为实施管控,确实有助于企业生产效率和产品质量的提升。但是,教学过程绝不是一个简单的机械流程,在对教学过程的管理中套用企业式的管理流程和质量理念,是对教师劳动的复杂性、创造性、艺术性、反思性的无视,忽视教师培养人才这一"生产"过程的"非线性"特质,只能役使教师成为"生产流程"的附庸,反而对教学质量的提高起阻抑作用。

---

[1] Guangming Cao, Steve Clarke, Brian Lehaney. The Need for a Systemic Approach to Change Management—A Case Study. *Systemic Practice and Action Research*, 2004(2).

[2] Elizabeth J. Hatton. Charles Sturt University: A Case Study of Institutional Amalgamation. *Higher Education*, 2002(1).

新型大学的制度环境诉求

新型大学作为我国启动高等教育大众化进程的"地标性"符号，在治理文化发生变化的新形势下，对大学的外部制度环境的预期和重新建构有哪些期待呢？通过本研究所开展的国际比较和实证调查分析，大致可以得到这样的结论：

第一，要填补新型大学组织运行的"立法真空"。在相当长的时间里，我国大学行政主导的制度环境根深蒂固，这是导致大学行政权力泛滥，泛行政化倾向十分明显。新型大学改变政府包办代替，改良外部制度生态，走向共同治理的基础，就是依法办事，依法办学。从我国传统的高等教育生态来看，大学与政府之间的关系构成了大学外部治理结构的核心内容。期待出台以《高等教育法》为上位法，以大学章程为下位法的一系列现代大学治理体系需求的大学组织法规和行政规程法规，对应用型大学的办学运行，必须明确行业企业在人才培养过程中应该肩负的责任，以契约管理的理念和权力清单的方式明晰政府和大学的管理权限和边界。政府不能一方面要转变职能，扩大高校办学自主权，要求各高等院校制订和完善"大学章程"，在依法治国的大背景下"依法治校"；另一方面却仍然习惯于行政化管理，习惯于运动式推进，在权力下放中"犹抱琵琶半遮面"。应该在立法立规上着力推进，消除传统的行政性权力运作机制衍生的高校间资源分配上的人为的层级差异，使高校的民法法人身份向真正的面向社会依法办学的实体法人过渡，让市场竞争机制在高校办学资源竞争中充分发挥决定作用。高等教育的市场化基于一种信念，即市场对大学体制的导向将刺激大学改进教育和研究质量，提高学术生产力，鼓励教学创新，总体上说，就是提升高校服务社会的能力。

政府不能对高等学校管得过多,统得过死,大包大揽地越俎代庖,要"统筹兼顾",而不能编制、人事、财政等各执一词,条条管理,更不能"大包大揽"。尽快修改和完善与大学治理相关的法律法规,在目前中央倡行的引导地方本科院校"转型"发展中,要避免高校唱"独角戏",明晰政府、高校、社会、企业在高校"转型"体制下的责任和义务,规范各自的法律义务和权力边界,确立行业企业在"转型"中的主体地位,明确企业参与、社会监督的义务。①

第二,进一步"归还"大学的办学自主权。对高等学校的办学自主权的界定早已有明确的指称,1985年的《中共中央关于教育体制改革的决定》和1998年的《高等教育法》中都对此给予权威的法律解释:"扩大高校的办学自主权……使高等学校具有主动适应经济和社会发展需要的积极性和能力。"但是,在大学办学实践中,实质性的自主权聊胜于无,非常有限。2011年,中共中央、国务院就颁布了《关于分类推进事业单位改革的指导意见》,将高等学校列为"公益二类"事业单位,授权"可部分由市场配置资源"。由此可见,政府正在觉悟高等学校在办学自主权方面的制度需求,主动调整、逐步减少对高校的行政干预。但是,事实上依然控制着高校办学不可或缺的学术、人事、财力等分配权。作为利益相关方,市场的力量、社会的参与在大学治理过程中还居于边缘地位,特别是新型大学的学术权力和学生权益等方面依旧缺乏有效的制度化表达,或者治理权的现实体现。更为糟糕的是,各级各类管理部门对高等学校必要的办学资源(如人才、岗位、编制、经费等)具有处置、分配、决定权,因而很大程度上让高等学校的自主权只是停留在文件上,自主空间受到挤压,依附关系明显,独立地位缺失。

---

① 柳友荣:《转型不是高校自导自演的"独角戏"》,《中国教育报》,2015年6月19日。

大学的经营在政府条块分割的权力框架里,左冲右突,难见成效,政府行政权力的强势与大学学术权力的无奈在高校办学过程中清晰可见。政府"下放"办学自主权,不能停留在欲言又止、欲说还休的权力"归还"上,必须要划清政府与大学之间的权利边界,政府"管教育"与学校"办大学"各就其位,各谋其事。当下,不少文件、报刊出现了"下放"高校办学自主权的这一说法,是非常不合理的,也反映了一种居高临下、不忍离去的惯性心态。大学的办学自主权几十年前就在法律制度的框架下划归了大学,政府"违法"行事,越俎代庖了30年,现在还是依依不舍地对大学施舍般地喊着"下放"权力,这种心态驱使下,自然存在"担心高校管不好",唯恐出现"一统就死,一放就乱"的现象。各级政府,包括政府部门应该尽快确立"归还"大学权力的意识,把原本属于大学的权力还给大学,把政府的忧虑化作完善"指导""监督"和"服务"的机制,理顺政府与高校的权责关系,确立高校在师资队伍建设、职称评聘、岗位设置、学科专业设置等方面的自主权。大学自治要求大学要学会权力与资源的合理配置,改变政府"放不下"、大学"接不住"的权力怪圈,提高权力配置效率,改善内部管理体制,构建现代治理结构,更好地满足市场需求等。在过去十年,整个欧洲国家都更加关注大学质量评价和保障体系建设,这不仅增强了政府责任感,也有效地促进了大学自身的治理能力建设。未来几年的美国政府在制定教育政策方面将优先考虑建立机制,激励大学提高效率,增强责任感。[①]

　　第三,通过立法,催生协同,把行业企业打造成应用型人才培养的"新主体"。2014年,178所新建本科院校发表了《驻马店共识》:行

---

① José-Ginés Mora, Governance and Management in the New University. *Tertiary Education and Management*, 2001(7).

业企业积极主动参与地方高校转型发展,共同面向产业转型升级,建立基础研究、科技创新、技术应用和产业化服务协同创新体系。2015年8月,教育部印发《关于深化职业教育教学改革,全面提高人才培养质量的若干意见》,推进产教深度融合;2017年底,国务院办公厅颁布了《关于深化产教融合的若干意见》,计划用10年的时间,实现教育与产业统筹融合、良性互动的发展总格局。事实上,任何一个国家在发展应用型高等教育同时,都制定了法规,借以促进行业企业对应用型大学人才培养的主体参与。大学与行业企业成为应用型人才培养的"双主体"是应用型人才培养方案踏实落地的根本,应用型大学转型发展的核心是大学"人才培养模式"的变革,而"产教融合,校企合作"是人才培养模式改革的最优路径。产业行业企业与高等学校的人才培养过程深度融合,超越企业与学校、工作与学习、职业与教育的疆域,实现人才培养与岗位需求、课程内容与职业标准、教学过程与生产过程对接。建立起行业企业参与的治理结构,最大限度地激发高校活力。① 笔者的一项研究表明,产教融合最有效的形式是产教融合共建模式,实现融合的途径是依托地方政府的引导,服务地方经济社会,鼓励支持高等学校建立相应的研发机构、实验室等实体;域内企业与高校合作兴建或共建技术研发、产品开发等实体;高校学生在"企业课堂"完成后实践性学习环节,企业技术人员任教高校或接受基于在职研修的业务培训活动等,推行高等学校与行业企业"双主体"的育人模式。②

第四,社会公众层面要自觉维护应用型大学守正创新、返本开新

---

① 柳友荣:《转型不是高校自导自演的"独角戏"》,《中国教育报》,2015年6月19日。
② 柳友荣等:《应用型本科院校产教融合模式及其影响因素研究》,《中国高教研究》2015年第5期。

的空间。众所周知,由于我国新建本科院校基本都是21世纪建立起来的,多方面因素使得他们不能不面临着来自招生和就业两端的办学压力,应用型大学的主体价值——经世致用(为国家政治、经济建设服务)得到高度放大和凸显,然而求真育人的本体价值却罹于被忽略、被淡化、被边缘化的困境。应用型大学倚重人才培养规格的职业性、操作性无可厚非,但是忘却"大学"的内在逻辑,淡化博雅通识的"大学之道",技能至上,岗位唯尚,"作坊式"培训的急功近利、粗糙短视之举就是十分片面的了,也是对大学本质内涵的窄化与曲解。英国新大学在经历了创建时的激情之后,提升生存能力的目标让他们逐步开始转向。从表面上看,是不止步于知识的超级市场,是对传统大学的妥协,从注重工商业实务,到增设人文课程,强调博雅教育,尊重高等教育内在逻辑,拓展自己的生存空间。由此观之,我们可以做出这样的判断:新的高等教育形式在起始的生存动机驱使下,受制于"需求约束",以获取更多的社会支持。但是,从大学的发展来看,违背内在逻辑是行不通的,必须遵从"价值约束"的标准,这是大学内在属性的刚性约束。

新型大学既不能游离于社会之外,又需要与社会保持一定距离,以维护自身的独立性。美国教育学者弗莱克斯纳曾告诫说,大学不是风向标,不能什么流行就迎合什么,大学应去满足社会的需求(need),而不是它的欲望(wants)。换句话说,大学也应该坚守其本质。大学应该与社会保持一种"不即不离"的关系。现代大学显然不能远离社会、自命清高,但大学与社会"零距离接触"也是不可取的。[①]德国高等教育体系为"双元"结构,应用型高等教育办得最成功。然而,我们知道的德国的应用科学大学(university of applied science)

---

① 龚放:《试论现代大学的社会责任》,《北京大学教育评论》2008年第2期。

做的是 applied science education，而不能被窄化曲解成 applied technology education。德国的应用科学大学坚守"为职业实践而进行科学教育，而不是带有某些理论的职业教育"办学理念。

应该承认，我国的应用型大学的理论研究明显落后于办学实践的探索。需要集结学术力量深入探索应用型大学的外部政策需求，以及内部办学标准，不能仅仅提出"转型"，却不解决"往哪儿转（应用型大学是什么）""怎么转（应用型大学的实现路径）"等问题；坚持管、评、办分离，鼓励"第三方"介入应用型高等教育的评估，充分发挥省级统筹的作用，倡行先行先试，大胆探索评价方式方法；要对政府、行业企业、高校在应用型高等教育中的角色定位和履职空间给予明确的规定，并辅之以监督、考核、评估手段，充分调动多方参与应用型高等教育的积极性，保证转型发展落地。

第五，重视对应用型大学内部治理体系建设的引导。一所大学，其章程、规划对其自身的影响是巨大而深远的。我们正走在依法治国、依规行为的路上，大学章程、规划越来越引起高等学校管理层的高度重视，也越来越影响并规制大学利益相关者的办学行为。但是，就目前的现实来看，还不是特别令人满意，大学章程和大学发展规划不能深入人心，大学章程的认同性偏低，被束之高阁的现象还是客观地存在，不少应用型本科院校的组织特性和运行态势表现出明显的行政化倾向。

奥格本（Ogburn, W. F.）在《社会变迁》中第一次提出"文化滞后（culture lag）"概念，借此说明社会变迁过程中，物质文化、科学技术的发展，在大多数时候要先于制度观念变化，这种文化迟延现象所造成的文化堕距应该引起充分关注，并予以克服。政府转变自身角色只是走出了构建现代大学内部治理体系的第一步，虽然政府的"放权"，让本属于大学的权力回到了大学内部。但是大学在长期的管理文化惯性里,对"下放"的权力如何配置,怎么行使权力,都缺乏足够的准备和信心,这也是一种文化滞后现象。不少大学缺乏对现代大学治理体系的关注与研究,对政府"归还"的权力配置没有严谨认真地分析、配置,在大学利益相关者权力制衡中,习惯于官僚地配给,甚至对明显不符合现代大学管理的理念方式依然不忍弃之。

新型大学的内部治理型态

教育部高教司司长吴岩教授曾提出,"新型大学"的学科专业应是与经济社会伴生的"应用型"、人才培养模式应是产学研"协同型"、课程与教学应该是"能力导向型"、教师队伍应是"双师型"、创新创业应该"平台化"等。顾永安教授认为从"新建"到"新型",无论是政府主管部门的关注,还是研究者的研究重心,都已经从时间维度转向了性质维度。[①] 系统考察高等教育的制度转型,新型大学无外乎遵照新的制度确立的基本条件,即制度条文、行为规范和社会认知有机统一的三个方面来表现与规定自身的。"制度条文"应该是政府对新型大学的规制,是新型大学的管理型态,不仅包括基本的管理体制,还应涵盖相关政策,这是新型大学完成制度确立的"自上而下"的政策保障;"行为规范"是新型大学办学的目标型态,它是新型大学一系列特质性的身份标识,包括管理中的组织结构型态、学院运行型态、师资结构型态、教师教学型态、学生学习型态等;"社会认知"就是指社会评价和社会认同,它是指新型大学所获得的社会支持,以及被公众接受程度。三个方面共同构成了新型大学制度变迁的基础,现在,我们来从新型大学的管理型态和一系列目标型态来认识中国新型大学。

[①] 顾永安:《新型大学在"性质维度"如何精准落点》,《中国教育报》,2017年2月20日。

一、基本型态:党委领导下的校长负责制

新型大学首先是"大学",中国的大学就必须具备中国大学的基本样态,而中国大学的基本样态就是"党委领导下的校长负责制"。我们绝对不能因为产教融合就放弃了中国大学的基本管理体制,绝对不能因为应用型大学建立董事会、走校企合作模式,就弱化了我们对高等教育基本道路的自信。

在世界马克思主义的阵营里,马克思主义中国化成果丰硕,中国力量不断展现,中国道路全球瞩目。然而,相对于经济社会的发展水平,中国高等教育领域全球话语权却非常薄弱。不少学者在论及高等教育强国,或者"钱学森之问"时,总喜欢拿体制机制说话,动辄言及我们的高等教育管理体制有问题,机制不灵活,行政干预过多,学术权力弱化等。其实翻开世界高等教育史,我们很容易得出,高等教育管理体制无论是北美大陆的强调学术自由的盎格鲁-撒克逊模式,还是强调政府干预的欧洲大陆的模式,抑或前两者结合英国、日本模式,都涌现出一批世界一流大学,培养出一批杰出人才,更代表了全球最强的高等教育。可以这么说,任何一种高等教育管理体制,都可以做到极致,都可以做到最好。

冯友兰对中国如何成为世界强国做了这样的归纳:"必须做到在世界各国中,知识上底独立,学术上底独立。"[①]应该说,"党委领导下的校长负责制"就是中国高等教育的创举,是中国人办出有自己话语权的高等教育体系的标识,也是最大体制特色,这也是我们对近70年新中国高等教育发展史梳理后的结论。1985年5月,《中共中央关于教育体制改革的决定》颁布实施,决定反思了高等教育管理现状,认为政府对大学管得过多,统得过死。于是,将当时方兴未艾的经济

---

① 冯友兰:《三松堂全集(第5卷)》,河南人民出版社2000年版,第457页。

领域的"厂长负责制"改革简单嫁接到高等教育领域。提出大学应"逐步实行校长负责制,有条件的学校要设立由校长主持的、人数不多的、有威信的校务委员会,作为审议机构"。1988年初,《关于高等学校逐步实行校长负责制意见》由当时的国家教育委员会正式颁布。清华、北大纷纷鹊起,在短短一年多的时间里,100多所知名大学试行了"校长负责制"。这一相对弱化党对高校管理的体制变革结果是可想而知的,1990年后这一改革戛然而止。1998年,《高等教育法》依照宪法,明确"国家举办的高等学校实行中国共产党高等学校基层委员会领导下的校长负责制","党管高校"成为基本的法律制度。在2015年新修订的《高等教育法》对"高等学校组织和活动"的"第39条"200个字的规定予以全部保留。2010年,新修订的《中国共产党普通高等学校基层组织工作条例》明确规定,"党委是领导核心","统一领导学校工作",支持校长独立负责依法行政。

在由教育部、国家发改委、财政部等三部委联合颁布的〔2015〕7号文中,不仅明确了"引导部分地方普通本科高校向应用型转变"的精神,还创造性规定了高校与行业企业组建教育集团、共建共管二级学院,建立吸纳行业企业人员的学校和学院的董事会或者理事会、专业指导委员会制度等,探索政府与社会资本合作的PPP模式。但是,必须正视的是,无论如何放权,都不可能改变我国高校的本质型态:党委领导下的校长负责制。

布鲁贝克总结整个20世纪的全球高等教育发展的基础后,提出了高等教育存在的合法性基础就是认识论哲学和政治论哲学。因此,即使"应用型高等教育"区别于传统的学术性高等教育,需要更多地回应社会需求,需要走出"象牙塔"服务经济社会的发展。但是,绝然不能因此把新型大学教育变成功利主义教育,世俗主义教育,不能使新型大学变成了类似"技能培训中心"的谋生"工具"。"高等教育越卷入社会的事务中就越有必要用政治观点来看待它。就像战争意义太重大,不能完全交给将军们决定一样,高等教育也相当重要,不能完全由教授们决定。"[1]因此,坚持"党委领导下的校长负责制"是中国高等教育的基本型态,也自然是中国新型大学的基本型态。我们党从十六届三中全会提出的"坚持以人为本",到十八大明确把"立德树人"作为教育的根本任务,再到习近平总书记在全国高校思想政治工作会议上强调"高校思想政治工作关系高校培养什么样的人、如何培养人以及为谁培养人这个根本问题",要求必须全程育人,全方位育人。很明确,这是我们党的智慧,更是我们党对高等教育的基本要求,是对过度强调服务社会,忽视价值观教育的回应,是对我国高等教育特色发展的理论自信和道路自信。

二、组织结构型态:扁平化

本研究调查分析显示,新型大学组织机构与结构的现状并不能令人满意,与现代大学共同治理的需要差距较大,必须改变当下只重视自上而下的"管理",而相对忽视共同治理的状态;新型大学比较普遍地存在着行政权力与学术权力配置方面的问题,特别是学术权力与行政权力失衡,学术权力在学校人事制度制定方面的话语权还没有得到充分显现,行政权力泛化现象较为明显。所有这些提示我们应该高度重视新型大学组织结构的改革,以提高管理绩效。

(一)从"科层制"到"扁平化"

我国传统大学的管理方面一直受到苏联高等教育管理模式的影响,采用的是科层制管理模式,这种"金字塔"般的垂直管理范式主要特点可以表述为:自上而下的管理层级较多;部门横向管理范围较小,纵向管理深度不够;"金字塔"式的权力集中,机构庞杂,信息传递

---

[1] 约翰·S·布鲁贝克:《高等教育哲学》,郑继伟等译,浙江教育出版社1987年版,第32页。

效率不高,体制僵化。传统的层级管理,延滞了信息的纵向传递,碾压了工作效率,降低了工作质量。为了提高组织机构的市场竞争力,提升工作效率和水平,"压扁"组织结构,已经成为备受组织机构推崇的新兴管理理论。[1]

组织研究集大成者亨利·明茨伯格在其《卓有成效的组织》一书中,将组织结构形态归纳为5种,分别是简单结构形态、机械式官僚结构形态、专业式官僚结构形态、事业部制结构形态和变形虫结构形态等。明茨伯格认为,"变形虫结构"具备很好的灵活性、适应性好、组成单位的自主性强、组织内部分权清晰、组织内外部协调度高。这一理论不仅强调组织内部治理的参与性,还特别重视组织内外部的协调,非常契合新型大学对经济社会发展敏感性的要求,有利于推动新型大学的事业发展。"变形虫结构"在新型大学运用的最适当的形态无异于"扁平化管理"(Flat Management),它通过更少的管理层次、更精的管理部门、更精干的管理机构与人员,简化决策层——操作层之间的运行程序与步骤,减少管理推演层级,简化决策程序,提高决策效率。它不同于传统的金字塔状的科层制管理模式,抛弃了决策链长、反应迟缓的组织决策程序,通过扁平化的组织结构设置,使得组织的市场触觉更为灵敏,反应更为快速,组织每一个成员的主动性更强。

我国现行的大学管理模式都是20世纪50年代苏联的"舶来品",实质上是机械沿用了马克思·韦伯的"理想的行政组织系统"——科层制。新型大学由于在办学理念上较之传统的学术型大学有较大的"变异",超常规的发展、办学资源的匮乏、对市场前所未有的依赖、与行业企业对接中的管理效率错位等,凡此种种都对新型

---

[1] 陈廷柱、陈敏:《L学院实施扁平化管理改革案例研究》,《高等教育研究》2009年第3期。

大学的管理队伍和管理模式提出了严峻的挑战。围绕市场需求培养适需人才和围绕社会服务开展应用学术研究成为新兴大学的组织"命脉",要提高组织效益,必须打破传统"科层制"的"垂直"组织结构模式,采用"扁平化"管理模式。

传统的大学管理层级最底部的"组织细胞"是"教研室",依次往上分别是"系""二级学院"与"行政部门"("行政部门"里还有'科室',这些科室都与二级学院发生着管理关系)、学校。这种"垂直"线性的管理模式强调的是组织的行政命令与执行力,比较适用于规模较小、职能较少、任务单一的组织系统。走出"象牙塔"的新型大学作为一种全新的、复杂的社会组织,必须特别强调释放管理人员和教师的创造性,尊重自主性,打破各个教研室的"学科界限",不断随着市场需求来选择自己的学科组合和结构形态,成为真正的"变形虫结构",就必须采用"扁平化"管理模式。这一模式将"金字塔"垂直模式的"塔底"提升,管理重心下移,管理层级扁平,淡化了新型大学的行政色彩,对接了行业企业决策过程,解决了决策与行动间的"时滞现象",有效回避了因决策和执行中的繁文缛节导致信息传递失真,促进了学术组织的横向交流,调动了组织成员的积极性主动性,使得新型大学有限的人力资源得到充分利用。在"扁平化"的管理模式下,教师不再隶属于某一个系部,他们按照学科门类划分由教研室直接管理与协调,促进资源共享,提高管理效益。

(二)新型大学"扁平化"管理创新

1. 校院同步,效率优先。新型大学一般升格实践不长,传统管理文化并没有根深蒂固,而且学校体量小、转身快,在进行治理体系与治理能力现代化建设过程中,推行内部治理体系"扁平化"的制度创新尤为必要。在大学行政层面要整合职能,削减层级,去除部门"副处级"和"科级"岗位设置,抹去中间环节,加快信息流转;拓展管理的横向幅度,实行"大部制"改革,提升行政管理效率。[①] 在学院层面上,要坚持以学科为基础、学生为中心的理念,打破学科、专业固有的边界和藩篱,实行"大学部制",亲近行业需求,方便学生成长,提高人才培养质量。

2. 权力下移,照单追责。将新型大学的行政管理重心下移,打破条条管理的繁复层级,破解遇事总是因为政出多门,相互推诿扯皮的困境,提升信息传递的及时性与有效性,提高信息反馈速度与频度,凸显合作、对话与分享的现代大学治理理念。同时,建立岗位责任清单,依岗定责,岗责统一,按岗履职,失职追责的任务清单式管理,促进身份管理向岗位管理过渡,提高管理效率和工作绩效。

不容讳言,应用型大学因为走出了"象牙塔",面对比清净单纯的校园复杂得多的社会,要尽快融入,提高自身工作效率尤为重要。现代大学已经是一个机构庞大、结构庞杂的组织系统,拓宽管理幅度和缩减管理层次,应该是大学治理的题中之意。

三、运行型态:行业学院

新型大学如何走出同质性竞争,厘清自己服务经济社会发展的办学目标,改革自身的办学运行方式是尤为重要的。石中英教授在分析究竟是"大学办学院"还是"学院办大学"这一校院关系时指出,"学校"处于支配的、强势的地位,"学院"则是依附的、弱势的处境。"学院"在大学的各项改革中,往往都是被改革的对象,被动承接各种变革实施方案,对改革充满疲倦感和厌恶感。[②] 切实增强学院的办学活力,必须要将政府"下放"的学科与专业设置、人才选聘、职称晋升、科学研究、社会服务等办学自主权,进一步落实到"学院",理顺校院

[①] 吴爱丽、陈思:《高校内部扁平化管理体制创新研究》,《辽宁教育行政学院学报》2017年第4期。

[②] 石中英:《大学办学院还是"学院办大学"》,《光明日报》,2016年5月10日。

关系,激发二级学院的办学热情和主动性。作为新型大学,在走出"香帷闺阁"之后,在具体的办学运行方式上,必须对不断发展的经济社会做出回应。那么,这种回应表现为什么"样态"呢?

三部委颁布的〔2015〕7号文就已经在很多方面给了新型大学想象和改革的空间,譬如高校与行业企业共建共管二级学院,成立有不少于50%的行业企业人员参加的二级学院的董事会等。在这方面标志性的合作成果当属常熟理工学院的电梯工程学院,学校凭借所在地苏州地区为全国电梯生产聚集地的优势,率先打破学科壁垒,以产业行业需求为目标,在"机械工程"专业的基础上进行有效的专业改造,瞄准行业需求,专门培养从事电梯、起重运输设备的设计、开发、销售、管理与维护等"一条龙"服务的应用型人才,这可以成为新型"行业学院"的雏形,也是新型大学里"学院办大学"的基本前提。

当然,我们有必要区分新型大学内部的"行业学院"与我国高等教育发展历史上出现的"实业学堂""行业院校"的区别。回溯中国高等教育发展的历史,类似于行业院校的办学形式的产生还早于普通大学的出现,譬如说,清末创办的诸如福州船政学堂、电报学堂等这些"实业学堂"。到了民国时期,又有了不少按照行业设置的本、专科层次的"工程学院""纺织学院"等行业性大学;新中国的高等教育发展历程中,也创办了不少以"条条办学"为办学形式的依托行业、培养行业需求的专门人才的高等院校。1950年,全国高教会就提出了"实行适当的专门化,密切地配合各种建设的需要,应该与政府各业务部门及其所属的企业和机关,建立密切的联系"的原则意见,为一大批"单科学院""专门学院"的产生确定了稳定的制度供给。[1] 值得注意的是,这类院校与本文所说的新型大学内部的"行业学院"还是不一样的,此前的"行业院校"是建立在行业主管部门利益基础上的"条条

---

[1] 潘懋元等:《论行业特色型院校的回归与发展》,《重庆高教研究》2016年第1期。

办学"的结果,而新型大学的"行业学院"是隶属于新型大学,建立在新型大学内部的、与行业企业共建共管的二级学院。它既打破了"行业学院"在人财物上对行业的绝对依赖,又充分利用了新型大学的"综合性"学科优势,为行业企业发展提供更加灵活、全面的人才保障。

教育部学校规划建设发展中心陈锋主任说过,高等教育供给侧结构改革的根本任务无疑是主动适应产业革命和技术发展,建立适应"大舰战略"需求的学科专业集群超级平台。钦州学院在此思想的基础上,将原来12个二级学院缩减、整合成4—6个围绕产业发展设置的综合性"行业学院"。目前国内不少应用型本科学院正在如火如荼地探索、创新"行业学院"的办学规律,此举必将对新建本科院校的转型发展,对新型大学的特色发展起到极大的推动作用。

四、师资队伍结构型态:双能型

美国学者 Brown 针对大学教师参与决策与大学绩效关系问题展开调查研究,结果显示:"大学教师参与学术事务、行使学术权力程度越高,大学的绩效也就会变得越好;相反,大学教师越热衷于把精力投入到大学行政管理事务中,学校的绩效就会变得越差。"[1]由此可知,大学教师作为大学校园里最重要的群体,他们的兴趣、愿望对大学治理以及治理的效果都会产生显而易见的影响。

考察新型大学师资队伍建设现状,不难发现,其间差异非常明显。本研究调查分析显示,当前新型大学的教师还没有随着学校转型的态势,对自身的教学行为做更多"适应性"思考和改变。柳友荣另一项研究得出,95.2%的新型大学师资队伍有理论型教师多,工程

---

[1] William O Brown Jr.Faculty Participation in University Governance and the Effects on University Performance. *Journal of Economic Behavior & Organization*,2001(2).

技术类教师少的结构性不足现象;63.8%的新型大学"双能型"教师比例不足30%。这里,我们有必要界定一下"双能型"教师,即既能从事理论课程和实践课程的教学,又能从事产学研合作开发的教师。很显然,"双能型"教师远比职业技术教育中的"双师型"(既能教理论课,又能传授实践技能)教师内涵要丰富得多。[①] 区分这两个概念,绝对不是文字游戏。新事物的产生必须要有区别于原有事物的概念和概念体系,并由此形成新事物的特质。新大学之所以能为"型",就必须有不同于原来包括职业技术教育的客观存在。在这些"存在物"中,"双能型"教师也应列其中。

提升新型大学的社会服务能力当然是新型大学的师资队伍建设的目标,但是,就目前来看,"双能型"教师队伍建设尚且存在着制度性和认识性两种障碍。

制度性障碍主要表现在目前大多数新型大学还没有自主的人事权,在引进教师时往往只能受制于现有的地方政府主管部门为高校"量身定制"的新近教师学历、年龄标准,而这些"标准"大多数是为引进博士、硕士设置的。"唯学历"导致新型大学的师资队伍建设成本昂贵,而急需的"产学研开发"能手常常因为学历而被挡在大学门外。瑞士应用型大学的教师平均入职的年龄是40岁,要求必备的学术条件是10年的一线工作经验。最近,教育部等5部委出台"关于深化高等教育领域简政放权放管结合优化服务改革的若干意见"要求,优化高校进人环境,高等学校可以依据事业发展需要自主确立选人用人的条件,简化程序,为高校师资队伍建设提供快捷高效的人事制度供给。这些对新型大学的持续发展来看,无疑是最大的福音。笔者曾经参加过一个省级高校编制座谈会,会上,一批2000年升格的本

[①] 柳友荣:《中国"新大学"的崛起》,教育科学出版社2013年版,第189—226页。

科院校校长大声疾呼,超过10年前核定的编制数和用人标准,已经无法适应新型大学的发展需求,正在成为这类大学"大众创业,万众创新"的羁绊和阻碍。高校之间培养能力相当、规模一致,却在编制数和岗位数上相去甚远,有的居然能悬差一倍多。这不能不说是政府的缺位和管理的越位导致的制度性障碍,阻滞了新型大学的办学能力提升。

认识性障碍又是什么呢?我们常常在讨论"新型大学"时听到这样的陈述:"应用型不等于职业性","能力导向不等于技术导向"。应用型不能仅仅只有经验的描述,应该有规则表达,要保证走对方向,没有相应的规定性是不行的。弗莱克斯纳描述的"巴斯德范式"应该会对我们有所启发:巴斯德是位有名的化学教授,当大学所在社区发生了蚕病、鸡瘟,出现了葡萄酒酿造的难题,他将自己的研究旨趣从理论转向了应用,为社区提供了知识服务,解决了生产难题,然后又重新回到了自己的实验室和大学。巴斯德没有留在社区当顾问,高薪受聘进企业,而是"像一名科学家那样提供学术性的、适度的服务"[1],新型大学的师资队伍建设必须从一开始就考虑这一点。调查表明,在全美3500所高等教育机构中,有超过20万的兼职教师,他们的工作保障性较低,与所在院校之间的联系也十分薄弱。[2] 新型大学不能自诩为"全能战士",越俎代庖、改头换面地把自己装扮成行业企业的替身,全然不顾自己始终是大学,而放弃了大学存在的内在逻辑。一句话,大学不能自命清高,远离社会,而完全放弃大学的本性与理想,与社区成"零距离对接"同样是不足取的,大学应该与社会保

---

[1] 亚伯拉罕·弗莱克斯纳:《现代大学论——美英德大学研究》,徐辉、陈晓菲译,浙江教育出版社2001年版,第3页。

[2] Philip G. Altbach, Robert O. Berdahl, Patricia J. Gumport 等:《21世纪美国高等教育》,北京师范大学出版社2005年版,第225页。

持一种"不即不离"的关系。

五、教学型态：知识输出导向型

新型大学所以成"型"，在人才培养方案、课程体系、教学方法、实践教学、产教融合等方面都有别于传统大学，必须系统设计，而不是零敲碎打。本研究的调查分析显示，学校领导、职称较高的高校人群满足于人才培养方案原则意见的确立上，对如何在教育教学实践中，具体落实应用型人才的培养，让应用型办学定位落地，认识得不够深入，一般教师在具体执行上还难以适应。任何一种新坛装老酒的想法都是在扭曲新型大学的办学实践，阻滞新型大学的发展壮大。新型大学的教学模式的影响因素同样是教师、学生、教学方法，但教学文化应该是完全不一样的。中山大学原校长黄达人教授在2017年3月23日召开的"高校转型与课程改革研讨会"上强调，要真正实现向应用型转型，关键在于教学改革，最难的是课程建设。

新型大学的转型过程中，课堂教学的现状如何？教师、学生以及教学方法等课堂教学质量的重要影响因素是如何发挥作用的？新型大学应如何提高教师教学精力投入和学生学习精力投入？如何实现知识输出导向教学理念下教学方法的改革与创新等问题都需要研究者们给予更多关注和思考。

本研究调查发现，新型大学校领导、中层干部与普通教师对于应用型本科院校课堂教学现状的认知存在显著差异，具体差异体现在：校领导与中层干部、校领导与普通教师之间存在显著差异，但中层干部与普通教师之间不存在显著差异。对于这三个群体在课堂教学现状的具体得分进行进一步分析发现，校领导给予应用型课堂教学现状的评价最高，其次为中层干部，而普通教师则认为目前应用型本科院校课堂教学存在较多不足。分析认为，学校领导可能是出于学校整体评价和对自身管理绩效的认同，情感上愿意做出比较高的评价；

而普通教师(包括新型大学的中层干部队伍)比较普遍地认为,新型大学课堂教学质量不能令人满意,教学方式亟待改革。

李克强总理在2015、2016年的政府工作报告中都提出了应用型大学转型的问题。如何落实?改变传统的教学文化,实践从知识输入导向(input-orientation)的教学理念向知识输出导向(output-orientation)的教学理念转变,是新型大学教学文化的精髓。美国教育部在《2008—2013年战略规划》中要求,应用型本科是以培养人的职业能力为目的,通过合作式教育和工学交替式教育,把理论教学与实践教学结合起来。德国的应用科技大学则要求教授传统学科理论知识的前提下,培养学生独立从事职业活动的能力。从"知识输出导向"的教学理念需求看,积极采用小班化或者模拟小班化教学,改进学生学习投入状况是当下新型大学所必须重视的。澳大利亚大学把"小班化教学"写到了学校事业发展规划之中,充分激发学生学习的主体性,让学生充分参与教学之中,采用小组探究学习,吸纳学生参与科研活动,这也应该是我国大学的发展追求。就目前现实的条件看,我们还很难完全实施"小班化教学"。但是,采用大班传授、小组探究,课后以小组为单位的课程实践活动的"模拟小班化"教学是完全可以有效实施的教学改革方法。所谓"模拟小班化"教学是研究者在池州学院探索的一种新的课堂教学治理活动模式,意思是在自然班课程学习上,将大额学生数的班级分成若干个小组。[1] 在具体的教学活动中,课前(before class)学习与课后(after class)学习活动包括课前预习、课后复习、讨论、调查、社会实践等均在小组内实施;课间(during class)学习的一些必要的小组活动、成果交流等均以小组为

---

[1] 柳友荣:《也论本科生"学习量"——兼与卢晓东教授商榷》,《中国高教研究》2015年第12期。

单位。

目前,国内不少新型大学在探索知识输出导向型的教学模式上取得了非常可观的成绩,诸如问题导向的教学、模块化教学、混合型教学等。正如司徒雷登在当年创办燕京大学时说,不是需要燕京大学成为有史以来最有名的学校,而是要成为"现今中国""最有用"的学校。新型大学虽然不会仰望星空,成为世界一流大学,但是作为新的大学教育类型,一定能脚踏实地,成为当今中国最需要的大学。

高等教育治理现代化背景下的高校学术创业与学科发展:现状比较及策略思考

刘永芳

推进国家治理体系和治理能力现代化是我国当前和今后一段时期全面深化改革的一项迫切要求。随着我国经济社会进入新常态发展阶段,建设创新型国家日益成为我国政府的一项重大战略抉择和社会发展的迫切诉求,只有通过科技创新、增强自主创新能力,才能切实强化中国在国际社会中的竞争优势。但是,从我国经济发展现状看,尚存在着产业技术自主创新能力不足、关键技术自给率低、发明专利与科技成果转化率低等瓶颈问题,这些问题尤其是创新能力不足等深层次问题如果长期不能得到解决,势必会影响到中国产业结构升级和在国际分工体系中地位的提升,影响到经济的长期可持续发展。政府和社会各个层面对于深化高等教育改革、推动教育治理现代化、提升办学质量、发挥大学在创新型国家建设和产业升级转型中的助推作用方面提出了更高要求。从世界发达国家高水平大学的发展经验看,推进高等教育治理现代化,深入推进大学、政府、产业(企业)"三螺旋"新型合作发展模式,是提升国家原始与集成创新能力的重要途径,也是推进大学自身发展的一种迫切要求。可以说,高校在推进治理现代化重塑自我、打造"卓越学科尖塔"的同时,也重塑了一个地区乃至一个国家的崭新经济发展图景。

一、高等教育治理现代化与建设创业型大学、推进学术创业及学科发展的内在逻辑分析

1. 高等教育治理现代化内涵解读

在推进中国特色现代大学制度的过程中,高校治理及其治理现代化问题成为大学制度研究与建设的一个重要课题。早在2010年的《国家中长期教育改革与发展规划纲要(2010—2020)》中就提出了包括"完善大学治理结构、加强章程建设"等内容在内的推进中国特色现代大学制度建设的方略、举措。就高校尤其是高职院校而言,如何实现高校治理体系与治理能力的现代化,则需更加深入有益的理论与实践探索。

教育部原部长袁贵仁所谓"教育治理体系和治理能力现代化",就是"要适应国家治理体系和治理能力建设,根据教育发展的自身规律和教育现代化的基本要求,以构建政府、学校、社会新型关系为核心,以推进管办评分离为基本要求,以转变政府职能为突破口,建立系统完备、科学规范、运行有效的制度体系,形成政府宏观管理、学校自主办学、社会广泛参与的格局,更好地调动中央和地方两个积极性,更好地激发每个学校的活力,更好地发挥全社会的作用"[①]。国内学者陈金芳等提出,教育治理体系既包括贯彻教育制度的政策行为,

---

① 袁贵仁:《加快推进教育治理体系和治理能力现代化》,http://www.gov.cn/中国政府网。

也包括作为教育制度导向的教育价值观或价值追求。① 任友群认为，"治理"从本质上讲应产生于共识之上，高校要推进教育治理，就需要在全校上下形成符合真实、正确(正当)和真诚的"教育共识"。②

高等教育治理现代化需要从战略目标、制度结构、价值诉求等方面加以综合阐析。高等教育治理现代化实质上是高校治理体系和治理能力的现代化，其内涵是要在明晰学校发展战略、改进办学目标、达成教育发展共识的基础上，加强理念、制度与实践创新，构建科学高效的"党委领导、校长治校、教授治学、民主管理"治理模式、制度体系和运行机制，形成学术与行政职能边界清晰、学术与行政主体责任明晰的共治格局，推动高等教育长远可持续发展。近几年政府及教育主管部门开始大力推动管办评分离，出台了一系列政策文件，旨在赋予高校更多自主权、推动高校治理变革。2012年教育部出台《高等学校章程制定暂行办法》，要求大学修订大学章程，2014年《高等学校学术委员会规程》颁布，明确了学术委员会的构成要素。这些文件为推进高校治理提供了重要的法理依据和制度支持。到2015年底，全国高校陆续完成大学章程的修订与审批工作，标志着中国大学治理真正有法可依、有章可循。

2. 高等教育治理现代化在建设创业型大学、推动学术创业和学科发展中的作用

国务院2017年颁布《关于进一步做好新形势下就业创业工作的意见》，大力支持高校专业技术人员创业，这充分反映了当前政府、社会对高校创新创业型人才驱动经济发展的高度期盼。高校治理现代

---

① 陈金芳、万作芳：《教育治理体系与治理能力现代化的几点思考》，《教育研究》2016年第10期。
② 任友群：《实现教育治理现代化的必由之路》，《中国教育报》，2016年6月12日。

化是推动高校发展理念共塑、制度结构再建、师资队伍创优的持续过程,在这个推进过程中需要教育管理者创新发展理念、反思学校制度内容、有效提升治理能力。行政与学术职能边界清晰、学术权力与行政权力分配合理的"共治"格局与制度体系的形成,必然会激发高校创新活力、激发教师的内在创新创业动力,对教师学术创业起到重要作用。

纵观欧美创业型大学形成,正是在面对社会经济转型和市场需求的急剧变化之时,开始对传统的发展战略、办学目标、治学理念进行改进、变通和调适,将学术研究推广延伸与社会服务尽可能恰当地结合起来,并发展成为保存传播知识、创造新的知识并将新知识转化到实际应用中的多功能机构。[①] 创业型大学的成功发展经验表明,大学需要有强大的自我治理、自我创收、自我发展、自我调适的能力,需要推动大学治理模式与时俱进。斯坦福大学作为一所美国私立大学,传承的是董事会治理模式,同时保留了学术自治、院系自治等大学治理传统。长期以来,院系自治一直被教授们视作避免大学管理层对学科发展和学术事务干涉的一道根本性屏障。"二战"以后,斯坦福大学为解决财政危机并提升学校声誉,审时度势,打破了长期以来私立大学为确保私立地位而拒绝联邦政府援助、不与政府合作的办学传统,积极加入争取联邦政府研究资金的行动之中,开启了私立研究型大学向创业型大学转型的先河。尽管遭到来自院系院长、教授们的强烈抵制,大学管理者依然通过强化大学管理层对教育发展的规划和领导,围绕打造学科尖塔的学术发展目标,打破了院系自治传统,将斯坦福大学管理层所形成的重视大学、政府、产业(企业)三

---

① 刘永芳、龚放:《打造"学科尖塔":创业型大学治理模式的创新及其启示》,《中国高教研究》2014年第10期。

者关系的新型治理理念制度化,通过组织转型与制度创新,推动了大学创业文化的形成。时任斯坦福大学教学副校长、被誉为"硅谷之父"的弗里德里克·特曼提出"卓越的尖塔"学术发展战略,即集中资源、充分利用政府的研究经费和重大实验室(AEC、NSF)项目,打造"具有全国意义的、能够得到大量资助的学术领域",从而使一批具有巨大市场潜力、前期急需大量科研经费投入的前沿学科如高能物理学、电子学、材料科学发展成为美国大学中的顶尖学科群。斯坦福大学的统计学、政策行为科学等学科由于获得外部组织机构如福特等私人基金会组织的大量资助也受到了大学行政的大力支持,亦成为当时的领先学科。在创业型大学治理模式变迁过程中,专利制度的形成与实施是创业型大学知识资本化职能生成的基点,而专利技术许可与转让办公室(OTL)等创业型组织是大学知识与技术转移的重要助推器。

同时,创业型大学集中诠释了学术创业与学科建设的内在关联性和共促双赢性。作为研究型大学佼佼者和"创业型大学"领头羊的斯坦福大学,自20世纪50年代起即以电子学科的基础性研究为引领,利用政府对电子设备研究和开发的经费支持,打造了一批"学科尖塔",并通过"主动创立产业支持自己的发展",推动了电子行业在斯坦福大学周边区域的迅速成长,从而以"独特的方式为地区发展做出贡献"[①]。创立于1965年的英国沃里克大学借鉴美国大学治理理念和经验,通过强化大学校长权力,积极争取大量外部资金支持,引进富有竞争力的研究人员,增加多个跨学科研究中心,从而把"提供卓越的科研教学与继续自己生成重要的资源结合起来",被伯顿·克

---

① 亨利·埃兹科维茨:《麻省理工学院与创业科学的兴起》,王孙禺、袁本涛等译,清华大学出版社2007年版,第26、144页。

拉克称赞为创业型大学的模范案例。沃里克大学每年从英国政府获得的教学与科研拨款从20世纪70年代占学校总收入的70%逐年下降到2010—2011学年的21%。尽管外界一直担心沃里克大学会因积极寻求外部的非政府收入而会丧失大学的"灵魂",但是沃里克大学在英国高等教育基金委员会2008年进行的研究评估考核(RAE)中,学术研究质量位居全英第7位,超过了伯明翰大学等许多老牌大学,65%的学科研究质量达到了4+(国际领先水平)和3+(国际先进水平),其中,影视研究和HRI在英国大学中排名第一,历史、数学、法语等学科名列第二,经济学位列第三。

所以,创业型大学是那些能够根据社会需要和自身目标发展需要,不断推动内部治理现代化,使知识经济社会需求与大学内部学科专业发展诉求之间实现合作共促、发展共赢的大学。高校及其教师学术创业本质上应该是一种将创新创业与学科发展融为一体的"学术创业"。学术创业旨在推动自主创新,引领知识经济社会发展,也在于推进知识领域的拓展与创新,打造学科尖塔与专业高峰。美国学者希拉·斯劳特、拉里·莱斯利等将"学术创业"界定为"院校及其教师为确保外部资金的市场活动或具有市场特点的活动"[①]。所以,学术创业从广义上讲是指高校和教师为争取外部资金支持,利用专业特长和研究专长所从事的具有商业性、应用性特征的所有活动,学术创业的范畴包括那些面向行业、企业以及政府的纵横向项目研究、技术开发、技术咨询、技术服务,专利申请、授权及专利使用许可与转让以及创办创业衍生公司等能够为高校和经济社会带来收益的行为。

---

① 希拉·斯劳特、拉里·莱斯利:《学术资本主义:政治、政策和创业型大学》,梁骁等译,北京大学出版社2008年版,第8—10页。

二、基于江苏高校的学术创业及学科建设关系分析

教育、经济均比较发达的江苏省,一直以来都是高等教育改革和经济改革的先行先试区,也是国家教育综合改革试点省份。该省2017年普通高校总数达167所、在校大学生人数达176.8万,其区域整体市场经济体制机制相对开放、完善,大学与行业企业以及社区的联系相对紧密,企业创新能力较强,其专利授权数自2010年以来连续数年居全国各省市、自治区之首。研究江苏高校学术创业现状可以一窥我国高校整体学术创业水平,从而为建设具有我国特色的创业型大学、建设创新型国家提供有益借鉴。根据江苏高校性质、专业特点等因素,本研究共选取38所公办本科高校进行学术创业及学科专业建设的实证研究,以揭示和把握江苏高校学术创业整体情况。

(一) 学术创业与学科建设指标选取与数据采集

依据创业型大学主要特征和要素,同时参考上海交通大学学术排行榜、国家重点学科评估指标体系、教育部学科评估指标体系等相关学科建设指标以及美国大学技术管理者协会(AUYM)的衡量技术商品化成果指标、英国高等教育基金会(HEFCE)的创业系统与地区发展统计指标内容,并在结合现实数据资料来源可行性、有效性等因素的基础上,本研究共确定衡量高校学术创业和学科建设的16项指标内容(其中,学术创业衡量指标与学科专业综合建设指标各分解为8项,见表1)。根据教育部、江苏省教育厅网站资料,江苏省教育厅《高等学校科技活动概况》等相关统计数据资料以及 ISI Web of Knowledge 相关统计数据,形成关于江苏省38所本科高校的相关数据汇总结果。

表 1 学术创业和学科建设指标

学术创业相关指标	学科专业综合建设相关指标
1. 政府科技经费数	1. SCIE、SSCI 论文篇数
2. 企事业单位委托课题经费数	2. EI 论文篇数
3. 发明专利授权数	3. SCIE、SSCI、EI 人均论文篇数
4. 技术转让收入数	4. CSSCI 论文篇数
5. 国家重点实验室、工程研究中心数	5. 国外及全国性刊物发表科技论文
6. 省部级重点实验室、工程研究中心数	6. 国家重点一级学科和省优势学科总数
7. 市、县、企业共建实验室、中心数	7. 国家级科技成果获奖数
8. 学校资产公司下属企业资产总额	8. 省部级以上科技成果获奖数

(二) 江苏高校的学术创业、学科建设分类情况

本研究的数据分析采用多变量统计分析法,通过运用因子分析和聚类分析来整体反映江苏高校创业能力和学科发展水平的现状与分层情况。统计软件包为 SPSS16.0。

1. 首先进行因子分析。研究过程中,对影响大学评价的 16 个项目进行初步因子分析,分析时采用主成分分析法,因子旋转方式运用的是正交旋转中的方差最大旋转方式。根据结果,所有项目公因子方差都大于 0.4,因此将所有项目都纳入因子分析模型进行分析。KMO 检验和 Barlett 检验均表明本研究适合进行因子分析。本研究采用主成分分析法提取因子,并以方差最大旋转的正交旋转进行因子的转轴,从总方差分解表(Total Variance Explained)以及特征值大于 1 为标准,可以提取 2 个因子,其中,公共因子 f1 对发明专利授权数、专利转让收入、企事业单位委托课题经费数、省部级重点实验室、工程研究中心、市、县、企业共建实验室、中心、学校资产公司下属企业资产总额以及国家重点实验室、工程研究中心等指标的贡献较

大，主要反映了大学的创业能力，故可以命名为创业能力因子。公共因子 f2 对 SCI、SSCI 论文篇数、CSSCI 论文篇数、EI 论文篇数、国家重点一级学科、省优势学科数、省部级以上成果奖数、前两项人均论文篇数、政府科技经费数、国外及全国性刊物发表科技论文和国家级成果奖数有较大的载荷值，主要反映了一所大学的学科建设能力，其得分越高，说明大学的学科发展水平越高。因而将该因子命名为学科影响因子。为了计算总得分，需要对两个因子进行加权。公因子 f1 解释了原始数据全部信息的 45.277%，f2 解释了原始数据全部信息的 30.637%，以 f1 和 f2 对累积贡献率的贡献为依据，计算出二者的权重分别为 0.596 和 0.404，从而得出大学能力总得分的计算公式：f=0.596*f1+0.404*f2，根据该公式计算出江苏各高校总得分。

2. 再进行聚类分析。我们以因子分析中的 38 所大学作为研究对象，选取代表大学水平的 2 个综合指标的因子的得分值作为聚类分析的变量，用 SPSS16.0 软件对 38 所大学进行系统聚类。

（1）根据 SPSS 因子分析和聚类分析结果，38 所高校整体上可以归纳为 5 类，位居第一层级的高校为南京大学、东南大学；苏州大学、江苏大学、南京工业大学、南京航空航天大学、南京理工大学、江南大学、中国矿业大学位于第二层级；南京农业大学、河海大学、扬州大学、南京师范大学、中国药科大学、南京医科大学处于第三层级；第四层级高校为常州大学、南京邮电大学、南京信息工程大学、江苏科技大学、南通大学、淮海工学院、南京林业大学、江苏技术师范学院；南京工程学院等其他 15 所高校处于第五层级。

（2）高校学术创业能力与学科专业建设水平之间存在着较高的关联性。江苏省两所 985 高校其整体学科建设和学术创业能力综合水平依然处于第一层级；另外 9 所 211 高校均处于第二、第三层级，这就充分反映了学术创业能力与学科专业发展水平之间的高度相关性。

（3）聚类形成的这5种类型集中反映了38所高校因学科整体实力、办学类型不同而产生的学术创业能力的差异性及不完全匹配性。比如，根据学科因子排名，学科综合建设水平位居前十位的高校分别是南京大学、东南大学、苏州大学、南京农业大学、南京航空航天大学、江苏大学、中国矿业大学、河海大学、南京理工大学、扬州大学，其中，除了江苏大学和扬州大学外其余8所均为211工程建设高校，这反映了我国政府985、211工程学科建设成效。而根据学术创业因子排名，东南大学、南京大学、南京工业大学、江苏大学、南京航空航天大学、江南大学、南京理工大学、苏州大学、中国矿业大学、常州大学等高校则分别位居前十名。在前三层级高校中，除江苏大学、南京工业大学、扬州大学和南京医科大学外，其余均为211工程高校，总体上属于学科建设水平较高和理工农医学科特色比较鲜明的高校。

三、基于核心指标的学术创业国际比较与分析

择取学术创业相关指标（发明专利授权数、专利转让收入、创业衍生公司数）及反映学科国际建设水平的基本科学指标ESI学科指标，我们将江苏省学科优势显著的南京大学和具有学术创业优势的南京工业大学，分别与国际公认的创业型大学——斯坦福大学、沃里克大学作一简要比较，以进一步把握江苏高校乃至国内高校的学术创业与学科建设现状。

以2012年发明专利授权数据为例，南京大学发明专利数为322项，南京工业大学发明专利数为252项，远高于沃里克大学的18项和斯坦福大学的101项，但是，其专利质量和转让成效与斯坦福大学相比仍有一定差距。斯坦福大学的实际发明专利总数达504项，绝

大多数并未实施政府认证授权,而是通过捆绑共同拥有一项专利授权或拥有复合专利授权的方式实际进行了转让。[①] 南京大学、南京工业大学的专利技术转让收入分别为 213.7 万元和 227.9 万元,略高于沃里克大学的 196.6 万元,但远低于斯坦福大学的转让收入 4.15 亿元。从高校拥有权益的创业衍生公司数目来看,斯坦福大学技术转让办公室(OTL)拥有权益的创业衍生公司数达 124 个[②],远高于沃里克大学(33 个)、南京工业大学(校办公司 40 个)和南京大学(校办公司 12 个)。结合国际通用的 ESI 排名前 1‰ 学科数来衡量高校顶尖学科建设水平,2012 年斯坦福大学进入 ESI 排名前 1‰ 学科的数量遥遥领先(22 门学科),沃里克大学(14 门学科)居于其次,南京大学(11 门学科)、南京工业大学(3 门学科)分列第三、四位。[③] 从整体学科建设水平看,南京大学与沃里克大学水平大致相当,与斯坦福大学相比仍有一定差距;南京工业大学的顶尖学科整体建设水平较低,但其学术创业情况与沃里克大学大致相当。

通过江苏两所案例高校与斯坦福大学、沃里克大学的比较,我们可以看出:斯坦福大学的学术创业与学科建设处于理想状态,沃里克大学处于比较成熟状态;南京大学稳健务实,学科建设水平高,学术创业潜力大;南京工业大学则呈现出一定的不均衡性,具有较好的创业型大学身份的自我认同,学术创业较学科整体建设成效更为显著,获取除政府以外的资金支持力度较大。基于以上情况,我国一批学科建设水平较高的高校,应在坚持建设世界一流研究型大学办学使

---

① Technology Licensing at Stanford University, http://otl.stanford.eduaboutresourcesabout_resources.html.
② Annual Reports, 2010 – 2011: Entreprenurture, http://otl.stanford.eduaboutresourcesabout_resources.
③ ISI Web of Knowledge, http://login.web of knowledge.com.

命的同时，不断强化社会责任，促使大学的顶尖学科建设和师生的学术创业之间形成良性互动机制，开展具有较高社会认可度的学术创业活动，实现新兴前沿学科知识的大量有效转移；而一些具有理工学科优势的大学，应坚持特色发展，明确办学目标，努力将学术创业与学科建设紧密结合，在有效开展学术创业活动、提升学术创业能力的同时，着力打造一批顶尖应用学科，推动整体办学水平的提升。

多元化的收入来源和稳健的财政是大学自治的关键。根据斯坦福大学的年度财政报告，2013—2014学年（2013年9月—2014年8月）净资产额达338亿美元，其中校友捐赠和投资回报的增加对于该校的净资产额增加贡献率最大，捐赠基金总数达230亿美元，投资回报额达43亿美元。从中国大学的资金保障能力看，绝大多数高校的发展基金基数低、资金运作能力弱，政府的资金投入仍是大学发展最重要的资金来源。但是，正如伯顿·克拉克所指出的，"创业型指最可靠地导致现代自力更生和自我驾驭的大学的态度和程序"。可靠的资金来源正是创业型大学能按它们自己的主张行事、自力更生的关键和根本。由此可见，大学必须要积极开拓资金来源渠道，成为财政上能够自立的大学。

四、以高校治理现代化推动高校学术创业与学科发展

综上，当前我国正在着力推进的大学章程建设是进一步理顺大学治理结构、完善中国特色现代大学制度，促进高等学校依法治校、科学发展的重要举措。为了更好地建构中国特色的大学治理体系、建设高水平大学和一流学科，亟须在以下几个方面推进大学治理模式变革：

1. 完善大学制度和治理体系需要尊重大学的学术价值,必须充分发挥大学主体作用。在构建大学、政府、产业(企业)三螺旋形新型组织结构过程中,大学应该始终将自身处于中心纽带地位,要将学科发展作为校政企合作的根本要义。治理变革的目的在于不断发展科学、打造顶尖学科群,这也是大学的核心价值所在。特曼在推进斯坦福大学转型以及加强大学与政府、企业合作的过程中,始终以斯坦福大学为连接枢纽,一方面紧紧把握与政府合作的机会,通过政府合同和高质量研究成果提升大学声誉,增强自身在联邦政府中的影响力,另一方面重视把握和发挥大学与政府、企业合作中的主导性作用。他对政府合同的研究性质进行严格甄别,将政府的合同研究与大学的学术发展方向结合起来,确保斯坦福大学的学科发展质量。对于一些很难融入大学学术发展方向、不能为学生提供有效学术训练的政府应用性研究合同,特曼通过创建斯坦福大学研究所(SRI),利用研究所招募研究人员来承担那些与学科发展关联度不够高的政府研究合同任务,解决了应用性研究项目与学科发展之间的矛盾。他坚持应该是科学家们"给予工业企业指导,而不是接受工业企业的指导",通过让斯坦福大学的科学家与企业之间建立一种非正式的咨询关系而使大学的科学家们能够广泛传播他们的研究,并因此提升他们在学科领域的声誉。因此,我国大学应在尊重高等教育发展要求和大学自身发展规律的基础上,充分发挥师生这一学术共同体的主体性作用,促进大学内部治理理念创新和模式转变,推动学科发展,形成重量级知识创新成果。

2. 大学治理模式变革需要尊重大学所在国家的历史传统和大学自身的文化特色,妥善处理好大学治理的内外部机制与关系。新制度主义认为,一旦某种制度在某个领域形成并表现出创造力和竞争力,就会对领域内的其他组织产生模仿复制的巨大吸引力,这就是制度同构。胡德和萨默斯的失败说明,如果不顾大学自身传统,一味照搬他国大学的治理模式,或者刻意模仿企业甚至政府的治理模式,改革就不可能成功。习近平总书记说:"办好中国的世界一流大学,必须有中国特色。"只有消化吸收世界上先进的大学治理经验,遵循教育规律,尊重大学的传统特色,才能扎根中国办好现代大学。要充分考虑大学的文化传统以及利益相关者的群体特征,才能最大限度谋求共识、逐步推进大学的治理体系改革。如果简单运用经济学指标和市场规律改造大学的治理体系,终会发现在现实面前理论有时会很苍白,甚至可能把大学推到与历史相反的方向。要尊重核心利益相关者诉求,处理好内外部关系。现代大学是个开放系统,只有主动面向社会开放办学,积极引入外部监督和问责机制,才能促进大学和外部环境在人员、资源、信息等方面的交流,不断激发和释放大学的活力。然而,师生毕竟是大学直接的利益相关者,只有充分倾听师生的改革诉求,把握和处理好大学治理和外部机制的关系,才能激发师生员工的积极性、创造性,依靠群众的力量推进大学治理体系改革。无论从历史还是从本质看,大学都是教师和学者的民主社团。坚持以教师为本,充分发挥教师的主体作用,是大学治理结构的内在要求和本质特征。简单运用行政命令推进大学的治理体系改革,必然会招致师生对"管制主义""权力政治"的反弹。如果不经过民主程序,在尚未取得价值共识的前提下强行推进改革,甚至通过操控舆论压制异议,再好的改革愿望、动机和目标也很难得到教师的真心支持,最终必将导致改革陷入僵局,或者走向异化。

3. 中国大学应进一步加强自身与工业界、政府的紧密型关系,重视跨学科合作研究组织的载体作用,以促进应用研究以及知识创新与转移,改善基础研究质量。从前文分析结果看,学术创业成效显著的高校主要是整体学科建设水平高或者理工学科特色鲜明的高校。

这一实证结果,与伯顿·克拉克、希拉·斯劳特等学者的研究结果具有一致性,即:学术创业的学科主要集中于自然科学和应用科学领域。自然与应用学科优势正是斯坦福大学、MIT、沃里克大学等高校成功转型为创业型大学的基础性因素,学术人员所开展的学术创业活动又进一步推动了相关学科的纵深发展。欧美创业型大学结合自身学科特点,将创业活动与促进研究和教学这一根本目标紧密结合起来,通过内部组织转型和成熟的市场运作机制实现技术的转移和知识的产业化,最终实现了大学、政府、社会的三方共赢。高度重视大学的跨学科合作研究组织——学术创业的重要载体作用。大学"变革的压力不仅来源于正在变革的知识生产模式,也来自与知识生产存在利益关系的机构,特别是政府。所有地区的政府都在向大学施压,迫使其进行改革,并且已经初见成效:新的研究中心的建立,大学与工业的合作成为现实"。实际上,大学的跨学科研究中心是最早证明自身兼具学术创新能力与学术创业能力的组织。作为跨学科研究组织的一些"中心和研究所是学术资本主义的组织手段",它具有明显的组织优势,一方面,他们是不同学科依据不同的学科视角在一个共同的主题之下进行合作的一种组织形式,有利于知识的集成创新,另一方面,它们构筑了校政企行沟通与合作的平台,有利于资金、人才、资源等创新创业要素的集聚。这些组织特征使跨学科研究组织成为现代知识创新、转移和应用的重要基地。20世纪80年代,加州伯克利大学建立的跨学科中心——吉规模中心集中了37位教师、15位博士后,90名来自美国斯坦福大学、MIT、密歇根大学等14所顶级研究型大学的研究生,以及硅谷公司的工程师,以一种开放的理念,通过密集的研究互动让包括大学、政府和半导体产业在内的各方都获得收益。因此,国内高校尤其是综合性和理工科学科优势明显的高校,在建设创业型大学的过程中需要进一步明晰发展定位,强化优势学科建设,切实提高技术转移成效,在打造核心学科专业群的基础上不断提升整体学科发展水平,进而推动区域乃至国家经济社会发展。

4. 高校应增强大学创业型领导,创新治理与组织运行机制,推动区域经济发展。埃兹科维茨认为,当今的创业型大学是包括传统的教学学院、多科性技术工程学校、赠地学院和研究型大学等各种大学模式的综合体。可见,创业型大学可以由不同层次和类型的高校转型、发展而来,因而也可以具有若干层次和类型;即使在相同层级的大学,由于不同学科(如自然科学与工程技术学科,社会科学与人文学科等)、不同领域(如基础研究领域与应用研究特别是研发、推广领域)学者教授的创新、创业活动的取向与着力点各不相同,高校与社会的联系及学术创业成效也不尽一致。实证结果表明,虽然江苏38所高校在内部管理体制、发展路径方面具有趋同性,学术创业能力与学科发展水平之间具有较大相关性,但由于办学目标、发展定位、历史文化、所在地区经济发展状况等差异性,学科综合实力与学术创业能力之间依然存在着一定程度的不匹配性。在聚类形成后的第一层级高校中,南京大学由于办学定位、政策导向等因素的差异,虽然学科建设水平要明显优于东南大学,但由于其学术创业方式主要侧重于发挥整体学科研发优势和辐射功能,所以学术创业指标成效不如东南大学显著。南京工业大学、江苏大学、常州大学等高校的整体学科优势并不显著,但由于能够充分利用自身学科特色与优势服务于地方经济发展,从而彰显了学术创业竞争力,他们的学术创业指标甚至超过了一些整体学科建设水平更高的211工程高校。所以,我们应借鉴国际创业型大学发展模式与经验,进一步增强高校的创业型领导,创新治理与组织运行机制,完善技术转移策略和方法,提升不同类型高校的学术创业能力,推动区域经济发展。

5. 大学领导者要重视开展各类有利于开拓资金来源的学术创业行为,切实增强资金运作能力,使自身成为财政上能够自立的高校。"创业型指最可靠地导致现代自力更生和自我驾驭的大学的态度和程序。"[1]高水平大学需要有强大的自我创收、自我发展、自我调适和自我治理的能力,可靠的资金来源正是创业型大学自力更生、自我治理的关键和根本。斯坦福大学拥有一个自由、多元化的资助基础,根据该校年度财政报告,校友捐赠和投资回报的增加对于该校的净资产额增加贡献率最大,投资回报额令国内高校难以望其项背。沃里克大学是英国的一所公办大学,对政府拨款的依存度较低,收入来源渠道广泛,2011 年该校捐赠及投资收入折合人民币达 9.55 亿元[2],通过多元化资金筹措弥补了政府投入的相对不足。从江苏 38 所高校的资金保障能力看,绝大多数高校的发展基金基数不高、资金运作能力不强,亟须开展各类有利于开拓资金来源的学术创业行为,使自身成为财政上能够自立的高校,为建设国内乃至国际高水平大学奠定必要的物质基础。

总之,在高等教育国际化大背景之下,建设创业型大学、提升高校创业创新与社会服务能力,需要进一步完善高校治理结构,在推进大学治理现代化过程中不断创新高校内部学术创业体制机制,吸引各类学科、创业领域拔尖人才,推进学术创业与学科建设的有效良性互动,从而满足知识经济社会对高校的更高期盼。

---

[1] 伯顿·克拉克:《大学的持续变革——创业型大学新案例和新概念》,王承绪译,人民教育出版社 2008 年版导言。
[2] Statement of Accounts for the Year Ended 31 July 2011, http://www2.warwick.ac.uk/services/finance/resources/accounts.

基于分类分层的一流大学差别化发展框架[*]

徐高明

一、问题提出与文献回顾

2017年,137所高校进入国家"双一流"建设序列,约占全国普通高校的5%,是我国高等教育的"高峰"。建设"高峰"需要有宽阔的"高原"作为土壤和支撑。因此,在加快"双一流"建设背景下,探索我国不同类型、不同层次高校的差别化一流建设之路,追求"有差异的平衡而又充分的发展",有利于构建中国特色、世界水平的一流高等教育体系,有利于形成"高原崛起、高峰凸显、高原之上建高峰"的可持续发展的高等教育生态,有利于实现新时代高等教育的多样化办学和内涵式发展。

在过去的10多年里,随着世界大学排名产生的影响越来越大,

---

[*]〔基金项目〕江苏省高校哲学社会科学研究重大项目(2017ZDAXM019);江苏省教育科学"十三五"规划重点资助课题(B-a/2016/01/24)。

"世界一流大学"已成为一个热门词汇,建设世界一流大学已成为一个全球现象。[①] 国外学术界关于世界一流大学的研究主要围绕世界一流大学的要素与特征、目标与路径、政策与治理等方面展开。菲利普·阿特巴赫(Philip G. Altbach)教授认为,世界一流大学具备科研卓越、学术自由、治理灵活、设施完备、资金充足等五个特征。[②] 追求卓越并为公众提供卓越的教育和服务,是世界一流大学的重要使命和目标。[③] 世界银行高等教育专家贾米尔·萨尔米(Jamil Salmi)博士指出,从国际经验来看,建设世界一流大学主要有择优式、合并式和新建式三种策略可供选择。[④] 国内的有关研究除了上述主题外,近年来,已从"211工程""985工程"的重点大学建设研究,主要转向对国外一流大学的经验借鉴及"双一流"建设的实践探索研究上。有研究指出,世界上许多国家或地区普遍采取的政府主导、择优建设、立足学科、注重评估、引入退出机制等政策措施,为我国推进"双一流"战略提供了有益的参考和借鉴。[⑤] 但是,基于我国"双一流"建设的后发外生型、追赶策略、举国体制的基本制度背景[⑥],在"双一流"建设过

[①] 程莹、王琪、刘念才主编《世界一流大学:对全球高等教育的影响》,上海交通大学出版社2015年版。

[②] Philip G. Altbach. Peripheries and Centers: Research Universities in Developing Countries. *Asia Pacific Education Review*, 2009, 10(1).

[③] Angela Yung Chi Hou, Robert Morse, Chung-Lin Chiang. An Analysis of Mobility in Global Rankings: Making Institutional Strategic Plans and Positioning for Building World-class Universities. *Higher Education Research and Development*, 2012, 31(6).

[④] Jamil Salmi:《世界一流大学:挑战与途径》,孙薇、王琪译校,上海交通大学出版社2009年版,第33页。

[⑤] 刘宝存、张伟:《国际比较视野下的创建世界一流大学政策研究》,《比较教育研究》2016年第6期。

[⑥] 阎凤桥:《我国高等教育"双一流"建设的制度逻辑分析》,《中国高教研究》2016年第11期。

程中，应该导向学术本位、自主型、内生型和创生型发展逻辑[①]，扎根中国大地办一流大学。

在国内外的研究中，虽然出现了世界一流大学、精英大学、旗舰大学等不同的称谓，但它们在内涵上一般都指向那些处于世界领先地位的研究型大学，把一流大学仅仅局限于一流的研究型大学，对其他不同类型高校的一流建设之路的关注、研究还很不够，这在很大程度上造成了一流大学建设的同构趋势，对我国建设多样化的世界水平的高等教育系统是一个较大的挑战。同时，由于世界一流大学主要集中在西方国家，大学是遗传和环境的复合产物，我国高等教育与西方有着不同的办学理念、制度根基、文化传统和现实基础，我国一流大学建设需还要结合中国国情，体现中国特色，对于我国高等教育发展过程中的差异性和特殊性方面的问题，迫切需要展开更为深入细致的针对性研究。

当下，我国高等教育领域的同位、同构、同质现象比较严重，高等学校的差别化发展已经成为社会的重要共识和迫切期待，成为国家高等教育改革的重要价值取向，但从高等教育系统的整体来看，高校分类分层研究的严重滞后性在很大程度上阻碍和影响了高校的差别化发展。国内外关于高校的分类分层的研究主要围绕为什么要分类、怎样分类两个方面展开。研究表明，高校的分类设计有助于高等教育系统的透明化、高校发展的多样化以及政府有效管理的科学化。[②] 高等学校主要按照功能、层次、学科、管理体制、投资主体等不

[①] 王洪才：《"双一流"建设的内在逻辑审视——论"双一流"建设必须实现的四个逻辑转变》，《河南师范大学学报（哲学社会科学版）》2017 年第 3 期。
[②] 高飞：《欧洲高等教育机构分类框架探析》，《比较教育研究》2011 年第 7 期。

同依据进行分类,主要有描述性分类和规定性分类两种分类方法。[1] 国外高等教育分类分层体系主要有:1960年《美国加利福尼亚州高等教育总体规划》所构建的加州高等教育分类体系,是典型的规定性分类;1973年卡内基教学促进会公布的功能层次分类法,1976年联合国教科文组织制定的《国际教育标准分类》,以及2010年欧盟委员会出台的大学地图(U-Map),则属于典型的描述性分类。而目前国内的高校分类法则比较复杂,主要有:三分法[2]、四分法[3]、五分法[4]、六分法[5]、七分法[6]和多维分类法[7]等。

但是,高等学校分类理论的滞后、分类标准的混乱导致了国内外高等学校的分类体系相对复杂多元,无法取得较为一致的共识和具有包容性的体系,特别是这些分类方法都没有足够关注和有效区分类与分层的差别与不同,在分类中混杂了分层,在分层中又包含着分类,还没有建立起横向分类、纵向分层的多维立体式分类分层框架,从而,大大影响了这些分类体系的实际操作效果,无法有效指导和引领高校的差别化发展。

---

[1] 赵婷婷、汪乐乐:《高等学校为什么要分类以及怎样分类?——加州高等教育规划分类体系与卡内基高等教育机构分类的比较》,《北京大学教育评论》2008年第4期。

[2] 胡建华:《关于大学体系层次化的若干思考》,《清华大学教育研究》2003年第4期;潘懋元、董立平:《关于高等学校分类、定位、特色发展的探讨》,《教育研究》2009年第2期。

[3] 武书连:《再探大学分类》,《科学学与科学技术管理》2002年第10期。

[4] 刘少雪、刘念才:《我国普通高校的分类标准与分类管理》,《高等教育研究》2005年第7期。

[5] 刘献君:《建设教学服务型大学——兼论高等学校分类》,《教育研究》2007年第7期。

[6] 陈学飞:《高等教育系统的重构及其前景——1990年代以来中国高等教育管理制度的改革》,《高等教育研究》2003年第4期。

[7] 马陆亭:《我国高等学校分类的结构设计》,《北京大学教育评论》2005年第2期;陈厚丰:《中国高等学校分类与定位问题研究》,湖南大学出版社2004年版,第206—213页。

二、理论基础及发展框架

(一) 生态系统理论

生态学作为一门研究生物、环境及人类社会相互关系的基础学科,已成为一门具有较大普适性的方法论学科,广泛渗透并应用于自然科学和社会科学的许多领域。而生态系统(Ecosystem)则是生态学中的一个主要结构功能单位,属于生态学研究领域的最高层次,是指在一定的空间内,所有生物与其共同栖居的环境之间通过物质循环和能量流动,相互影响、相互制约而构成的一个统一有序整体。在这个整体中,生物与环境之间往往在一定时期内处于相对适应与协调的动态平衡状态,具有整体性、开放性、多样性、竞争性、协同性和稳定性等特点。高等教育作为社会组织的子系统,只有运用生态学思维与方法重新审视高等教育管理的变革和更新,积极探寻高等教育生态可持续发展的模式与机制,才能促使整个高等教育系统的持续、健康、稳定发展。[①] 因此,贾米尔·萨尔米博士认为,优秀的研究型大学不可能在真空中运行,分析理解一流大学建设的成败得失,既要关注大学的内部事务,还要考虑高等教育生态系统中的各种因素,研究型大学在追求世界一流地位时必须要慎重对待和充分考虑其所处的高等教育生态系统。[②]

现代生态学主要有微观和宏观两个发展方向,微观生态学主要在分子、细胞等微观水平上探讨生物与环境之间的相互关系,而宏观

---

① 贺祖斌:《高等教育生态论》,广西师范大学出版社 2005 年版,第 9 页。
② 菲利普·阿特巴赫、贾米尔·萨尔米主编《世界一流大学:发展中国家和转型国家的大学案例研究》,王庆辉、王琪、周小颖译校,上海交通大学出版社 2011 年版,第 262—267 页。

生态学主要在个体、种群、群落、生态系统等宏观层次上探讨生物与环境之间的相互关系。本研究中的高等学校生态系统主要集中于宏观发展方面，主要研究大学个体、大学种群、大学群落、大学生态系统与社会环境之间的相互关系（如图1）。

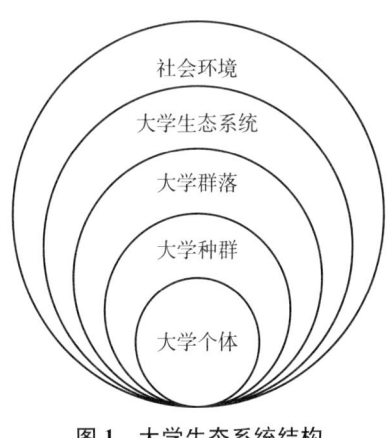

图1 大学生态系统结构

大学个体是指大学生态系统中能够独立实现自主发展的单个的大学组织，是大学种群的基本组成单位，正是大学个体的多样性构成了大学生态系统的稳定性。大学种群是指在一定空间里同种大学个体的组合，大学种群是大学群落的基本组成单位，大学种群生态学主要研究大学种群的数量与分布，大学种群之间以及大学种群与社会环境之间的相互作用。大学群落是指在特定时间聚集在一定地域或环境中所有大学种群的集合，大学群落与社会环境一起通过物质循环、能量流动和信息交换构成了具有特定功能的大学生态系统。因而，大学生态系统就是一个大学之间、大学与其社会环境之间通过物质、能量和信息的交换所形成的竞争、协同、稳定、持久、有序的统一整体。

（二）差异化战略理论

差异化战略又称差别化战略、别具一格战略、标新立异战略等。

哈佛商学院著名的战略管理学家迈克尔·波特(Porter，M. E.)认为，在产业竞争中有三种提供成功机会的基本战略方法：即成本领先战略、差异化战略、目标聚焦战略。所谓差异化战略，是指为使企业产品与竞争对手产品有明显的区别，形成一些在全产业范围中具有与众不同的特点和优势而采取的一种战略。这种战略的核心是取得某种对顾客有价值的独特性，这种独特性主要体现在品牌形象、技术特点、外观特征、客户服务和经销网络等方面。[1]

差异化战略实际上是生态系统理论中生态位(Ecological Niche)理论的延伸和拓展。生态学家经过长期观察、研究发现，在自然界中共存的物种必定具有生态学上的相异特性，相异的物种才能共存，以相同的方式谋生的两种物种是不可能共存的。同时还发现，生物界中许多明显处于弱势地位的物种，并未因为残酷的竞争而消亡，反而同那些处于强势地位的物种同存共生。根据这些研究发现，生态学家提出了生态位学说，生态位是指物种(或个体)在生物群落或生态系统中的功能关系以及所占据的时、空上的特殊位置。著名美国生态学家奥德姆(Odum)把生态位定义为"生物在群落和生态系统中的位置和状况，而这种位置和状况决定于该生物的形态适应、生理反应和特有的行为"[2]。根据生态位理论，一般认为，如果两个相似的物种在同一个稳定的群落中占据了相同的生态位，一个物种终究要被消灭；在一个稳定的生物群落中，由于各种群具有各自的生态位，在种群对群落空间、时间、资源的利用方面，以及种群之间的相互作用的可能类型方面，都趋向于互补，而不是直接竞争，从而保证了群落的稳定，生态的差异性、多样性是生物群落结构相对稳定的基础。

---

[1] 迈克尔·波特：《竞争战略》，陈小悦译，华夏出版社 1997 年版，第 33—37 页。
[2] 梁士楚、李铭红主编《生态学》，华中科技大学出版社 2015 年版，第 90 页。

(三)"三类三层两级一主体"一流大学差别化发展框架

2017年初,《教育部关于"十三五"时期高等学校设置工作的意见》明确提出,要探索构建高等教育分类体系,以人才培养定位为基础,我国高等教育总体上可分为研究型、应用型和职业技能型三大类型。2016年,厦门大学史秋衡教授课题组,采用深度访谈、案例研究为主的定性研究方法,在对全国100多所高校、各省(市)教育厅(委)以及上百位高校领导、高校分类研究专家进行调研的基础上,建立了较为完备的"高等学校分类体系及其设置标准"实证研究数据库,通过实证调研数据分析,并结合广泛的工作研讨,按照以人才培养类型分类为主的思路,课题组也提出了研究型、应用型、职业技能型并行发展的高等学校分类体系。[1] 教育部和厦门大学课题组提出的这一分类体系,从横向上按照人才培养的规格和规律把我国高等学校分为三种类型,既抓住了高等学校人才培养的这个根本,又符合国家政策方向和我国高等学校的实际现状,必将进一步推进我国高校分类综合改革,促进我国高等教育的多样化办学和内涵式发展。

上述这种分类方法虽然从横向上对我国高校进行了较为现实和科学的分类,但并没有很好地解决纵向上的分层问题。潘懋元先生就曾强调指出,每一个类型之中都应该有重点高校,它们都可以培养不同层面的拔尖人才、一流人才,而且都可以成为国内、省内知名的一流大学,甚至是国际、国内有一定影响的一流大学,要鼓励不同类型的高校争创一流。[2] 韩国学者Jung Cheol Shin则更加明确地提出,目前,世界上的大学根据其发展目标在纵向上可分为地方一流大学、国家一流大学和世界一流大学三个层次,它们在人才培养、科学

---

[1] 史秋衡:《国家高校分类体系及其设置标准实证研究》,科学出版社2016年版。
[2] 潘懋元、董立平:《关于高等学校分类、定位、特色发展的探讨》,《教育研究》2009年第2期。

研究和社会服务三大功能上有着显著的差异。[①] 这都在提醒我们,在关注高等学校横向分类的同时,还要关注纵向上的分层,只有这样,才能真正建立起我国高等学校的分类分层立体化体系。为此,本研究根据生态系统理论和差异化战略理论,以分类分层体系为基础,尝试构建我国一流大学建设的生态型差别化发展框架(见图2)。

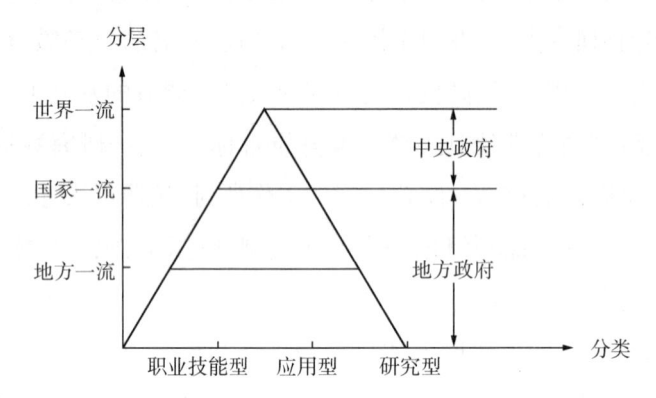

图2 "三类三层两级一主体"一流大学差别化发展框架

"三类三层两级一主体"一流大学差别化发展框架,简称"3321"差别化发展框架。这个框架的主旨,是通过实施"横向分类、纵向分层、责任分工、自主发展"的差别化发展策略,构建分工明确、有序竞争、和谐共生的高等教育生态系统,追求国家顶层设计、地方统筹推进、高校自主发展的一流大学建设效果,最终实现建成中国特色、世界一流的高等教育体系的宏伟目标。所谓"横向分类"是指高校类型划分上的一种横向差别化,这种横向差别化并没有"好""坏"之分和"高""低"之别,只是利益相关者对同等质量水平的不同类型高校具有不同的偏好、期待和需求,横向分类不攀比,独立性多于重叠性,强调合作与互补。"纵向分层"是指高校总体质量水平上的一种纵向差

[①] Jung Cheol Shin, Barbara M. Kehm. *Institutionalization of World-Class University in Global Competition*. Berlin: Springer Netherlands, 2013, p.20, 23.

别化,是同一类型的高校不同质量水平的差异化,它具有明显的"好""坏"之分,"高""低"之别,纵向分层争一流,竞争性多于合作性,主要强调竞争。"责任分工"是指中央政府和各省级地方政府之间相互配合和相互支持,在分类分层的一流大学建设过程中,央、地两级政府各司其职、各负其责、精准施策,是一种总体规划、分级支持的责任分工上的差别化。"自主发展"是指一流大学建设的主体高校根据世情、国情、省情和校情的不同,在相应类型和层次上主动选择、科学定位、特色办学、错位竞争。这种"分类分层分工"的差别化自主发展是一个地位分化和身份同化的双重过程,即既要强调大学个体之间质量水平层次上的差异与竞争,同时也要强调高校群体类型内在一致性标准上的认同与稳定。意在促进高校在不同层次、不同领域办出特色,争创一流,追求"有差异的平衡而又充分的发展"。

三、一流大学差别化发展的现实挑战

虽然"鼓励和支持不同类型的高水平大学和学科差别化发展","积极探索不同类型高校的一流建设之路",已成为我国高等教育改革与发展的重要原则方向,但是由于政府的相关政策导向、社会文化期待和高等教育机构目标定位的不一致和不衔接,根据"三类三层两级一主体"一流大学差别化发展框架的分析,当前,我国一流大学差别化发展主要面临着以下三方面的现实挑战。

(一)分类管理制度的缺失导致了高校低位高攀的"学术漂移"

"学术漂移"是指大学通过开展更加频繁的研发活动来获得堪比传统大学的地位的过程。[1] 主要是一些新兴的或者处于上升态势的

---

[1] Didi M E Griffioen, Uulkje de Jong. Academic Drift in Dutch Non-University Higher Education Evaluated: A Staff Perspective. *Higher Education Policy*, 2013, 26(2).

院校为了获取自身"合法性"地位和更加有利的竞争优势,而放弃和背离它们原先的定位,强调学术研究的价值,不断模仿传统大学的组织特征与行为模式,寻求一种朝着学术化方向向上发展的运动。20世纪90年代,克拉克·克尔(Clark Kerr)就提出了对英美等西方高等教育"学术漂移"的担忧,他说:"在高等教育,我害怕个人主义的竞争将导致所有的院校都寻求把它们自己均质化,具有作为研究型大学的相似的学术使命,尽管这样符合它们的学术抱负。"[1]这种担忧并不是杞人忧天,也不仅存在于西方高等教育系统中,当前,我国高等教育界的"学术漂移"问题也比较严重。客观地说,中国除了"985工程"和"211工程"大学以外的众多院校,既缺乏发展方向又常常为资源犯愁,即便如此,大多数院校还是希望建成研究型大学。[2] 2015年,有研究者通过对91所不同类型的新建本科院校的实证调查发现,我国新建本科院校存在着较为明显的"学术漂移"趋向,许多院校都以研究型大学为最终发展目标,发展目标虚高,办学层次攀升,更名之风盛行,办学规模趋大,专业设置求全,重研轻教突出。[3]

  政府的政策、制度导向是造成这种"学术漂移"问题的重要原因之一,特别是作为"强政府"的高等教育管理体系,由于我国长期以来缺乏关于高等学校分类标准、分类体系和分类管理相应的政策、制度和法规,更是加剧了大学因"身份歧视"与"学科逻辑"崇拜而衍生的低位高攀的趋同化困局。新时期以来,我国最早关于普通高等学校

---

[1] 克拉克·克尔:《高等教育不能回避历史——21世纪的问题》,王承绪译,浙江教育出版社2001年版,第145页。
[2] 菲利普·G·阿特巴赫:《国际高等教育的前沿议题》,陈沛等译,上海交通大学出版社2014年版,第160页。
[3] 聂永成、董泽芳:《新建本科院校的"学术漂移"趋向:现状、成因及其抑制——基于对91所新建本科院校转型现状的实证调查》,《现代大学教育》2017年第1期。

分类的文件是1986年版的《普通高等学校设置暂行条例》，以及1999年开始实施的《中华人民共和国高等教育法》，2002年版的《普通高等学校设置条例》，这些仅有的法规、条例只是简单地按照人才培养的层次，把高等教育学历教育分为专科教育、本科教育和研究生教育，把普通高等学校分为全日制大学、独立设置的本科学院、高等专科学校（主要指师范、医学高等专科学校）和高等职业学校。这种单一化的高等学校分类体系和标准，在一定程度上进一步刺激了高校"攀高""贪大""求全"的向上发展的冲动，造成了不同高校"千校一面"的同质化，严重损害了高等教育系统的多样性和差异性，大大降低了高等教育系统的整体效能，一定程度上也对经济社会的可持续发展产生了长期的不良影响。

（二）教育决策层级偏高形成了省级地方政府的"中梗阻"

党的十九大报告提出，赋予省级及以下政府更多自主权。在我国相对集权的教育管理体制中，省级地方政府具有独特地位和明显优势：一方面，相对于中央政府而言，具有贴近基层、了解基层、就近即时管理的优势；另一方面，相对于市县政府而言，则又具有较强的财力统筹、资源平衡和行政调控能力，可以协同推进、全面深化地方教育领域综合改革。因此，贯彻落实党的十九大精神，加快推进一流大学建设，必须进一步理顺中央与地方两级政府的教育职责，特别要充分发挥省级地方政府的独特优势，切实加强省级地方政府对一流大学建设的统筹。然而，2013年时任教育部副部长郝平明确表示，目前，我国还存在着省级政府教育统筹权责不够明确，一些教育决策层级偏高，有关部门管得过多过细等问题。[①] 与我国高等教育的管理体制相适应，郝副部长提出的这些问题由来已久，并将长期存在，这些

---

① 郝平：《认真贯彻党的十八届三中全会精神，切实加强省级政府教育统筹》，http://www.moe.edu.cn/jyb_xwfb/moe_176/201311/t20131126_160007.html。

势必都会制约省级政府对一流大学建设统筹优势的发挥,无形之中还在中央顶层设计与高校基层创新之间形成了一定程度的"中梗阻",这样既不利于中央"双一流"战略的落地生根,也不利于对高校基层创新的认可与支持。

与教育部官员的宏观判断相一致,龚放教授从对江苏省过去 20 多年的高等教育改革实践的考察与反思过程中进一步印证了这种省级政府"中梗阻"现象确实存在。为了打通这种"中梗阻",他还提出了省级政府"中层突破"的新思维。[1] 20 世纪 90 年代初期,江苏外向型经济已成为新的"成长极",对高等教育人才培养数量、质量提出了更新、更高的要求,90 年代中期,江苏省人均 GDP 已达到 1000 美元,民众接受高等教育的需求也更加迫切。为此,江苏省委、省政府审时度势地做出决定,从 1996 年开始普通高校"每年增招一万人",比 1999 年的全国高校扩招提前了三年,而当时国家教委却三令五申控制高等教育发展规模。率先扩招之后,为了扩大办学资源,加快推进高等教育大众化进程,1998 年,江苏又开始率先探索建立"公有民办二级学院",然而这种探索依然没有得到国家教委的肯定,直到五年之后的 2003 年,教育部才以"独立学院"的方式认可了江苏的这一改革新举措。正是由于"教育决策层级偏高,有关部门管得过多过细",当时江苏的这些改革创新举措面临着巨大的压力和风险,南京大学金陵学院和东南大学成贤学院都曾一度被叫停,但江苏省主要领导和教育主管部门敢于担当,顶着压力,不怕点名批评,实现了"中层突破",赢得了改革先机,极大地改善了教育民生,有力地支撑了江苏经济社会的可持续发展。

---

[1] 龚放、徐高明:《现代大学治理的理性思考与实践探索——龚放教授专访》,《苏州大学学报(教育科学版)》2017 年第 3 期。

(三)非均衡化的重点高校体制造成了高校同位趋同的"内卷化效应"

新中国建立以来,在"穷国办大教育"的背景下,我国的一流大学建设工程始终采取的是一种非均衡化的重点大学建设策略,这种重点高校体制一直延续至今,最早可以追溯到20世纪50年代教育部确定建设六所"重点高校"。1978年,国务院批转教育部《关于恢复和办好全国重点高等学校的报告》,决定恢复建设一批重点高等学校。20世纪90年代中期,又陆续启动了"211工程"和"985工程",旨在重点建设100所高校和一批重点学科,建设若干所世界一流、国际知名的高水平大学。进入新世纪,继续立足于社会主义初级阶段这个最大国情和最大实际,2015年开启了"双一流"建设,延续和拓展了一以贯之的重点大学建设政策。客观地说,我国重点大学建设的效率优先、非均衡发展的举国体制是特殊时期的特殊政策,取得了明显的成效,大大缩小了与世界一流大学的差距,进一步提升了我国重点高校的地位和竞争力,在一定程度上也带动了我国高等教育整体水平的提高。不容回避,同时也因为忽视了对那些非重点大学的投入和关注,我国高等教育总体质量上参差不齐,偏离了高等教育民主化和平等主义的理念,拉大了重点高校与普通高校之间的差距,造成了一种很不平衡、很不充分的发展,而急速的高等教育大众化进程又进一步加剧了这种两极分化。

这种长期的非均衡的重点高校体制是一种自上而下的、非竞争性的政策机制,再加之筛选标准不明确,选拔和评估过程的透明度也远远不够,在整个建设过程中主要体现了政府和官员的意志,造成了重点高校建设的竞争缺失、身份固化。2017年公布的第一批国家"双一流"名单囊括了所有的"985工程"和"211工程"高校,只新增了25所非985、211高校,它们大多是一些特色鲜明的行业类高校,重点扶持了一批艺术类高校和中医药大学,这就宣告这一轮国家"双一流"建设基本上与绝大多数的非重点建设高校关系不大。再加之近年来国家关于专科升本科、普通本科院校"创大(学)、申博(士点)"的政策空间进一步收窄,这就大大压缩了绝大多数普通高校的生存空间,几乎关闭了唯一的上升通道。因此,虽然非重点高校具有强烈的向上"学术漂移"的冲动,但是最终也只能局限于一个简单层次上的自我重复,造成了非重点高校同位趋同的"内卷化效应"。这就意味着这些非重点高校将会耗费着有限的资源,重复着简单的步伐,故步自封、自我懈怠、裹足不前,既没有改变现状的途径与办法,也失去了改变现状的信心。

四、一流大学差别化发展的对策建议

在当前加快"双一流"建设背景下,如何有效克服上述一流大学差别化发展的现实困难,切实推进基于分类分层的一流大学差别化发展,显得更为重要,并迫在眉睫。同样,根据"三类三层两级一主体"一流大学差别化发展框架,今后,我国一流大学差别化发展主要有以下三方面的努力方向。

(一)国家顶层设计:构建制约与使能的"双激励机制"

贾米尔·萨尔米博士根据他的高等教育生态系统理论进一步指出,世界一流大学的长远规划与实施,要密切联系国家的经济社会发展战略、中小学的改革以及其他类型高校的发展计划,要形成一个包括教学型大学、研究型大学和技术型大学的完整的高等教育系统。美国马里兰大学高等教育学名誉教授伯恩鲍姆(Birnbaum, R.)更是直截了当地指出:各个国家各个地区真正需要的其实并不是更多的世界一流大学,而是更多的世界一流的理工学院、世界一流的社区学院、世界一流的农业学院、世界一流的教师学院,以及世界一流的区域性州立大学。① 国内学者在对国外世界一流大学建设的政策与实践进行全面考察的基础上,也得出了自己的判断与结论:目前,建设世界一流高等教育体系已成为世界各国一流大学建设过程中的重要政策走向。② 还有学者针对我国重点高校建设模式的局限性和不足,特别是这种建设模式未能有效解决人才培养的多样化问题,高校升格冲动屡禁不止,明确地指出,2020 年之前,我们的工作重点主要是加强高等学校的体系建设,关键要努力促进体系内每所学校的卓越发展。③

我国《高等教育法》规定,要"根据不同类型、不同层次高等学校的实际,推进高等教育体制改革和高等教育教学改革,优化高等教育结构和资源配置"。《中共中央关于全面深化改革若干重大问题的决定》《国家中长期教育改革和发展规划纲要(2010—2020 年)》也明确指出,高等教育应当优化结构,应当建立高校分类体系,实行分类管理,以促进高校在不同层次、不同领域办出特色,争创一流。为此,早在 2006 年,教育部和财政部就正式启动了"国家示范性高等职业院校建设计划",这项计划被誉为中国高水平高等职业院校建设的"211工程"。2015 年,教育部、国家发展改革委、财政部印发了《关于引导部分地方普通本科高校向应用型转变的指导意见》,确立了地方普通本科高校应用型的类型定位和培养应用型技术技能型人才的职责使命。同年,国务院颁布了《统筹推进世界一流大学和一流学科建设总

---

① Birnbaum, R.. No World Class University Left Behind. *International Higher Education*, 2007(47).
② 叶赋桂、马莹:《从世界一流大学到世界一流高等教育体系》,《中国高等教育》2013 年第 2 期。
③ 马陆亭:《建设一流的高等学校体系》,《中国高教研究》2009 年第 9 期。

体方案》，开启了我国一流大学建设的新征程。综上所述，应该说，至此我国高等教育体系建构的法律、法规、政策的基础条件已经基本具备，研究型、应用型、职业技能型高校分类发展的架构也已初步成形，但问题是还缺少一个总领性的政策文件或者法规条例。为此，国家层面要通过顶层设计把横向上研究型、应用型、职业技能型高校的分类，以及纵向上地方一流、国家一流、世界一流的分层，整合到我国一流大学建设的整体框架之中，形成我国一流大学建设"总体规划、分级支持"的完整的保障体系。从而，进一步明确我国高校的分类分层体系，统筹同步推进差别化的一流大学建设，实现横向分类上规制性激励（消极激励）、纵向分层上诱导性激励（积极激励），构建一套制约和使能的"双激励机制"，促进形成一个和谐的高等教育生态系统。

（二）地方统筹推进：积极开展一流大学建设的差别化探索

2015年10月13日，习近平总书记在中央全面深化改革领导小组第十七次会议的重要讲话中指出："中央通过的改革方案落地生根，必须鼓励和允许不同地方进行差别化探索。全面深化改革任务越重，越要重视基层探索实践。"我国"双一流"建设的总体方案和实施办法也提出，省级政府应结合经济社会发展需求和基础条件，统筹推动区域内有特色高水平大学和优势学科建设，积极探索不同类型高校的一流建设之路。这就非常清楚地告诉我们，差别化探索是新时期的改革方法论，是顶层设计和基层探索的有机结合。因此，我国"双一流"建设要得到全面有效的推进与落实，就必须准确把握"双一流"政策的顶层设计与分层对接，必须依靠省级地方政府的积极的差别化探索。

首先，中央与省级地方政府要明确各自的分工与责任重点。根据"三类三层两级一主体"一流大学差别化发展框架，中央政府主要负责世界一流大学的建设工作，可以根据国家经济社会发展对人才需求的类型结构情况,按照一定的比例在研究型、应用型、职业技能型高校中分别遴选一批具有国家一流水平的高校与学科(专业),进行重点建设冲击世界一流水平,争取进入世界一流的行列甚至前列,参与全球范围内的大学与学科(专业)竞争。而省级地方政府主要负责国家一流和地方一流的大学与学科(专业)建设,根据地方经济社会发展对人才需求的类型结构情况,按照一定的比例在研究型、应用型、职业技能型高校中分别遴选一批具有地方一流水平的高校与学科(专业)进行重点建设,冲击国家一流水平,争取进入国家一流甚至世界一流的行列,主要参与全国的大学与学科(专业)竞争。这样既能保证三种类型高校的有差异的平衡发展、充分发展,保证国家集中有限资源重点建设一批世界一流水平的大学与学科专业,又能保证国家一流、地方一流甚至暂时还未入流的高校发展有动力、有希望、有奔头,既守住本分,又不安于现状。

其次,中央与省级地方政府要密切配合、上下联动。在我国,必须合理平衡中央权威体制与地方有效治理的现实张力,既要维护中央权威地位、保证政令畅通,又要充分激发地方政府的治理活力。[1]因此,在推进一流大学差别化发展的过程中,为了调动地方政府的积极性,中央政府要及时给地方授权,除了行政授权外,根据新修定的《立法法》,全国人大及其常委会还要授权省级人大及其常委会,按照法律程序对于各地在一流大学建设中的改革创新试验试点工作做出必要的授权,做到重大改革于法有据。地方政府则要坚持一切从本地经济社会的实际出发,因地制宜,聚焦高等教育中的关键领域与核心问题,通过地方差别化的改革试点探索,形成在一定范围内可复制、

---

[1] 周雪光:《权威体制与有效治理:当代中国国家治理的制度逻辑》,《开放时代》2011年第10期。

可推广的改革经验,以创新的改革成果来赢得中央的认可和支持,并为国家高等教育的顶层设计提供更多经验,切实推动顶层设计和地方探索实现良性互动、有机结合。除了授权外,在一流大学差别化的改革实践中,中央还应以法律法规等方式建立必要的试错、容错机制,支持地方大胆创新试错,并在合理范围内宽容豁免地方"改革失败"的责任。

(三)高校自主发展:在使命和区域范畴内追求一流和卓越

第一,目标定位的差异化。所谓定位,简单地说,就是避开竞争对手的强势,或者利用其强势中蕴含的弱项,确立自身最具优势的位置。作为一流大学建设的主体,高校首先要在分类分层体系中确定自己的类型定位和层次定位,根据自身的办学传统、办学资源和办学特色,确定自己在研究型、应用型、职业技能型中到底属于哪一类,这是身份定位,至关重要。除了横向类型上的类型定位,还要进行纵向上的层次定位,就是要确定自己在所在类型中处于地方一流、国家一流、世界一流中的哪一个层次,以及经过一定时期的努力想要达到哪一个更高的层次,这是地位定位。明确了横向身份和纵向地位这两个维度上的位置,这时高校的定位就基本清晰了。接下来就是高校的服务面向定位,或者叫使命定位。阿特巴赫就曾指出,在全球排名这一意义上,不可能所有的大学都成为世界一流大学,但是它们在完成其特殊的使命、在地区或国家层面上可以成为世界一流,所有大学都可以在使命和区域范畴内做出最卓越的工作,因此,从这个意义上说,所有的大学又都可以成为世界一流。[①] 所以,我

---

① 菲利普·G·阿特巴赫主编《世界级大学领导力》,姜有国译,中国人民大学出版社2014年版,引言第2页。

国高校首先要立足于自身的特殊使命以及所在地区,在其使命和区域范畴内追求一流和卓越,进而在国家的振兴和人类命运共同体的建设中发挥自己独特的作用,做出自己应有的贡献。

第二,发展策略的特色化。虽然从世界一流大学建设的实践来看,后发外生型的发展道路是可行的,但在我国这样一个基础较薄弱、过程速成的改革实践中,一般来说,高校要想实现全面一流,必将困难重重,甚至欲速而不达,而选择向特色化迈进,在特色办学中去寻求跨越式发展的目标,却是一个明智的战略选择。同时也只有特色办学才是把科学定位、安于本位与谋求跨越、实现突破有机地联系在一起的纽带,它将赋予合理定位、安于本位以积极的内涵,从而,使每一所大学都有争夺"一流"的可能性。[1] 因此,一流大学的差别化发展要有为有不为,求精不求大,在改革发展中形成与区域、国家经济社会的环境和资源条件密切关联的独特的政产学研用合作模式、学科专业结构、人才培养和办学模式,服务、支撑和引领区域、国家经济社会发展,最终走出一条我国一流大学建设的特色化之路。

第三,制度保障的精准化。贾米尔·萨尔米博士认为,世界一流大学的出色表现,从根本上可以归因于在顶尖大学起作用的三组互为补充、缺一不可的因素群:人才汇集、资源丰富和管理规范,它们之间的相互作用是世界一流大学最为显著的关键特征。因此,高校的自主、可持续发展还依赖于上述三个方面的体制机制保障:一要建立具有国际竞争力的人才制度,构建国际化的"精英圈子",打造试验性的"人才特区",提供高效便捷的"一站式服务",吸引世界范围内的优秀学者和学生;二要优化办学资源有序流动、合理配置的机制,在保

---

[1] 张德祥:《高等教育的整体优化与大学的科学定位特色发展》,《中国高等教育》2005年第1期。

证有限经费和资源向学校的重点领域、特色方向倾斜的同时,还应具备一定的资源统筹能力,着力推进国内外、省内外、校内外协同与合作,实现资源共享、共同发展、多方共赢;三要切实提高学校治理的现代化水平,建立和完善学校依法按章办学的管理制度和监督办法,基本形成政府依法管理、学校依法按章自主办学、社会各界依法参与和监督的全新格局。

五、结语

长期以来,分类分层发展一直是我国高等教育与一流大学建设追求的理想目标,也是困扰高等教育改革发展的软肋。"三类三层两级一主体"一流大学差别化发展框架,基于生态系统理论、差异化战略理论以及前人的研究,对我国一流大学建设的目标、路径、保障等相关核心要素进行了有机整合,是关于我国一流大学建设差别化发展的全方位、多层次、宽领域、成体系的认识、思维和原则。这个发展框架既较好地解决了我国一流大学差别化发展过程中分类分层的技术层面的难题,还对我国一流大学差别化发展的体制机制层面的创新提出了具有现实针对性的改革主张与对策建议。因此,这个发展框架是对以往关于一流大学研究中的经验性、单向度等不足之处的重要突破,必将进一步提升我国一流大学差别化发展的理论层次及其实践价值。同时,本研究虽然尝试构建了一个较为完善的"三类三层两级一主体"一流大学差别化发展总体框架,但对一流大学差别化发展过程中各类各层的具体标准和特征并没有做更加深入细致的探讨;其次,无论是横向分类还是纵向分层,都是一个连续体,但本研究在强调分类分层的同时并没有更多地涉及各类各层间的互联互通、合作互补等方面的内容;再者,在当前管办评分离改革、放管服改革的新背景下,央地两级政府在一流大学差别化发展中的分权与合作以及大学的自主发展等问题还需做跟进式讨论。这些都是今后值得进一步研究的重要主题。

中国新型大学的新特质与新样态*

顾永安

新建本科院校是我国高等教育大众化背景下产生的一种新型高校,教育主管部门的关注关切和一些学者的研究重心,已经从时间维度转向性质维度,从新建本科院校的"新建"转向"新型"。2014 年 6 月,教育部等六部门印发了《现代职业教育体系建设规划(2014—2020)》,明确提出"鼓励举办应用技术类型高校,将其建设成为直接服务区域经济社会发展,以举办本科职业教育为重点,融职业教育、高等教育和继续教育于一体的新型大学"。这是国家文件中首次明确将应用型高校建设成为新型大学。笔者在主持的教育部"中国新型大学研究"课题成果中认为"新建本科院校转型的目标取向和发展趋向是要构建一种新的高校形态即新型大学,新型大学是相对于传统研究型大学而言的、以新建本科院校为主体的、以应用型为核心特

---

* 基金项目:2015 年教育部人文社会科学研究规划基金项目"中国新型大学研究"(15YJA880021),主持人:顾永安;2015 年江苏高校哲学社会科学研究重点项目"江苏省地方应用型本科院校特色发展研究"(2015ZDIXM031),主持人:顾永安。

征和办学理念的、与地方经济社会发展紧密联系的、以培养高素质应用型本科人才为根本指向的新型高校"[1]。新型大学到底"新"在何处？新的内在特质是什么？新的样态是怎样的？对新型大学新特质与新样态的研究，即新型大学"是什么"的元理论研究，将对于新型大学"应如何发展"提供正确的理论支撑和科学的方法论指导，也将对推进具备条件的普通本科院校向应用型转变提供理论指导。

一、中国新型大学的新特质

中国新型大学"新"在哪里？这种"新"可以体现在新理念、新道路、新经验、新探索、新模式等，但中国新型大学有别于老牌传统大学的是其新颖的内在特质，可以概括为"四个新"[2]。

（一）"新历史使命"：为地方发展服务

新型大学兴起于我国经济社会转型和高等教育大众化的大背景，具有不同于传统大学的新历史使命，即立足地方培养应用型人才、服务地方经济社会发展、引领地方文化建设。就本质而言，新型大学设置目的之一就是服务地方社会发展。美国49位大学校长于1990年联合发表《都市大学宣言》宣称，为适应社会的挑战，要建立一种成功的新型大学，"使之在接受高等教育全部教学、科研和社会服务传统价值观的同时，要增加自己服务都市地区的责任，利用人力和财力资源改善生活的质量"。《都市大学宣言》和2014年《驻马店宣言》、2016年《成都共识》都明确将服务社会作为地方应用型本科高校

---

[1] 顾永安：《转型视域下新型大学内部管理体制改革的思考》，《应用型高等教育研究》2016年第1期。

[2] 顾永安等：《新建本科院校转型发展论》，中国社会科学出版社2012年版，第53—75页。

的使命。面对所在地方社会经济发展的现实需要,新型大学要放弃封闭办学的思想,勇于承担社会责任,主动由地方社会的边缘走向中心,积极参与地方社会建设,融入地方社会发展的进程。新型大学还应该自觉承担起引领社会的历史责任,不狭隘地理解"服务社会",不将"服务社会"简单地等同于"适应社会",不仅仅满足于走入社会的"中心",而更应勇于走在社会的"前列"引领地方社会发展。需要特别指出的是,新型大学毕竟只是一所普通的大学,而不是一个万全机构,不应该刻意地拔高自己去承担力所不及的责任,更不能将自己的所有注意力投向一切社会问题。新型大学在承担引领社会发展的责任时,应该有所选择、有所为有所不为。

(二)"新大学精神":参与式建设

大学使命是大学精神的具体体现和外在形式,是依据大学精神进行的行动实践。新型大学之"新",最核心、最本质的就在于它有着新的大学精神。一方面,新型大学的"新大学精神"是"大学精神"的当代表现形式,它与传统大学精神是一脉相承的。另一方面,她又有着不同于传统大学的新的特质。传统的大学精神,一方面主要集中在自由、民主、科学、人文、批判、创新等永恒价值上,强调大学对世俗世界保持一种超越的态度,作为社会的良心和精英,冷静地批判社会并引领社会前进的方向。另一方面,也存在着一定程度的对大学精神做"精神化"理解的倾向,将大学精神简化为一种高贵的、精神性的东西,否定物质性的、功利性的、粗俗的东西。这些理解是与传统大学的职能相一致的。但是在高等教育职能进一步拓展后,就必须增加新的精神理念,这就是"服务"或"参与"精神。如果说纽曼式大学的大学精神在于单纯地传播人类文明的精华成果、培养有教养的文明人,洪堡式大学的大学精神在于研究高深学问,那么,新大学的精神则在于直接服务社会、参与社会发展。从旁观式的批判、超越、引领进发到参与式的建设,其教学和科研都以服务为导向。综合分析新型大学产生的背景与使命,我们发现,新型大学最突出的特质就是强调与社会的直接互动,高度重视和突出"服务社会"职能,以"服务"(多样性、多元化的社会需求)为导向,通过"参与式建设",深度融入社会进步的现实进程。

(三)"新质量标准":社会性标准

新型大学之所以要有新的质量和质量标准,根源在于其使命与精神之新、职能和目标之新。这也决定了新型大学的教育质量必须坚持"社会性标准",并在此质量标准下,合理把握"个适性质量(标准)""内适性质量(标准)"和"外适性质量(标准)"之间的关系。"个适性"高等教育质量(标准)是与纽曼式大学理念相一致的,关注的是"个体的人",培养的是"自由发展"的人,而不是这些人能够为"社会"做些什么。"内适性"高等教育质量(标准)是与洪堡式大学理念相一致的,关注的是培养具有明确发展方向和专长的人。而"外适性"高等教育质量(标准)是与"威斯康星思想"相一致的,在这种大学理念下,高等教育培养的也是普通的、博雅的或全面发展的人,具有明确发展方向和专长的人。但是,与研究型高等教育不同的是,应用型高等教育培养的不是发现新知识的研究者,而是培养将知识技术应用到现实中去、直接推进社会文明进步的实践者。在这三种质量(标准)中,"个适性"是基础性和前提性的,这就要求所有高校都要将培养人放在首位。对新型大学来说,在"个适性"的基础和前提下,更多考虑以"满足需求"为核心的外适性教育质量标准而非以"知识本身"为核心的内适性教育质量标准,着重追求的是"社会性"("外适性")而非"学术性"("内适性")质量。也就是说,注重"学术性"还是"社会性",已经成为研究型高等教育与应用型高等教育在高等教育质量上的最本质的区分。需要说明的是,新型大学注重"社会性"标准,不仅不会冲淡和否定高等教育培养人的本质,反而是对新型大学内在新质的科学把握,只有在这个新的质量标准或质量观的统领下,新型大学才能合理处理好教学、科研、服务三者之间的关系,找准自己在整个高等教育系统中的位置。

(四)"新教育模式":产学研合作

新的历史使命、大学精神与质量标准,将会导致新型大学产生新的发展模式。新一轮新建本科院校本科教学工作合格评估、地方本科院校向应用型转变都导向了产学研合作,既符合社会发展的趋势和规律,也符合新型大学自身发展的趋势和规律。从学校发展战略层面看,产学研合作表现为学校在与地方经济社会的互动中发展,也即"校地互动""产教融合"。从学校教育教学活动层面看,产学研合作体现为一种教学模式、人才培养模式,也可以体现为一种新的教育模式。与传统研究型大学强调"教学与科研相结合"相比,新型大学更加强调产学研合作,既将"知识传授""知识创新""技术开发""现实生产"相结合,也将高校人才培养、科学研究、服务社会的三大职能相结合,使大学与整个社会发展的联结更加紧密。新型大学需要超越将产学研合作作为单纯的教学模式或人才培养模式的传统范式,将产学研合作上升为一种新的教育模式,在关注应用型人才培养的同时,关注技术研究、开发、转化、应用和培训,关注高校通过产学研不断强化的服务社会的职能,关注多样化、多元化高等教育市场需求的变化并做出灵活反应与变革。

二、中国新型大学的新样态

从新建本科到新型大学涉及高校内在特质、顶层设计、内涵建设、综合改革各方面的整体性变革,新建本科院校能否成功转型为新型大学,关键要看这些高校是否体现了新的历史使命、大学精神、质量标准、教育模式等新的内在特质。基于新的历史使命、新的大学精神、新的质量标准、新的教育模式等内在特质形成的新型大学,它们发展的图景以及未来的样态是怎样的?笔者尝试对中国新型大学未来可能呈现的样态进行研判和描绘。

(一)中国新型大学是高水平应用型大学

随着高等教育规模的扩大,尤其是大众化和普及化的到来,整个高等教育从学术型和研究型转向应用型已是大势所趋。无论是西方国家正在出现的高等教育中的新职业教育主义还是我国高等教育实践中应用型人才、应用型专业、应用型院校以及应用型本科教育和应用型高校的快速扩张都表明,"应用"正在成为新时期高等教育发展的强劲动力。[①] 无论是院校自发自为探索、国家政策指导、政府引导推进、院校自觉自主探索,还是从 2006 年新建本科院校 30%定位应用型到 2016 年 100%定位应用型的调查研究结果来说,都显示将以新建本科院校为主体的新型大学定位为应用型大学,这已经成为众所周知的共识与无须争论的定论。正如教育部高等教育教学评估中心相关负责人在发布 2016 年度中国高等教育系列质量报告时表示,目前已呈现出"部分院校已具备新型应用型大学的雏形,成为应用型本科的领跑者;更多的院校正在应用型道路上行进,还有一批应用型大学正在萌芽、成长"的繁荣景象,可以说新建本科院校转型正在路上。

应用型是高等教育发展到一定阶段的必然取向,应用型已经成为新型大学的核心特质和关键理念。新型大学要充分认识并牢固确立以"应用型"为核心的办学理念,使应用型与职业性、行业性、产业

---

① 王建华:《高等教育的应用性》,《教育研究》2013 年第 4 期。

性、技术性、实践性、创新创业、就业取向等密切关联，并在学校办学理念、校训校风、人才培养理念上得到充分体现。如常熟理工学院的"注重学理、亲近业界"、上海电机学院的"技术立校、应用为本"、上海第二工业大学的"厚德、厚生、厚技"、厦门理工学院的"关产业痛痒、应产业所求、纳产业精华、为产业服务"和成都工业学院的"手脑并用、学做合一"等理念都很好地体现了这类院校"应用型"的办学定位与核心特质。新型大学落实"应用型"的办学定位与核心特质，要坚持应用型办学以服务地方和区域的服务面向为主、以培养应用型本科人才为主、以开展教学工作为主、以开展应用型的科学研究为主的"四个为主"方略，坚持应用本科教育的较高层次性、专业性与学科性、开放性、人文性"四个并存"的属性。在工作推进中，要注意引导尚未实质性地转向应用型的新建本科院校加快向应用型转变（塑型、成型），引导应用型建设已经具有一定基础的新建本科院校将应用型进一步深化细化具体化，并加快建设高水平应用型院校（定型、强型）。

2015年，安徽省出台《关于地方高水平大学立项建设分类发展的意见》，将重点建设10所地方应用型高水平大学，提出"以全面服务支撑地方经济社会发展为目标，以应用型人才培养和应用性科学研究为主要任务，以应用型学科和专业群、双能型师资、模块化课程等为重点，集聚社会资源，共建共享资源，形成校校、校企、校地及国际合作协同育人的长效机制"，着力构建区域特色的应用性高等教育体系。2016年，广东省出台建设3所高水平理工大学、建设18所一流高职院校的政策。高水平大学建设不再是仅以研究型大学的发展作为评价标准，而是要追求多层次、多类型的高水平大学。从安徽、广东等省域探索来看，高水平大学政策已经涵盖了研究型大学、应用型大学、高职院校等不同层次、不同类型的高校。正如有学者认为：

高水平大学不是"一"的概念,而是"多"的概念;高水平大学不是绝对概念,而是相对的概念;高水平大学不是"狭隘"的概念,而是"包容"的概念。[①]

如果说"应用型"是新型大学的办学类型定位和人才培养类型定位,"高水平"则是新型大学的办学目标定位和发展品质要求。新建本科院校从合格本科院校的"新建期"建设到应用型本科高校的"新形态"塑造,再到"新型大学"的"新特质"形成,"应用型"始终是其核心要义和内在特质,转型发展的目标趋向是建成一所合格本科院校、应用型本科院校,甚至是建设一所高水平的应用型大学。此处的"高水平"是同类型院校中的高水平,要求高校注重内涵建设,提升教育质量,确定比较优势,培育办学特色,打造大学品牌。因此,建成一所高水平应用型大学可以作为新型大学的新的目标和新的追求,高水平应用型大学体现了学校类型定位与发展目标定位的有机统一,也就是说,新型大学是应用型高校中的高水平大学,同时,新型大学也要努力成为高水平的应用型大学。常熟理工学院坚持以"办应用型本科院校"为工作主线,致力于建设特色鲜明、质量著称的应用型品牌大学,应用型品牌大学与应用型高水平大学一脉相承,品牌所指的高质量、有特色、知名度、美誉度、核心竞争力就蕴涵了高水平的内涵。据笔者调查,一般升格本科"新建"15 年左右的院校中,大多数院校将申报专业硕士学位授权点,提升办学层次,更名大学作为新的目标与追求。已经更名大学的临沂大学、上海应用技术大学、北部湾大学等,拟规划申请更名的合肥学院(合肥大学)的目标定位并没有随着学院可能升级为大学改变应用型的类型定位,仍然将办学目标确

[①] 刘晖、李晶:《省域高水平大学建设政策:历史演进与价值选择》,《高等教育研究》2017 年第 3 期。

定为高水平应用型大学;国家发展改革委员会等三部委遴选的全国100所产教融合发展工程建设规划项目院校中有1/4为老本科院校,如温州大学、辽宁科技大学、天津职业技术师范大学、五邑大学、湖北师范大学、聊城大学等,说明一些老大学在理性回归应用型,这些高校在转型发展后,办学目标定位同样锁定在高水平应用型大学!

(二)中国新型大学是多样性有特色的大学

我国高等教育正在向普及化发展阶段迈进,其显著特征就是高等教育的多样化发展和满足受教育者多样化的高等教育需求,这必然要求大学走多样化、个性化、特色化的发展道路。特别是推进"双一流"建设和高水平大学建设的同时,需要做好不同层次不同类型的高等教育,尽快形成一个协调、健康、完整,具有特色、世界水平的现代高等教育体系和生态。[1]

我国新建本科院校是高等教育大众化背景下兴起的一批地方本科院校,是一个丰富多样、复杂多元的院校群体,向应用转型发展不能简单化、一刀切![2] 2006年前后,全国有30%多的新建本科院校提出类型及目标定位是研究型、教学研究型;2016年,100%的新建本科院校明确定位为"应用型"。在"应用型"高等教育新生态中,应当是"繁花盛开""春色满园"而不是"单一物种""一花独放"!一些新建本科院校理论研究和实践探索,既没有沿袭中国传统大学的发展之路,也没有简单照搬别人的办学经验,而是勇于开拓新道路,展开了我国"新大学"多样化发展的立体画卷,这些院校在向"应用型"的转型发展中做出了新的、开创性的、有益的探索。如常熟理工学院的"应用

---

[1] 徐高明:《省域高水平大学建设的体制机制创新与存在的问题》,《高等教育研究》2017年第3期。

[2] 顾永安:《新建本科院校转型不能"一刀切"》,《中国教育报》,2015年6月18日。

型品牌大学"、上海第二工业大学的"职业导向的高等教育"、厦门理工学院的"亲产业大学"、宁波大红鹰学院等院校的"教学服务型大学"、合肥学院的"高水平应用型合肥大学",等等。这些高校在以"应用型"为核心特质的类型定位前提下,提出了学校不同的奋斗目标和发展愿景,体现了"应用型"同质下的目标愿景的多样性和多元化。

新建本科院校群体自身的复杂性和多样性要求新型大学面对新时代新形势、新任务、新使命、新要求,必须勇于创新,探索新的发展道路和发展模式。新建本科院校群体"应用型"同质化背景下目标愿景及其实施路径的多样性和多元化,就要求新型大学必须更加注重创新,办出自己的特色,闯出自己的出路。有人担心新建本科院校向应用型转变会导致新的"同质化",即"千校一面"的应用型定位,同时也会带来这些大学在办学理念、办学定位、组织结构、治理模式、人才培养、专业设置、课程内容、评价方式等诸多方面逐步趋同[①],也即"趋同化",这可以理解为"同质趋同"现象。因此,中国新型大学的建设发展应当追求"同质异构",这是对大学"同质趋同"现象的扬弃与超越,也就是要引导和鼓励高校在向应用转型发展的同时,注重以特色求得发展,以特色形成优势,走出一条中国特色新型本科院校发展之路,努力把学校办成中国特色社会主义新型本科院校。

(三) 中国新型大学是创业型大学

伯顿·克拉克在《建立创业型大学:组织上转型的途径》(1998)和《大学的持续变革——创业型大学新案例和新概念》(2004)中,具体分析了特文特大学、沃里克大学、斯特拉斯克莱德大学、恰尔默斯技术大学和马凯雷雷大学等高校的转型创业实践。这些当时属于欧洲二流、三流的大学,在政府削减办学经费的情况下,高校要求得生

[①] 王小梅:《理性对待我国大学"同质化"问题》,《文汇报》,2016年9月23日。

存和发展,就必须以积极主动的心态面对外在环境和内在发展的变革需要,努力寻求多元化的资金来源、积极争取尽可能多的大学自主自治权利。

我国新建本科院校与其有很大的相似性,新建本科院校办学中面临来自内外环境的挑战,国家办学资源主要投给985、211大学、"双一流"大学,在市场经济背景和高等教育倾斜性投入政策导向下新建本科院校办学经费、资源、平台都十分短缺,民办本科高校的劣势更为明显。新建本科院校大多数正处于第一次办学原始资本积累期、艰苦创业期、转型发展期、特色培育期以及发展中的矛盾和困难的叠加期。这就要求新建本科院校要主动面向市场,突破资源经费约束瓶颈,争取各类办学资源经费,培育创业文化和创业精神,走创业型大学的发展道路,通过创业求得生存空间,赢得发展机遇。笔者曾经在《新建本科院校转型发展论》中用中外高校发展的实例进行案例分析与比较研究,论证了在中国国情下发展"创业型大学"不仅是合理的,而且有可能性。并得出五条重要启示:坚定不移地走转型发展之路;重视转型发展中校内外各方面因素的协同配合;面临发展困境与难题,必须确立"问题就是机遇"的态度;善于抓住转型发展的关键问题并着力解决;形成强有力的学校领导核心与驾驭团队。龚放教授也指出通过精选国内外案例,两相对照,不仅拓展了视野,而且更加有说服力地论证了此类"新大学"的转型发展目标,也许就是伯顿·克拉克所倡导的"创业型大学"。[①] 三亚学院创业的"出世计划""正常办学""走向卓越"三个阶段实践、福州大学建设创业型大学的成功探索、常熟理工学院借鉴创业型大学理念在国内率先推动新建本科院校转型发展,都佐证了创业型大学可以成为中国新型大学的

[①] 顾永安等:《新建本科院校转型发展论》,中国社会科学出版社2012年版序。

发展理念与发展模式借鉴。

（四）中国新型大学是开放型大学

何谓开放型？也指开放性、开放式、开放态。"型"是开放的、多样的、不断丰满的，而不是固定不变的僵硬物。"新型大学"不应该是已经成型、结构固定、维度清晰和可以静观的现实存在物。[1] 开放型首先体现在新型大学开放的理念、战略上，高校要面向社会，寻求社会资源，争取社会支持，提升服务社会能力，要积极实施开放兴校、校地互动、市校互动、产教融合、校企合作等战略，同时将开放的理念与战略落实到新型大学办学者、高校领导干部和广大师生应当有开放的姿态心态、胸襟视野、气度气质、方略方法等方面；其次体现在新型大学开放的面向与机制上，开放的面向主要把握"四性"，即地方性、区域性、行业性、国际性，同时要构建相应的开放机制，如落实部省、省市共建机制，实施协同育人与协同创新机制，成立校地合作领导小组及校地合作相关机构，面向行业产业创建行业学院、产业学院、产业特色学院，面向国外开展中外应用型人才培养模式的探索；再次体现在新型大学开放的程度上，高校与地方政府行业企业事业单位要主动交往交流交融，从互动性到合作性再到融合性，在互动中合作，在合作中融合，在融合中发展；最后体现在新型大学开放的内容上，开放办学涉及高校职能的各个方面，特别是围绕应用型人才培养模式改革的开放。

在将开放型落实到人才培养层面上，教育主管部门提出了明确的工作思路与要求，不少高校将开放办学作为发展战略或列入发展规划并进行了探索。教育部高等教育司在 2015 年工作要点中明确提出要推进"八个共同"，加强与相关部门和行业企业共同制定培养

---

[1] 柳友荣、廖文秋：《新型大学："型"在何处》，《重庆高教研究》2017 年第 4 期。

标准、共同研制培养方案、共同完善课程体系、共同开发教材、共同建设"双高双师双能结构型"教学团队、共同建设"六合一"(融学生见习实习、就业,教师业界研修、产学研究,业界导师来源及高校对业界员工培训于一体)实践基地、共同实施培养过程、共同评价培养质量;安徽省强调高水平应用型大学建设要推进"五个引入"(引入职业资格标准修订完善专业人才培养规格标准;引入行业标准修订完善专业建设标准;引入企业核心技术标准,修订完善专业核心课程标准;引入行业企业专家组建专业教学团队;引入行业企业参与人才培养工作,在院系、专业和学生导师等多层次上实现校企深度"双元"合作);常熟理工学院在开放办学中,顺应苏南特别是苏州地区产业转型升级需求,调整学科专业结构布局,形成了紧密对接区域产业链的6大应用工科专业集群;实施"行业企业+专业"协同育人计划,校企合作基本覆盖所有学科及主干专业,每个专业都有校企合作教育项目;与常熟市共建"产业经济创新创业教育学院";创新"行业学院"校企合作机制与人才培养模式,通过省市共建、校地互动,与地方政府、行业企业共建了光伏科技学院、电梯工程学院等多个行业学院,与行业企业深度融合、协同育人。

(五)中国新型大学是创新性的大学

当前,我国经济社会发展到了新阶段,创新驱动发展战略的实施,创新引领发展已经成为时代的最强音。各国都在寻找科技创新的突破口,抢占未来发展的先机。以知识资源为基础,以创新能力为核心的国家之间的竞争格局正在形成。各国战略选择都是聚焦在大力培养创新型人才,提升国家创新能力上。高等教育是创新的第一动力,在创新型人才培养与国家创新能力提升方面都发挥着重要作用。把新建本科院校办成新型本科院校的"新",不受学校新建时间的影响,关键是要以创新精神、创新思维、创新方式、创新路径、创新举措办新型大学,创新就是要不为传统与世俗所约束限制,重在办学理念、文化精神、体制机制上的创新,重在发展模式、发展路径、实施举措上的创新。

柳友荣教授指出,"新型大学是一个需要我们不断传承、创新、超越的富有生命力的范式,它是客观存在,不以现实为规制,不为意识的疆域所局限,反映着一次次对传统大学模式的突破","新型大学既是应用型高等教育发展的目标,又是过程和结果,是新理念、新道路、新模式和新经验的有机统一。新型大学的发展历程一定是一个充满保守与创新、外部与内部、传统与变革的不断交织的过程"[①]。因此,新型大学要践行创新驱动发展战略,积极融入产业转型升级,积极融入以企业为主体的区域、行业技术创新体系,通过科教融合、产教融合、校企合作、协同创新,加强技术积累;要以解决生产生活实际问题为导向,广泛开展科技服务和应用性创新活动,提升服务区域发展的应用研究和技术创新能力;要推进制度创新与机制改革,创新人才培养机制,以此为新型大学的支撑条件与重要保障;要深化创新创业教育,建立开展创新创业教育的平台与机制,开设创新创业课程,强化创新创业意识和能力训练,推动专业教育与创新创业教育的有机结合;要建立创新创业基地,聘请有创业成功经验的人才担任兼职创业指导教师,为大学生创新创业提供综合服务。要将最重要的创新体现在应用型人才培养模式的创新上,坚持以成果导向教育(Outcome-Based Education,简称 OBE)理念引领应用型人才培养教育教学改革,创新人才培养模式,形成人才培养模式多元化格局。概言之,新型大学要以创新发展推动教学水平、科研水平和创新能力、成果转换能力、服务社会能力的全面提升。

---

① 柳友荣、廖文秋:《新型大学:"型"在何处》,《重庆高教研究》2017 年第 4 期。

(六) 中国新型大学是高成长性大学

与老大学发展到一定阶段可能常见的"天花板效应"不同,新型大学没有预设预定的、一成不变的模式,具有不可预知的高涨幅和不可限量的成长空间。新建本科院校的自然成长期、新兴高校与地方及其产业的高契合度、新型高校的"四个新"的主要特质,决定了新型大学具有高成长性。可以说,新型大学是高成长性大学。所谓高成长性大学是一般指那些在较长时期内,发展速度快、协调发展好、具有高增值能力、能够带来较大的社会效益和品牌效应的大学。

如果这些高校立足应用型的办学定位,定型、建型、强型,变问题、困境等不利为机遇,化新建、后起等弱势为优势,完全有可能在国内外同类型院校中办出特色、创出一流,英国华威大学等欧洲创业型大学成功的案例与奇迹给中国新型大学的未来发展以无限想象的空间和豪情满怀的自信,也让我们深切感受到了新型大学高成长的价值与魅力。

国外创业型大学从劣势转到优势、从小到大的发展历程,非常清楚地说明了办学质量决定了大学的成长性,大学的高成长性是新型大学最大的魅力。新建本科院校的生命周期、办学定位、办学基础、学科专业结构、区域产业形态、发展模式和领导核心与管理团队等,在很大程度上影响并决定了新型大学具有高速成长的基因。高成长公司所具有的一些特征也给新型大学成为高成长性大学启示:一是学校发展目标明确、重点突出、主攻方向明晰,将资源、资金集中在"专门的市场、专门的产品或提供特别的服务和技术",这样可以形成特色,确保在日益激烈的竞争中保持优势;二是大多数成长性好的大学首先应当主动关注和积极跟踪产业进步、技术革命和社会变革,对接区域产业结构,特别是国家支持、社会需要或紧缺、对老百姓的生产生活有帮助的行业前景好的朝阳行业,主动调整学科专业集群布局,使"产品和技术投入的市场"具有美好灿烂的发展前景;三是高成长性大学不要片面追求扩大规模,正如高成长性企业"应该在小规模或股本结构不大的公司中寻找"一样,要坚持小的是好的、小的是优的品牌发展战略,真正务实地抓好内涵建设,促进内涵式发展;四是高成长性大学应当花大力气进行新技术研究和创新,华为公司的高成长性就是建立在大力发展新技术研究和创新上,不断开发新产品,以适应市场需求。把研究发展新技术和培育新优势放在重要地位,大学才有能力超越竞争对手,自立于不败之地。

中国新型大学的高成长性还体现在这些大学具有很好的发展未来和前景:一是新型大学面临新的发展机遇,既是社会发展急需与世界潮流所趋,又有国家政策支持、主管部门强力推进与合格评估引领;二是新型大学面向新的发展愿景,"学校社会贡献度和国际影响力不断提升;地方政府对学校的依靠和支持不断增强;人才培养模式和创新创业教育特色彰显;专业学位研究生培养形成了体系和规模;人才培养质量获得社会和学生满意"[①]。

综上所述,"应用型"是中国新型大学的办学类型定位,"高水平"是中国新型大学的发展目标定位,"多样性"反映了中国新型大学的院校群体生态特征,"有特色"反映了中国新型大学的院校发展战略要求,"开放型""创业型""创新性"反映了中国新型大学的发展理念、发展道路、发展模式、发展路径特征,"高成长性"则反映了中国新型大学的未来发展空间生态特征,这些特征共同形成或勾画了中国新型大学院校群体的样态、型态与相貌。

面向未来,我们必须牢牢把握中国新型大学的"应用型"定位不

---

① 教育部高等教育教学评估中心:《新型大学新成就——百所新建院校合格评估绩效报告》,教育科学出版社 2015 年版,第 147—151 页。

动摇,必须牢牢把握中国新型大学的新特质不动摇,必须牢牢把握中国新型大学的"产教融合、校地互动、校企合作"的战略路径不动摇,必须始终坚持立足中国特色和高校实际深入研究、积极探索,中国新型大学一定会成为中国高等教育史上一场具有深远意义的重大变革和"世界高等教育的一种新类型、新范式"[①]。

---

① 教育部高等教育教学评估中心:《新型大学新成就——百所新建院校合格评估绩效报告》,教育科学出版社2015年版,第152页。

知识生产模式 II 视野中的"双一流"大学建设

王春梅　龚　放

一、引言

早在 20 世纪,彼得·德鲁克就曾预言,"未来社会最关键的资源必定是知识,知识的生产率将日益成为一个国家、一个行业、一家公司竞争的决定因素"[①]。丹尼尔·贝尔也曾指出,"后工业社会中理论知识处于中心地位,它是社会革新与制定政策的源泉",而"理论知识集中与具体化的首要机构就是大学"[②]。当今世界,社会对新知识新技术的需求越来越旺盛,大学作为重要的知识生产机构在知识社会中的轴心地位和作用日益凸显,大师们的预言正在成为现实,在此过程中知识生产活动也呈现出一些新的特征和变化。

---

① 彼得·F.德鲁克:《后资本主义社会》,傅振焜译,东方出版社 2009 年版,第 6 页。
② 丹尼尔·贝尔:《后工业社会的来临》,高铦等译,新华出版社 1997 年版,第 131 页。

（一）知识生产活动的主体趋向多元化

一方面，随着整个社会受教育人数的增多，掌握新知识新技能的人数也在相应地增长，知识的扩散速度越来越快，为知识生产主体的多元化提供了可能；另一方面，现有的办学模式和知识生产活动不能完全满足社会急剧增长的对新知识和新技术的需求，因此，一些企业、民间组织甚至个人开始涉足其中从事新型的知识生产活动。由著名科学家施一公等人发起、以培养博士生为起点、以基础性前沿性研究为支点的西湖大学，以知名企业阿里巴巴创始人马云等人发起、旨在培养新一代企业家的湖畔大学等新型的知识生产机构不断出现，知识生产活动已不再仅仅局限于大学、研究机构和学术共同体等传统的知识生产机构，新的知识生产主体在满足社会发展需求和实现既定战略目标中的作用将会越来越突出。

（二）跨学科研究的价值日益凸显

一方面，随着科学知识的迅速发展，学科间的融合和分化现象增多，新的学科不断出现，原有学科的研究人员不可能对该领域有全面的了解和掌握，因此在大学内部出现了许多跨学科的研究和合作活动，特别是在一些前沿领域和重大的科学研究项目中，这种趋势愈发明显，生物学、电子学等领域的发展都证明了这一点。另一方面，随着一些复杂问题研究的展开，仅依靠某一学科的知识和理论无法深入推进，需要跨学科的合作研究，因此，在重要的科学发现和科学研究成果中跨学科的科学研究活动渐成主导，中国大飞机的研制、北斗导航系统的研究，国外的曼哈顿计划、人类基因组计划等都是这一新趋势的成功范例，跨学科研究的价值日益凸显。

（三）新的知识生产组织机构

随着知识生产主体的多元化和跨学科活动的增加，知识生产的组织形式也在相应地发生着变化。传统的以学科为中心而设立的大学的院、系、所承担着传统的知识生产活动任务，各种国家实验室、协同创新中心、工程中心等新的组织形式不断出现，这些新组织以项目为中心，以满足国家和社会发展需求为目标，采用扁平化和网络化的组织结构，根据研究任务动态调整组织结构，有利于研究资源的合理配置和研究效率的提高。代表着当代世界最新科学研究成果的计算机、互联网、量子技术、航空航天技术等都是从这些新型的科学研究组织机构中产生的。

（四）知识资本化渐成气候

一方面，越来越多的大学不再满足于象牙塔中的教学和科研，而是积极面对社会需求，与校外的企业等机构合作进行研发活动，以加快知识转化和技术推广的进程，通过知识的流动使其及时转化为企业的创新产品，使之在实现知识经济价值的同时成为整个社会创新能力提升的知识源泉。众所周知的美国高技术产业发展的斯坦福—硅谷模式、波士顿128公路模式，无不源于大学与高技术产业的密切合作，前者源于斯坦福大学的学生和老师们的技术转移和技术产业化的活动，后者源于波士顿的麻省理工学院的一些研究试验室分化出一些新技术公司。另一方面，各国和各地政府出台的一系列鼓励知识转移和知识流动的政策，如创新创业的政策、知识产权的政策、大学科技园区的政策等也为知识资本化活动的增加提供了保障。

（五）全方位的知识生产评价体系

传统的知识生产活动主要关注的是知识的学术价值，而知识社会中对知识的评价，除了学术价值之外，还更关注它的社会价值和经济价值。因为"知识原本一直被视为属于个人层面的东西，当时却变成属于社会层面的东西。知识变成一种资源、一种实用利器"[1]。所以单一的学术评价已远远不能衡量出知识在知识社会中的价值。比如,在当代中国,国家希望通过创新能力的提升,提高国家的综合国力,成为世界一流的强国。教育部因此推出了世界一流大学和一流学科建设的战略部署,因此,对大学知识生产的评价标准也在发生着迁移,在教育部学位中心发布的第四轮学科评估指标体系中有社会服务、社会贡献、社会影响,对知识评价的内容和蕴含在其中的价值观都在发生着变化。

这些变化英国学者吉本斯等人早有洞察,在其提出的知识生产模式Ⅱ理论中有详细的研究和阐述,吉本斯等人把这种与传统的学科导向的知识生产模式Ⅰ不同,以面向应用情境中的知识生产为主的新模式称为"知识生产模式Ⅱ"。指出这种知识生产的新模式是从传统的知识生产模式Ⅰ中演化发展而来,二者既有所区别又相互联系,知识生产模式Ⅱ与传统的知识生产模式Ⅰ相互补充、相互影响,成为当代知识生产活动的新特征、新趋势。

目前,随着中国教育部双一流建设名单的正式颁布,中国建设世界一流大学和一流学科的新征程已正式扬帆启航。着眼于世界一流意味着中国大学的发展需要有全球视野和国际坐标。从美国等高等教育强国的发展历程来看,世界一流大学绝不是一蹴而就的结果,每一所令人敬仰的一流大学,都是在充满挑战与变革的环境中形成的,都经历了在适应社会发展的需求和期待中不断调整完善创新的过程。可见,世界一流大学并不是外赋的,而是大学与社会环境互动发展的结果。正如英国学者杰勒德·德兰迪所说,"作为'现代性的关键机构',大学的任务就是在社会中开放交往的场所,大学不能再像

---

[1] 彼得·F·德鲁克:《后资本主义社会》,傅振焜译,东方出版社2009年版,第8页。

旧大学模式规定的那样去教化社会,我们真正需要的是一个更重视交往的大学概念。交往分为大学与社会间新的联系、不同科学间新的联系、大学与国家间不断变化的关系"[1]。

因此,我们必须要思考,中国大学的学科如何建设才能成为世界一流学科?大学需要何种能力才能成为世界一流大学?推进双一流建设的进程,我们不妨先探究一下美国世界一流大学的成长历程。

二、案例:美国一流大学的崛起与超越

众所周知,斯坦福、卡内基梅隆等大学现在是公认的世界一流大学,它们的计算机、电子工程、材料科学、机械、人工智能等学科也是世界一流学科。在 20 世纪 60 年代前,它们在全美还不属于一流大学,在 60 年代后却迅速崛起,成为世界高等教育发展史上耀眼的新星。它们崛起与超越之路可以归纳为六大环节。

(一)办学理念的转型

斯坦福大学自建校之初起,乔丹、胡佛、威尔伯、特里西德等几任校长都一直坚持科学研究与实际价值的专业训练并重的办学理念。20 世纪初,作为一所私立大学的斯坦福在接收企业和私人基金会的捐助时出现了一系列的问题,面对不断下滑的学术声誉和财政状况,以特曼为代表的斯坦福大学时任校领导提出了重组办学模式的设想。其核心思想是"斯坦福大学不仅是一所研究型大学,还是一所可以为企业、地方、联邦政府提供高质量服务的大学"。随即,学校在发展战略和方向上做了重大调整,一方面重点开辟能引起企业关注的新领域,并为此建立新的机构。另一方面瞄准冷战背景下政府在军

---

[1] 杰勒德·德兰迪:《知识社会中的大学》,黄建如译,北京大学出版社 2010 年版,第 9 页。

工方向的投入,积极布局与政府的合作,从而形成新的资金投入渠道,推动学科发展的转型。

而卡内基梅隆大学则从学校的愿景出发,提出通过重视创新、问题解决及跨学科发展满足不断变化的社会需求,推动学校办学理念的转型,要求学校参与社会发展的重要议题并有所承诺,通过跨学科的合作和外部合作伙伴关系的建立创新学科能力,专注研究有关区域发展、国家利益和全球利益的重要问题,获得发展的资源和发展的机会。

（二）学科方向的调整

办学理念的转变首先体现在学科发展的方向上。在学科方向调整中,特曼提出两个重要标准:一是该领域是否对大多数学生有益或者与该地区重要的产业相关,他认为斯坦福应加强电子工程与无线电领域的研究;二是扩展基础研究的领域,促进基础研究和应用研究融合,在科学与工程系之间建立紧密的联系,以更好地利用大学的知识服务于社会需求。其中最典型的是将电子工程系与物理学联系在一起,选取其中的部分工程领域与相关的物理学领域共同协调发展。斯坦福著名的微波实验室就这样作为物理系的一部分被创建起来,并在50年代获得联邦政府基金的永久资助。可见,斯坦福通过重点发展尖端学科,将资源集中到少数几个关键的、具有理论和实践潜力的学科研究领域,以支持新学科的发展。而这些尖端学科的选择原则是满足国家急需,借此获取军方的订单和财政资助,同时提升学校的声誉。

卡内基梅隆大学发展优势学科的经验也充分证明了这一点,他们面对资金少、学校小、院系设置不完备的实际情况,瞄准技术革新发展的方向,以往卡内基梅隆大学重视机器人的研发与教学,当认识到信息技术的作用已远远领先于机器人科学时果断地对这一学科进行改革,创立了信息机器人技术,集中力量发展计算机科学与工程学。如今,该大学的计算机与信息技术类学科享誉世界。

此外,诸如麻省理工、霍普金斯、伯克利、芝加哥和哥伦比亚等几所美国主要的大学,在20世纪中叶改变研究方向,通过承接政府实验室的合同,获得巨额的政府资助,其中阿贡国家实验室预算大约等于芝加哥大学其余所有业务的预算,从而永久地改变了这些大学的规模,奠定了世界一流大学的基础。

(三)学科发展与产业的结合

在发展这些重点学科的过程中,将各院系与当地科学型公司联系起来成为斯坦福提升学校科研实力和学术声誉的重要途径。将研究转化为产业应用的机会长久以来很少有大学抓住,抓住机会的是少数卓越的学校,斯坦福是其中的典型代表。

在20世纪30年代,时任斯坦福电子工程学院院长特曼认为,如果不与产业界结合,其学院将永远不会成为一流的工程学院。他借鉴麻省理工学院所走的发展广泛的研究能力以及与产业界密切关系的路线,战争一结束,特曼就建议斯坦福大学应该尽快推行MIT与企业相联系的模式——建立研究中心,成立公司,并作为将斯坦福建设成为重点大学的中心战略。正是在这一理念的推动下,他积极推进大学科研成果的应用并成功创办了举世闻名的高科技产业园区:硅谷。其本人也被称为"硅谷之父"。

而卡内基梅隆大学强调以解决社会实际问题为发展目标,学校建设了一座大楼,将谷歌、英特尔、苹果等多家高科技企业和工程研究机构汇聚在这里。此外,卡内基梅隆大学还与同城的匹兹堡大学紧密合作,在校外创立联合研究中心和学术机构,帮助初创企业成长,实现学科发展与产业的有效结合。

（四）领军人才的作用

人才是连接学科和产业界的重要纽带。斯坦福大学物理系在粒子加速器的开发和使用上聘用了两个非常著名的实验物理学家：沃尔夫岗·帕洛夫斯基和罗伯特·霍夫斯塔特。物理系因此开始跻身高能物理学领域的前沿[1]，并走向辉煌，整个50年代，高能物理领域所吸引的资助最多。

20世纪中叶，落户斯坦福园区的洛克希德公司请求聘任斯坦福大学航空工程系主任尼古拉斯·霍夫，此人是美国最顶尖的从事超音速航空器研究的工程师；同时该公司还安排其气体动力公司的负责人伯谢德业余时间到斯坦福大学教课。正是这样的双向交流，使得斯坦福大学具备了从原有的研究商用飞机的结构转向导弹和空间飞行器研究的能力。[2] 对斯坦福来说，与洛克希德公司的合作一方面弥补了大学在研究经费上的不足，另一方面这样的强强联合使斯坦福的航空工程计划因此几乎在一夜之间就发展为国家重点领域，实现了学科的快速转型和成功发展，可谓一石三鸟。

（五）科研组织模式的转型

在转型过程中，随着跨学科研究和应用学科研究等复杂形态的研究工作的出现，原有的以系为单位的科研组织形式已远远不能适应研究的需要，特曼提出希望能围绕实际问题的解决而产生一种新的组织形式，而不再以学科为中心。于是斯坦福大学将科学家和工程师、学术界和商业公司集中到一起，以研究项目为中心组织各方研究人员和研究资源一起共同完成研究活动，这一行为通过建立新的

---

[1] 丽贝卡·S.洛温：《创建冷战大学：斯坦福大学的转型》，叶赋桂、罗燕译，清华大学出版社2007年版，第185页。

[2] 同上书，第165页。

跨学科的研究中心的形式正式化了,微波实验室、线性加速器中心等都是跨学科研究中心。

同样的变化也发生在了麻省理工,麻省理工通过将跨学科合作研发的多种要素重新整合,设立了学校的第一个大规模跨学科多功能的研发组织雷达实验室,该机构按照与军方的合约提供相应的知识和服务。

在这些跨学科的研究中心,学科建设的组织形式发生了质变,不再限于纯粹的学术组织,不再是传统的单一的科学实验,而是应用与基础相融合的研究机构,知识生产的方式也在发生着变化,形成了新的研究形态。这种大学、企业和军方之间的合作研究,重塑了大学的角色和功能。

(六) 创新的制度保障

在推行这些新方向时,不可避免地会与现有的学科发展模式发生冲突,面对重重压力,特曼等人坚持发展方向不动摇。特曼曾说,"如果斯坦福大学的管理者不对学校的办学模式和办学理念进行必要的改革,斯坦福也有可能沉沦到有些类似达特茅斯的水平"。因此,一方面,特曼等人重视从制度上为那些从事商业活动的工程师保驾护航。在移动波电子管专家沃特金斯创办了一家微波电子管公司后,学校不仅免除他在学校中的一些工作量,而且还在资金上给予其帮助。同时允许沃德金斯本人在斯坦福兼职工作,以保持他在斯坦福已有的活跃的联系,以便他容易而快速地把斯坦福产生的新思想和新技术转化到新公司。[①] 因为特曼认识到一旦沃特金斯创业成功,不仅会在财政上对斯坦福大学做出贡献,还会增强斯坦福大学的学

[①] 丽贝卡·S.洛温:《创建冷战大学:斯坦福大学的转型》,叶赋桂、罗燕译,清华大学出版社 2007 年版,第 166 页。

术声望。

另一方面,学校在授予终身教职时,理科教师组织和获得外界支持的能力成为重要的考核指标,这加速了成功的科学家将学术界的认可转变为数据、文章和设备的动力,从而助推了大学新的研究组织和知识生产模式快速生长,终于形成斯坦福的新学科布局,为学校进入世界一流大学制定了正确的发展方向。其中制度的安排起到了定海神针的作用。

三、讨论与分析

吉本斯等人提出的知识生产模式Ⅱ是指在知识生产活动不断增多、复杂程度日益提高、社会情境迅速变化,传统的知识生产模式不能完全满足社会发展的需要背景下应运而生的一种新的知识生产模式。正如"知识生产模式Ⅰ是以追求学科的认知为目的,遵循认知和社会的学术研究规范、以学院和学科为主导的知识生产的模式"[1],而模式Ⅱ是"应用环境中、面向现实社会问题的研究,是跨学科的、异质性的、强调社会问责和质量评价的知识生产的新模式"[2]。

显然知识生产模式Ⅱ是应用牵引的,而不是兴趣主导的;是吸纳更多主体参与到知识生产的过程中来,实现各方主体共赢的一种新知识生产模式,而不是传统的学院式科学研究;和模式Ⅰ相比,模式Ⅱ在知识生产主体、研究范围、组织形式、研究方式、评价机制等方面均有着显著的区别,可见,模式Ⅱ是对传统知识生产模式的一种补

---

[1] 迈克尔·吉本斯等:《知识生产的新模式》,陈洪捷、沈文钦等译,北京大学出版社 2011 年版,第 3 页。

[2] 同上。

充,也是基于传统知识生产模式的一种超越。知识生产模式Ⅰ和模式Ⅱ既相互渗透又有着各自独立的发展轨迹。知识生产的新趋势和新特点,对大学而言既是机遇,也是挑战。一旦抓住这机遇,就能趁势而上,更上一层楼;而在挑战面前瞻前顾后,缩手缩脚,就会徘徊不前,错失发展良机。

(一)把握知识生产的新趋势终成一流大学

从斯坦福、卡内基梅隆和麻省理工等崛起和发展的历程可以发现,面对现代社会急剧增长的对新知识的需求,哪所大学能够准确把握知识生产的新趋势,就能站立潮头,成为知识时代的弄潮儿,获得更多的发展机会和发展资源,很快使学校的发展有了质的飞跃,跻身世界一流大学之列。正如Scott曾说:"很明显,大学的转型仅仅是社会变化的一个缩影,是20世纪末世界全面现代化的一个关键部分。"[1]大学的角色不仅仅是为社会培养人才,而是要融入社会经济发展中,发挥更大的作用,真正成为社会的轴心机构,才是现代社会大学发展的必然之路,大学早已不再是封闭的象牙塔,只有在与社会发展的互动中才能汲取更多的能量,实现大学的使命和腾飞。

高等教育的发展史也告诉我们,大学的发展离不开与社会的互动。正如"赠地大学合作推广项目的创造力在于它在学校的知识技能和社会紧迫问题之间成功架起桥梁"[2],斯坦福大学、卡内基梅隆大学等创建世界一流大学的过程则是抓住了"二战"后国家和社会发展的现实和潜在需求及时转变办学思路,进行研究方向的再选择和组织形式的再创新、研究资源的再调整。其中跨学科研究中心的出现,

---

[1] 安东尼·史密斯、弗兰克·韦伯斯特主编《后现代大学来临?》,侯定凯、赵叶珠译,北京大学出版社2010年版,第63页。
[2] 弗兰克·H.T.罗德斯:《创造未来:美国大学的作用》,王晓阳、蓝劲松等译,清华大学出版社2007年版,第23页。

使学校的教授和管理者经历大学组织结构和教育哲学的根本性改变,直至被制度化为一种基本的价值观,支撑着世界一流大学的建设进程,实现新学科的强势突围和大学自身的蓬勃发展,这实际上就是吉本斯等人提出的知识生产模式Ⅱ理论所阐述的一种新型的知识生产模式。

斯坦福、卡内基梅隆等大学之所以会做出这样的选择,与当时的社会发展背景和大学处境密不可分。作为私立大学,发展中遭遇了资金的困扰,在这种背景下,它所能想到的途径无非是两种来源:政府资金、企业资金。而当时的政府资金最迫切投放的领域是军工领域,这正好为特曼在军队系统中的经历和良好的人脉提供了用武之地,所以他通过学科方向的调整来迎合政府需求,获取资金。此后,通过为企业提供咨询服务和合作的形式来获取另一部分资金,拓展新的资金来源,从而为学科建设的发展提供源源不断的支持。

斯坦福大学在 20 世纪初果断进行办学理念的重大调整,将为学生、企业和社会服务作为其办学的中心,开启了大学从传统的象牙塔开始走向社会的中心的大门,通过开展应用情境中的知识生产活动,围绕某些特定的应用来解决问题并产生知识,这种知识希望对工业、政府或社会中的某些人和机构有用。在这个过程中,知识的使用者也开始加入决定知识性质的行列中来,电子科学与工程、航空工程和材料科学等领域就是在这个过程中发展起来成为世界一流学科的。

在方向的选择确定后,如何组织研究资源尽快提升研究能力和学术声誉的重要性就凸显出来,传统学科制模式的限制使得各学科间界限分明,不利于知识的快速流动,因此必须要发展独特的跨学科的组织结构、研究方法和实践模式才能达到新的目标和要求。新的知识生产组织的出现是知识生产模式Ⅱ的主要标志。特曼等人通过设立以项目为核心的跨学科研究中心形式的组织创新为学科和学校的发展提供了有力的保障。

改革不总是一帆风顺的,特曼的这些新理念、新机制在学校形成了强力的冲击,因为这种着力发展新学科的道路必然会打破原有的学科布局,所以特曼的改革进程也是步履蹒跚,并不为全校的教授们所认可,反而遭遇了极大的反弹和压力,他也经历了一段从不被理解到得到支持的过程。

为了引导和激励教授们的研究方向,斯坦福引入了社会因素的评价,即不仅要考虑学术因素,还要考虑研究成果能否为社会所用,特曼认为只有社会认可度高的人员和符合社会需求的研究方向,才具备吸引企业关注和筹款的能力,因此斯坦福的社会评价主要体现在合同数量的多少和合同金额的大小,这被认为是学校可持续发展的基础。恰到好处的与企业和军方的合作满足了教授们的需求,先行者的示范,又排解了教授们的担心,所以斯坦福的校产合作模式顺利地推广。他们所倡导的价值观在学校被越来越多的教授接受并逐渐制度化,成为斯坦福大学鲜明的办学特色。

可见,正是因为斯坦福、卡内基梅隆、麻省理工等大学精准洞悉了知识生产的新趋势,顺势而为,确立以社会需求为导向的发展理念、通过跨学科的研究活动、产学研的结合、重视社会评价的质量管理等自我革新的举措,终于使大学脱胎换骨,成功地登上了世界一流大学的高峰。

(二)新趋势挑战大学的新能力

但是,面对这一新的发展趋势,能抓住发展机遇的仅仅是少数大学,大多数的大学还正在传统的安乐窝中悠闲自得,并没有太多的危机意识,更无革故鼎新的勇气,在这样的背景下,建设世界一流大学前路漫漫。

2011年,教育部推出了2011计划,其初衷是引导高校积极应对社会需求,通过创建新的协同创新机构来提升大学的创新能力。这实际上是引导大学进行新的知识生产模式的一个尝试。但是,几年来,协同创新中心在运行中困难重重、争议不断,这个过程实际上也真实地展现了中国大学在面对知识生产新趋势时的认知、态度、能力和环境。笔者先后对27名协同创新中心的管理层、平台长、专家学者等进行了访谈,其中有大学校长、中层管理者、长江学者、学科带头人、企业家等,发现主要的挑战来自:

1. 挑战大学选择发展方向的能力。其中最主要的能力体现在大学校长这一舵手的视界和担当。曾经担任密歇根大学校长的詹姆斯·J.杜德施塔特在他的《舵手的视界:在变革时代领导美国大学》一书中,向我们展现了在21世纪信息化与全球化融合的时代领导大学变革的成功之道,大学校长这一驾驶大学巨轮的舵手的视界和担当至关重要。斯坦福大学崛起的过程中,当时的副校长特曼举足轻重,他既有崭新的发展理念,又拥有改革途中披荆斩棘的勇气和能力,因此才能突破重围,带领斯坦福大学走向辉煌。而在中国大学建设双一流的过程中,舵手的视界和担当更是直接影响一流大学进程的快慢,访谈中,大多数人都认为大学校长对协同创新中心的建设方向和进程的影响无可替代,中国大学急需更多的杜德施塔特和特曼的出现。

> 教授A:真的要学国外,那就校长不要做科研,国外的校长是不做科研的,校长是董事会任命的,干得不好就被炒掉,那他就不会需要这些资源,你这个体制不改,有什么用?[①]
> 教授B:我觉得现在影响这个计划的主要问题一是整个的大环境使大家不敢做太大的改革,大部分校长不敢担这个责任,

---

① 教授A访谈录,2015。

不敢搞。①

2. 挑战现有的学术利益格局。访谈中,学者们顾虑最多的是新的知识生产模式带来的学术转型成本与收益。协同创新中心的部分学者以前从事的多是从自我兴趣出发的一种学术研究,并且在所在的领域小有成就,有自己的研究团队、专业方向和学术追求,在相关领域拥有相应的学术话语权,处于学术网络的中心位置。现在从事应用导向的学术研究,随着研究内容和要求的变化,他们必须重新调整自己的研究方向来满足中心的要求,这对他们来说有可能是舍弃自己原来驾轻就熟的研究领域,发掘新的知识生产增长点的过程。因此,他们面临一个学术转型的现实问题,不可避免地会权衡学术转型的成本与收益。所以出现从理念上认可这一新型的科研组织形式和发展理念,实践中却瞻前顾后,犹豫不决,并没有全力以赴的现象。

> 教授C:我们对协同创新中心兴趣是有,但它毕竟是扩展出去的。舍弃现有多年的学术领域去搞,老师也要考虑转型的风险、成本,转到新的研究网络后也只是网络的边缘,不是网络的中心,要成为网络的中心要花大力气,是否值得去做?②

3. 挑战现有的制度创新能力。与那些功成名就的大牌教授们不同,年轻的博士、副教授们在参与协同创新中心的工作时,首先考虑的是要得到学术共同体的认可,取得一定的学术地位和学术话语权,而后再考虑做应用研究工作。因此虽然他们已是中心的一员,但是

---

① 教授B访谈录,2015。
② 教授C访谈录,2015。

在科研成果转化方面没有投入太多的时间精力。他们通常将产业化的工作与获得更多的经济收益相关联,而没有视作另一类重要的知识生产。

> 教授D:中心一些老师也是45岁后的人在做产业的事,年轻的也是在做基础研究的。我们等企业建好后,年龄大了,也会是以产业为主。[1]

这些现象,实际上反映了现在我们的大学在能力拓展、制度保障、评价体系等方面还存在许多问题,新的发展目标并没有给他们指明新的发展路径,没有建成与新的知识生产模式相适应的制度安排、科研模式和利益的竞合机制、综合评价机制、激励机制等。所以年轻的学者们大多仍然在原有的框架内进行选择,按照原有的发展路径去进行自己的职业生涯规划。

这些问题显示,中国大学和世界一流大学相比,在发展能力、发展路径、制度安排和创新等方面,还有着明显的差距,这其中有社会环境和发展背景的不同,也有大学自身的局限,因此,建设世界一流大学,中国的大学不妨借鉴国外的一些成功经验。

四、借鉴与启示

从斯坦福等大学的崛起之路可以发现,世界一流大学是能够敏锐地把握新趋势、自觉地担当新使命、恰当地回应新需求、进而引领高等教育发展的一流大学。斯坦福等大学的崛起就在于它对现代大

---

[1] 教授D访谈录,2015。

学新的使命和功能的敏锐把握、在于它对社会和国家需求的积极回应、在于它对高等教育发展机遇的深刻洞察、在于它对环境变化挑战的积极作为。斯坦福大学适时觉察到新的知识生产方式已经出现，果断地把两种知识生产方式恰当结合起来，把学科引导的研究与应用牵引的研究恰当地结合起来，把满足国家战略发展与满足市场需求恰当地结合起来，实现办学理念和办学模式的转型，所以能够摆脱平庸，迅速崛起。

因此，国内正在推进的双一流大学建设要有新突破，必须要在发展新能力、选择新方向、培育新组织、实现新机制等方面有新作为，方能有新气象和新成就。

（一）拓展大学新能力

新能力是指大学在保持原有的人才培养和科学研究的能力时，还应具备应对各种挑战和未知的能力，这也是大学在 21 世纪社会急速发展背景下调整角色、使命、功能以满足社会发展需要、引领高等教育发展的能力。

斯坦福、麻省理工、伯克利、芝加哥等世界一流大学，在"二战"期间通过开拓政府和军方的研究合同获得了大量的经费；在这个过程中大学教授们开始参与并重视国家重大应用项目的研究，大学的管理者们增长了联合多方进行科研攻关的协作能力，这些能力就是大学适应环境变化自我更新、自我发展的能力。正如伯顿·克拉克所说："大学必须要发展灵活的能力，让它们能够以可持续的方式将新与旧、变革与延续编织在一起。"[1]

从斯坦福等世界一流大学发展的历程中可以发现，构建新能力

---

[1] 伯顿·克拉克：《大学的持续变革：创业型大学新案例和新概念》，王承绪译，人民教育出版社 2008 年版，第 1 页。

既需要有引领推动大学内部变革的能力,也需要有应对外部环境变化进行战略决策的能力,两方面相辅相成,缺一不可。对内需要有开阔的视野和先进的理念、凭借坚强的领导核心、用坚定的意志去推行既定的改革方案,需要有适应发展要求的一流人才团队的配合,需要有系列的制度创新来保障,需要有与新使命相匹配的组织结构来支撑,需要有创新的文化来获得更多的认同。对外通过战略决策将与大学的知识生产和传递相关的部门和环节联结成一个高效的知识链,围绕知识链的生成和发展形成利益共同体,在资金、人才、知识和发展机遇等方面进行合作,实现多赢。掌握这些新能力,是实现知识生产模式、办学理念、办学模式转变,继而实现一流大学发展目标的重中之重。

(二) 创新一流学科建设

一流学科的建设可从学科方向选择、跨学科合作和学科人才建设三方面展开:

首先,一流大学的学科发展应重视应用情境中的知识生产活动。正如国家对双一流大学的学科建设的要求,"加强建设关系国家安全和重大利益的学科,布局一批国家急需、支撑产业转型升级和区域发展的学科"[①]。因此,一流大学的学科建设应围绕国家发展的重大问题和实践中的一些突出问题进行预判和设置,其中的核心是从基础研究走向基础和应用研究的融合发展。正如斯坦福大学当初选择尖端学科作为大学发展的重点领域一样,只有找准新的方向,学科发展才有新的机遇,才能迎来新的发展空间。

斯坦福大学在选择电子工程学科作为重点发展的方向时,加州

---

① 国务院:《关于印发〈统筹推进世界一流大学和一流学科建设总体方案〉的通知》,http://www.gov.cn/zhengce/content/2015-11/05/content_10269.htm。

电子产业的基础还很薄弱,但是特曼凭借他的学术经历和战略眼光认为该领域在未来极具发展空间和发展潜力,应重点扶持。即使当时该领域的产业技术力量不强,但是斯坦福可以成为产业的后盾,这就是特曼的以学术为基础的产业战略的核心观点。因此就有了后来的斯坦福大学科技园区和硅谷的出现。在这过程中通过扶持顶级专业人才的培养,开设社会所急需的专业等学科的创新性活动创造了当地一流的电子产业,因为他深知,没有一流的电子产业就没有一流的电子工程学院,该案例亦成为学科发展历程中卓越的灯塔,指明了后人在学科发展方向上的道路。

其次,鼓励新兴学科、交叉学科的发展。在从基础研究向应用研究融合发展的进程中,不可避免地涉及基础学科和工程学科之间的差异,因此,要鼓励新兴学科和交叉学科发展,斯坦福的微波实验室、粒子加速器等都是电子学和物理学交叉发展的结果;而闻名遐迩的卡内基梅隆大学计算机系竟是从工商管理学院发展出来的。而正是这些新兴的学科引领了学科发展的前沿,代表了学科发展的方向,在这过程中提升了学校的学科发展的整体实力,为世界一流大学建设夯实了基础。

再次,学科人才和队伍建设。在这方面,哥本哈根学派称得上学科发展的典范。一方面,玻尔作为学术权威,既有高尚的人格魅力,又有高深的学术造诣,能把握主流的研究领域;另一方面,在学科队伍建设上,并不是论名气和头衔,而是唯才是举,吸引学科领域中思想活跃的30岁左右博士毕业的年轻人一起研讨交流,在这个过程中形成了独特的精神文化,取得了非凡的成就,在这个研究中心,先后有玻尔、海森伯、泡利、狄拉克等10位科学家获得诺贝尔物理学奖,享有物理学领域史无前例的荣誉。哥本哈根学派的做法值得我们今天在建设世界一流学科的过程中加以借鉴和弘扬。

（三）重构科研组织

新兴学科、交叉学科的发展无论是依托重点研究基地，还是围绕重大科研项目，都涉及多个科研活动的主体，除了大学以外，企业、科研机构、政府等机构都参与到科研活动中来，原有的以院系为主体的科研组织形式正在转变为以项目为中心的科研组织形式，因此一流大学的建设离不开科研组织模式的创新。正如特曼当年主张应围绕实际问题的解决产生一种新的科研组织形式，而不再是以学科为中心一样，微波实验室、线性加速器中心乃至硅谷等，都是科研组织模式创新的结果。

可见，创立新组织模式的过程也是从原有的学科中心向学科边界延伸扩散的过程，这个过程在国外主要是通过大学对公司的控股和知识资本化来实现的。因此，建立一系列具有边界扩展效应的机制拓展大学的科研能力颇有成效，包括建立技术转让办公室和衍生企业，科技孵化器为新公司创建提供了温床，为学生创业提供帮助，而科技园区则通过一种与学术目标一致的方式，将成功的企业与学术资源联系起来，从而实现大学、企业和地区发展的共振。[①]

以前大学、企业和政府各领域是分开的，并且有明确的分界线，但是在建设现代化强国和双一流大学的背景下，通过地方政府、技术转让办公室和科技园区等的协作，应有一些跨越边境的转化，既保持各领域职能的分离，又使技术跨越界限，从而使各个领域更加密切地整合到一起进行科技创新活动，服务国家的发展战略。

这正是克拉克·克尔曾描绘的场景，"现在大学各种迅速发展的活动，传统的按学科分类的院系设置被交叉学科研究中心打破，这些

[①] 亨利·埃兹科维茨：《麻省理工学院与创业科学的兴起》，王孙禺、袁本涛等译，清华大学出版社 2007 年版，第 20 页。

交叉学科,覆盖了很多新兴研究领域,使大学形成了矩阵结构"[①]。

(四)优化大学评价体系

双一流大学建设既是迈向高等教育强国的过程,也是大学不断挑战自我、革故鼎新的过程,其中大学的评价机制作为指挥棒更是牵一发而动全身。

2017年底,教育部学位中心公布了全国第四轮学科评估结果,与前几次不同的是,在这次的评估指标中增设了"社会服务特色与贡献"指标,这表明高等教育的三大功能之一的社会服务功能得到了和科学研究、教学功能同等的重视。评估中将以前虚化的社会服务功能用具体的案例和事实来进行描述和评价,对高校的社会服务职能起到积极的引导作用,而此前重视社会服务功能的一些学科和大学在此次评估中取得了较好的成绩,甚至后来居上,呈赶超之势。反之,一些对社会环境的变化反应缓慢的大学在本轮的评估中排名有了明显的下滑,这也说明大学只有重视社会的需求和环境的变化,顺应社会期待,才能得到更多认同,获得更多的发展机会。

对于大学来说,更要科学调整自己内部的评价体系,使教学、科研和社会服务这三大职能在评价体系中都能有充分体现,并根据学校发展战略,调整相应职能的评价权重,引导教师重视基础研究和应用研究的融合与转化,促进知识生产模式的转型,顺应社会发展的需要。

在具体制度安排中,一方面,增加社会评价的内容。借鉴斯坦福大学的成功经验,将应用性强的理工科教授职位获得外部支持的能力列入职称评审的条款中,因为外界的认可和资助是支撑研究数据、设备和文章的基础资源,而教授们知识生产的成果又是社会进步和

[①] 克拉克·克尔:《大学之用》,高铦等译,北京大学出版社2008年版,第13页。

生产力提高的催化剂,这样就构成了教授、大学和社会之间的信誉循环,成功的科学家和大学都把加速这种信誉循环作为发展的目标之一。因为只有在某一学科有造诣、有影响力的教授才有可能得到更多的社会资助和认可,为大学带来更多的实验室空间、设备和人才,而加速信誉循环相当于加速此类组织和行为的增长,进一步提升学校的学术能力和学术声誉。另一方面,重视知识资本化的制度安排,通过市场化的方法,如建立新公司或间接持有公司的股份或知识产权,获得源源不断的知识收益,增强教授们从事知识生产新模式的内部驱动力。

因此,双一流大学应积极走出传统的象牙塔,通过评价机制的创新引导学科交叉融合和协同创新,主动与产业发展、社会需求、科技前沿紧密衔接,正如亨利·埃兹科维茨所说,"大学不再仅仅满足于传播与分析知识,而把目光更多地投向创造知识发明与创新,通过新知识的产生和应用,大学成为经济增长的发动机"[①]。在此过程中,通过产出社会资本、智力资本和人力资本,完成从单纯的学术机构向社会轴心机构的转型,切实承担起建设现代化的教育强国的伟大使命,成为实现"两个一百年"奋斗目标和中华民族伟大复兴的中国梦的有力支撑。

[①] 亨利·埃兹科维茨、劳埃特·雷德斯多夫编《大学与全球知识经济》,夏道源等译,江西教育出版社 1999 年版,第 13 页。

"双一流"建设背景下创业型大学发展的若干思考

陆珂珂　龚　放

一、创业型大学的兴起：国际新潮流和大趋势

随着知识经济社会的到来，作为社会"知识中枢组织"的大学受到了空前的重视，也面临着全新的挑战。欧美发达国家众多大学积极应对知识经济浪潮的奔涌拍击，先后开始寻求变革，以一种"创新创业"的崭新姿态融入国家、区域经济发展之中，将更多的人力、智力、财力和技术资源集中到技术创新、知识产权和产品服务领域，引导大学科研人员加强应用研究，直面市场需求，通过满足社会不断增长的对新知识和新技术的渴求来获取更多资源，加快自身发展。大学已不再只是潜心钻研学问和传道育人的"象牙之塔"，而逐步成为带动整个社会创新能力提升的知识源泉和思想宝库，从区域创新、社会进步的边缘步入核心，成为主体。大学知识生产模式也发生了历史性的转换，即在继续从事传统的以学科为导向的知识生产的同时，越来越趋向于以研究和解决应用问题为导向发展的新知识生产模

式。这一历史性的转换,更促使大学与政府和企业建立一种新型关系,积极参与社会科技提升和经济发展,深刻地改变了大学在社会中的地位。美国学者亨利·埃兹科维茨认为,在这种情况下,大学职能得到新的拓展,"从其最初的保存知识的职能发展到后来知识的传播以及使知识资本化的职能",他甚至将这种在经济发展中发挥某种基础性作用,并参与经济和社会发展的大学新使命称为"创业型职能"[1]。他和伯顿·克拉克等著名学者都认为,在传统的教学型、教学研究型和研究型大学的基础上,出现了一种崭新类型的大学:创业型大学[2]。

构建创业型大学,或者说向创业型大学转型,已在国际高教界蔚然成风,创业型大学的形成与发展已经成为世界高等教育发展的一个新潮流。在美国,MIT 和斯坦福大学是兼具研究型大学和创业型大学双重身份的范例。麻省理工学院在 20 世纪 30 年代中期就开始尝试与政府、企业建立新型的合作关系,弘扬创新创业精神。斯坦福大学汲取麻省理工的创业实践经验,在 20 世纪 60 年代发展为独具特色的创业型大学,不断与高技术企业密切合作,共同兴建科学—工业园区,在区域经济增长和科技创新创业中起到了无可替代的作用。在 20 世纪 80 年代至 90 年代中期,欧洲的一些并非经典卓越的大学,如英国的沃里克大学,荷兰的特文特大学,再如苏格兰的斯特拉斯克莱德大学和瑞典的恰尔莫斯技术大学等,通过加强应用并与所在区域、相关产业的跨界合作迅速壮大自己,相继从应用科技大学或

---

[1] 亨利·埃兹科维茨:《麻省理工学院与创业科学的兴起》,王孙禺、袁本涛等译,清华大学出版社 2007 年版,第 2—14 页。
[2] 伯顿·克拉克一度将这样的新型大学命名为"前摄型大学",后来认为称之为"创业型大学"更加妥当。伯顿·克拉克:《建立创业型大学:组织上转型的途径》,王承绪译,人民教育出版社 2003 年版,第 2、28、32 页。

教学型大学转型成为创业型大学。与此同时,美国密歇根大学、加州大学洛杉矶分校以及澳大利亚莫纳什大学、印度理工学院、智利天主教大学、新加坡南洋理工大学、非洲乌干达马凯雷雷大学等一批学校,也在向创业型大学转变中取得引人瞩目的进展。它们相继成为伯顿·克拉克的研究素材和调查对象,成为他长达十多年的"创业型大学调研"的成功案例。

对创业型大学这样一个高等院校发展史上的"新锐"或者说"异类",许多学者专家从不同的视角运用不同的理论进行了剖析和解读。

有专家认为,大学诞生以来已经经历了两次学术革命(Academic Revolutions)[①]。第一次学术革命是将教学(人才培养)与研究的"界面"链接起来;第二次学术革命则涉及大学和企业乃至政府的"界面"的转化或链接,使得大学除了人才培养和科学研究外,还承担起了发展经济的任务,在科技创新与技术转化方面承担起更重要的作用,由此诞生"创业"职能,真正推动大学向创业型发展。随着威斯康星思想(Wisconsin Idea)的广泛流传并越来越被社会接受,大学的教学、科研和社会服务功能愈发完善,很多大学面对日益激烈的经济竞争,开始加强与经济社会发展的联系,服务社会的理念清晰显现,从"象牙塔"中走出,开始自觉或不自觉地介入产业界和区域的创新创业。

对于两次学术革命中大学的知识生产方式嬗变,学者专家提出了"两类知识生产模式"的概念。英国学者迈克尔·吉本斯等人认为,整个知识的生产系统正在经历着深刻的变化,一种知识生产的新模式超越了现有学科的范式体系,提出了知识生产从"模式Ⅰ"变迁

---

① Christopher Jencks, David Riesman. *The Academic Revolution*. Garden City. NY: Doubleday, 1969.

到"模式Ⅱ"的新理论。知识生产模式Ⅰ中的知识生产是在一种学科的、规范的术语体系、科学的研究方法中进行的,它遵照着认知的学术研究标准规范,以追求学科的社会认知为目的,将科研活动作为一个专业化的职业行为去严谨对待。而知识生产模式Ⅱ是相对于知识生产模式Ⅰ而言的一种新的知识生产模式,它是在应用环境中、面向现实社会问题的研究,具有异质性、跨学科、强调社会问责和质量评价的特征。[1]

模式Ⅱ的知识生产具有情境性、跨学科、问题导向的特质,创业型大学的知识生产模式更多是模式Ⅱ,知识生产模式的转变无疑成为创业型大学兴起的内在原因,模式Ⅱ成为创业型大学发展的重要理论依据。[2] 知识生产方式Ⅱ更加关注知识的科学价值以及社会责任,它将加快创业型大学发展的进程。

可以说,大学的第一次"学术革命",以及知识生产模式Ⅰ在大学登堂入室、占据主导,使得近代大学发生了历史性变化,出现了教学型大学、研究教学型大学和研究型大学的分野;而第二次"学术革命",以及知识生产模式Ⅱ的产生,催生了创业型大学这样的"新锐",也赋予现代大学更加深度地介入区域和国家创新创业的功能和价值。有学者如美国的亨利·埃兹科维茨认为,"当今的创业型大学是各种大学模式的综合体,包括传统的教学学院、多科性技术工程学校、赠地学院和研究型大学"[3]。在他看来,创业型大学可以分为"美

---

[1] 迈克尔·吉本斯等:《知识生产的新模式》,陈洪捷、沈文钦等译,北京大学出版社2011年版,第3页。

[2] Michael Gibbons, Camille Limoges, Helga Nowotny, Simon Schwartzman, Peter Scott, Martin Trow. *The New Production of Knowledge: The Dynamics of Science and Research in Contemporary Societies*. London & Thousand Oaks. Ca: Sage Publications, 1994.

[3] 亨利·埃兹科维茨:《麻省理工学院与创业科学的兴起》,王孙禺、袁本涛等译,清华大学出版社2007年版,第26页。

国模式(大学创业活动作为研究的延伸)"和"欧洲模式(大学创业活动作为教学的延伸)"两种。美国模式的创业型大学比如麻省理工学院、斯坦福大学等,主要是从研究型大学发展演变而来。当社会需求发生急剧变化、知识生产新模式应运而生时,它们能够对传统的办学理念特别是学术追求和承诺做相应变通和调适,加快了向知识生产模式Ⅱ的转换,越来越多的研究转向以问题为导向、跨界行动为特征和以解决问题为宗旨的知识生产、知识迁移和知识转换,借助自身的学科优势来满足社会的需求,在内外动力耦合的强劲驱动(或拉动)之下,通过跨学科研究、跨界协作,参与到与政府和企业互动共赢的新型关系中去,从而为大学自身、产业界以及区域、国家带来可观的经济收益,大学自身的学科发展别开生面,学校地位和社会贡献声誉鹊起。"欧洲模式"的创业型大学则大多是由一些教学型大学或应用技术大学发展而来,如英国的沃里克大学、瑞典的恰尔默斯大学、荷兰的特温特大学等,在牛津、巴黎、哥廷根等顶尖大学固守传统的知识生产模式,想方设法构筑壁垒以抵御政府的压力和市场的诱惑时,能够及时回应劳动力市场和技术市场需求的变化,积极为社会和企业提供应用型人才与实用型技术服务,以促进所在地区经济和社会的发展。新型应用人才的培养和创新、创业活动的推进,对大学组织机构转型和课程的调整与变革提出反求,让这些本属于二三流的高校脱胎换骨,换代进阶。

将伯顿·克拉克和亨利·埃兹科维茨对于创业型大学的案例研究和理论阐释综合起来解读,我们可以得出两个相通而又有所不同的结论:其一,创业型大学是由不同层次和类型的高校转型、发展而来,因而也具有若干层次和不同类型;高端的创业型大学如MIT、斯坦福大学等身兼二任:既是研究型大学的佼佼者,又是创业型大学的"旗舰"。其二,创业型大学由于顺应了社会需求的变化、顺应了新的知识生产模式的发展,可以较快地提高自身的学术水准和办学效益,"弯道超越",后来居上,个中翘楚完全可能跻身世界一流大学行列(英国的沃里克大学就是一例)。

二、我国创业型大学发展:势头强劲,不无波折

国际高等教育改革与发展的新趋势在20世纪90年代波及我国,有关创业型大学的动态报道和理论研究尽管起步较晚,但随着世纪之交伯顿·克拉克《建立创业型大学:组织上转型的途径》及《大学的持续变革:创业型大学新案例和新概念》等专著中译本的先后问世,我国高教界对于创业型大学的研究逐步升温,渐成气候。从复旦大学百年校庆[1]到第二届清华大学高等教育论坛[2],到浙江农林大学举办的全国性创业型大学建设高峰论坛[3],再到浙江大学主办的"创业型大学——国际视野与最佳实践"国际研讨会[4]和"大学创新创业的困境和发展国际研讨会"[5],我国学术界有关创业型大学的研究进入了一个崭新的阶段。

---

[1] 2005年复旦大学百年校庆活动中,国务院学位办主任杨玉良院士发表了"如果复旦大学要成为世界一流大学,按照现在提出来的概念,就是创业型大学,麻省理工学院就是复旦最好的榜样"的讲话。

[2] 清华大学校长顾秉林院士在2007年11月召开的第二届清华大学高等教育论坛主题发言中也提到了创业型大学这个概念。顾秉林:《创新是研究型大学的成功之道》,《中国教育报》,2007年11月19日。

[3] 全国性创业型大学建设高峰论坛,浙江农林大学教育发展研究中心举办,2013年10月。

[4] "创业型大学——国际视野与最佳实践"国际会议暨第10届科教发展战略研讨会,浙江大学和中国工程院教育委员会联合主办,浙江大学发展战略研究院承办,2015年11月21—22日。

[5] 大学创新创业的困境和发展国际研讨会,亚太高等教育研究合作组织和浙江大学教育学院共同举办,浙江大学教育学院教育领导与政策研究所承办,2017年5月22—23日。

在院校发展实践方面,向创业型大学转型发展的势头日益强劲。一批高校为了寻找特色成长的出路和学校发展的新增长点,决定另辟蹊径,把创业型大学作为"大学之道"。其中南京工业大学、福州大学、浙江农林大学、常熟理工学院等高校,已经旗帜鲜明地提出了"建设创业型大学"的目标。这些旨在向创业型大学转型的高校,凭借着创新创业的发展理念、活跃的学术研究能力、争取国家竞争课题的意识,以及多样化的经费来源,正在稳步推进多方面的变革,不断探索组织创新。

我国创业型大学的兴起,与社会发展的大格局、大气候密不可分,特别是国家的倡导和支持,更为大学的新变革和新探索指明方向,注入活力。人们注意到两个重要的时间节点。其一是2011年,时任国家主席胡锦涛在清华大学百年校庆上郑重指出:"高等学校特别是研究型大学,既是高层次创新人才培养的重要基地,又是基础研究和高技术领域创新成果的重要源泉。要积极适应经济社会发展重大需求,开展国家急需的战略性研究、探索科学技术尖端领域的前瞻性研究、涉及国计民生重大问题的公益性研究。要积极提升原始创新、集成创新和引进消化吸收再创新能力……要积极推动协同创新,通过体制机制创新和政策项目引导,鼓励高校同科研机构、企业开展深度合作,建立协同创新的战略联盟,促进资源共享,联合开展重大科研项目攻关,在关键领域取得实质性成果,努力为建设创新型国家做出积极贡献。"[①]就在2011年,为了落实胡锦涛主席讲话的精神,中央出台并启动了"2011计划",即"高等学校创新能力提升计划"。该计划以人才、学科、科研三位一体创新能力提升为核心任务,通过构建面向科学前沿、文化传承创新、行业产业以及区域发展重大需求的

---

① 胡锦涛:《在庆祝清华大学建校100周年大会上的讲话》,《人民日报》,2011年4月25日。

四类协同创新模式,深化高校机制体制改革,转变高校创新方式,旨在突破高校内外部机制体制壁垒。这对我国创业型大学的建设而言是一大利好,既指明了方向,更注入了强劲的动力,提供了前所未有的发展契机。"2011计划"部署的四类研究中,"科学前沿"类研究主要是传统的以学科为导向的知识生产模式,当然它也强调学科的交叉与融合;而其他三类研究的逻辑主线,则是倡导大学与大学、大学与研究院所、大学与市场之间的协同合作,倡导应用导向、问题导向的研究,目的是要解决问题,跨学科、跨界行动,结果不是看发表论文的多少和级别的高低,而是要解决经济发展和社会进步中的重大技术问题或者理论难题。事实上这同知识生产模式Ⅱ、"三螺旋理论"以及创业型大学的本真要义等,都是不谋而合的。国家的倡导和实质性支持,高教研究界的理论阐释和趋势解读,上下呼应,虚实结合,使得我国创业型大学的发展势头更加强劲。

第二个重要节点是2015年。国务院在该年11月5日发布《统筹推进世界一流大学和一流学科建设总体方案》,在统筹考虑、综合兼顾"211工程"和"985工程"建设长短优劣的同时,突出了以学科为基础的原则。[①] 2017年9月,伴随着《关于公布世界一流大学和一流学科建设高校及建设学科名单的通知》印发,一流大学、一流学科名单正式"出炉","双一流"建设真正发轫。

双一流建设"坚持以学科为基础"的原则,以学科为基础、为中心、为依据,成为"双一流"建设的既定思路,实际颁布的42所"一流大学"重点建设高校,其实也是因为它们拥有更多的可能成为一流的学科。相对之前曾经实施的以整个学校,或者若干平台为基础的重

[①] 国务院:《关于印发〈统筹推进世界一流大学和一流学科建设总体方案〉的通知》,http://www.gov.cn/zhengce/content/2015-11/05/content_10269.htm。

点建设方案,"双一流"建设注意了同类学科的可比较性和可检验性,自然就比以往的"211工程""985工程"的遴选、投入和考核方式更加科学,更加可控。然而令人遗憾的是,在强化学科建设、学科评估和学科导向的同时,该方案并未对跨学科、多学科的研究以及问题导向、应用导向的研究给予充分的重视、留下足够的空间。"2011计划"所倡导的协同创新、跨界合作的新方向和新思路,似乎也未能纳入"双一流"建设的范畴。随后开展的第四次学科评估,更强化了学科本位、学科为上的倾向。这样一个重要的政策导向,让起步不久的高校知识生产新模式的变换出现了新的变数,也迟滞了我国创业型大学蓬勃发展的势头,形势比人强,许多高等院校领导和教授产生了诸多困惑和疑虑。

国内一些学者就此提出质疑,表示担忧:我国"双一流"建设过于强调学科导向、论文导向,以传统的知识建构、理论建构为主导,而问题导向的、解决应用导向的多学科、跨界合作导向的研究就很难得到相应的重视和体现;以一种行政化的思维方式,以短平快的办法,用运动方式来推出、评判"一流",结果能否持久?[1] 还有一些旨在向创业型大学转型并成果卓著的高校未能入围"双一流"建设名单,也带来很多困惑与疑虑。而困惑的焦点就在于,创业型大学如何推进内涵发展、特色办学,能否在"双一流"建设过程中找到自己的序列,并把重视应用、特色办学之路延续下去?如何才能形成多样化的学科评价机制和体系,形成不同价值导向的"学术榜"?一所创业型大学的驾驭核心如何才能坚守创业转型初心,在一流建设大潮中开启新的篇章?

---

[1] 陈学飞等:《中国式学科评估:问题与出路》,《探索与争鸣》2016年第9期。

三、"双一流"建设背景下创业型大学发展的三大难题

（一）难题之一："双一流"建设如何兼顾"坐高铁"和"驾宝马"？

反观我国现状，当前国家致力于综合国力的提升，近十年来确立了创新驱动国家发展战略，并将大学视作不可或缺的重要力量来依靠。当今中国的大学也开始关注国际知识生产方式正发生着革命性变化的大趋势，学科导向的科学研究依然存在，问题导向、需求导向的研究日趋重要，方兴未艾。"2011计划"的实施更从国家层面推进了我国高等院校对知识生产新模式的探索。但随着"双一流"建设的正式启动，坚持以学科为基础的"双一流"思路，给中国刚刚起步的创业型大学带来了新一轮的机遇与挑战。政府出台的"双一流"标准坚持以学科为基础，突出学科建设，是以传统的知识生产模式Ⅰ为主，对于"问题导向"和"跨学科、多学科研究"为主的知识生产模式Ⅱ虽有所涉及但关注明显不够。这在一定程度上挫伤了以知识生产模式Ⅱ进行创新创业的大学的积极性。我国创业型大学转型发展的进程，就面临着不小的波折。

我们选取了一所具有典型性和代表性的创业型大学，作为案例研究对象。该大学地处我国经济发达和开放程度较高的东部地区，是我国较早提出向创业型大学转型并取得了切实进展的高校，也是首批进入国家"高等学校创新能力提升计划"（2011计划）的高校之一。该大学拥有创业基因和富有创新精神的领导团队，具有鲜明的产学研用结合特色，有着较强的工程技术学科背景，与国家、区域的产业结构契合度较高，走出了一条服务江苏经济发展的特色之路。然而这所拥有几乎所有"国字头"科研和学科平台的高校，这所以创新创业成果丰富著称的高校，却未能入围"双一流"建设高校名单，被

社会称为一所"双非高校"。在我们的深度访谈中,这所高校的校长坦率地吐露其心声说:

> 我国的"双一流"建设更多强调以学科为导向的知识生产方式Ⅰ,这种遴选标准是否存在问题?这些遴选项,与创业型大学关联度不高。如果目前的遴选标准不变,创业型大学的发展就面临着这种矛盾:一方面要特色发展,一方面还要满足一流学科的遴选标准,两者都要兼顾,压力可想而知。"双一流"的目标与创业型大学走的特色发展之路难以接轨,这是创业型大学发展中面临的一个很大的问题。……我把这个比作一个是走高速公路,一个是坐高铁,都很宽敞,但是不接轨,这对矛盾如何解决?如何才能让"和谐号"与"宝马车"并驾齐驱?

建设世界一流大学和一流学科,难道只有一种模式?一条大路?"双一流"建设进程中,有没有创业型大学的发展序列和发展前景?"和谐号"与"宝马车"能否齐头并进?

纵览欧美发达国家,特别是美国的一流大学发展历程,不难看到,其一流大学的建设路径确实是"走高速"和"坐高铁"并驾齐驱的,既有像哈佛、耶鲁、普林斯顿这样以传统的学科建设牵引的知识生产模式为主的成功范例,也有以MIT、斯坦福、沃里克大学为代表的既重视新学科发展和新的学科增长点发掘,更重视问题导向、跨界合作、协同创新,从而后来居上,成功超越的"新锐"。条条大路通罗马,乘"和谐号"也好,驾"宝马车"也罢,都可能抵达北京!这就提醒我们,一流大学建设应当多管齐下,兼容并包!在强调和突出学科为基础的同时,也要为跨学科、多学科的发展路径留出空间,有所兼顾!

在颇具中国特色的政府主导模式下,政府的导向至关重要。政府政策出台得好,就会极大地推动社会发展、大学发展,但如果有某些疏漏或考虑不周的话,就会引发办学思路的摇摆和行为失范。从20世纪90年代中国政府主导的"211工程"和"985工程",到"2011计划"、"双一流"建设,无一不印证了这一点。真所谓"成也萧何,败也萧何"。政府的倡导和政策倾斜,既是中国高等教育发展的优势所在、特色所在,也可能成为某种隐忧所在、变数所在。关键在于国家和主管部门对高等教育发展趋势和科学研究发展前景的预判和把握是否科学,是否准确!

由此引出了又一个关键问题:在现有的评估体系中,这类创业型大学处于劣势,但是这类知识生产模式Ⅱ和创新型大学的发展又恰恰是国家、区域所最需要的,是我国高等教育体系所最欠缺的,国家对这类学校、对这类知识生产模式Ⅱ的研究成果该如何评估?

(二)难题之二:如何化解创业型大学发展与当下评估导向之间的矛盾?

中国目前的创业型大学仍未得到普遍认同,尚未成为发展主流。当前创业型大学在主流高等教育评价体系以及国家办学资源的分配中,都处于一种相对不利的地位。当国家和政府紧锣密鼓地使用相对单一的指标来考核大学、评定学科时,创业型大学不得不处于左支右绌、夹缝求生的状态。

如前所述,新的知识生产方式业已出现,其最重要的特征是以解决问题为导向、跨界行动和协同创新,其知识生产价值评判的标准是满足市场需求、解决问题的成效,而不是论文导向、学科导向和以学科影响、学科价值为标准的。从世界高等教育发展历史看,真正能够站立潮头、引领发展的一流大学,是那些能够敏锐地把握新趋势,自觉地担当新使命,恰当地回应新需求的大学。但是在我国,评估指标体系的范围和标准都比较单一,指标内容偏重论文发表的绩效,并没有充分考虑社会需求，导致一些有特色有实力的大学难以在这种学科评价体系中脱颖而出。特别是国家推出"双一流"建设总体方案之后不久，教育部学位与研究生教育中心就于2016年正式启动第四轮学科评估。"双一流"建设和第四轮学科评估的不期而遇，导致评估氛围愈发紧张。这使得学科评估的根本价值取向发生转变，转向无缝全面有效致力对接"双一流"建设；而评估的组织方式也从"诱导自愿参加"变为"强制绑定参评"；将学科评估演变为窄化排名，而学科评估的结果又在很大程度上左右着、影响着一流大学评估的权重，这就不仅束缚了诸多志存高远、锐意革新的大学领导和学人的思维，而且捆绑了他们的手脚。

这直接导致而今我国许多大学通常的做法、流行的套路是关注林林总总的大学排行榜，或者执着于ESI学科、国家重点学科的排名，或论文至上、急功近利唯论文论，高校被各个评估指标牵着鼻子走。可以说，当下政府评估、学科评估的导向存在着学科的多样性与评价方式的单一性之间的矛盾，将大学建设和学科建设混为一谈，抹杀了高校评价的丰富内涵，用最简单粗暴的方法来评判衡量最复杂的大学之道。

正如案例大学现任校长所表达的困惑：

> 这所学校近年来围绕创业型大学做了那么多的工作，既响应了省市政府推行"两落地一融合"的要求，为地方经济做了贡献，也获得了较高的社会评价。在推动区域创新方面做了那么多贡献，获得社会和地方政府一致肯定，却难以在学科评价中有所反映，仍然进入不了"双一流"。这究竟是大学自身的问题？还是我们整个评价体系滞后、保守？

创业型大学所做出的贡献在"双一流"建设中得不到认可,这是创业型大学所面临的最严酷的事实,最严峻的形势。

知识生产模式Ⅱ与知识生产模式Ⅰ并非截然不同、相互对立的,问题导向和跨学科的研究依然要依托大学在某些或者一批学科发展上的优势展开,只是其视野更加开阔、方法更加多样,更加能够透视、把握重大实际难题的复杂性而已。换句话说,"超越学科"的前提是在多个学科研究上都有积累,都有优势;更重要的是,问题研究、跨界合作、协同创新的结果,在解决重大的理论和实践问题,回应国家关切和满足民生需求的同时,也要求在此类研究过程中推动学科研究的深入和攀高。说到底,"双一流"建设的视野和思路需要更加开阔、更加多样,知识生产的两种模式可以相互补充、相辅相成,"乘高铁"和"坐宝马"不妨双管齐下。从这样一个认识高度来审视既有的"双一流"建设遴选机制,特别是既有的学科评价机制和体系,我们是不是能够发现那些可以改进和亟待调整的缺失与疏漏?

(三)难题之三:"驾驭核心"如何把握机会、应对危机?

有着"创业型大学之父"之称的伯顿·克拉克认为,在面对不断变化的社会环境的挑战时,那些不甘平庸的高校,必须基于自身的优势与不足,化被动承受为主动出击,自主选择变革,才能真正走上特色转型之路。他正是从这个视角入手,提出了创业型大学的基本概念。他强调,创业型大学发展有其关键的"五要素":强有力的驾驭核心、完善的发展外围、多元的筹资渠道、激活的学术心脏地带和整合的创业文化。[①] 这五大要素不可割裂,必须相互结合、共同发挥作用形成创业转型的合力,才能不断推动大学的持续变革。对于中国的

[①] 伯顿·克拉克:《建立创业型大学:组织上转型的途径》,王承绪译,人民教育出版社2003年版,第1、2页。

高校来说,五要素不是等量齐观的,也不是平均的,其中最重要的是"驾驭核心",也即大学的领导核心、管理核心。驾驭核心对外要努力拓宽经费渠道,对内要构建创业文化氛围,搭建各种发展外围组织,在五要素中起到了至关重要的首要作用。它是大学的灵魂,更是大学理念的创新者和守护者。

要研究中国的创业型大学建设,就不能离开"中国特色"的政治制度与环境。在现有的制度框架下,在党委领导下的校长负责制的现行体制中,大学校长既是教授学者,也是行政官员。大学校长作为法人代表,是大学运行与发展的"驾驭核心",是大学外部联系政府和社会的重要桥梁,是内部沟通行政单位与学术单位的关键节点。在中国特色的大学转型变革之中,"驾驭核心"即校长书记的办学理念、治校方略和领导艺术,将对学校的发展起到决定性的作用。

在我国,一所大学的创新创业之路能否一路顺畅走下去,取决于驾驭核心能否把这个理念和学校的发展目标贯彻到底。也取决于学校的"行政长官"有无驾驭的艺术,能否调整相应的政策,兼顾利益相关者的利益,处理好学术文化与创业文化的关系,处理好传统学科、文理学科与应用学科、工程技术之间的关系,让学术心脏地带的不同学科都在创新创业的过程中有所收益、有所发展。

然而,目前我国创业型大学的驾驭核心也面临着困境。首先,就我国的实际情形而言,相对西方大学,我国高校的办学定位往往缺乏稳定性,办学理念容易受校长频繁更替的影响,经常出现一位新校长上台,就是一轮轰轰烈烈的战略目标大调整、办学理念大讨论,似乎每任校长都急于彰显自己的领导个性、凸显自己的任期业绩。这就在中国创业型大学发展中人为设置了障碍,创业转型难以取得实质性、持续性的进展。

其次,"双一流"建设当下的政策导向强调学科,对注重问题导向、需求导向研究的创业型大学发展有所不利。这既给学校领导层带来不解与困惑,也让诸多教授学人无所适从,进退两难。是继续坚持特色发展、创业转型的办学之道?还是回到学科为本、顺应评估的老路?在此关键时刻,就要考验"驾驭核心"特别是校长、书记能否真正审时度势,把握机遇,变被动为主动,在争取学校发展的"天时""地利""人和"三方面都有所建树。具体而言,能否不再一味地抱怨、叹息,而是锲而不舍地奔走呼吁、积极主动地建言献策,争取理论界、领导层的理解与认同,为调整"双一流"建设政策做足功课。同时,继续加强与地方政府、企业、产业界(特别是民营企业界)的沟通、联系,在主动服务、跨界合作过程中获得更多的资源和机会,弥补相关建设经费的欠缺。更重要的是,统一办学理念,凝聚师生共识,以卧薪尝胆之志,图再铸辉煌之功。

我们调研的某高校校长在访谈中大胆提出了他对政策调整的建议:

> 在"双一流"的遴选中,期望教育部能够在遴选标准方面考虑到创业型大学的特色和特殊情况,相关标准能够有比较多的比例和权重,能够去考虑创新创业发展。我们期望的是既有化工 A 类的学科遴选标准,又有特色作为加分项,如协同创新、产学研合作、成果转化的特色,都能够作为一流学科的特色而得到加分。这样我们这类学校就可以坚持特色发展,内涵发展,提升质量,不受指挥棒相互之间不够吻合、不能对接的问题的困扰,就可以一心一意走创业型道路。

政府在评价导向上给予创业型大学更大的支持,尊重多样性,走出学科评价的"窄化胡同",摈弃"以论文论英雄"的价值取向,才可能有真正的学术繁荣、真正的学科发展,才可能有既跻身"世界一流"又彰显"中国特色"的学科与大学。[①] 这样的认识形成,需要学者专家的大声疾呼,也需要大学"驾驭核心"的据理力争和建言献策。

任何一所大学的变革与成功,都离不开"驾驭核心",特别是其中的一两位关键人物。诸如被誉为"硅谷之父"的斯坦福大学学术副校长特曼,担任过密歇根大学八年校长的杜德斯达特,还有"百折不挠、固执己见"的沃里克大学副校长巴特沃斯,他们"咬定青山不放松"的坚忍不拔,以及把握机会、应对危机的能力和智慧,均对推动各自所在的创业型大学发展起了至关重要的作用。这应该成为我国诸多以办学为志业、励精图治、赶超一流的高校校长和书记师法、学习的楷模。

中国的创业型大学还在路上,还有一段曲折艰辛的历程。但它是有前景的,是有价值、有意义的,无论创新型国家的建设,还是区域经济的发展都需要它。应对"双一流"建设对创业型大学转型的挑战,在其中寻求发展空间并汲取动能,走出一条适合我国国情的创业型大学发展路径,这不仅关系到创业型大学的兴盛发展,也关系到中国高等教育对国家、对区域发展的作用、地位和影响。

[①] 黄雨恒、郭菲、史静寰:《大学生满意度调查能告诉我们什么》,《北京大学教育评论》2016 年第 4 期。

德里克·博克大学社会责任观评析

曲铭峰

德里克·柯蒂斯·博克，1930年生，1971年至1991年间担任哈佛大学第25任校长。2006年，因校长劳伦斯·萨默斯辞职，博克再度出山，于当年7月1日至翌年7月1日出任哈佛大学代理校长，成为哈佛大学有史以来唯一一位两度执掌校政的人物。

博克在领导哈佛大学的改革与发展的长期实践中，逐渐形成了独特的办学理念，其办学理念之核心、或者说其高等教育思想之核心就是大学社会责任观思想。确切地讲，其大学社会责任观应当称为研究型大学的社会责任观，但对其他类型的大学也有一定的借鉴价值。

一、博克大学社会责任观的形成

1."大学社会责任"成为热点问题的历史背景

第二次世界大战以来，美国研究型大学逐渐从社会边缘走向社会中心，大学为社会服务的机会日益增多，社会对大学的期望越来越高。1945年以后,美国联邦政府大规模地资助大学开展基础研究,以满足国家的重大需求和造福于全世界人民,承担提高国家核心竞争力和服务于全人类的重大社会责任。与此同时,基金会在战后如雨后春笋般大量涌现,在基金会的资助下,大学开展了各种各样的社会服务活动。比如,教授在贫困地区授课,提供技术咨询;教育学院为都市贫民社区的中小学设计课程和培训师资;法学院学生在大城市的贫民窟建立律师事务所,义务为穷人提供法律援助等。

"对公益事业的广泛支持最终导致了多元化大学的出现,这是具有美国特色的创造发明。"[1]到1962年时,以多元化巨型大学的典型——加州大学为例,该校雇员总数超过四万,而且所从事的活动种类数不胜数;学校在全国一百多个地方设有校园、实验站、农业与都市推广中心,为当地政府和社区提供各种形式的社会服务;学校与全世界五十多个国家有科研合作项目;当年有四千名婴儿在大学附属医院诞生;加州大学还是世界上最大的小白鼠供应商;该校学生总数已经接近十万人,包括三万名研究生;大学还开设了形形色色的继续教育课程进修班,已有将近二十万人接受了这类培训。[2]

现代多元化大学对美国社会的贡献超出了预期。1963年,面对哈佛大学的热心听众,加州大学总校长克拉克·克尔以极其乐观的语调公开赞扬了多元化大学的成功之处:"现代美国多元化大学为什么能够存在? 历史可以给我们一个答案;与周围社会环境的和谐相处则是另一个答案。除此之外,它在维护、传播和研究永恒真理方面的作用简直是无与伦比的,在探索新知识方面的能力是无与伦比的,

---

[1] 德里克·博克:《走出象牙塔——现代大学的社会责任》,徐小洲等译,浙江教育出版社2001年版,第72页。
[2] Clark Kerr. *The Uses of the University*. Cambridge, Massachusetts: Harvard University Press, 2001, p.6.

综观整个高等院校史,它在服务先进文明社会的众多领域方面所做的贡献也是无与伦比的。"①

尽管有许多人赞扬多元化大学模式,但长期以来,也一直有许多人对大学强烈的服务性定向持反对意见。在联邦资金丰裕充足的 20 世纪 50 年代至 60 年代中期的高等教育"黄金岁月",这种反对意见是听不到的。然而,到了 20 世纪 60 年代晚期和整个 70 年代,随着美国经济的持续萧条和失业率的持续攀升,随着联邦政府不断削减对高等教育的资助,随着美国在越战的泥潭里越陷越深,追求种族平等的民权运动的风起云涌以及学生反对越战和南非种族隔离制度的抗议示威不断升级,对多元化大学的批评声音日益高涨,反对者公开质疑多元化大学模式是否是研究型大学的正确发展方向。

大学正确的发展方向是什么?大学最根本的职能是什么?大学最适合于履行哪些职能?哪些职能应该留给其他机构去完成?大学是否应该走出"象牙塔"承担社会责任?大学应该承担哪些社会责任?大学以何种方式才能对社会做出最重要的贡献?可以说,有关大学社会责任的话题是这个时代高等教育必须面对的重大问题之一,是这个时代高等教育理论和实践工作者绕不开的关键问题之一,也是这个时代大学校园里争论激烈的热点问题之一。

2. 博克对"大学社会责任"的早期认识

正是处在这样一个时代大背景下,博克出任了哈佛大学的校长,也正是从这时开始,博克从理论与实践两个方面对大学的社会责任进行了更加深入而艰辛的思考与探索。其理论探究的思想结晶主要见诸《走出象牙塔——现代大学的社会责任》和《大学与美国的未来》

---

① 德里克·博克:《走出象牙塔——现代大学的社会责任》,徐小洲等译,浙江教育出版社 2001 年版,第 1 页。

等几本著作以及相关的校长年度报告。

在1982年出版的专著《走出象牙塔——现代大学的社会责任》中,博克就指出:"大学凭常规的学术功能,通过教学项目、科学研究和技术援助等手段承担着满足社会需求的重要职责。大学应该对种族不平等现象做出反应,不遗余力地多招收少数民族学生;应该致力于经济的进步,将研究发现成果转换成有实际效用的产品;应该利用专业知识帮助贫穷落后的国家发展经济。"[1]可见,当时博克就已经认识到,大学的社会责任主要通过人才培养、科学研究等最基本的职能来实现。博克当时提到的大学的社会责任包括通过人才培养来促进种族平等,帮助解决美国社会种族差距巨大这一严峻的社会弊病;通过科学研究来出好的成果、并且把它们转化为现实生产力,以此来促进经济增长,提高美国的经济竞争力;帮助发展中国家发展经济,以此来增进发展中国家人民的福祉。从最后这一点可以看出,博克的大学社会责任的视野已不仅仅局限于对美国社会做贡献、为美国人民谋福利,而是放眼到全世界的广阔境界。

在同一本书中,博克还写道:"假如说通过出让股权来抗击种族隔离行为的方法值得质疑的话,那么向那些在自己国家被挡在大学校门之外的南非黑人提供奖学金无疑是可以做到的。如果我们这个国家的政府素质水平辜负了我们的期望,那也必定有为国家做贡献的机会。我们可以探索出更好的培养人才的办法,从而可使公众事务得到更加有效的处理。如果有数百万人忍饥挨饿,有数百万人受疾病折磨,那么就有机会帮助感兴趣的教师培育出更加耐寒、有抗性的作物和更加有效的疫苗。机会是数不胜数的,而且机会也可以在不忽视

---

[1] 德里克·博克:《走出象牙塔——现代大学的社会责任》,徐小洲等译,浙江教育出版社2001年版,第342页。

纯学术研究重要性和不取代传统教育模式的情况下获得。正是通过这些途径,美国的大学已从传统上向国家提供了最伟大的服务。"[1]

不难看出,20世纪80年代初期的博克对大学社会责任的认识已经相当广阔了。这些社会责任首先是"纯学术研究"即基础研究以及本科教育等"传统教育模式"这类大学最常规的学术功能,博克把基础研究和本科教育等学术功能称为大学"从传统上向国家提供的最伟大的服务",把它们看作大学最基本的社会责任。此外,博克还列举了为黑人学生提供奖学金,发展专业学院教育以及多出好的应用研究成果等一些"非传统"形式的社会责任的例子,说明大学在不危及基本学术原则和"传统"社会责任的前提下,可以把其社会责任的范围拓展到专业学院教育和应用研究等"非传统型"学术功能中去。由此可见,这一时期博克对大学社会责任的认识已经突破了传统的观念,提出了更多可能性,但他的认识尚未达到系统、全面和深刻的高度。

3. 博克对"大学社会责任"认识的深化

到了20世纪80年代末,博克对大学社会责任的认识更为深刻。原因何在？80年代,日本、联邦德国等资本主义国家经济发展迅猛,其经济竞争力迅速上升,产品大举"入侵"美国市场;而美国经济则长期停滞不前,国家经济竞争力日益下滑,各种严峻的社会弊病日益凸显。与此形成鲜明对照的是,美国的顶尖研究型大学被公认是世界一流的。正是这种大学实力强大与国家经济竞争力衰落的强烈对照所带来的巨大反差和不协调,才促使博克去深刻反思:"美国的大学到底出了什么问题？"

---

[1] 德里克·博克:《走出象牙塔——现代大学的社会责任》,徐小洲等译,浙江教育出版社2001年版,第349—350页。

博克把这种不协调归结为大学为美国社会做得太少,没有做出其应有的贡献。为此,他大声疾呼:为了美国的未来,为了全人类的未来,大学必须承担更多社会责任。也正是在这一时期,博克对大学社会责任的认识达到了一个前所未有的高度:大学的人才培养职能,包括本科教育和专业学院教育;科学研究职能,包括基础研究和应用研究;社会服务职能,包括促进经济增长和消除社会弊病,都是大学承担其社会责任的内涵。

在1990年出版的专著《大学与美国的未来》中,博克指出,美国面临两大最紧迫的国家难题。其一,美国经济竞争力落后于大多数其他发达国家;其二,美国社会问题比其他发达国家更严峻:在所有发达国家中,美国人口中的穷人、从事暴力犯罪的罪犯、沉溺于毒品的瘾君子或文盲的比例位居首位,或接近于首位。[1]

博克认为,形成这两个国家难题的主要原因有以下几点:第一,低质量的政府。政府在制定和执行公共政策上的表现很糟糕,以致阻碍了美国的经济增长,也妨碍美国解决其社会弊病。这说明,大学的公共管理学院在为政府提供先进公共政策研究成果以及输送高素质公务员方面做得不够好。第二,低素质的企业经理。美国企业的经理不像其他发达国家企业经理那样富有才干。这意味着,大学的商学院在培养高素质企业经理上,在帮助美国公司制定更好战略上都没有尽到责任。第三,糟糕的公立中小学教育质量。美国中小学生的素质远远落后于大多数发达国家的同龄人。这反映出,大学的教育学院在培养合格的中小学教师上,在为中小学教育改革服务上做得远远不够。第四,过高的贫困人口比例。美国大量贫困人口的

---

[1] Derek Bok. *Universities and the Future of America*.Durham, North Carolina: Duke University Press,1990,p.6.

存在是阻碍其经济增长的巨大障碍。[1]

在《大学与美国的未来》中,博克还认为,为了帮助解决美国的国家难题,也为了全世界人民的长远福祉,研究型大学必须保持其在科学研究上的卓越地位。原因在于:首先,美国的自然科学基础研究极大地影响着全世界科学事业的成败。削弱美国的基础研究将会延缓全世界科学发现的速度,并且在许多对全人类福祉至关重要的研究领域威胁到科学进步。[2] 其次,从自然科学研究成果转化为现实生产力的角度而言,专利转让以及大学与企业的密切合作将大大加速科学知识转化为技术创新的过程,将极大地促进科学发现转化为有用产品和先进工艺的过程。最后,从社会科学研究角度而言,大学在社会科学领域的研究成果可以帮助解决贫困和其他社会弊病。目前社会科学研究对贫困人口、无家可归者、习惯性失业人口、中学辍学生等弱势群体的了解还不够充分,还不足以指导政府和社会各界做出有效努力来帮助他们摆脱弱势地位。因此,大学应该大规模开展对这些社会弊病的研究。

博克还特别强调,大学应该通过本科层次和专业学院层次的道德教育来帮助解决国家难题。振兴美国经济需要振兴整个美国社会,包括政府、学校和弱势群体社区等。而美国社会的生命力不仅取决于公共官员、商界领袖、技术工人等的知识和能力,还取决于他们的价值观和态度。博克指出,美国将近一半人口,包括大多数公共官员、商界高管、民间组织领导人和专业人员都会进入本科学院和专业学院深造。在他们价值观和品德形成的关键几年中,大学发挥着决

---

[1] Derek Bok. *Universities and the Future of America*. Durham, North Carolina: Duke University Press, 1990, p.26.

[2] Ibid., pp.28-29.

定性影响。因此,大学应该在美国社会中特别是在其最有影响力的成员和领袖中建立更强的公民责任意识、道德自觉意识和关心他人意识。

大学对美国国家难题的形成和解决负有什么责任?大学对全人类的福祉负有什么责任?博克在这本专著中并没有直接点破。但是,综合博克在书中的表述,不难得出以下推论:从大学应该承担责任的角度而言,形成美国国家难题的第一个真正原因在于人才培养的问题,即大学培养的人才存在问题。比如,公共管理学院、商学院和教育学院等专业学院的人才培养都有问题;而且本科和专业学院层次的道德教育都亟待加强。第二个真正原因在于科学研究的问题,大学要出更好的自然科学和社会科学成果。比如,专业学院和社会科学的研究成果都能帮助解决国家难题;而自然科学的基础研究成果将不仅造福于美国人民,还将造福于全世界人民。第三个真正原因在于社会服务的问题。比如公共管理学院、商学院和教育学院可以更好地服务于政府、企业和公立中小学;科技成果转化可以促进经济增长。总之,解决好人才培养、科学研究和社会服务这三方面问题,大学就能够做出更大贡献以帮助解决国家难题,帮助美国保持在世界上的领先地位,并且造福于全世界人民。这就是大学应该承担的社会责任。

4. 博克的大学社会责任观

莫顿·凯勒和菲利斯·凯勒夫妇是研究哈佛大学发展史的专家,其专著《哈佛走向现代——美国大学的崛起》是有广泛影响的研究哈佛大学的权威性著作。在这本书中,凯勒夫妇对博克的大学社会责任观进行了深刻的分析和评述。

他们将博克对大学的批评概括为:"他认为美国大学的最大失误在于:与其应该承担的责任相比,大学做得太少了。大学的责任是帮助国家处理众多难以克服的问题,如发展缓慢的竞争力、贫穷、公共教育发展不力、环境污染等。"①书中还描述了博克对大学在承担社会责任方面的表现的失望和不满:"除非社会赞赏大学所做出的贡献,否则社会将继续削弱大学的社会地位,将其看作另一利益群体,其方式就是逐渐减少对大学的保护和支持,而这些保护和支持正是大学要维持其在世界上的卓越地位所必需的。除非大学能严肃地承担起自身的社会职责……否则……永远也不能完成其原本能够做到的事情,大学本该使这个'问题重重的星球'变得更加美好、更加平和。"②

从博克在1982年和1990年对大学社会责任的论述中,从凯勒夫妇对哈佛大学的研究成果中,不难推断出:在20世纪80年代中后期,博克已经以一种更高的境界来审视事关美国和全人类未来的大学社会责任了。博克的大学社会责任观可以概括为:研究型大学应该通过高质量的人才培养、科学研究和社会服务来帮助美国保持在政治、经济、文化、科技、教育等领域的世界领先地位,以便为美国人民乃至世界人民谋取福祉。

二、大学承担社会责任必须遵循的学术原则

博克认为,大学在对社会需求做出集体性反应时必须遵循一些基本学术原则(或称为"基本学术价值"),首先就是学术自由、学术自治和学术中立这三项学术原则。正如博克在《走出象牙塔——现代大学的社会责任》一书中所说的那样:"我将讲述大学的三项基本学

---

① 莫顿·凯勒、菲利斯·凯勒:《哈佛走向现代——美国大学的崛起》,史静寰等译,清华大学出版社2007年版,第501页。
② 同上书,第502—503页。

术原则,它们是大学对社会需求如何做出集体性反应的限制性条件。第一条原则是有关学术自由的,其中涉及大学干预其学者自由发表言论的权力范围等问题;第二条原则讲的内容是大学学术自治和国家越来越多的要求限制大学独立性的问题;第三条原则有关大学的学术中立及大学有必要承担某种社会责任以避免无谓的政治冒险,不能因为过多的义务和精力分散而危害教学和研究质量。"①

1. 学术自由原则和学术自治原则

博克认为,研究型大学的根本使命就是从事高质量的人才培养和科学研究,并且通过它们对社会做出最具特色的贡献。而学术自由则是捍卫这一根本使命的必要条件:"学术自由不只是社会对言论自由做出承诺的一种反映,还是捍卫大学目的和教职员工利益必不可少的一个条件。一方面,对教师和学者来说,能否继续享有言论和写作自由的权力对教师和学者来说具有极大的利害关系,因为他们的一生都在致力于发展新的思想,阐述新的观点。另一方面,大学也极其注重言论自由,因为没有言论自由,大学顺利开展聘任最具创造力的科学家和学者的工作就会受阻;同时,大学因受到这样那样的审查的影响,会危及其对社会做出的最具特色的贡献——知识的探索和新的发现。"②

有鉴于此,博克认为,"大学应该毫无保留地支持这些原则,因为言论自由对大学的中心使命来说至关重要"③。而且,即使在现代社会条件下,理想化的学术自由已不存在,但是,"大学能够努力做到不处罚持不同观点的教授,努力保护教授言论自由的权利,使其不受大

---

① 德里克·博克:《走出象牙塔——现代大学的社会责任》,徐小洲等译,浙江教育出版社2001年版,第12页。
② 同上书,第20页。
③ 同上书,第18页。

学外界敌对压力的侵扰。即使这样的努力不能创造出绝对的学术自由的氛围,那也仍然是非常有益的"①。

至于说到学术自治,在博克眼里,学术自由和学术自治本质上是一回事,学术自由的内涵不断丰富和外延不断扩大之后就把学术自治也涵盖在内了,因为,"除了保护教授个人之外,学术自由逐渐把学校在教育政策方面的自主权也纳入其概念范畴。尤其值得一提的是,大学凭其从未有过的态度坚持认为课程设置、招生政策及学术标准等应该由教师而不是外界组织来确定,应该根据实现大学教育目标这一目的来确定。"②博克在这里所说的"学校在教育政策方面的自主权"就是美国大学所享有的著名的"大学的四项基本自由"——大学有权自我决定:招聘谁当教师;教什么;怎么教以及招收谁为学生。在博克看来,从学术自由原则必定会自然而然地推论出大学自治原则的核心:大学的四项基本自由。因此,维护学术自由原则也就意味着必定要维护学术自治原则。

2. 学术中立原则

学术中立原则是最容易引起争议和误解的基本学术价值。博克是这么理解这条原则的:"起草《1915宣言》的教授们把大学视为独立于钩心斗角的外部世界的一个不受任何党派控制的论坛。在他们看来,教授个人能够就有争议的问题自由发表言论,而大学则应该对所有政治、经济和社会问题遵循严格的中立立场。"③

博克认为,如果大学出于意识形态目的而去搞政治运动,把自己变成一个推动政治改革的机构,那就会招致外界的干涉从而严重损

---

① 德里克·博克:《走出象牙塔——现代大学的社会责任》,徐小洲等译,浙江教育出版社2001年版,第27页。
② 同上书,第6页。
③ 同上书,第5页。

害自己的学术独立性和自主权,为了维护大学自治,大学领导层必须保持中立:"利用大学达到某种意识形态的目的的做法,会招致外界组织和团体的干涉而损害大学的独立性,因为这些组织和团体只是在大学不想成为具体的政治改革的机构的条件下才会尊重大学的自主权。正是在此种意义上,大学行政管理层必须保持中立。"①

博克指出,如果大学违背学术中立原则,超越自身的常规学术功能去影响重大社会事件,对外部机构施加压力,强迫它们按照大学的意志去行事,久而久之,外界必定会以牙还牙、报复大学,不再尊重大学的学术自由和学术自治。"大学如果想超越自身的常规教育功能去影响那些重大社会事件,那会对其学术事务的自治权益构成威胁。经过几十年的争论,我们已设法达成了广泛的社会共识:教师应该享有充分的言论自由权利;应该对重要事务享有较大的决定权,如职务聘任、课程设置和招生工作等。如果大学坚持要强调自己作为商品购买者和股票拥有者的作用去影响社会其他机构的行为,那么大学是不可能指望其学术自由权不受外界社会压力的干涉的。"②

与此同时,鉴于学术中立原则引发的诸多争议,博克也做了澄清。当一个民主国家受到专制统治的严重威胁时,大学必须坚决放弃其中立立场,博克由此批评了 20 世纪 30 年代的德国大学在面对纳粹专制统治威胁时的软弱表现,但是博克又认为,越南战争并没有威胁到美国的民主政体,因此,即便在越战问题上,大学也应该恪守中立立场,不宜发表集体政治声明以正式表明单一的反战立场:"当一个国家受到蛊惑人心的政客专制统治的严重威胁时,大学就需要

---

① 德里克·博克:《走出象牙塔——现代大学的社会责任》,徐小洲等译,浙江教育出版社 2001 年版,第 98—99 页。
② 同上书,第 343 页。

坚决放弃其中立立场……这就是20世纪30年代德国的大学所面临的处境。当时德国大学的表现仍有许多不足之处。在越南战争中，那些强烈要求大学做出抗议举动的人可能会认为我们的国家正处于同样的危险之中。如果是这样，那他们的担忧则过于夸大了。不管这场战争有多悲惨，我们可以清楚地认识到它并未危及言论自由或其他一些基本的宪法条例，也并没有给民主政府的国家机器造成多少损害。然而，我们不应该忘记，美国大学的利益维护最终离不开一个民主、自由的社会。如果这种社会形式受到了侵害，那么大学领导者就不能收缩战线了。"①

博克对学术中立原则的澄清，有其正确的一面，比如，博克强调，当大学面临专制统治的威胁时，当言论自由等基本宪法条例受到侵害时，"大学领导者就不能收缩战线了"，"大学就需要坚决放弃其中立立场"而投入战斗以维护美国的民主政体和言论自由等宪法的基本精髓。因为对大学的进步至关重要的学术自由和学术自治原则都离不开言论自由的保障。但是，博克在对越南战争的认识上，又有其不足的一面。的确，正如博克所指出的那样，越战并没有危及言论自由等宪法基本条例，也没有危及美国的民主政体，因此，越战也就不会威胁到大学的学术价值。但是，越战是美国历史上史无前例的一场悲剧，它使大量年轻的美国士兵丧生，使美国人民陷入深重的民族分裂；更严重的是，它使无数无辜的越南平民蒙难，它对全世界的和平是一场灾难。依据博克的大学社会责任观，在绝大多数情况下，大学确实只能凭借常规的学术功能去承担社会责任，确实应该恪守中立立场；但是，在极少数特别情况下，比如，在越战这种全人类的灾难

---

① 德里克·博克：《走出象牙塔——现代大学的社会责任》，徐小洲等译，浙江教育出版社2001年版，第298页。

面前,大学为了承担其"为美国人民乃至全世界人民谋取福祉"的社会责任,就应该坚决放弃中立立场,发表正式的反战声明,联合起来对政府施压,不惜一切代价迫使政府改变其错误政策。即使最终并不能如愿以偿,使政府改弦更张,即便最后招致政府的报复,大学也不能再"收缩战线了"。大学宁可蒙受损失也应该为遭受深重苦难的发展中国家人民伸张正义,也应该坚决地站出来批评灾难性的政府政策,这是作为"社会良心"的大学的道德底线。

3. 关于"大学社会责任"的争论:三个不同群体

在有关大学应该如何承担社会责任的讨论中,大学里存在三个观点不同的群体:激进主义者、传统主义者和大学领导者。尽管各个群体间存在观点的差异甚至冲突,但每个群体都对有关大学社会责任的辩论做出了重要贡献。

第一个群体主要由部分教师和学生组成,他们对社会不公正现象很敏感,高度关注社会底层民众的不幸和疾苦。这些激进主义者强烈呼吁大学慎重对待道德问题,如果没有他们的大声疾呼,许多重要的道德问题将会被大学领导层忽视。

激进主义者认为,大学对政府、公司等强大的外部机构唯命是从,只是按照它们的指令被动地为社会服务。大学领导层虽然虚伪地宣称自己严守中立,但事实上,他们为了帮助军界,支持了预备役军官培训项目;为了讨好军火企业等大公司,批准了与军工企业界的合作。大学在服务于这些强有力的外部组织的同时,也就放弃了中立立场,成为控制美国社会的既得利益集团的附庸。为此,激进主义者强烈要求大学断绝与政府和企业在有害活动中建立的关系,敦促大学抛售其拥有的与南非有生意往来的公司股份,号召大学联合抵制有不正当经营手段的产品供应商,呼吁大学发表政治声明,谴责南非种族隔离政策、越南战争以及其他社会不公正现象和丑恶行径。

激进主义者阵营中的极端分子甚至追求更高的政治目标,他们希望唤醒人民大众的觉悟,建立学生无产阶级,利用大学来改造整个美国社会,以达到最终彻底改革美国政治经济体制的目的。

第二个群体是传统主义者群体,他们通常是一些保守的教师,在他们看来,越战和南非种族隔离制度与大学无关,教师和大学领导层不应该浪费过多时间和精力争论这些问题,他们迷恋于在"象牙塔"中专注地从事教学和科研。他们是学术自由等基本学术价值最坚定的拥护者,只要大学管理层为了满足学生的政治要求或平息学生的抗议示威而有牺牲基本学术价值的行为,他们会立刻站出来反对。

传统主义者认为,为了大规模地满足社会各种各样的需求,大学已经迅速扩张为无所不包、无所不为和无所不能的多元化巨型大学。大量本来可以由咨询公司完成的项目纷纷涌入研究型大学校园;许多教授把过多时间花在为公司提供技术咨询或为政府充当政策顾问上面;教授们分心旁骛,常规的、更重要的教学和科研受到严重影响。有鉴于此,传统主义者强烈呼吁,大学必须从自身的使命出发,减少对社会问题的关注,把绝大部分时间和精力放在正常的教学和科研上。否则,研究型大学提供越来越多的其他机构能够承担的低层次的服务,却无法高质量地完成社会赋予自己的极其重要的、其他机构无力承担的独特功能:精英人才培养和尖端科学研究。

第三个群体是大学领导者群体,他们由大学的院校长和其他高层管理者组成。博克是这个群体的杰出代表。在大学领导者看来,大学应该服务于社会,应该关注社会不公正现象,研究型大学应该通过高质量的人才培养、科学研究和社会服务来承担社会责任;与此同时,他们又认为,大学只能凭借常规的学术功能、即人才培养和科学研究,以及适度的社会服务来承担其社会责任;他们反对激进主义者用发表政治声明和放弃股份等非学术性手段解决社会问题的方式,反对激进主义者把大学"政治化"的做法；他们还强调研究型大学只能通过"适度"的社会服务来承担社会责任，所谓"适度"指的是大学不能试图满足社会的所有需求，不能提供过多的、其他机构易于承担的社会服务，不能因为过多的社会服务而损害到自己最根本的学术功能——高质量的人才培养和科学研究，因为它们是大学对社会最重要、最独特的贡献，也是大学之外的所有其他机构无力承担的社会责任。因此，这个群体也反对把大学"过度扩张化"，甚至于"商业化"的做法。

4. 大学必须防范的三种风险

"政治化的大学""过度扩张的大学"和"商业化的大学"这三种风险是博克在其1989至1990年校长年度报告书中首先提出的。这份年度报告书也是博克20份校长年度报告书中的最后一份。通过反思自己20年来办学的理论和实践，博克郑重地告诫大家，"政治化""过度扩张化"和"商业化"是像哈佛这样的研究型大学目前和未来所面临的三种巨大挑战和风险。[1]

所谓"政治化"就是使大学卷入政治冲突之中，这种做法会使大学分裂和分心，最终严重损害大学的利益。

所谓"过度扩张化"就是研究型大学为了满足社会各种各样的需求，已经扩张为无所不包的多元化巨型大学。其后果是大学提供越来越多的低层次服务，却无法履行自己的独特职能：精英人才培养和尖端科学研究。

激进主义者太热衷于政治问题和政治活动。对教师和学生个人来讲，他们这样做是自己的自由，学校对此不能强行制止。但是，作

---

[1] Derek Bok. President's Report 1989–1990. Cambridge, Massachusetts: Harvard University President Office, 1991, p.2.

为大学校长和学校的高层领导者,必须保持头脑清醒,大学不是一个政治组织,而是一个有着明确职能的学术机构。除非在特殊情况下,大学对政治问题不宜发表意见,这些事情应该由政府和政治家去处理。否则,大学就有可能走到"政治化"的邪路上去。

传统主义者要求建立的是一种与世隔绝的大学,这种大学对迫在眉睫的国家难题几乎毫不关注,一所与世隔绝的大学只能以牺牲专业学院教育、应用研究、社会性批评和高层次专家咨询为代价,而这些活动对美国社会是至关重要的。在大学已经成为社会轴心机构的现代社会,一所对社会贡献甚少的大学将逐渐失去政府和纳税人的保护与支持。

历史的车轮总是滚滚向前的,已经走出"象牙塔"的大学不可能再回到"象牙塔"内。然而,从另一方面看,虽然传统主义者夸大了现代大学的缺点,但他们对研究型大学"过度扩张化"的批评还是很有见地的。笔者认为,博克对于传统主义者批评意见的合理部分深有同感,所以他才把"过度扩张化"列为大学面临的重大风险之一。

三、与其他教育家的大学社会责任观之比较

1. 与中世纪大学和近代德国大学的社会责任观之比较

在世界高等教育发展的历史长河中,有关大学的"社会责任"的话题其实是一个"古老"的话题。从某种意义上说,只要大学具有了某种"职能",它们就能承担一种相应的社会责任。

比如说,中世纪的欧洲大学只有人才培养一种职能,它们主要为社会培养医生、律师、教师和牧师等专业人士,客观上满足了社会对专业人才的需求。但是,中世纪大学又是一种与世隔绝的"修道院式"的机构,它们并非主动地、有意识地、有目的地去为社会服务,它

们只是以一种被动的、无意识的方式在客观上满足了社会的某种需求,它们当时尚没有服务于社会的概念,更谈不上承担社会责任的意识了;而且,中世纪大学对当时的欧洲社会影响也不大。因此,中世纪大学对社会需求的满足还远远没有达到承担社会责任的高度。

到了19世纪初期,洪堡的柏林大学率先提出了大学的第二种职能——科学研究,客观上也满足了社会对科学发现的需求。但是,德国大学"相当重视纯粹研究,以至于看起来像完全脱离了校外的时事一样"[1],它们被形象地比喻为脱离社会的"象牙塔",它们"趋向于把以'闲逸的好奇'精神追求知识作为目的"[2],它们的目的是"追求知识",而不是"服务社会",更没有上升到有意识地承担社会责任的境界。而在博克身处的20世纪后半叶和21世纪初期,人类社会已经进入信息社会和知识经济时代,科学研究已经进入"大科学时代"和国际间广泛合作的"全球化时代",大学已经从社会的边缘走向中心,成为现代社会的轴心机构。在与这个时代相适应的博克的大学社会责任观里,科学研究已经不再仅仅以追求知识本身作为目的,它还承担着"提高本国的核心竞争力"以及"为全人类谋取福祉"等更为重大的社会责任。

2. 与美国赠地学院的社会责任观之比较

美国国会于1862年通过了《莫里尔赠地法案》,具有美国特色的赠地学院从此诞生了。赠地学院把教学和科研活动延伸到社会生活中去,通过农业和机械技术等方面的专业和职业培训来服务社会,其推广性服务向农民提供了最新的农业技术信息,其夜校通过短期课程和补习班等使成千上万的成年人受到了教育,大学开始走出了"象

---

[1] 约翰·S·布鲁贝克:《高等教育哲学》,王承绪等译,浙江教育出版社2001年版,第16页。
[2] 同上书,第13页。

牙塔",开始有意识、有目的地服务于社会和承担社会责任,大学的第三种职能——社会服务开始初具雏形。后来,在赠地学院基础之上发展起来的州立大学——威斯康星大学于 1904 年正式提出了著名的"威斯康星思想",旗帜鲜明地主张大学应当是服务于本州全体人民的机构,大学应该服务于整个社会的各种需要。从此,社会服务逐渐被公认为大学的基本职能之一,而且,人才培养和科学研究这两种大学最初始的职能也不再是关在"象牙塔"内的"自娱自乐",而是被赋予了要主动地服务于社会和承担社会责任的目的和意识。随着大学逐渐从社会的边缘走向中心,随着社会对大学的需求和期望的增加,大学开始主动地凭借其三大基本职能来承担自己的社会责任。应该说,这个时代人们对大学社会责任的认识已经与博克的大学社会责任观有了某种相似性。

3. 与亚伯拉罕·弗莱克斯纳的社会责任观之比较

比博克早四五十年,美国高等教育思想家亚伯拉罕·弗莱克斯纳在 1930 年撰写的《现代大学论——美英德大学研究》也阐述了大学对解决动荡世界里的社会问题和经济问题所肩负的社会责任:"在这动荡的世界里,除了大学,在哪里能够产生理论,在哪里能够分析社会问题和经济问题,在哪里能够理论联系事实,在哪里能够传授真理而不顾是否受到欢迎,在哪里能够培养探究和讲授真理的人,在哪里根据我们的意愿改造世界的任务可以尽可能地赋予有意识、有目的和不考虑自身后果的思想者呢? 人类的智慧至今尚未设计出任何可与大学相比的机构。"①

有学者将弗莱克斯纳的大学社会责任观概括为三点:"其一,独

---

① 亚伯拉罕·弗莱克斯纳:《现代大学论——美英德大学研究》,徐辉等译,浙江教育出版社 2001 年版,第 10 页。

立、深入地思考社会发展中令人困惑、费解的重大问题；其二，揭示社会客观存在的矛盾、弊端或行将到来的危险；其三，对政府和社会提供咨询、建议甚至批评。"[1]笔者对此颇为赞同，从弗莱克斯纳大学社会责任观中的"思考社会发展中的重大问题"、"揭示社会客观存在的弊端"与博克的"大学应该做出更大贡献以帮助美国解决其国家难题"；以及弗莱克斯纳的"对政府提供建议甚至批评"与博克的"大学应该帮助改善政府的质量"等观点，可以清楚地看出，弗莱克斯纳和博克的大学社会责任观有着某种一脉相承的关系。然而，弗莱克斯纳的思想比博克的理论提早了整整五十年，就这一点而言，弗莱克斯纳那深邃的思想实在令人赞叹不已！但是，与弗莱克斯纳更多地关注"思考与揭示问题"不同，博克还十分关注帮助美国政府解决所存在的这些问题。

弗莱克斯纳精辟地论述了20世纪30年代大学所应承担的社会责任，而博克则深刻地揭示了20世纪70年代以后大学所肩负的社会责任，他们的大学社会责任观都是各自时代正确、合理、先进的社会责任观。所不同的是，在弗莱克斯纳所处的20世纪30年代，美国研究型大学才刚刚发展了三十年左右的时间，尚处于从社会边缘向中心过渡的时期，它们与外界的联系还不是十分密切，它们对社会的影响力还不算很大，社会对它们的需求和期望也不是特别大，它们所承担的社会责任从广度和深度来讲还比较有限；而博克所处的20世纪70年代至21世纪初期，研究型大学已经占据了美国社会的中心地位，它们已经与外部世界密不可分，它们对社会的影响力巨大，它们是决定美国未来命运的举足轻重的机构之一，社会对他们的需求和期望也在日益膨胀，时代赋予这个时期的大学前所未有的高度社

---

[1] 龚放：《大学教育的转型与变革》，中国海洋大学出版社2009年版，第72页。

会责任。因此,与弗莱克斯纳相比,博克的大学社会责任观所面对的问题更为错综复杂,所处理的矛盾更加纵横交错,所包括的内涵更为丰富充实,所达到的境界更加高远广阔。

此外,最早阐明研究型大学既要承担社会责任,又要防范"过度扩张化"风险这一思想的人也是弗莱克斯纳,尽管他当时并没有使用"过度扩张化"这个词汇,也没有用到"研究型大学"这个词汇,但是,在本文所引用的弗莱克斯纳的论述中,他所说的"大学"都是"美国最发达、最杰出的院校"[1]以及英国和德国的高水平大学,也就是研究型大学。弗莱克斯纳强调,大学必须严格区分自己应当做好的事和"不应涉足的事"。大学应当做好的事是:分析动荡世界里的重大"社会问题和经济问题",要"产生理论"并且"能够理论联系事实",为政府和社会提供解决社会和经济问题的咨询和建议,要"培养探究和讲授真理的人",并且把"改造世界的任务"赋予这些"有意识、有目的和不考虑自身后果的思想者"。大学"不应涉足的事"是:其他机构能够承担的低层次"服务性工作";大学应该"明确其特定职能并履行之",而不应该"瞎忙那些并不属于其特定职能的任务",比如,"中等教育、技术教育、职业教育不属于大学,普及教育也不属于大学"[2],社会应该把这些任务赋予其他机构,而"不能让它们使大学分心"。这与博克"过度扩张的大学"的思想有异曲同工之妙,但弗莱克斯纳的理论比博克的思想早了将近六十年,弗莱克斯纳何其具有先见之明!然而在其他方面,博克则超越了弗莱克斯纳。在研究型大学已经成为社会轴心机构的新的历史条件下,大学不仅面临"过度扩张化"的压力

---

[1] 亚伯拉罕·弗莱克斯纳:《现代大学论——美英德大学研究》,徐辉等译,浙江教育出版社2001年版,第35页。
[2] 同上书,第22页。

和诱惑,还面对着"政治化"甚至于"商业化"的压力和诱惑。博克及时提出了大学要规避三个重大风险的观点,从这一点上讲,博克的思想在广度和深度上都超越了弗莱克斯纳的理论。

4. 与"改造主义思想家"的社会责任观之比较

改造主义起源于进步主义,但又不同于进步主义。早在1897年,进步主义教育流派的鼻祖约翰·杜威就在《我的教育信条》里阐发了其学校与社会关系的论点:"教育是社会进步和社会改革的基本方法。"①总体上讲,杜威信奉的是社会改良主义,他"不相信采用激烈的方法能治疗社会的弊病,信任现存资本主义制度,但认为应当控制和改善这个制度,最终消灭随放任自由经济而来的罪恶和弊端"②。

20世纪30年代席卷资本主义世界的经济大萧条引发了西方社会的急剧动荡,各种社会矛盾尖锐激化,各种社会危机此起彼伏。大萧条促使教育思想家深入探究经济危机的根源,深刻揭示西方社会的弊病,奋力搜寻拯救社会的方略,并且激发了他们通过教育来克服危机、改造社会进而最终建立一个更为平等的理想社会的勇气和决心。杜威的学生、改造主义思想家的代表人物乔治·S·康茨在学校与社会关系上的观点比自己的老师更为激进。他在1932年发表了《学校敢建立一个新的社会秩序吗?》的演说,要求教育工作者"勇敢地正视每一个社会问题,千方百计地解决全部现实生活问题"③。总体上讲,康茨主张,教育的任务在于以"新的社会秩序"为理想去改造社会,实现"社会民主"和"世界民主",以造福全人类;康茨强调,学校应成为社会变革的启动者。

---

① 赵祥麟、王承绪编译《杜威教育论著选》,华东师范大学出版社1981年版,第11页。
② 赵祥麟主编《外国教育家评传(第三卷)》,上海教育出版社1992年版,第539页。
③ 同上书,第120页。

康茨那"忧国忧民"的高度社会责任感固然令人钦佩,但他过高地估计了大学所能发起社会变革的能力以及所能承担的社会责任的范围。从这种意义上讲,前面所提到的20世纪六七十年代的激进主义者阵营中的温和派与康茨等改造主义思想家在大学社会责任问题上的看法相当接近,他们都有超越大学常规的学术功能去解决社会问题的意图,以及把大学变成一个推动社会变革的机构的企图,因而或多或少都有某种将大学"政治化"的倾向,而这正是博克的大学社会责任观所坚决反对的。

5. 与克拉克·克尔的社会责任观之比较

克拉克·克尔是美国当代经济学家、高等教育家。由于对当代美国高等教育的改革和发展做出了卓越的贡献,美国教育界称他是"当代美国高等教育改革的设计师"[1]。克尔于1952年至1958年任加州大学伯克利分校校长,并于1958年至1967年任加州大学总校校长。

1963年4月,克尔在哈佛大学戈德金讲座上发表演说时指出:"但是正当弗莱克斯纳写到'现代大学'的时候,它却又不存在了。洪堡的柏林大学正在被玷污,就像柏林大学曾经玷污牛津大学的灵魂那样。大学包罗了太多的东西。弗莱克斯纳自己抱怨说,它们是'中等学校、职业学校、教师培训学校、研究中心、进修机构、生意事务——如此等等,一股脑儿'。它们从事'难以置信的荒唐活动',处理'一大批无关紧要的事务'。它们'不必要地使自己丢份儿、庸俗化和机械化'。最糟糕的是,它们成了'公众的服务站'。"[2] 在这番话中,克尔概括了弗莱克斯纳对大学"包揽过多"的现状的批评,但事实上,

---

[1] 赵祥麟主编《外国教育家评传(第四卷)》,上海教育出版社2002年版,第375页。
[2] 克拉克·克尔:《大学之用》,高铦等译,北京大学出版社2008年版,第3页。

克尔对弗莱克斯纳的批评相当不以为然。在克尔的心中,他那宛如"一座变化无穷的城市"的无所不包的"巨型大学"要比弗莱克斯纳那好似"一个单一工业的城镇"的"已经几乎死亡"的"现代大学"强得多。

在其 1989 至 1990 年度的校长报告书中,博克在谈到大学的"过度扩张化"时指出:"有一些规模较大的大学——最典型的是加州大学——已经向人们显示了这样一点:它们在从事数量多得惊人的各种活动的同时,仍然有可能保持学术上的卓越性。尽管如此,现实情况是,大学校长们已经因为承担了过多的义务而疲于奔命;许多教授在教学上所投入的精力远远不能令人满意;而许多才华横溢的学者如果更专注于自己的研究的话,将能对知识创新做出更大的贡献。"[1]博克的这番话看似为加州大学辩护,却暗含着对加州大学承担了"数量多得惊人"的社会服务项目的某种担忧,以及对加州大学能否继续保持学术卓越性的某种忧虑和怀疑。事实上,博克的担忧并非杞人忧天。

根据《美国新闻与世界报道》2013 年的评估排名,2014 年美国最好的本科院校的第 2 名为哈佛大学,而加州大学系统中排名最高的为伯克利大学和洛杉矶大学,名次分别为第 20 名和第 23 名。[2] 不难看出,由于伯克利大学和洛杉矶大学均为州立大学,其办学理念更加强调为本州人民服务的"威斯康星思想",因而其教授所承接的社会服务项目也相对较多,其教授多多少少有一点分心旁骛,这类顶尖州立大学也或多或少存在着"过度扩张化"的弊端。由于这类大学的教

---

[1] Derek Bok, President's Report 1989-1990. Cambridge, Massachusetts: Harvard University President Office, 1991, p.18.

[2] Online data, retrieved from the website http://colleges.usnews.rankingsandreviews.com/best-colleges/rankings/national-universities/spp%2B25, on Dec. 10, 2013.

授对本科教学的投入相对较少,因而其本科教育质量与哈佛等顶尖私立大学相比有不小的差距。从总体上来看,一方面,这些顶尖州立大学秉承"威斯康星思想",积极为本州人民服务,这是好的;但是从另一方面来讲,如果这些顶尖州立大学包揽过多,不适宜地承担了过多的社会责任,则有可能过犹不及——由于"过度扩张化"而影响了本科教育质量和科学研究水平,反而不利于其更好地承担社会责任。

由于博克和克尔在校长任期内都对各自大学的本科教育产生了巨大的影响,他们的办学理念在各自大学本科教育的传统与风格上留下了深深的烙印。因此,从某种意义上讲,哈佛大学与加州大学在本科教育现状上的差异,在一定程度上也反映了博克与克尔在办学理念上的差异,或者说是两人的大学社会责任观的差异。正是在这种意义上,笔者认为,克尔的大学社会责任观或多或少有一点"过度扩张化"的倾向。